Rüdiger Bartelmus
Einführung in das Biblische Hebräisch

T0166140

TVZ

Rüdiger Bartelmus

Einführug in das
Biblische Hebräisch

– ausgehend von der grammatischen und (text-)syntaktischen Interpretation des
althebräischen Konsonantentexts des Alten Testaments
durch die tiberische Masoreten-Schule des Ben Ascher –

mit einem Anhang:
Biblisches Aramäisch für Kenner und Könner
des Biblischen Hebräisch

T V Z
Theologischer Verlag Zürich

Die Deutsche Bibliothek – Bibliografische Einheitsaufnahme

Die Deutsche Bibliothek verzeichnet diese Publikation in der Deutschen Nationalbibliografie; detaillierte bibliografische Daten sind im Internet über http://dnb.ddb.de abrufbar

Umschlaggestaltung:
Simone Ackermann, Zürich

Druck:
ROSCH-BUCH GmbH Scheßlitz

ISBN 978-3-290-10963-9
2. Auflage 2009
© 1994 Theologischer Verlag Zürich
www.tvz-verlag.ch

INHALT

Vorwort zur 2. Auflage

Das vorliegende Buch ist das Produkt einer bald vierzigjährigen Auseinandersetzung mit den Sprachen des Alten Testaments – einer Auseinandersetzung, die auf den verschiedensten Ebenen und an den verschiedensten Orten stattfand: Am Schreibtisch, im Hörsaal, im Seminar, aber auch auf Wanderungen und Skitouren in den Bayerischen und den (Süd-) Tiroler Bergen und bei großen Bergfahrten in den Westalpen, später dann auch bei Wanderungen an der Küste der Ostsee bei Kiel und bei Exkursionen in den Nahen Osten. Die Gedanken, die in dieses Buch eingegangen sind, sind von daher nicht das Ergebnis reiner Schreibtisch- bzw. Bibliotheksarbeit, sie gehen vielmehr vielfach auf Anregungen zurück, die der Autor von anderen bekommen bzw. die er aus Situationen gewonnen hat, die das Bewußtsein für das Wesentliche schärfen.

Von den vielen Personen, die bei dieser Auseinandersetzung geholfen haben, sei an erster Stelle Prof. Dr. Adolf Denz vom Institut für Semitistik an der Ludwig-Maximilians-Universität München genannt, in dessen hebraistischer Arbeitsgemeinschaft der Autor die ersten Anregungen für eigenständige hebraistische Forschungen bekommen hat; vertieft wurden diese fachwissenschaftlichen Anregungen im "Münchner Kreis" um Prof. Dr. Wolfgang Richter. Mindestens genauso wichtig waren jedoch auch die vielen Fragen, die an den Autor von studentischer Seite gestellt wurden; sie erst machten dem Autor manches Problem bewußt, das er bis dahin schlicht übersehen hatte. Einige Studenten haben darüber hinaus nicht nur durch ihr Fragen, sondern auch durch aktive Mitarbeit und kritische bzw. didaktische Anmerkungen zu den diversen Vorstufen dieses Buchs, die im Hebräischkurs der Evang.-Theol. Fakultät der Münchner Universität als Scriptum verwendet wurden, die Entstehung des Werks maßgeblich gefördert: Genannt seien Hanna Stierstadt, Claudia Vetter, Heide Müller (nunmehr: Bartelmus), Eugen Lugenhöfer (†), Peter Adacker und Bettina Roitzsch. Was den aramaistischen Teil betrifft, habe ich viel von gemeinsamen Seminaren mit Prof. Denz bzw. mit Prof. Dr. Hans-Georg von Mutius vom Institut für Judaistik profitiert. Korrekturvorschläge für die zweite Auflage verdanke ich den Professoren Dr. Jutta Krispenz, Dr. Friedhelm Hartenstein und Dr. Aaron Schart, dem Kieler Hebräischlehrer Dr. Georg Warmuth, v.a. aber meinem Assistenten Dr. Christian Rose, der zudem die entsagungsvolle Arbeit des Korrekturlesens auf sich genommen hat.

Kiel/Otterfing im November 2008   *Rüdiger Bartelmus*

0 VORBEMERKUNGEN ZU GEGENSTAND UND KONZEPTION DES VORLIEGENDEN BUCHES

Zum Jahresbeginn des Jahres 5750 jüdischer Zeitrechnung – d.h. Anfang Oktober 1989 n.Chr. – ging die Nachricht durch die Weltpresse, daß Israel das jüdische Jahr 5750 zum "Jahr des Hebräischen" erklärt habe, um der rund 100 Jahre vorher erfolgten "Wiederbelebung" des Hebräischen durch den aus Litauen nach Palästina eingewanderten Schriftsteller Eliezer Ben-Yehuda zu gedenken. Und um diese für einen durchschnittlichen Mitteleuropäer nicht gerade aufregende Nachricht besser "verkaufen" zu können, ließ sich die Redaktion einer großen deutschen Tageszeitung die Schlagzeile einfallen: "Die Sprache Moses' feiert ihre Wiedergeburt"[1]. Von daher könnte man versucht sein, einer "Einführung in das Biblische Hebräisch", deren erster rudimentärer Entwurf in eben diesem Jahre zur praktischen Erprobung als Scriptum für den damaligen Münchner Hebräisch-Kurs veröffentlicht wurde, eine entsprechende Motivation mitzugeben – vorausgesetzt, sie fügt sich in derartige Erwartungen.

Schon der gewählte Untertitel "**ausgehend von der grammatischen und (text-) syntaktischen Interpretation des althebräischen Konsonantentexts des Alten Testaments durch die tiberische Masoreten-Schule des Ben Ascher**" will indes anzeigen, daß in diesem Buch ein solchen Erwartungen diametral entgegengesetztes Konzept verfolgt wird, das die verbreitete Vorstellung, es gebe eine kontinuierliche hebräische Sprachtradition von den Tagen des Mose bis heute, als ein sprachwissenschaftlich unhaltbares, religiös motiviertes Ideologumenon betrachtet. Denn über ein gewisses lexikalisches Kontinuum hinaus lassen sich – sprachwissenschaftlich gesehen – **unmittelbare** Beziehungen zwischen der Sprache Davids (von der Moses' – sofern dieser überhaupt eine konkret faßbare historische Gestalt war – ganz zu schweigen) und dem heutigen Ivrith allenfalls in Rudimenten aufweisen. Das beginnt bei den Schriftzeichen, die zu Davids Zeiten noch keinerlei Ähnlichkeit mit den Konsonanten der heute verwendeten aramäischen Quadratschrift aufwiesen[2], setzt sich über die Aussprache der wenigen in alt- und neuisraeli-

---

[1] Süddeutsche Zeitung, München, Montag, 9.10.1989 (Jg. 45, Nr. 232, S. 10).

[2] Vgl. dazu die zweite und dritte Kolumne der Schrifttafel (unten 1.1.1), wo zwei altisraelitische Schrifttypen abgedruckt sind – der des ältesten hebräischen Schriftzeugnisses, des sog. "Bauernkalenders" von Gezer (10. Jh.v.Chr.) und der der Lachisch-Ostraka (um 587 v.Chr.); weiteres diesbezügliches Material bietet u.a. K. JAROŠ, Hundert Inschriften aus Kanaan und Israel, Fribourg 1982.

tischer Zeit mit **identischer** Bedeutung angewandten Lexeme fort, die zwar im Konsonantenbestand, nicht aber im Vokalismus und z.T. wohl auch nicht in der Aussprache der Konsonanten mit den althebräischen Wörtern übereinstimmen[1], und geht bis in die Syntax, auf die vor allem wohl das Wort des großen Semitisten G. BERGSTRÄSSER gemünzt ist, daß das moderne Hebräisch "in Wirklichkeit eine europäische Sprache in durchsichtiger hebräischer Verkleidung ist, mit gemeineuropäischen Zügen und einzelsprachlichen Besonderheiten, aber nur ganz äußerlich hebräischem Charakter"[2]. Die letztgenannte Überzeugung allein für sich würde jedoch noch lange nicht die Veröffentlichung eines weiteren Buches zu einem (viel zu) viel verhandelten Thema rechtfertigen, gehen doch auch die bewährten "klassischen" Lehrbücher des Biblischen Hebräisch von W. bzw. J. HOLLENBERG – K. BUDDE – W. BAUMGARTNER[3], O. GRETHER[4] und E. JENNI[5] implizit – wenn auch in unterschiedlich starker Ausprägung – von ähnlichen Voraussetzungen aus. Rechtfertigen läßt sich eine erneute Ausweitung des Angebots auf dem Markt der hebraistischen Elementarbücher nur, wenn hinter dem Produkt ein Konzept steht, das effektiv neue wissenschaftliche Aspekte gegenüber den bereits vorliegenden Entwürfen erkennen läßt – und das ist im Blick auf dieses Buch zumindest an zwei Punkten der Fall:

Anders als die genannten Lehrbücher, die das Biblische Hebräisch als eine alte Sprache entsprechend dem Griechischen oder Lateinischen verhandeln – aber deshalb nicht etwa auf der Linie des EKD-Fernstudien-Lernprogramms von W. SCHNEIDER, das das Biblische Hebräisch fast wie eine lebende Sprache zu vermitteln sucht[6] –, geht dieses Buch in seinem Konzept konsequent

---

[1] Vgl. dazu K. BEYER, Althebräische Grammatik. Laut- und Formenlehre, Göttingen 1969, 17-33; bes. 31f. bzw. C. BROCKELMANN, Hebräisch. 5. Das Hebräische, in: Handbuch der Orientalistik I/3: Semitistik, Leiden-Köln 1964, 59-70; bes. 66-68.

[2] So G. BERGSTRÄSSER, Einführung in die semitischen Sprachen. Sprachproben und grammatische Skizzen, München 1928 (= Darmstadt 1975), 47. Daß diese Einschätzung selbst von überzeugten Zionisten nicht bestritten wird, sofern sie nicht religiöse Überzeugung und wissenschaftliche Argumentation vermengen, belegt der mündlich tradierte Satz von R. MACUCH: "Wenn's Ihr (Alt-) Hebräisch verderben wollen, lernen's ruhig Ivrith".

[3] HOLLENBERG-BUDDE, Hebräisches Schulbuch, herausgegeben von W. BAUMGARTNER, Basel und Stuttgart [21]1955.

[4] O. GRETHER, Hebräische Grammatik für den akademischen Unterricht, München 1951.

[5] E. JENNI, Lehrbuch der hebräischen Sprache des Alten Testaments, Basel und Frankfurt / M. [2]1981.

[6] Es stellt letztlich nur eine unter mediendidaktischen Gesichtspunkten überarbeitete Fassung des Unterrichtswerks des gleichen Autors dar (W. SCHNEIDER, Grammatik des Biblischen Hebräisch. Völlig neue Bearbeitung der "Hebräischen Grammatik für den akademischen Unterricht" von Oskar Grether. Ein Lehrbuch, München [5]1982 und DERS., Übungsbuch für den Hebräisch-Unterricht, München [3]1982), das in der wissenschaftlichen Hebraistik ein zwiespältiges Echo

davon aus, daß das in den heutigen Bibelausgaben vorfindliche Hebräisch keine "Sprache" im herkömmlichen Sinne ist, sondern ein aus religiösen Bedürfnissen entstandenes Substrat aus althebräischen Konsonantenzeichen und aramäischen, arabischen und mittelhebräischen vokalischen Elementen, dessen Ziel in erster Linie eine dogmatisch korrekte und liturgisch einwandfreie Festlegung des heiligen Textes des *Tenak*[1] war: Auch wenn die Forschungen v.a. P. KAHLEs zu den verschiedenen Masoreten-Schulen[2] heute außerhalb von Spezialistenkreisen bedauerlicherweise keine Rolle mehr spielen – die Tatsache, daß das Biblische Hebräisch der BHS / BHK[3] das Produkt einer (von mehreren) Schultraditionen ist und keine ursprüngliche Sprachtradition repräsentiert, wird durch die Präferenz der neueren alttestamentlichen Wissenschaft für diese Tradition nicht aufgehoben[3].

Als zweiter innovativer Aspekt[4] kann die konsequente Anwendung noetischer Kategorien zur Funktionsbestimmung biblisch-hebräischer sprachlicher Phänomene benannt werden[5], was sich insbesondere in der Darstellung des

---

hervorgerufen hat; vgl. dazu etwa die Rezension von H. BOBZIN in WO 9 (1977) 180-182; v.a. 181.

[1] Die jüdische Abkürzung Tena_k_ meint die gleiche Sammlung von hebräischen bzw. aramäischen Schriften, die die Christen das Alte Testament (AT) nennen. Die Konsonanten stehen für: *Tora*, *Nebiim* und *Ketubim*, also: Gesetz, Propheten und Schriften. – Auf die unterschiedliche Anordnung bzw. Auswahl der Bücher in MT, LXX, Vulgata, Lutherbibel, Zürcher Bibel, Einheitsübersetzung etc. kann hier nur hingewiesen werden; darauf genauer einzugehen, würde den Rahmen dieses Buches sprengen.

[2] Vgl. dazu u.a. P. KAHLE, Masoreten des Ostens, BWAT 15, Leipzig 1915 oder DERS., Texte und Untersuchungen zur vormasoretischen Grammatik des Hebräischen IV: Masoreten des Westens II, Das palästinische Pentateuchtargum. Die palästinische Punktation. Der Bibeltext des Ben Naftali, BWANT 50, Stuttgart 1930.

[3] Vgl. zu diesem Ansatz auch W. RICHTER, Grundlagen einer althebräischen Grammatik. A. Grundfragen einer sprachwissenschaftlichen Grammatik. B. Die Beschreibungsebenen: I. Das Wort (Morphologie), ATS 8, St. Ottilien 1978, 6f.

[4] Die seit der Erstveröffentlichung dieser Einführung in das Biblische Hebräisch im Jahre 1994 erschienenen neueren deutschsprachigen Hebräisch-Lehrbücher bieten Innovationen nur im didaktischen Bereich.

[5] Dieser methodische Ansatz wurde von dem Münchner Slawisten E. KOSCHMIEDER entwickelt und durch A. DENZ in die Semitistik eingeführt; vgl. dazu u.a. E. KOSCHMIEDER, Die noetischen Grundlagen der Syntax, Sitzungsberichte der Bayerischen Akademie der Wissenschaften, Phil.-Hist. Klasse, München 1951 bzw. DERS., Beiträge zur allgemeinen Syntax, Heidelberg 1965 und A. DENZ, Die Verbalsyntax des neuarabischen Dialektes von Kwayriš (Irak). Mit einer einleitenden allgemeinen Tempus- und Aspektlehre, Wiesbaden 1971. Eine Reihe weiterer, aus dieser "Schule" hervorgegangener Arbeiten wird im folgenden zitiert. Die vorliegende Buch beansprucht somit nicht, die erste hebraistische Arbeit nach dieser Methodik zu sein, wohl aber stellt es die erste "Einführung" auf dieser Basis dar. (Die "Einführung" von H. IRSIGLER, die aus dem gleichen Umfeld hervorgegangen ist, hat vor allem die Formenlehre im Blick und geht nur wenig auf syntaktische Fragen ein; H. IRSIGLER, Einführung in das Biblische Hebräisch, ATS 9/I+II, St. Ottilien 1978/79). Eine Zusammenfassung der wichtigsten noetischen Aspekte findet sich unten in Kap. 21.

Verbalsystems als eines relationalen Systems niedergeschlagen hat[1]. Von daher wird in diesem Buch die im reformatorischen Erbe der protestantischen Kirchen begründete Erwartungshaltung, man könne über das Erlernen des Hebräischen unmittelbar an die Wahrheit(en) des AT gelangen[2], ganz bewußt gedämpft: In den unterschiedlichsten Zusammenhängen wird der / die Studierende immer wieder explizit oder implizit damit konfrontiert, daß selbst ein von der masoretischen Interpretation befreiter reiner Konsonantentext nicht ohne Einträge aus klassisch-grammatischen oder modernen (Denk-) Kategorien verstanden werden kann, daß also das Geschäft des Übersetzens immer zugleich Interpretation beinhaltet[3].

Daß das Buch somit zu einem Umgang mit Sprache anleiten will, der nie zu "objektiv" richtigen Sprachkenntnissen und damit auch nicht zu absolut eindeutigen exegetischen Ergebnissen führen kann, der aber immerhin Falsifikationen offenkundig falscher Annahmen und damit einigermaßen überprüfbare Ergebnisse ermöglicht, mag man angesichts der in dieser Vorgehensweise angelegten potentiellen Frustration der Studienanfänger für didaktisch wenig geschickt halten – im Blick auf den weiteren exegetischen Umgang mit den Texten des AT ist es ein sinnvollerer Weg als die Vermittlung der Illusion, man könne Hebräisch als "Sprache" lernen, und je besser man Hebräisch sprechen könne, desto besser könne man auch die alttestamentlichen Texte in ihrem ursprünglichen Sinn verstehen[4]: Dem Althebräischen des heiligen Buches der Juden, Christen und Muslime kann man nun einmal nicht auf dem Weg der Befragung eines kompetenten Sprechers nahe kommen, sondern nur auf dem Umweg über die mehr oder minder plausiblen gramma-

---

[1] Die theoretischen Grundlagen für diesen Ansatz finden sich in der monographischen Auseinandersetzung mit der Problemstellung, die Vf. schon 12 Jahre vor der ersten Veröffentlichung dieser Einführung zur Diskussion gestellt hat; vgl. R. BARTELMUS, *HYH*. Bedeutung und Funktion eines hebräischen "Allerweltswortes" – zugleich ein Beitrag zur Frage des hebräischen Tempussystems, ATS 17, St. Ottilien 1982.

[2] Vgl. dazu die stereotype Antwort auf die Frage, warum junge Theologen Hebräisch lernen müssen, die selbst noch im neuesten EKD-Papier zur Studienreform darauf hinausläuft, daß Theologen, die eine Anstellung in einer reformatorischen Kirche suchen, das Wort Gottes im "Urtext" kennen müßten, da durch das reformatorische Grundprinzip "sola scriptura" dem Urtext (als ursprünglichem Gotteswort) eine überragende Bedeutung für das Gesamt der Lehre zugefallen ist.

[3] Vgl. dazu ausführlicher R. BARTELMUS, Das Alte Testament – deutsch. Luthers Beitrag zu Theorie und Praxis der Übersetzung religiöser Texte, in: BN 22 (1983) 70-90 bzw. DERS., Auf der Suche nach dem archimedischen Punkt der Textinterpretation, Zürich 2002, 1-22 und u. S. 24 A 2.

[4] In diesem Zusammenhang wäre eigentlich auch noch über das damit verbundene Problem zu handeln, daß es angesichts der komplexen Entstehungsgeschichte der alttestamentlichen Texte und der historischen Distanz zwischen der Entstehungszeit dieser Texte und unserer Gegenwart gar nicht möglich – und theologisch auch nicht sinnvoll – ist, danach zu fragen, was der "ursprüngliche" Autor gemeint hat. Da dieses Problem üblicherweise erst im Proseminar ausführlich thematisiert wird, mag dieser vorläufige Hinweis genügen.

tisch-syntaktischen (zum Teil eher von theologischen Bedürfnissen als von philologischen Erkenntnissen geprägten) Theorien der Masoreten begegnen, deren unkritische Anwendung jedoch zu sprachwissenschaftlich und theologisch problematischen Ergebnissen führt – oder aber unter Verzicht auf die ganze masoretische Interpretation[1].

Das bescheidene Ziel dieses Buches besteht also darin, wenigstens einige Grundelemente des sprachwissenschaftlichen Handwerkszeugs zu vermitteln und kritisch anwenden zu lehren, mit dem die Masoreten des 8.-10. Jahrhunderts und die Sprachwissenschaftler des 19. und 20. Jahrhunderts die althebräischen Texte zu deuten versuch(t)en, nicht aber darin, Hebräisch als "Sprache" zu lehren. Daß es dabei in der Darstellung von grammatisch-syntaktischen Sachverhalten eine spezifische Position vertritt, in der eine Vermittlung zwischen synchroner und diachroner Vorgehensweise (bei starker Dominanz der synchronen Elemente) versucht wird – sich also nicht auf angeblich "allgemein anerkannte" Fakten zurückzieht –, wird nur den überraschen, der noch daran glaubt, man könne sprachliche Sachverhalte ohne jeden Zusatz eigener Spekulation darstellen[2]; die wichtigsten Gegenpositionen werden indes jeweils explizit genannt[3].

Ein weiterer, allerdings nicht unmittelbar inhaltlich-didaktischer, sondern die konzeptionelle Struktur der heutigen theologischen Fakultäten berührender – und insofern den üblichen Rahmen der Vorbemerkungen zu einem Lehrbuch sprengender – Gesichtspunkt sei zum besseren Verständnis der Anlage des Buches erwähnt: Das Buch ist für den akademischen Unterricht, d.h. einen von weiteren alttestamentlichen Lehrveranstaltungen begleiteten Unter-

---

[1] Diesen Weg hat etwa K. BEYER, Althebräische Grammatik. Laut- und Formenlehre, Göttingen 1969 eingeschlagen. – Daß auch Studierende ohne spezifisch exegetische Interessen den Umgang mit beiden Textsorten lernen müssen, ergibt sich aus den Notwendigkeiten des Proseminars – viele textkritische Vorschläge basieren z.B. auf Änderungen der masoretischen Vokalisation. Auch im Blick auf den Umgang mit den Qumrantexten, die in der alt- wie neutestamentlichen Wissenschaft immer wieder als Vergleichsmaterial herangezogen werden, besteht die Notwendigkeit, das Lesen und Übersetzen von unvokalisierten Texten zu üben; die Problematik der LOHSEschen "nachvokalisierten" Textausgabe (E. LOHSE, Die Texte aus Qumran. Hebräisch und deutsch, mit masoretischer Punktation, Übersetzung, Einführung und Anmerkungen, Darmstadt 1964), die ohnehin nur einen kleinen Teil der Texte enthält, ist sattsam bekannt.

[2] So etwa noch D. MICHEL, Tempora und Satzstellung in den Psalmen, Bonn 1960, 13; dagegen schon H. PAUL, Prinzipien der Sprachgeschichte, Halle [4]1909 = [5]1937, 5.

[3] Lediglich die zahlreichen neueren Aufsätze, in denen das westsemitische Sprachsystem des Hebräischen konsequent vom Akkadischen – also einer ostsemitischen Sprache – her gedeutet wird, werden aus methodisch-pragmatischen Gründen in diesem für Anfänger bestimmten Werk übergangen. – Die wissenschaftlichen Zweifel gegenüber einem solchen selektiven Vorgehen ließen sich insofern relativ leicht unterdrücken, als sich der Autor dieser Aufsätze seinerseits einer Auseinandersetzung mit Gegenpositionen praktisch entzieht.

richt, konzipiert[1]. Es will nicht nur die Studierenden von Anfang an damit vertraut machen, daß es im Hebräisch-"Unterricht" um mehr als das bloße (Nach-) Lernen einer an den heutigen Gymnasien unglücklicherweise kaum mehr gelehrten Sprache geht, sondern es will ganz allgemein das Bewußtsein dafür wecken, daß recht verstandener Hebräischunterricht nichts anderes darstellt als eine wissenschaftlich verantwortete Einführung in mittelalterlich-jüdische und neuere linguistische Theorien über die Sprache des AT und in die Hermeneutik[2]; zugleich dient er der Einführung in die antike israelitisch-jüdische (religiöse) Literatur[3] bzw. in die mittelalterliche jüdische Theologie[4]. Entsprechend diesem Konzept ist das Buch so angelegt, daß der / die Studierende immer wieder dazu angehalten wird, die einschlägige wissenschaftliche Literatur zu konsultieren – seien es die wissenschaftlichen Lexika[5], seien es neuere Monographien, andere Grammatiken oder weiterführende Werke.

---

[1] Das schließt eine Verwendung zum Selbststudium nicht aus, setzt aber voraus, daß beim Selbststudium die im folgenden genannten Gesichtspunkte mit-berücksichtigt werden. Das heißt im Klartext, daß in diesem Fall parallel zum Sprachstudium auch inhaltlich einleitende Werke zum AT gelesen werden sollten.

[2] Der Umstand, daß jeder Übersetzungsprozeß zugleich eine Deutung impliziert, wird in der gegenwärtigen theologischen Diskussion kaum mehr ernstgenommen. Ob bzw. inwieweit dies darauf zurückzuführen ist, daß in unserer technologiegläubigen Gegenwart, das Geschäft des Übersetzens am liebsten ganz dem Computer überlassen würde, das Bewußtsein dafür geschwunden ist, wie kompliziert der Prozeß der Näherung an fremdes Denken ist, kann hier nicht diskutiert werden. Im rabbinischen Judentum (wie generell in der Antike) war man sich dessen noch in ganz anderer Weise bewußt, wie etwa dem Traktat Qiddušin des Babylonischen Talmuds zu entnehmen ist (49a). Dort wird die Möglichkeit exakten Übersetzens mit folgenden Worten relativiert: Rabbi Jehuda (hannaśi = Rabbi) sagt: "Wer einen Vers wörtlich übersetzt, ist ein Fälscher; wer etwas hinzufügt, ist ein Gotteslästerer" (zitiert nach: G. STEMBERGER, Geschichte der jüdischen Literatur. Eine Einführung, München 1977, 81). Bezeichnenderweise verwenden das Griechische bzw. das Aramäische ein- und dasselbe Lexem für "übersetzen" und "auslegen": ἑρμηνεύειν bzw. *targem*.

[3] Im Hinblick auf dieses Ziel werden im folgenden nahezu ausschließlich dem AT entnommene Beispielsätze bzw. -texte übersetzt, d.h. interpretiert. Im Bereich der Elementargrammatik bzw. der Paradigmen ist aus didaktischen Gründen allerdings der Einsatz von "künstlich" gebildeten (d.h. im AT bzw. den sonstigen Sprachdenkmälern nicht belegten) Formen bzw. Fügungen nicht gänzlich zu vermeiden: "Systemwissen" läßt sich ohne die Verwendung von derartigem sprachlichen Spielmaterial kaum vermitteln (vgl. dazu auch die Vorbemerkung 4.3.1 zu den Vokalisationsübungen).

[4] Lehrveranstaltungen, die der Einführung in das Biblische Hebräisch dienen, sind von daher kein Propädeutikum vor dem Einstieg in das eigentliche Studium der Theologie, sondern integraler Bestandteil des Studiums, was impliziert, daß sie – nach Möglichkeit – innerhalb der normalen Vorlesungszeit zumindest als Übungen, besser jedoch als seminarähnliche Veranstaltungen gehalten werden sollten; parallel dazu sollte man am besten eine "Einführung in das Alte Testament" besucht werden, zumindest aber eine "Bibelkunde AT". (Ferien-) "Sprachkurse" mögen der von den Ministerien geforderten Verkürzung der Studienzeiten dienlich sein, im Blick auf das oben angesprochene Anliegen sind sie kontraproduktiv.

[5] In Frage kommen v.a. W. GESENIUS – F. BUHL, Hebräisches und Aramäisches Handwörterbuch über das Alte Testament, Berlin-Göttingen-Heidelberg 1962 (= [17]1915), L. KOEHLER – W. BAUMGARTNER, Lexicon in Veteris Testamenti Libros, Leiden [2]1958 oder W. BAUMGARTNER –

Von dem damit skizzierten Ansatz her erklärt sich auch der Versuch, in dieser "Einführung" neben dem Biblischen Hebräisch einige Grundelemente des Biblischen Aramäisch vorzustellen. Das entsprechende – eigenständige – letzte Kapitel ist (wie seine Überschrift zu signalisieren sucht) so konzipiert, daß mit geringem Lernaufwand ein möglichst großer Effekt – wenigstens im Bereich des passiven Sprachverständnisses – erzielt werden kann. Daß zumindest diese Absicht unabhängig von der sonstigen Konzeption dieses Buches auf eine positive Resonanz stoßen könnte, ist eine (vielleicht nicht ganz unbegründete) Hoffnung des Autors[1] – handelt es sich beim Biblischen Aramäisch doch um die Sprache, in der die traditionsgeschichtlich unmittelbar nach Qumran und ins Neue Testament weisenden späten Texte des AT abgefaßt wurden, deren große Bedeutung für eine "Biblische Theologie" gerade in jüngerer Zeit wieder deutlicher ins Bewußtsein einer breiteren wissenschaftlichen Öffentlichkeit gerückt ist.

J.J. STAMM (u.a.), Hebräisches und Aramäisches Lexikon zum Alten Testament, Leiden [3]1967ff. Die Neubearbeitung des Lexikons von GESENIUS durch R. MEYER (†) – H. DONNER – U. RÜTERSWÖRDEN – J. RENZ (Berlin-Heidelberg-New York-London-Paris-Tokyo [18]1987ff) steht kurz vor dem Abschluß und soll bald in einer Ausgabe erscheinen, die auch für Studierende erschwinglich ist; bei Drucklegung der 2. Auflage dieses Buches lag letztere allerdings noch nicht vor.

Das – nicht auf Vollständigkeit hin angelegte – Vokabelverzeichnis (s.u. 22.3) kann und will nicht ein wissenschaftliches Lexikon ersetzen.

[1] Daß diese 1994 geäußerte Hoffnung nicht ganz unbegründet war, hat sich inzwischen gezeigt. Vgl. dazu etwa die Rez. von I. WILLI-PLEIN zur ersten Auflage dieses Buches in: ThLZ 121 (1996) 431-433.

1 DAS HEBRÄISCHE SCHRIFTSYSTEM

1.1 DIE HEBRÄISCHE QUADRATSCHRIFT – DAS ALPHABET

1.1.1 Die hebräischen Konsonantenzeichen und ihr Lautwert

Druck	"Altisraelitisch" Gezer	Lachisch[1]	Lautwert	Transliteration / Transkription []		Name	Zahlenwert
א			ʾ	ʾ		ʾalæp	1
ב			b, b̲, [v]	b	[b̲]	bet̲	2
ג			g, g̲	g	[g̲]	gimæl	3
ד			d, d̲	d	[d̲]	dalæt̲	4
ה			h	h		he	5
ו			w	w		waw	6
ז			z	z		zayin	7
ח			ḥ	ḥ		ḥet̲	8
ט			ṭ	ṭ		ṭet̲	9
י			y	y[2]		yod̲	10
כ (ך)			k, k̲	k	[k̲]	kap̲	20
ל			l	l		lamæd̲	30
מ (ם)			m	m		mem	40
נ (ן)			n	n		nun	50
ס			s	s		samæk	60
ע			ʿ	ʿ		ʿayin	70
פ (ף)			p, p̲, [f]	p	[p̲]	pe	80
צ (ץ)			ṣ	ṣ		ṣade	90
ק			q	q		qop̲	100
ר			r	r		reš	200
שׂ			ś	ś		śin	300
שׁ			š	š		šin	300
ת			t, t̲	t	[t̲]	taw	400
[־			Wortverbinder	-		maqqep̲	]

---

[1] Genauer: Schriftzeichen des sog. "Bauernkalenders von Gezer" (10. Jh. v.Chr.) bzw. der "Ostraka von Lachisch" (6. Jh. v.Chr.), d.h. Schriftzeichen aus der vorexilischen Zeit.
[2] In deutschen Publikationen oft: *j*.

Das auf der gegenüberliegenden Seite tabellarisch dargestellte hebräische (bzw. aramäische) Schriftsystem kennt – wie die meisten semitischen Schriftsysteme – nur Konsonantenzeichen, die (in einem späteren Stadium der Sprachgeschichte) auch als Zahlzeichen Verwendung fanden. Einige Konsonanten weisen am Wortende andere Formen als im Kontext auf (Finalbuchstaben). Geschrieben wird von rechts nach links. Wird ein hebräisches Wort in Lautschrift transliteriert bzw. (mit Vokalen) transkribiert, müssen demzufolge nicht nur die Zeichen der international üblichen Lautschrift eingesetzt werden, sondern es muß auch die Schriftrichtung umgekehrt werden.

1.1.2   Zur Artikulation der hebräischen Konsonanten

Die Artikulation der meisten Laute des hebräischen Systems bereitet einem gebildeten Mitteleuropäer keine größere Mühe, da sie auch im deutschen bzw. im englischen und / oder französischen Sprachsystem vorkommen. Insbesondere gilt dies für die Sonorlaute, d.h. für die Liquidä *l* und *r*, für die Nasale *m* und *n*, sowie für die Halbvokale *w* und *y*, aber auch für die meisten Spiranten (so die Zischlaute *z, s, ś, š*) und Explosiva.

Drei Untergruppen bedürfen indes einer eigenen Behandlung: Die sog. B^{ə}ga$\underline{\text{dk}}^{\text{ə}}pa\underline{\text{t}}$-Laute, die Laryngale (Gutturale) und die velarisierten (nach älterer Terminologie: "emphatischen") Laute.

1.1.2.1   Die B^{ə}ga$\underline{\text{dk}}^{\text{ə}}pa\underline{\text{t}}$-Laute

Zu den Besonderheiten des hebräischen Systems gehört das Phänomen, daß die Phoneme *b, g, d, k, p* und *t* eine doppelte Aussprache aufweisen – die Sprachwissenschaft spricht in diesem Zusammenhang von kombinatorischen Allophonen. Am Wortanfang[1] und in der Wortmitte nach Konsonant werden diese Laute als Explosive (Verschlußlaute) artikuliert. Nach Vokalen werden sie dagegen als Spiranten (Dauerlaute) behandelt, was in der Transkription durch einen Strich [_] unter dem Konsonanten zum Ausdruck gebracht wird. Die Qualität von *b, g, d* als stimmhaften und *k, p, t* als stimmlosen Lauten bleibt davon unberührt. – In der abendländischen Hebraistik wird die Variante *g* in der Regel nicht berücksichtigt, in der deutschen Tradition übergeht man oft auch die Varianten *d̲* und *t̲*.

---

[1] Ausnahmen von dieser Regel kommen dann vor, wenn das vorhergehende Wort mit einem Vokal endet.

1.1.2.2   Die Laryngale (Gutturale)

Eine Besonderheit, die das Hebräische mit den meisten semitischen Sprachen
teilt, sind die mehr oder weniger tief unten im Kehlkopf zu artikulierenden
Laute ', h, ḥ und ʿ die sog. Laryngale oder Gutturale. Dabei bieten die beiden
erstgenannten insofern kaum Probleme, als der "Knacklaut" ' und der
"Hauchlaut" h auch im deutschen System vorkommen, wenn auch ersterer
nicht als eigenes Schriftzeichen erscheint[1]. ḥ und ʿ dagegen kennen keine Entsprechung in mitteleuropäischen Sprachsystemen und müssen systematisch
eingeübt werden – ʿ als stimmhafter und ḥ als stimmloser Spirant, der zuun-
terst im Kehlkopf artikuliert wird.

1.1.2.3   Die velarisierten ("emphatischen") Laute

Artikulatorische Probleme werfen auch die drei velarisierten Laute ṭ, ṣ und q
auf. Während sich im Falle von ṣ die Artikulation analog dem dt. "z" (ts) eingebürgert hat, gibt es für die beiden übrigen velarisierten Laute keine allgemein anerkannten Artikulationsvorschläge. Bei q empfiehlt sich eine Artikulation analog dem alemannischen kehligen "k" ("dänk dra"), bei ṭ eine dem
französischen (nicht aspirierten) "t" entsprechende, wie sie sich etwa in "thé"
findet.

1.2   DIE BEZEICHNUNG DER VOKALE IM SYSTEM DER
          KONSONANTENSCHRIFT

Obwohl aus althebräischer Zeit nur Konsonantentexte überliefert sind, steht
doch zweifelsfrei fest, daß die althebräischen Worte mit Vokalen artikuliert
wurden – ohne "Sonanten" (Vokale) lassen sich Konsonanten in keiner Sprache der Welt zu Worten und Sätzen fügen. Die wenigen Personen, die in altisraelitischer Zeit lesen konnten – der Stand der "Schreiber" stand in höchstem
Ansehen –, ergänzten die jeweils notwendigen Vokale aus dem Sinnzusammenhang, der sich ihnen als kompetenten Sprechern ihrer Muttersprache in
der Regel quasi von selbst ergab. (Noch heute verfährt jeder gebildete Araber
bei der Zeitungslektüre in der gleichen Weise, denn auch die arabische Schrift

---

[1] Er wird im Deutschen quasi automatisch vor Vokalen im Wortanfang artikuliert. Besonders zu
beachten ist er, wenn zwei Vokale, die im Schriftbild in Kontaktstellung stehen, nicht als Diphthong gesprochen werden sollen: also: "be'achten".

kennt primär nur Konsonantenzeichen). Doch schon bald ergab sich die Notwendigkeit, die vielen graphischen Homonyme (vgl. etwa die Buchstabenkombination *'dm*, die je nach den eingefügten Vokalen sowohl "Adam" [d.h.
"Mensch"] als auch "Edom", "rot", "Rubin" u.a.m. meinen kann) so weit zu
differenzieren, daß wenigstens die elementarsten Mißverständnisse vermieden
werden konnten. Dabei bediente man sich – nach dem Vorbild älterer semitischer Schriftsysteme – zunächst ausschließlich der bereits vorgegebenen
Konsonantenzeichen, denen man in bestimmten Positionen eine vokalische
Nebenfunktion beimaß.

Einige Konsonantenzeichen haben seither neben ihrer oben beschriebenen
Hauptfunktion noch eine – formal betrachtet systemwidrige – Nebenfunktion:
h, *w* und *y*, daneben auch ', können auch (lange) Vokale bezeichnen. Im Falle
von *w* und *y* läßt sich diese doppelte Funktion relativ leicht erklären, da diese
beiden Laute als Halbvokale rein artikulatorisch eine gewisse Affinität zu den
entsprechenden langen Vokalen *ū* und *ī* aufweisen. Anders dagegen bei *h* und
– sofern man hier nicht von einem gesonderten Phänomen ausgehen muß
(s.u.) – beim ', wo ein entsprechender Gleichklang zu den jeweils repräsen-
tierten langen Vokalen fehlt. Während *h* nur im Auslaut einen Vokal bezeichnen kann und dabei als "mater lectionis" für alle langen Vokale mit Ausnahme von *ī* und *ū* verwendet wird, erscheinen die beiden Halbvokale auch in der
Wortmitte als Vokalbuchstaben, repräsentieren jedoch stets nur das ihnen jeweils immanente Klangspektrum *ī* / *ē* bzw. *ū* / *ō*.

' im Auslaut ist weniger Vokalbuchstabe als vielmehr orthographisches Signal für vorausgehendes langes *ā* – gelegentlich auch *ō* –, in der Wortmitte
kann es Signal für verschiedene lange Vokale (nicht *ī* und *ū*!) sein. In seinem
Fall liegt ein Problem der historischen Orthographie vor, kein synchron zu in-
terpretierendes Phänomen, wie ein Vergleich mit anderen semitischen Sprachen zeigt, in denen ' auch am Silbenschluß als deutlich hörbarer Laut vorkommt. Man spricht daher besser davon, daß das ' in diesen Fällen "quiesziert" – mag es dem hebräischen Anfänger auch so vorkommen (und in einigen Fällen auch zutreffen), daß ' die gleiche Funktion wie die übrigen Vokalbuchstaben hat.

Im Verlauf der knapp 1000-jährigen hebräischen Sprach- bzw. Schriftge-
schichte wurde die Verwendung der Vokalbuchstaben immer mehr ausgeweitet. In der Spätzeit (4.-1. Jh.v.Chr.) war schließlich das Bewußtsein, daß vom
Schriftsystem her – wenn überhaupt – nur lange Vokale durch eine "mater lectionis" bezeichnet werden dürften, so weit geschwunden, daß – etwa in den

Qumranhandschriften – auch kurze Vokale redundant durch Vokalbuchstaben bezeichnet wurden[1]. – Den gegenwärtigen wissenschaftlichen Ausgaben des AT sind Handschriften zugrundegelegt, in denen in der Regel nur lange Vokale mit Vokalbuchstaben bezeichnet sind.

1.3   LESE- UND TRANSLITERATIONSÜBUNGEN

1.3.1   Vorbemerkung

Die in 1.3.2 und 3 aufgelisteten Namen sind – evtl. durch "Raten" – zu identifizieren, indem zunächst die Konsonanten bestimmt und gemäß Tabelle 1.1.1 (Kolumne: Transliteration) transliteriert werden und erst danach nach eventuell passenden Vokalen gesucht wird, die in der Transliteration supralinear (d.h. oberhalb der Zeile) zwischen die Konsonanten eingefügt bzw. vor den zugehörigen Vokalbuchstaben gesetzt werden.

Dabei gilt: Die im deutschen AT verwendeten Namen entsprechen zumeist der Aussprachetradition der griechischen Übersetzung des AT und nicht der hebräischen Überlieferung; insofern können Worte vorkommen, bei denen man erst einen oder mehrere Konsonanten "umlauten" muß, ehe man den entsprechenden Namen erkennen kann (z.B. $\d{h}$ → h; w → v). Besonderer Aufmerksamkeit bedürfen in diesem Zusammenhang die Laryngale, vor allem wenn sie nicht im Anlaut eines Wortes stehen, da sie von den Griechen in der Regel als Vokale gehört und wiedergegeben wurden; intervokalisch stehendes h wurde von den Griechen zumeist gänzlich überhört.

Demgegenüber ist das Schwanken der Aussprachetradition zwischen š und ś als ein Dialektproblem zu werten, denn es ist bereits für die alttestamentliche Zeit bezeugt (vgl. Ri 12,6).

Beispiele:

עבד־מלך → ʽ b d - m l k   → ʽæbæd - mælæ_k_   [→ Ebed-Melech (Jer 38,7ff)]

איתמר   → ʼ y t m r   → ʼiytamar   [→ Itamar (Ex 6,23)]

עברי   → ʽ b r y   → ʽibriy   [→ Hebräer (Gen 14,13)]

יהושע   → y h w š ʽ   → yhošuʽa   [→ Josua (Ex 17,9)]

חנוך   → ḥ n w k   → ḥen owk_   [→ Henoch (Gen 5,18)]

---

[1] Vgl. zur Sprachgeschichte R. MEYER, Hebräische Grammatik, Bd I, Berlin [3]1966, 27-41.

Bei der Suche nach passenden Vokalen sind die folgenden Grundregeln der Silbenlehre zu beachten:

ⓘ Grundregeln der Silbenlehre

1) EIN HEBRÄISCHES WORT KANN NIEMALS MIT EINEM VOKAL BEGINNEN.
2) EIN HEBRÄISCHES WORT KANN NIEMALS MIT DOPPELKONSONANZ BE-GINNEN[1].
3) IN EINEM HEBRÄISCHEN WORT KÖNNEN NIEMALS ZWEI VOKALE IN KONTAKTSTELLUNG STEHEN.

1.3.2 Lese- und Transliterationsübung
Geläufige Personennamen und geographische Bezeichnungen in reiner Konsonantenschrift

אדם אברהם רחל בנימן סדם אסתר דנאל בבל אררט כנען מרים אשר אפרים
ישׂראל אבשלם גלגל כלב דן דוד נתן יצחק יעקב יסף שם חם יפת באר־שבע

1.3.3 Lese- und Transliterationsübung[2]
Namen in Konsonantenschrift mit Vokalbuchstaben

אדום יהונתן ירחו מיכאל אליהו לבנון שׂעיר שמואל שמשון עיבל גרזים עיטם
שבא סיני יהודה ראש איוב נבות עלי שלמה אשׁור עמרה[3] שׂרה ישמעאל ציון
יונה עמוס גבריאל יואל נבוכדנאצר נא בית־אל

---

[1] In Analogie zur Aussprache des Ivrith häufig angenommene einzige Ausnahme: *štayim* "zwei".

[2] Vgl. zum Problem u.a. R. BARTELMUS, Transliteration und Transkription – Religion und Rechtschreibreform. Unzeitgemäße Überlegungen zur Frage der Übertragung von Sprache in Schrift (und umgekehrt) – unter besonderer Berücksichtigung der Umschrift von Namen, in: J. LUCHSINGER, H.-P. MATHYS und M. SAUR (Hrsg.), «… der seine Lust hat am Wort des Herrn!», FS Ernst JENNI zum 80. Geburtstag, AOAT 336, Münster 2007, 1-9.

[3] Der Name wird verständlich, wenn man sich klar macht, daß im hebräischen שׂ zwei protosemitisch klar unterschiedene Laute zusammengefallen sind – das *ġ* und das ursprüngliche ʿ. Im ägyptischen Bereich, in dem die griechische Übersetzung des Alten Testaments, die Septuaginta (LXX) entstand, hörte und artikulierte man Worte, in denen ein solches ursprüngliches *ġ* vorliegt, so als ob ein bloßes *g* vorläge.

2   Die Zeichen der masoretischen Punktation

2.1   VORBEMERKUNG

Um die Zeitenwende starb das Althebräische als lebendige, d.h. von einem größeren Personenkreis im Alltag gesprochene Sprache aus. Ungeachtet dessen mußte der "heilige" Text des Tenak (bzw. des AT) in den jüdischen Synagogen-Gottesdiensten in der Originalsprache rezitiert werden. Seine Tradenten standen damit lange Zeit vor einem nahezu unlösbaren Problem: Obwohl sie keine "kompetenten Sprecher" des Hebräischen mehr waren, sollten sie die – in reiner Konsonantenschrift in manchen Fällen nahezu unlesbaren – Texte ohne jede Änderung am Wortlaut weiterhin vorlesen, auf der anderen Seite durften sie den geschriebenen Text in keiner Weise durch Vokalbuchstaben o.ä. Lesehilfen aufbereiten, denn "kein Tüpfelchen vom Gesetz" (Mt 5,18; vgl. Dtn 4,2) durfte verändert werden. So verfiel man auf den Gedanken, durch supra- bzw. infralineare Punkte und Striche – also durch Zeichen **über** und **unter** dem heiligen Text – die jeweilige Aussprachetradition festzuschreiben. Dieses Verfahren wurde im 6.-10. Jh. n.Chr. in verschiedenen "Schulen", erst in Babylonien, dann auch in Galiläa (aber auch im Jemen), systematisch vorangetrieben und perfektioniert. Die Gelehrten, die daran beteiligt waren, nennt man "Mas(s)oreten" (von mittelhebr. מסר "überliefern"). Unter den Masoreten-Schulen hat sich im europäischen Kulturraum die galiläische Schule des Ben Ascher gegenüber der des Ben Naphthali und den östlichen Schulen durchgesetzt. Ihre Punktation basiert auf einer Mischung von alter Überlieferung und Sprachgewohnheiten der damals aramäisch[1] bzw. arabisch sprechenden Juden, kann also in keiner Weise den Anspruch erheben, die sprachlichen Realitäten etwa der Josia-Zeit adäquat konserviert zu haben, zumal die verwendeten Zeichen in der östlichen (aschkenasischen) und der westlichen (sephardischen) Tradition schon bald unterschiedlich ausgesprochen wurden[2]: Die in der Punktation der Schule Ben Ascher vorliegenden Texte der Biblia Hebraica repräsentieren nur **eine** von mehreren grammatischen (und theologischen!) **Theorien** über eine damals bereits rund 1000 Jahre tote Sprache, und nicht **das** Althebräische. Angesichts dieses Sachverhalts ist klar, daß man nicht mehr Althebräisch sprechen lernen kann, daß man sich

---

[1] Z.T. auch mittelhebräisch.
[2] Die im folgenden angenommenen Lautwerte entsprechen im wesentlichen der sephardischen Tradition.

als Hebräisch Lernender vielmehr mit einer – in vielem allerdings durchaus plausiblen – Theorie über Aussprache und Bedeutung der alttestamentlichen Texte kritisch auseinanderzusetzen hat.

2.2 DIE TIBERISCHE PUNKTATION DER SCHULE BEN ASCHER

2.2.1 Die Vollvokale (sephardische Aussprachetradition)

Grundregel: Die im folgenden aufgelisteten Vokalzeichen sind **nach** dem Konsonanten zu artikulieren, unter bzw. über dem sie stehen (Ausnahmen: Ḥōlæm magnum [וֹ] – eine Kombination aus dem alten Vokalbuchstaben ו und dem masoretischen Ḥōlæm – und Šūræq [s.u.], die als **ein** Vokalzeichen verstanden sein wollen, das artikulationsmäßig zum vorhergehenden Konsonanten gehört).

æ̂

Pataḥ	ă	בַ	בָ ā		Qāmæṣ[1]
Sᵊgōl [æ̌]	æ̌	בֶ	בָ å̆		Qāmæṣ ḥaṭup
Ṣērē [ê] (ě)	ē	בֵ	בֹ ō [ô] (ǒ)		Ḥōlæm
Ḥīræq [î]	ī	בִ	בֻ ŭ [û]		Qibbuṣ [Šūræq: וּ]

Wie aus der Tabelle hervorgeht, hat die tiberische Masora der Schule Ben Ascher ein Vokalisationssystem entwickelt, in dem primär die Vokal**qualität** und nur in einigen Fällen (bei ă, ā und å̆) auc'h die Vokal**quantität** explizit berücksichtigt ist. Vom System her sind auch Ṣērē und Ḥōlæm quantitätsmäßig festgelegt, doch gibt es Ausnahmen im Falle von sekundären Enttonungen[2]. Ansonsten ergibt sich die Vokalquantität aus den jeweiligen Betonungsverhältnissen[3].

---

[1] Erklärung der Längenzeichen:
î – Quantität: lang ("*male*") – von einigen Grammatikern dort angenommen, wo ein tiberisches Vokalzeichen und ein Vokalbuchstabe zusammen erscheinen; es handelt sich also um eine Auswertung der "Plene"schreibung für die Phonetik – ursprüngliche lange Vokale;
ō – Quantität: (mittel-) lang ("*benoni*") – entstanden durch Betonung kurzer Vokale ("Tondrucklängung");
ă – Quantität: kurz ("*ḥaser*") – ursprünglich kurze Vokale.
[2] In diesen Fällen stehen Ṣērē und Ḥōlæm für ě und ǒ, denn bei Schreibung mit Maqqep erscheinen regelhaft Sᵊgōl und Qāmæṣ ḥaṭup: Vgl. הַשָּׁרִים לֵב neben לֶב־מֶלֶךְ (Spr 21,1) und יִשְׁמֹר כָּל־ (Ijob 33,11) neben יִשְׁמָר־עִיר (Ps 127,1); Ausnahme: לֵב־הַמֶּלֶךְ (Jer 4,9).
[3] Vgl. zum Problem F. WERNER, Das hebräische Vokalsystem unter besonderer Berücksichtigung der variablen Vokale, AfO 26 (1978/79) 78-95.

Im folgenden werden die beiden Abstufungen von Länge nur dort unterschieden, wo es für das Verständnis der Vokalisation im Rahmen der Formenbildung notwendig erscheint. Eine Bezeichnung der Kürzen wird nicht
vorgenommen. Das heißt: Lange Vokale werden – unabhängig davon, ob sie
im zitierten Text "plene" oder "defektiv" geschrieben erscheinen – durch ⁻ ($\bar{a}$)
gekennzeichnet, kurze Vokale haben keine eigene Kennzeichnung (a).

Ausnahme: $\bar{o}$ beim Verbum der Imperfekt-Klasse[1] erscheint als o.

2.2.2   Weitere Vokalzeichen bzw. Zeichen für Vokallosigkeit[2]

Bezeichnung der Vokallosigkeit[3]: - מְ Šᵊwa quiescens (zugleich "simplex")
Murmellaut: ᵊ מְ Šᵊwa mobile   (zugleich "simplex")
Murmellaut bei Laryngalen: $\mathring{a}$ æ a חֱ אֲ עֲ Šᵊwa compositum (Ḥaṭep-Pataḥ etc.)
Gleitlaut vor Laryngalen[4]:   a חַ Pataḥ furtivum[5]

Regeln zur Lesung des Šᵊwa:

2.2.2.1   Šᵊwa im Wort**an**laut ist stets Šᵊwa mobile (Ausnahme: שְׁתַּיִם[6]).

2.2.2.2   Šᵊwa im Wort**aus**laut ist stets Šᵊwa quiescens.

2.2.2.3   Folgen zwei Šᵊwa im Wortinneren aufeinander, ist das erste stets
           ein Šᵊwa quiescens, das zweite stets ein Šᵊwa mobile.

2.2.2.4   Šᵊwa nach kurzem Vokal ist stets Šᵊwa quiescens.

2.2.2.5   Šᵊwa nach langem Vokal ist stets Šᵊwa mobile.

2.2.2.6   Bei Laryngalen ersetzt meist Šᵊwa compositum das Šᵊwa simplex[7].

---

[1] S.u. 7 bzw. 8.

[2] Da es um einen "heiligen" Text ging, mußte **jede** Möglichkeit für eine falsche Lesung ausgeschlossen werden – also mußte auch die Vokalqualität "0" bezeichnet werden.

[3] Außer bei ז, wo es stets zur Unterscheidung von ז erscheint (ז֗), nur selten am Wortende.

[4] Der Laut dient zur Erleichterung der Artikulation bei den Laryngalen, die in masoretischer Zeit
nicht mehr ohne weiteres artikuliert werden konnten.

[5] Wollte man die Wertigkeit aller Vokalisationszeichen auf einer Skala von 0-1 unterbringen, wobei 0 = Tonlosigkeit und 1 = voller Vokal signalisiert, ergäbe sich folgendes Schema:

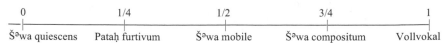

0	1/4	1/2	3/4	1
Šᵊwa quiescens	Pataḥ furtivum	Šᵊwa mobile	Šᵊwa compositum	Vollvokal

[6] S.o. 1.3.1.

[7] Bei Verben gibt es Ausnahmen.

2.2.3   Artikulationszeichen

Harte Aussprache bei Bᵊgaḏkᵊpaṯ:	· דָּוִד	Dageš lene
Verdoppelung von Konsonanten:	· חַנָּה	Dageš forte
Nicht bei Laryngalen (א ה ח ע) und ר!		

Kennzeichnung der konsonantischen Funktion

bei auslautendem ה:	· אַרְצָה	Mappiq
Nebenton im Wort – v.a. bei langen Vokalen[1]:	יְהוֹיָקִים	Mætæg

Regeln zur Anwendung des Dageš:

2.2.3.1 Dageš **nach Vokal** ist stets Dageš forte.

2.2.3.2 Dageš **nach Konsonant** ist stets Dageš lene.

2.2.3.3 Dageš im Satz- bzw. Wortanfang ist bei Bᵊgaḏkᵊpaṯ stets Dageš lene, in anderen **seltenen** Fällen im Wortanfang Dageš forte; (genannt: Dageš forte euphonicum oder conjunctivum).

2.2.3.4 Laryngale und ר erhalten nie ein Dageš (seltene Ausnahmen bei ר).

2.2.3.5 Träfen ein Šᵊwa mobile und ein Dageš forte zusammen, wird das Dageš in der Regel nicht geschrieben (Ausnahme: Bei Bᵊgaḏkᵊpaṯ-Lauten darf ein solches Dageš nicht ausfallen!).

2.2.4   Akzente (in Auswahl) – Prosa- und poetisches System

Eine umfassende und zugleich exakte Funktionsbeschreibung der 48 sog. Akzente zu geben, ist der Wissenschaft bisher nicht gelungen. Zu vielfältig sind die Aspekte, die in dieses – die Vokalisation ergänzende und in Prosa und Poesie unterschiedliche – System eingegangen sind. So fungieren die Akzente u.a. als eine Art von musikalischen Vortragszeichen für die Lesung der Texte im Synagogen-Gottesdienst, als Zeichen für die Betonungsverhältnisse in Wörtern und als Interpunktionszeichen. Für den philologischen Umgang mit den alttestamentlichen Texten ist v.a. die letztgenannte Funktion wichtig, läßt sich doch von daher das masoretische Verständnis der syntaktischen Gliederung der Texte erschließen. In diesem Zusammenhang sind allerdings nicht alle Akzente von Bedeutung; wichtig sind in erster Linie die im folgenden aufgelisteten 10 Akzente, die sich – mit Ausnahme von Sᵊgolta und Zaqep

---

[1] Ausnahme z.B. קָדָשִׁים (qåḏāšīm).

gaḏol (nur Prosa) und ʿOlæwᵊyoreḏ (nur Poesie; er besteht aus zwei Zeichen!) – in beiden Akzentsystemen finden. Name und Funktion der übrigen Akzente können den Tabellen entnommen werden, die den wissenschaftlichen Bibelausgaben beigegeben sind.

Da einige von den Akzenten die sog. "Pausalbetonung" bewirken[1], die – am Ende von (Halb-) Sätzen bzw. Äußerungseinheiten – zu Änderungen im Vokalismus führen kann, sind diese Akzente auch für die Formenlehre von Belang.

2.2.4.1   Trennende Akzente – Position meist auf der Tonsilbe

Satzgliedernde Funktion[2]	Zeichen	Name	Pausalbetonung[3]
"Punkt"	הָאָֽרֶץ׃	Sillûq mit Sôp̄ pāsûq	+
"Semikolon"	אֱלֹהִ֑ים	ʾAtnāḥ	+
"Semikolon"	דְּבַ֗ר	ʿOlæ wᵊyôrēḏ	+
"Komma"	דְּבַ֒ר	Sᵊḡôltā (postpositiv)	(+)
"Komma"	דָּבָ֔ר	Zāqēp̄ qāṭôn	(+)
"Komma"	דְּבַ֕ר	Zāqēp̄ gāḏôl	
"Komma"	וַיְהִ֗י	Rᵊbiaʿ	(+)

2.2.4.2   Verbindende Akzente – Position auf der (Neben-) Tonsilbe

שְׁבְנָא הַסֹּפֵר		Mûnāḥ
כֹּה תֹאמַר		Mᵊhuppāḵ
מַלְכֵי יְהוּדָה		Mērᵊḵā

2.2.5   Kᵊṯiḇ und Qᵊre

An Stellen, wo der heilige – und daher unveränderliche – Konsonantentext den Masoreten aus sachlichen oder dogmatischen Gründen als unkorrekt erschien, setzte man einfach die Vokalzeichen der vermuteten Lesart ("Qᵊre" – Siglum in BHS: Q) unter die Konsonanten der vorgegebenen Lesart ("Kᵊṯiḇ"

---

[1] Auch im Deutschen ist es üblich, am Satzende die Stimme zu senken, nur führt das dort nicht zu Veränderungen in der grammatischen Form des jeweiligen Wortes.
[2] Es handelt sich dabei um Näherungswerte.
[3] + = Pausalbetonung zwingend; (+) = Pausalbetonung fakultativ.

– Siglum in BHS: K) und schrieb an den Rand des Textes die Konsonanten des Qᵊre – gekennzeichnet durch קׄ. Bei einigen häufig vorkommenden Worten wie z.B. dem – für gläubige Juden unaussprechlichen – Gottesnamen Jahwe oder dem Ortsnamen Jerusalem verzichtete man auf die Notierung des Qᵊre am Rande des Textes; das "Qᵊre perpetuum" lautet für jüdische Leser in diesen Fällen 'ᵃdōnay bzw. yᵊrūšāláyim. Die historisch-kritische alttestamentliche Wissenschaft berücksichtigt weder das Qᵊre יְהֹוָה noch das Qᵊre יְרוּשָׁלַם, sondern liest entsprechend dem Konsonantentext bzw. den griechischen Transkriptionen yahwǣ bzw. yᵊrūšālēm. Die Lesart *Jehova*, die im Falle des ersteren Qᵊre perpetuum die Konsonanten des Kᵊṯiḇ mit den Vokalen des Qᵊre kombiniert, basiert auf Unkenntnis dieses Sachverhalts und ist – sprachlich gesehen – schlicht falsch.

2.3   Lese- und Transkriptionsübungen

2.3.1   Vorbemerkung zum Problem der Transkription

Die Übertragung eines Textes von einem Zeichensystem in ein anderes impliziert im Hebräischen so viele Probleme, daß 1983 ein ganzes Buch diesem Thema gewidmet wurde[1]. Für den hebräischen Anfänger genügt es indes, wenn er neben dem Prinzip der Transliteration **ein** gängiges **phonetisches** Transkriptionssystem beherrscht. Das im folgenden empfohlene und in den wichtigsten wissenschaftlichen Zeitschriften, Reihen und Lexika mit geringen Abweichungen angewandte System basiert darauf, daß der phonetische Bestand des masoretischen Textes in internationale Lautschrift übertragen wird. Das bedeutet, daß weder Akzente noch Vokalbuchstaben in der Transkription erscheinen[2], da erstere keine phonetische Bedeutung haben und letztere mit dem zugehörigen masoretischen Zeichen im Blick auf die Vokalqualität weitgehend zusammenfallen. (Was die Vokalquantität betrifft, haben sie indes eine gewisse Bedeutung, obwohl lange Vokale nicht unbedingt "plene" geschrieben sein müssen). Dageš lene und Dageš forte als phonetisch relevante Zeichen sind dagegen stets zu berücksichtigen.

---

[1] W. RICHTER, Transliteration und Transkription, Objekt- und metasprachliche Metazeichensysteme zur Wiedergabe hebräischer Texte, ATS 19, St. Ottilien 1983; s.a. o. S. 31 A. 2.
[2] Gelegentlich finden sich Ausnahmen bei ' – dazu s.o. 1.2.2 –, sowie (v.a. im ThWAT) bei den Vokalbuchstaben.

Beispiele[1]:

יְהוּדָה → *yᵉhūḏā* / מְגִדּוֹ → *mᵉgiddō* / צִדְקִיָּה → *ṣiḏqīyā* / יִפְתָּח → *yiptāḥ*.

Regel:

Die **Betonung** der hebräischen Wörter liegt – sofern sie unflektiert in ihrer lexikalischen Form erscheinen – in der Regel auf der letzten Silbe[2]. Abweichungen von dieser Regel sind im folgenden – wo Akzente fehlen – mit dem Betonungszeichen ` gekennzeichnet.

2.3.2   Lese- und Transkriptionsübung[3]

אָדָם קַיִן נֹחַ מִיכָא אִיזֶבֶל לוֹט רוּת עֵלִי שֵׁם חָם יֶפֶת מֹשֶׁה קִישׁוֹן לֵוִי חֹרֵב יוֹנָה
חַוָּה עַזָּה[4] דָּן בֹּעַז בָּבֶל יַבֹּק תָּבוֹר אַשּׁוּר אֲשֶׁר דָּוִד טוֹבִיָּה דָּנִיֵּאל יֵשׁוּעַ עָמוֹס צִיּוֹן

2.3.3   Lese- und Transkriptionsübung[5]

זְרֻבָּבֶל דְּלִילָה יְרֵחוֹ קִדְרוֹן יְרִיחוֹ סְדֹם עֲמֹרָה אֱלִישָׁע חֲבַקּוּק מַלְכִּי־צֶדֶק עֶזְרָא שְׁלֹמֹה
עֲתַנִיאֵל מְנַשֶׁה שִׁמְשׁוֹן יִצְחָק עָמְרִי יְכוֹנְיָה יְכָנְיָה[6] רְחַבְעָם יָרָבְעָם נְבֻכַדְנֶאצַר
יִזְרְעֶאל פְּרָת יְהוָה גַּבְרִיאֵל נִינְוֵה יְשַׁעְיָה יִרְמְיָהוּ יְרִמְיָה יְחֶזְקֵאל חַגַּי זְכַרְיָהוּ מַלְאָכִי נְבוֹ

2.3.4   Leseübung[7]

Gen 1,1	1	בְּרֵאשִׁית בָּרָא אֱלֹהִים אֵת הַשָּׁמַיִם וְאֵת הָאָרֶץ:

2 אֶת־חַג הַמַּצּוֹת תִּשְׁמֹר שִׁבְעַת יָמִים תֹּאכַל מַצּוֹת אֲשֶׁר צִוִּיתִךָ לְמוֹעֵד חֹדֶשׁ
Ex 34,18   הָאָבִיב כִּי בְּחֹדֶשׁ הָאָבִיב יָצָאתָ מִמִּצְרָיִם:

3 וַיֹּאמֶר אֱלֹהִים אֶל־מֹשֶׁה אֶהְיֶה אֲשֶׁר אֶהְיֶה וַיֹּאמֶר כֹּה תֹאמַר לִבְנֵי יִשְׂרָאֵל
Ex 3,14   אֶהְיֶה שְׁלָחַנִי אֲלֵיכֶם:

---

[1] In den Übungen 2.3.2 und 2.3.3 ist das oben beschriebene und hier exemplifizierte Transkriptionssystem anzuwenden; die Ergebnisse der Transkription nach diesem System können dann zugleich als Lese-Kontrolle dienen.

[2] Für die wichtigste Ausnahme – die Nomina Segolata – vgl. u. 6.4!

[3] Namen mit masoretischen Zeichen (ohne Šᵉwa).

[4] Vgl. o. S. 31 A 2.

[5] Namen mit masoretischen Zeichen (mit Šᵉwa).

[6] Graphische Umsetzung des Q in Jer 27,20; dort: יְכָנְיָה.

[7] Sätze mit Akzenten. In dieser Übung geht es darum, zunächst die Akzente zu identifizieren, sie in ihrer Funktion zu bestimmen und dann beim Lesen zu berücksichtigen.

3 NOMINALE WORTFÜGUNGEN

3.1 ALLGEMEINES

"Die Semiten setzen mit der ihnen eigenen realistischen Anschauung manche Dinge und Begriffe in ein prädikatives Verhältnis zu einander, die einem mehr abstrakten Denken in verwickelteren Beziehungen sich darzustellen pflegen"[1]. Diese Feststellung eines bekannten Semitisten gilt auch und gerade für das Biblische Hebräisch. Es kennt ungleich mehr Möglichkeiten als etwa das Deutsche, wenn es darum geht, Sachverhalte allein mit nominalen Mitteln zum Ausdruck zu bringen. Dabei kann man wenigstens fünf – unter Einbeziehung der Partizipialsätze sogar sechs – satzhafte und sechs – unter Einbeziehung der Zahlen sogar sieben – weitere Fügungsmöglichkeiten nach ausdrucksformalen Kriterien unterscheiden und unterschiedlichen Funktionen zuordnen, wenn auch manches noch "verwickelt" scheint. Erstere kann man als (verblose) "Nominalsätze" (NS) zusammenfassen, letztere werden als nominale "Wörterverbindungen" verhandelt. Während im Falle der Wörterverbindungen das Deutsche und das Hebräische in mancher Hinsicht ähnliche Fügungsmöglichkeiten aufweisen, fehlt der Typus des (verblosen) NS im Deutschen nahezu vollkommen[2]. An seiner Stelle verwendet das Deutsche meist Sätze mit Hilfsverben wie "sein" oder "haben".

3.2 NOMINALE WÖRTERVERBINDUNGEN UND NOMINALSÄTZE

3.2.1 Nominale Wörterverbindungen
Nominale Fügungen unterhalb der Satzebene

3.2.1.1 Nomen + Artikel: Determination

Jedes beliebige Substantiv oder Adjektiv kann durch das proklitische[3] deiktische Element · הַ (auch הָ / הֶ / הַ[4]), das vermutlich auf ein Demonstrativpro-

---

[1] C. BROCKELMANN, Grundriß der vergleichenden Grammatik der semitischen Sprachen Bd. II, Berlin 1913, 41.
[2] Eine Ausnahme bilden Sprichworte wie: "Keine Rose ohne Dornen".
[3] Proklitisch meint: Die Präposition und das zugehörige Nomen gehen eine graphische (und phonetische) Verbindung ein; vgl. dazu auch 4.2.2.3 und 7.4.
[4] Vgl. dazu u. 4.2.2.1.

nomen *han zurückgeht, näher bestimmt ("determiniert") werden. Ursprüngliche Eigennamen sind dagegen von Haus aus determiniert (aber: הַיַּרְדֵן).
Textsyntaktisch gesehen eignet diesem Element eine anaphorische (d.h. auf bereits Angesprochenes / Bekanntes rückverweisende) Funktion[1].

Beispiele:

אָתוֹן   eine Eselin   הָאָתוֹן   die (bereits erwähnte, bekannte) Eselin
אַבְרָהָם   Abraham

3.2.1.2   Nomen + Präposition:
          Präpositionalgruppe

Analog dem Deutschen können alle Nomina durch Beifügung einer Präposition im Blick auf Richtung, Lage etc. näher bestimmt werden[2]. Dabei unterscheidet man sinnvollerweise die proklitischen (ursprünglichen) Präpositionen (בְּ → in, an, auf; durch [Mittel], כְּ → Vergleich, לְ → Richtung; Nutzen) von den selbständigen Präpositionen wie z.B. אֶל (nach), עַל (auf; gegen), die – historisch gesehen – ursprünglich auf Nomina zurückgehen, (weshalb Fügungen mit ihnen letztlich als Cs.-Verbindungen zu verstehen sind)[3].

Beispiele:

בְּשֹׁמְרוֹן   in Samaria   אֶל־אַבְשָׁלוֹם   zu Absalom   עַל יְהוּדָה   über Juda.

---

[1] Insofern spielt der Artikel eine wichtige Rolle im Rahmen der für die Literarkritik wichtigen Beurteilung der syntaktischen bzw. semantischen Kohärenz von Texten.

[2] Hier ist nicht der Ort, auf die semantischen Grundprobleme des hebräischen Präpositionalsystems als eines relationalen Systems so profund einzugehen, wie das E. JENNI in seinem mehrbändigen Werk zu den hebräischen Präpositionen getan hat: Erschienen sind: E. JENNI, Die hebräischen Präpositionen. Band 1: Die Präposition Beth, Stuttgart-Berlin-Köln 1992; Band 2: Die Präposition Kaph, Stuttgart-Berlin-Köln 1994; Band 3: Die Präposition Lamed, Stuttgart-Berlin-Köln 2000; Bände zu den übrigen Präpositionen waren nicht vorgesehen. – Die oben angenommenen "Grundbedeutungen" sind als pragmatische Hilfe für den Anfänger gedacht. Von den Ergebnissen der erstgenannten Studie JENNIs sei hier nur so viel mitgeteilt, daß nach JENNI unter den drei proklitischen (ursprünglichen) Präpositionen, die generell wenig spezialisierte Relationen ausdrücken, לְ "als allgemeinster Relationalis" (ebd. 20) von בְּ und כְּ in der Weise unterschieden ist, daß zwischen בְּ und לְ die Opposition "'gleichgestellt' : 'ungleichgestellt' oder 'verbunden' : 'getrennt'" besteht (ebd. 31), während כְּ gewissermaßen dazwischen anzusiedeln ist und semantisch etwas "zwischen Gleichheit und Ungleichheit", also "Ähnlichkeit" bzw. "partielle Gleichheit" ausdrückt (ebd. 37); Näheres zu den übrigen Präpositionen s.u. 7.4.

[3] Vgl. u. 3.2.1.4.

3.2.1.3   Substantiv + Adjektiv bzw. (Demonstrativ-) Pronomen:
          Attributive Fügung / "Attribut"

Jedes Substantiv kann durch Beifügung (in der Regel: Nachstellung) eines
Adjektivs näher qualifiziert werden. Ist ersteres determiniert, kann in analoger
Funktion auch ein determiniertes (Demonstrativ-) Pronomen stehen. Diese
Fügungsart entspricht semantisch der attributiven Fügung in den indoeuropäischen Sprachen. Im Falle der attributiven Fügung müssen Substantiv und Adjektiv (Pronomen) in Genus und Determination, zumeist auch im Numerus
übereinstimmen, d.h. voll kongruent sein (Ausnahmen beim Dual).

Beispiele:

דֶּרֶךְ	ein Weg	הַדֶּרֶךְ הַיָּשָׁר	der rechte Weg
דֶּרֶךְ יָשָׁר	ein rechter Weg	הָאִישׁ הַזֶּה	dieser Mann
[אִישׁ־אֶחָד	ein Mann][1]	הַיּוֹם הַהוּא	jener Tag
שְׁנַיִם אֲנָשִׁים]	zwei Männer	הַחֹדֶשׁ הָרִאשׁוֹן	der erste Monat]

3.2.1.4   Nomen + Nomen: Constructus-Verbindung

Eine nominale Fügung des Hebräischen, für die im Deutschen keine unmittelbar analoge Bildungsweise benannt werden kann, ist die sog. Constructus-
Verbindung (Cs.-Verb.), bei der zwei oder mehr Nomina – zumeist Substantive – zu einer Sinn- und Toneinheit miteinander verbunden werden. Letztere
Tatsache hat zur Folge, daß bei Nomina mit veränderlichen Vokalen die Worte je nach Position in der Cs.-Verb. eine unterschiedliche Lautgestalt aufweisen[2]: Das Nomen in Endposition erscheint jeweils im "status absolutus"
(st.a.), d.h. in der lexikalischen Nennform, davor erscheinen die Nomina im
"status constructus" (st.cs.), d.h. in einer lautlich reduzierten Form. Das Nomen im st.a. dominiert syntaktisch die ganze Cs.-Verb. und entscheidet somit
über die Determination der ganzen Sinneinheit: Ist es determiniert, ist die
ganze Fügung determiniert, ist es indeterminiert, ist die ganze Fügung indeterminiert. Zwischen die einzelnen Glieder einer Cs.-Verb. dürfen keine sonstigen sprachlichen Elemente treten – soll die Fügung mit einer Präposition

---

[1] Die Beispiele in [] beziehen sich jeweils auf 3.2.1.7.
[2] Vgl. dazu u. 4.1.2.

näher bestimmt werden, steht diese vor dem ersten Glied, soll sie durch ein
Attribut erweitert werden, steht dieses nach dem Nomen im st.a.

Im Deutschen entsprechen den Cs.-Verb. am ehesten die zusammengesetzten Hauptwörter; im Normalfall werden Cs.-Verb. jedoch als Genitiv-
Verbindungen wiedergegeben, wobei das erste Wort der Cs.-Verb. – semantisch gesehen – zum Nomen regens wird; d.h. die Abhängigkeitsverhältnisse
der Nomina untereinander bestimmen sich auf der Inhaltsebene also genau
umgekehrt wie auf der Ausdrucksebene.

Beispiele – das jeweils letzte Nomen steht im st.a.:

עֶבֶד הַמֶּלֶךְ   der Knecht des Königs (der Königsknecht)

עֶבֶד מֶלֶךְ   ein Knecht eines Königs (ein Königsknecht)

עֶבֶד מֶלֶךְ יִשְׂרָאֵל   der Knecht des Königs von Israel

[שְׁלֹשֶׁת¹ יָמִים   drei Tage]

3.2.1.5 Nomen + Präpositionalgruppe: Präpositionale Fügung / "Attributiv"

In Bildungsweise und Funktion entspricht diese Fügungsart weitgehend der
entsprechenden Konstruktion im Deutschen ("der Spatz in der Hand"). – Erscheint die Präposition לְ im Zusammenhang einer solchen Fügung, ergibt
sich dem Inhalt nach eine Nähe zur Cs.-Verb. – die Fügung mit לְ steht oft
dort, wo man ein Nomen und einen Eigennamen im Sinne einer Cs.-Verb.
aufeinander beziehen möchte, das Nomen jedoch indeterminiert bleiben soll[2].

Beispiele:

הָרַע בְּעֵינֵי יְהוָה   das Böse in den Augen Jahwes

(das in den Augen Jahwes Böse)

מֶלֶךְ לְיִשְׂרָאֵל   ein König für Israel (ein König Israels)

---

[1] Der Šin-Punkt kann mit dem Ḥōlæm-Punkt zusammenfallen!
[2] Hieran zeigt sich, daß לְ von JENNI zu Recht "als allgemeinster Relationalis" klassifiziert wird
(s.o. 3.2.1.2 A 2) – es geht schlicht darum, zwei Worte aufeinander zu beziehen.

3.2.1.6   Substantiv + Substantiv: Appositionelle Fügung / "Apposition"

Stehen Nomina ohne syntaktisch merkmalhaft gestaltete Verbindung in bloßer logischer Verbindung hintereinander aufgereiht, spricht man von einer
Apposition. Strukturell gesehen liegt dabei eine explikative Asyndese unterhalb der Satzebene vor. Von der Ausdrucksseite her lassen sich Fügungen
dieses Typs nicht von identifizierenden bzw. klassifizierenden NS unterscheiden[1].

Beispiele:

דָּוִד עֶבֶד שָׁאוּל מֶלֶךְ־יִשְׂרָאֵל   David, der Knecht Sauls, des Königs von Israel

שָׁלֹשׁ שָׁנִ[ים]   drei Jahre (drei – und zwar Jahre)

בָּנוֹת שָׁלוֹשׁ   drei Töchter (Töchter – an Zahl drei)

שְׁלֹשִׁים אִישׁ   dreißig Männer (dreißig – und zwar Mann)]

3.2.1.7   Substantiv + Zahlwort (Kardinalzahlen)

Was die Fügung von Zahlworten mit den gezählten Objekten betrifft, lassen
sich im Hebräischen kaum feste Regeln erkennen, zumal die Zuordnung der
Zahlworte zu grammatischen Kategorien schwierig ist. Die Zahlen eins und
zwei werden zumeist als Adjektive aufgefaßt – die übrigen als Substantive.
Dementsprechend erscheinen die Zahlen eins und zwei häufig im Rahmen
von attributiven Fügungen[2]; es kommen indes in ihrem Fall ebenso auch Cs.-
Verb. und appositionelle Fügungen von Gezähltem und Zahl vor, wie sie bei
den übrigen Zahlen vorherrschen[3]. Bei letzteren lassen sich demgemäß keine
festen Regeln betreffs der Numerus-Kongruenz feststellen – das Gezählte
kann im Singular (sg.) wie im Plural (pl.) stehen; Kongruenz in Bezug auf die
Determination wird nur im Falle der Anwendung der Cs.-Verb. hergestellt. In
Bezug auf das Genus wird bei den Zahlen eins und zwei sowie den Zahlen
über elf auf Kongruenz geachtet, die Zahlen von drei bis zehn werden konsequent in dem Genus angewendet, in dem das Gezählte **nicht** steht – es liegt
also Genus-Disgruenz vor[4].

---

[1] S.u. 3.2.2.1 bzw. 2.
[2] S.o. 3.2.1.3.
[3] S.o. 3.2.1.4 und 6.
[4] In der Tabelle 4.4.1 ist diese Genus-Disgruenz bereits berücksichtigt. Hinter diesem seltsamen
Phänomen steht vermutlich die Tatsache, daß die endungslosen Nomina, die wir heute als Mas-

Sieht man von der letztgenannten Eigentümlichkeit einmal ab, liegt bei der Fügung von Kardinalzahlen mit Substantiven somit letztlich keine eigenständige Gruppe nominaler Wörterverbindungen mit eindeutigen Merkmalen vor – die verschiedenen Fügungsmöglichkeiten entsprechen vielmehr Fügungstypen, wie sie auch zwischen anderen Arten von Nomina möglich sind. Aus diesem Grund sind die Beispiele für die Fügungsmöglichkeiten von Zahlen nicht hier aufgeführt, sondern oben unter den entsprechenden Kategorien in [] eingereiht[1].

Ordinalzahlen schließlich erfordern syntaktisch gesehen keine eigene Behandlung, denn sie werden regelhaft wie Adjektive behandelt[2].

3.2.2   Verblose Nominalsätze[3] (NS)

3.2.2.1   NS mit der Funktion "Identifikation"

Stehen zwei determinierte Nominalgruppen (NG), d.h. Namen, Nomina oder Pronomina, unverbunden nebeneinander, kann der Hebräer damit nicht nur eine Apposition (s.o.) ausdrücken, sondern kann damit auch den Sachverhalt der "Identifikation" zum Ausdruck bringen (A = B).

Beispiele:

Ex 6,2 (u.ö.)	אֲנִי יְהֹוָה	Ich bin Jahwe.
Gen 16,13[4]	אַתָּה אֵל רֳאִי	Du bist El Roi.
Num 21,13	אַרְנוֹן גְּבוּל מוֹאָב	Der Arnon ist die Grenze Moabs.

3.2.2.2   NS mit der Funktion "Klassifikation"

Ist von zwei nebeneinander stehenden NG eine determiniert, die andere nicht, so liegt der Sachverhalt der "Klassifikation" (A ∈ B; Element-Klassen-Relation) vor. (Gelegentlich sind auch beide "Pole" inteterminiert).

---

culina klassifizieren, ursprünglich als Kollektiv-Begriffe verwendet wurden, während die mit der Endung -*ā* gebildeten heutigen Feminina ursprünglich Bezeichnungen für Einzeldinge waren.

[1] Da eine umfassende Behandlung der Zahlen ohnehin den Stoff von 4.2 voraussetzen würde, beschränken sich diese Beispiele auf das Notwendigste.

[2] S.o. 3.2.1.3.

[3] Vgl. F.I. ANDERSEN, The Hebrew Verbless Clause in the Pentateuch, Nashville 1970.

[4] Vgl. den textkritischen Apparat in der BHS.

Beispiele:

Ex 15,3   יְהוָה אִישׁ מִלְחָמָה   Jahwe ist ein Kriegsmann.

Jer 32,43   שְׁמָמָה הִיא   Eine Wüste ist es (das Land).

Gen 23,4   גֵּר־וְתוֹשָׁב אָנֹכִי   Ein Fremder und Beisasse bin ich.

Prov 15,4   מַרְפֵּא לָשׁוֹן עֵץ חַיִּים   Gelassene Zunge ist ein Baum des Lebens.

3.2.2.3   NS mit der Funktion "Qualifikation"

Obwohl Adjektive im Hebräischen semantisch wie morphologisch nicht immer eindeutig von Substantiven zu unterscheiden sind (vgl. die folgenden
Beispiele*), läßt sich als Untergruppe von Sätzen des Typs "Klassifikation"
eine weitere Gruppe mit der Funktion "Qualifikation" aussondern. Ihr Kennzeichen ist, daß ein indeterminiertes Adjektiv unverbunden neben (in der Regel: vor) einer determinierten NG steht.

Beispiele:

Lev 11,44 (u.ö.)   כִּי קָדוֹשׁ אָנִי   Wahrlich, ich bin heilig* (*→ ein Heiliger).

Ps 96,4   כִּי גָדוֹל יְהוָה   Wahrlich, groß* ist Jahwe (*→ ein Großer).

2 Chr 12,6   צַדִּיק יְהוָה   Gerecht* ist Jahwe (* → ein Gerechter).

3.2.2.4   NS mit der Funktion "Existenzaussage"

Es ist stark umstritten, ob Fügungen dieses Typs überhaupt als Sätze betrachtet werden dürfen, weil ihnen das Proprium einer satzhaften Aussage – die
prädikative Zuordnung zweier Glieder ("Pole") – fehlt[+]. Unbeschadet dieser
Diskussion sind die Existenzaussagen hier zu verhandeln, da sie zu den nominalen Ausdrucksmöglichkeiten des Hebräischen zu zählen sind. Ihre Struktur
ist denkbar einfach: Ein Nomen wird – gelegentlich hervorgehoben durch einen Aufmerksamkeitserreger – einfach ausgesprochen bzw. geschrieben.

Beispiele:

Gen 15,17   ... וְהִנֵּה תַנּוּר עָשָׁן   Und siehe, da war ein Feuerofen ...

              כִּי־קוֹל הֲמוֹן הַגָּשֶׁם: Ja, "vorhanden" ist das Geräusch einer

1 Kön 18,41b   Menge an Regen.

2 Sam 18,28   שָׁלוֹם   Es [ist[+]] Friede (? Satz ?).

3.2.2.5   NS, deren Funktion durch eine Präposition bestimmt wird

Im Grunde sind alle Sätze dieses Typs Existenzaussagen mit präpositionaler Näherbestimmung (die übrigens auch bei den erstgenannten drei Typen als zusätzliche Umstandsbestimmung vorkommen kann). Auch ihre Struktur ist einfach zu beschreiben: Neben einer NG steht eine bzw. stehen mehrere Präpositionalgruppe(n) (PG).

Beispiele:

2 Kön 4,40   מָוֶת בַּסִּיר[1] אִישׁ הָאֱלֹהִים   (Der) Tod ist im Topf, o Gottesmann!

Gen 32,18   לְמִי־אַתָּה   Wem gehörst du?

Gen 35,4   הָאֵלָה אֲשֶׁר עִם־שְׁכֶם: ... ... die Eiche, die bei Sichem war.

3.2.2.6   Weitere Anmerkungen zu den NS

Alle NS-Arten können durch die sog. Existenzpartikel(n) יֵשׁ (negiert: אַיִן / אֵין)[2] oder durch ein Personalpronomen der 3. Person erweitert erscheinen, ohne daß deshalb die beschriebenen Funktionen geändert würden. Syntaktisch entsprechen diese Elemente in etwa unseren als Kopula gebrauchten Hilfszeitwörtern "sein" bzw. "haben" – nur sind sie nicht konjugierbar.

Der Zeitbezug von NS ergibt sich aus dem Kontext[3]: In Reden bzw. an Textanfängen sind NS, die auf individuelle Sachverhalte bezogen sind, präsentisch wiederzugeben, in erzählenden Kontexten präterital. Die temporelle Grundfunktion von NS ist bei individuellen Sachverhalten somit der Ausdruck der Gleichzeitigkeit (GZ). In den folgenden Übungen muss zur Feststellung des Zeitbezuges in Zweifelsfällen also der Kontext in einer deutschen Übersetzung eingesehen werden!

Im Blick auf die Aktionsart (Ablaufsart) weisen die NS die Konnotation "durativ" auf – von daher liegt es nahe, daß mit NS auch allgemeingültige Sachverhalte ausgedrückt werden können.

☞ Die wichtigsten Gesichtspunkte zum Umgang mit dem hebräischen Tempussystem sind unten in Kap. 21 zusammengefasst.

---

[1] Zur Vokalisation der Präposition vgl. 4.2.2.3.2.
[2] Es handelt sich ursprünglich um Nomina mit der Bedeutung "(Nicht-) Existenz".
[3] Vgl. dazu unten 21.4: NS und Sätze mit *qōtēl* sind im Blick auf den Tempusbezug gleichwertig.

3.3 ÜBUNGSSÄTZE[1]

Ex 9,27 (leicht variiert)	1 וַיֹּאמֶר פַּרְעֹה יְהוָה הַצַּדִּיק:
Gen 24,34	2 וַיֹּאמַר עֶבֶד אַבְרָהָם אָנֹכִי:
1 Sam 17,8b (leicht variiert)	3 וַיֹּאמֶר [וְגָלְיָת] ... הֲלוֹא אָנֹכִי הַפְּלִשְׁתִּי
Gen 24,23aα.24a	4 וַיֹּאמֶר בַּת־מִי אַתְּ ... וַתֹּאמֶר[2] בַּת־בְּתוּאֵל אָנֹכִי
Sach 4,6aβ	5 זֶה דְּבַר־יְהוָה אֶל־זְרֻבָּבֶל
1 Sam 17,33	6 וַיֹּאמֶר שָׁאוּל אֶל־דָּוִד ... כִּי־נַעַר אַתָּה וְהוּא אִישׁ מִלְחָמָה
Prov 6,23	7 כִּי נֵר מִצְוָה וְתוֹרָה אוֹר וְדֶרֶךְ חַיִּים ... מוּסָר:
1 Sam 30,13bα	8 נַעַר מִצְרִי אָנֹכִי עֶבֶד לְאִישׁ עֲמָלֵקִי
Lev 19,2b	9 כִּי קָדוֹשׁ אָנִי
Ez 39,7b	10 כִּי־אֲנִי יְהוָה קָדוֹשׁ בְּיִשְׂרָאֵל:
Ps 47,3	11 כִּי־יְהוָה עֶלְיוֹן נוֹרָא מֶלֶךְ גָּדוֹל עַל־כָּל־הָאָרֶץ:[3]
Jes 43,10bα	12 כִּי אֲנִי הוּא[4]
Jes 45,22b	13 כִּי אֲנִי־אֵל וְאֵין עוֹד:
1 Kön 19,4bα	14 וַיֹּאמֶר [אֵלָיְהוּ] רַב עַתָּה יְהוָה
Qoh 2,11b	15 וְהִנֵּה הַכֹּל הֶבֶל וּרְעוּת רוּחַ וְאֵין יִתְרוֹן תַּחַת הַשָּׁמֶשׁ:
	16 אָכֵן יֵשׁ יְהוָה בַּמָּקוֹם הַזֶּה[5] ... מַה־נּוֹרָא הַמָּקוֹם הַזֶּה
Gen 28,16.17	אֵין זֶה כִּי אִם־בֵּית אֱלֹהִים וְזֶה שַׁעַר הַשָּׁמָיִם:

3.4 ZUM LEXIKON: DAS SELBSTÄNDIGE PERSONALPRONOMEN

	1.c.	2.m.	2.f.	3.m.	3.f.
Singular:	אֲנִי, אָנֹכִי ich	אַתָּה du	אַתְּ du	הוּא er	הִיא sie
Plural:	(אֲ)נַחְנוּ wir	אַתֶּם ihr	אַתֵּנָה ihr	הֵמָּה, הֵם sie	הֵנָּה sie

---

[1] Nominalsätze und nominale Fügungen – Sätze z.T. gekürzt! Wichtige Vokabeln s.u. 3.4. Zum Verständnis des Kontexts muß stets eine deutsche Bibel zu Rate gezogen werden.

[2] Es ist zu beachten, daß vorher eine junge Frau angeredet worden war; von daher erklärt sich der Wechsel von וַיֹּאמֶר zu וַתֹּאמֶר.

[3] Zur Vokalisation des Artikels vgl. 4.2.2.1.2.

[4] Welche Art NS hier vorliegt, ist umstritten; vgl. dazu R. BARTELMUS, *HYH*. Bedeutung und Funktion eines hebräischen "Allerweltswortes" – zugleich ein Beitrag zur Frage des hebräischen Tempussystems, ATS 17, St. Ottilien 1982, 143 A 75.

[5] Vgl. zur Erklärung dieser Form 4.2.2.3.2.

4 FORMENBILDUNG DER NOMINA I

4.1 Voraussetzungen zum Verständnis der masoretischen Vokalisation

4.1.1 Silbenstruktur

Grundregel:

Im Hebräischen beginnt jede Silbe mit einem Konsonanten (Ko), vokalisch anlautende Silben kommen nicht vor[1]. Je nach Lautfolge unterscheidet man:

Offene	Silben	Ko-Vo(kal)
Geschlossene	Silben	Ko-Vo-Ko
[Sonderfall: Geschärfte	Silben	Ko-Vo-Ko[2]]
Doppelt geschlossene	Silben	Ko-Vo-Ko-Ko

Die Silbenstruktur Ko-Ko-Vo (Doppelkonsonanz im Anlaut) kommt – sofern dort nicht mit R. MEYER[3] ein vokalischer Vorschlag bzw. ein Alep̄ protheticum anzunehmen ist – im masoretischen Hebräisch nur in dem bereits diskutierten Ausnahmefall שְׁתַּיִם vor.

Neben dieser Klassifikation nach Phonemqualitäten spielt in der Vokalisation des masoretischen Hebräisch gelegentlich auch noch die Silbenlänge eine Rolle. Man unterscheidet:

Kurze	Silben	Ko-ku(rzer)Vo
Lange	Silben	Ko-la(nger)Vo **und** Ko-kuVo-Ko
Überlange	Silben	Ko-laVo-Ko **und** Ko-kuVo-Ko-Ko

4.1.2 Vokalisationsregeln der Schule Ben Ascher[4]

Vorbemerkung: Die uns heute vorliegende Vokalisation wurde – wie in 2.1 erwähnt – als eines von mehreren alternativen Systemen von aramäisch sprechenden Juden rund 900 Jahre nach der Niederschrift des letzten alttestamentlichen Buches (Daniel) aus religiösen Bedürfnissen heraus geschaffen (Fixie-

---

[1] Zur scheinbaren Ausnahme von dieser Regel bei וֹ vgl. u. 4.2.2.3.3.
[2] Im silbenschließenden Konsonanten steht Dageš forte.
[3] R. MEYER, Hebräische Grammatik Bd. II, Berlin 1969 § 59.1 (vgl. ebd. Bd. I § 29.1).
[4] Ohne Segolatbildungen; vgl. dazu u. 6.4.

rung einer verbindlichen Leseweise des heiligen Textes für den gottesdienst-
lichen Gebrauch). Dementsprechend lassen sich aus der masoretischen Vokalisation nur bedingt Rückschlüsse auf die Aussprache der Worte in alttestamentlicher Zeit ziehen.

Maßgebend für die Vokalisation der Schule Ben Ascher sind:

a) Die angenommene ursprüngliche Vokalisation,
b) die Silbenstruktur (offen / geschlossen),
c) das Positionsverhältnis der jeweiligen Silbe zur Tonsilbe (d.h. zumeist zur
   Endsilbe),
d) gelegentlich die Silbenlänge.

DEMENTSPRECHEND LASSEN SICH – STARK VEREINFACHT – FOLGENDE REGELN
ERKENNEN:

1) **Ursprünglich lange Vokale** – d.h. Vokale, die in den Lexika üblicherweise in Plene-Schreibung erscheinen – **sind unveränderlich** (z.B. $\hat{o}$ ["*male*"] in
שָׁלוֹם).

2) **Ursprünglich kurze Vokale** – d.h. alle übrigen Vokale – **verändern sich
je nach Position im Wort. Dabei wird:**
   a) unter Tondruck gelängt (Ausnahme: ursprüngliches *a* bleibt bei finiten
   Verbalformen in Kontextformen kurz und wird nur in Pausa gelängt);
   b) *a* und *i* in Vortonposition in offener Silbe gelängt, sofern dadurch nicht
   drei lange bzw. überlange Silben in unmittelbarer Folge entstehen;
   c) in sonstigen offenen Silben zu Šᵊwa reduziert;
   d) in sonstigen geschlossenen Silben ein beliebiger kurzer Vokal verwendet. (Dabei kann **kein** Wechsel zwischen den Klangspektren *u* und *a*/*i* eintreten; in geschärften Silben bleibt der ursprüngliche Vokal in der Regel erhalten).
Daraus ergibt sich folgendes Schema:

↓ Offene Silbe				
Position → Tonsilbe	Vortonsilbe	sonstige Silbe	‖	ursprüngl. Vokal
$\bar{a}^1$	$\bar{a}$	∂	‖	a
$\bar{e}$	$\bar{e}$	∂	‖	i
$\bar{o}$	∂	∂	‖	u

---

[1] Ausnahmen bei den Suffixen an Verben (12.1) und Segolata (6.4).

↓ Geschlossene Silbe				
Position → Tonsilbe		Vortonsilbe	sonstige Silbe ‖	ursprüngl. Vokal
$\bar{a}$ (Nomina)	/		a/i/æ ‖	a
a (Verben)	/		a/i/æ ‖	a
$\bar{e}$	/		a/i/æ (e)[1] ‖	i
$\bar{o}$	/		u/å ‖	u

3) Träte durch Tonverschiebung in zwei Silben hintereinander Reduktion zu Šəwa auf, wird an Stelle des ersten Šəwa der kürzestmögliche Vollvokal gesetzt (meist *i*), das zweite Šəwa wird zu Šəwa quiescens; d.h. an die Stelle zweier offener Silben tritt eine geschlossene Silbe[2]. Bei Laryngalen ist der kürzestmögliche Vollvokal zumeist *a*, bei א oft *æ*. Anstelle von Šəwa quiescens wird bei Laryngalen Šəwa compositum eingesetzt; man spricht dann von einer "aufgesprengten" Silbe (**Ausnahmen** von dieser Regel **beim Verbum!**).

4) Im Auslaut fallen kurze Vokale ganz weg[3].

(i) UM DIE URSPRÜNGLICHEN VOKALE ZU ERSCHLIESSEN, MUSS MAN DIE LEXI-KALISCHE NENN-FORM EINES WORTES NACH SILBENSTRUKTUR UND BETO-NUNGSVERHÄLTNISSEN ANALYSIEREN UND VON DA AUS RÜCKSCHLÜSSE ZIE-HEN!

4.2   DIE FORMENBILDUNG DER NOMINA I

4.2.1   Die formativen (enklitischen) Elemente für Genus, Numerus und Status

Das Hebräische kennt zwei Genera: Masculinum und Femininum (m. / masc.; f. / fem.), drei Numeri: Singular, Dual und Plural (sg.; du.; pl.) und zwei Status: Status absolutus und Status constructus (st.a.; st.cs.). Sie werden durch Anfügung folgender grammatischer Morpheme an das Ende des jeweiligen Lexems zum Ausdruck gebracht:

---

[1] Vgl. o. 2.2.1.
[2] Manche Grammatiken rechnen mit einer dritten Art von Šəwa und sprechen in diesem Falle von einem Šəwa medium. Die Silbe wird dann als "schwebend offene" Silbe qualifiziert.
[3] Ein Beispiel für die Anwendung dieser Regeln findet sich auf S. 51.

	sg.	du.	pl.
masc.st.a.:	- / -ø	יִ ַ / -áyim	יִ ָ / -îm
masc.st.cs.:	- / -ø	יִ ַ / -ē	יֵ ַ / -ē
fem.st.a.:	הָ ַ / -á	־ָתַיִם / -ātáyim	־וֹת / -ốṯ
fem.st.cs.:	־ַת / -aṯ	־ָתֵי / -tē	־וֹת / -ōṯ

Beispiel:

Ableitung der masoretischen Formen aus der ursprünglichen Vokalisation am Beispiel des Nomens (Adjektiv!) יָשָׁר / yāšắr (recht [-schaffen], eben, gerade):

Angewandte Regel → 4)   2) a)   2) b)   2) c)   2) d) und 3)

m.sg.st.a.   *yašaru > yašar > yašắr > yāšắr
m.sg.st.cs. *yašari > yašar   > yᵊšar (-х́)
m.pl.st.a.   *yašurīm   > yašārîm   > yᵊšārîm
m.pl.st.cs. *yašarē   > yᵊšᵊrē (-х́) > yišrē (-х́)
f.sg.st.a.   *yašarā   > yašārắ > yᵊšārắ
f.sg.st.cs. *yašaraṯ   > yᵊšᵊraṯ (-х́) > yišraṯ (-х́)
f.pl.st.a.   *yašarōṯ   > yašārṓṯ > yᵊšārṓṯ
f.pl.st.cs. *yašarōṯ   > yᵊšᵊrōṯ (-х́) > yišrōṯ (-х́)

Paradigma 1 – Nomen mit unveränderlichem Vokal

masc.:			fem.:		
	sūs	סוּס (Pferd)		sūsā	סוּסָה (Stute)
st.a.sg.	sū́s	סוּס	st.a.sg.	sūsắ	סוּסָה
st.cs.sg.	sūs	סוּס	st.cs.sg.	sūsaṯ	סוּסַת
st.a.du.	sūsáyim	סוּסַיִם	st.a.du.	sūsāṯáyim	סוּסָתַיִם
st.cs.du.	sūsē	סוּסֵי	st.cs.du.	sūsᵊtē	סוּסְתֵי
st.a.pl.	sūsî́m	סוּסִים	st.a.pl.	sūsṓṯ	סוּסוֹת
st.cs.pl.	sūsē	סוּסֵי	st.cs.pl.	sūsōṯ	סוּסוֹת

Paradigma 2 – Nomen mit zwei bzw. einem veränderlichen Vokal(en)

masc.:			fem.:		
dāḇār	דָּבָר (Wort, Sache)		*ʿēṣā́*	עֵצָה (Rat)	
st.a.sg.	*dāḇár*	דָּבָר	st.a.sg.	*ʿēṣā́*	עֵצָה
st.cs.sg.	*dᵊḇar*	דְּבַר	st.cs.sg.	*ʿᵃṣat*	עֲצַת
st.a.du.	*dᵊḇāráyim*	דְּבָרִים	st.a.du.	*ʿᵃṣāṯáyim*	*עֲצָתַיִם
st.cs.du.	*diḇrē*	דִּבְרֵי	st.cs.du.	*ʿaṣtē*	*עֲצְתֵי
st.a.pl.	*dᵊḇārím*	דְּבָרִים	st.a.pl.	*ʿēṣṓt*	עֵצוֹת
st.cs.pl.	*diḇrē*	דִּבְרֵי	st.cs.pl.	*ʿᵃṣṓt*	עֲצוֹת

4.2.2　Fügungen des Nomens mit proklitischen Elementen - Determination

Vokalisationsregeln zum Artikel, הַ interrogativum und den proklitischen Präpositionen

Das hebräische Nomen kann nicht nur Endungen annehmen, es verbindet sich vielmehr auch mit **pro**klitischen Elementen zu einer Lauteinheit. Dabei ist die Anfügung des sog. Artikels als ein Vorgang im Rahmen der Formenbildung im engeren Sinne zu betrachten – das um den Artikel erweiterte Wort wird determiniert –, während die übrigen proklitischen Elemente nur deshalb mit dem folgenden Wort zu einer Lauteinheit gefügt werden, weil die hebräischen Lautgesetze es nicht erlauben, einsilbige Lexeme, die aus einer offenen Silbe mit kurzem Vokal bestehen, als selbständige Worte zu behandeln[1].

Zu diesen proklitischen einsilbigen Lexemen gehören das וְ copulativum ("und") und das הַ interrogativum (Einleitung von Satzfragen[2]), sowie die drei Präpositionen בְּ, כְּ und לְ[3]. Als ursprünglicher Vokal ist in diesen fünf Fällen ein *a* anzunehmen.

---

[1] Wäre das deiktische Element *han- (der Artikel) hingegen ein selbständiges Wort, dürfte es nicht mit dem zugehörigen Wort graphisch verbunden werden, denn einsilbige Lexeme, die aus einer geschlossenen Silbe bestehen, werden im Hebräischen in der Regel als selbständige Wörter behandelt; zur Ausnahme מִן vgl. u. 5.4.2.

[2] Vgl. dazu etwa das lateinische "num" oder "-ne". Im Deutschen fehlt ein entsprechendes Lexem, weil hier Satzfragen durch die Wortstellung ausgedrückt werden.

[3] Dazu s.o. 3.2.1.2.

4.2.2.1   Vereinfachte Vokalisationsregeln zum Artikel *han-* [· הַ]

4.2.2.1.1 Normalform: הַ ·   הַמֶּלֶךְ
Assimilation des *n* an den folgenden Konsonanten

4.2.2.1.2 Vor א ע ר[1]:   הָ   הָרָשָׁע , הָאָדָם
Ersatzdehnung des *a > ā*

4.2.2.1.3 Vor ע ח ה mit unbetontem Qāmæṣ[2]:   הֶ   הֶחָג , הֶהָרִים
Ersatzdehnung des *a > ǣ*

4.2.2.1.4 Sonst vor ה ח: הַ   הַחֹדֶשׁ
Virtuelle Verdoppelung des ersten Radikals[3]

4.2.2.1.5 Ausnahmen: הָהָר , הָחֵמָה , הָחֵנָה

4.2.2.2   Regeln zur Fragepartikel הֲ (ה interrogativum)

4.2.2.2.1 Normalform: הֲ   הֲלֹא

4.2.2.2.2 Vor Laryngalen: הַ oder הֶ   הַאַתָּה / הֶחָזָק

4.2.2.2.3 Vor Konsonanten mit Šᵊwa[4]:   הַ, oder הַ ·   הַבְּדֶרֶךְ / הַבְרָכָה

4.2.2.3   Vokalisationseigentümlichkeiten der Präpositionen בְּ, כְּ und לְ sowie der Konjunktion וְ

4.2.2.3.1 Gemeinsame Eigentümlichkeiten der vier proklitischen Partikeln

Regelfall:	Vok. mit Šᵊwa	וְאָדָם לְאִשָּׁה
Vor Ḥatep-Lauten:	Vok. mit Vollvokal des Ḥatep-Lauts	בֶּאֱמֶת לָאָרוֹן
Vor der Tonsilbe:	Vok. mit Vortonqamæṣ[5]	לָמַיִם בָּזֶה
Vor Gottesbezeichnungen:	Vok. mit Ṣēre bzw. Pataḥ	לַאדֹנָי לֵאלֹהִים
Vor י:	Vok. mit ī und Kontraktion[6]	וִיהוּדָה

---

[1] Vgl. 2.2.3.
[2] Im Falle von ה auch bei betontem Qāmæṣ.
[3] "Virtuell" meint eine bloß mentale – scheinbare – Verdoppelung; zu "Radikal" s.u. 5.1.2.2.
[4] Das Mætæg fehlt häufig; gelegentlich finden sich weitere Ausnahmen.
[5] Die Vortonregel ist von den Masoreten allerdings nicht konsequent berücksichtigt worden.
[6] Das י verliert bei diesem Vorgang seine Qualität als Konsonant; vgl. dazu a. u. 17.

4.2.2.3.2 Gemeinsame Eigentümlichkeiten der drei proklitischen Präpositionen

Vor Šᵊwa mobile: Vok. mit Ḥiræq   לִדְבָרִים
Vor dem Artikel: Das הַ des Artikels wird aufgrund der
                            Stellung zwischen zwei Vokalen elidiert –
                            die Präposition übernimmt die
                            Vokalisation des Artikels.   לַדָּבָר בָּאָרֶץ

4.2.2.3.3 Eigentümlichkeit der Konjunktion וְ vor Šᵊwa mobile und Labialen
("litterae Bumap") (ב, מ, פ)

                            Vok. als Šuræq   וּדְבַר

4.3   ÜBUNGEN ZUR VOKALISATION UND FLEXION DES NOMENS I

4.3.1   Vorbemerkung

Obwohl es nicht Ziel dieser Einführung ist, Hebräisch zum Zweck des aktiven
Sprachgebrauchs zu vermitteln, werden im folgenden von Fall zu Fall nicht
nur Analysen von belegten Formen als Übungsmaterial vorgestellt, sondern
auch unvokalisierte Formen, die nach den angegebenen Regeln im Geiste der
Masora zu vokalisieren sind. Ziel solcher Übung ist es, die schematischen
Strukturen des masoretischen Systems so vertraut zu machen, daß von da aus
später auch die Formenlehre bei den verschiedenen Verbalgruppen ohne größeren mnemotechnischen Aufwand im Verfahren des Analogieschlusses be-
wältigt werden kann. Das gilt in besonderer Weise für die Verben mit Laryngalen[1], die in anders angelegten Lehrbüchern in drei eigenen Kapiteln verhandelt werden müssen, bei gründlicher Kenntnis der Vokalisationsregeln jedoch als wenig "aufregende" Spezialfälle der starken Verben behandelt werden können. Im wesentlichen geht es dort ja nur um vier potentielle Probleme: Laryngale (z.T. auch ר) bedingen Varianten des Šᵊwa, Verschiebungen
in der Silbenstruktur und Tilgung von Dageš forte (evtl. Ersatzdehnung); dazu
kommt die starke Affinität von ה, ח und ע zum Vokal a.

---

[1] Insofern sind die Übungen 4.3.2.3 und 4.3.3.2 besonders gründlich zu studieren.

4.3.2 Übungen zur Flexion des Nomens[1]

4.3.2.1 Bei den folgenden Nomina handelt es sich um Substantive[2]; sie sollen nach den Regeln von 4.1 vokalisiert werden:

fem.pl.		fem.sg.		masc.pl.		masc.sg.	
st.cs.	st.a.	st.cs.	st.a.	st.cs.	st.a.	st.cs.	st.a.
נקבות	נקבות	נקבת	נְקֵבָה	זכרי	זכרים	זכר	זָכָר
גדרות	גדרות	גדרת	גְּדֵרָה	גדרי	גדרים	גדר	גֶּדֶר
צדקות	צדקות	צדקת	צְדָקָה	זקני	זקנים	זקן	זָקֵן

4.3.2.2 Bei den folgenden Nomina handelt es sich um Adjektive; sic sollen nach den Regeln von 4.1 und 4.2 vokalisiert und flektiert werden:

fem.pl.		fem.sg.		masc.pl.		masc.sg.	
st.cs.	st.a.	st.cs.	st.a.	st.cs.	st.a.	st.cs.	st.a.
יקר	יקר	יקר	יקר	יקר	יקר	יקר	יָקָר
כבד	כבד	כבד	כבד	כבד	כבד	כבד	כָּבֵד
ירא	ירא	ירא	ירא	ירא	ירא	ירא	יָרֵא
גדול	גדול	גדול	גדול	גדול	גדול	גדול	גָּדוֹל
עור	עור	עור	עור	עור	עור	עור	עור

4.3.2.3 In gleicher Weise sind folgende Adjektive zu flektieren, in deren Konsonantenbestand Laryngale bzw. ein ר vorkommen:

fem.pl.		fem.sg.		masc.pl.		masc.sg.	
st.cs.	st.a.	st.cs.	st.a.	st.cs.	st.a.	st.cs.	st.a.
חזק	חזק	חזק	חזק	חזק	חזק	חזק	חָזָק
רעב	רעב	רעב	רעב	רעב	רעב	רעב	רָעֵב
רחב	רחב	רחב	רחב	רחב	רחב	רחב	רָחָב
רחוק	רחוק	רחוק	רחוק	רחוק	רחוק	רחוק	רָחוֹק

---

[1] Zunächst ohne Artikel und sonstige proklitische Elemente.
[2] נְקֵבָה und זָקֵן können auch als Adjektive verwendet werden.

In dieser Übung sind zusätzlich zu den allgemeinen Vokalisationsregeln die Vokalisationseigentümlichkeiten von Laryngalen und ר[1] bzw. die generelle Affinität der Laryngale zum Klangspektrum *a* zu beachten!

4.3.3 Übungen zur Vokalisation des Nomens unter Einbeziehung der vier proklitischen Partikeln, sowie des Artikels und der Fragepartikel הֲ

4.3.3.1 Die Formen in Übung 4.3.2.1-3 sind jeweils um eine der vier proklitischen Partikeln (z.B. דָּבָר – וְדָבָר – וּדְבַר etc.) zu erweitern.

4.3.3.2 In gleicher Weise kann mit Artikel bzw. Fragepartikel הֲ verfahren werden – insbesondere bei den Formen der Übung 4.3.2.3.

4.3.3.3 Welche der folgenden Formen weist den Artikel und welche die Fragepartikel הֲ auf? Nach Klärung dieser Frage kann jeweils die Form mit dem anderen grammatischen Morphem gebildet werden.

הַחֹמֶר – הַמְעַט – הָאֱלֹהִים – הַמֶּלֶךְ – הֶחָזָק – הֶאָוֹר – הַזֶּה – הָאָדָם – הֲשָׁלוֹם – הַהוּא

הֶחֹמֶר – הַמְעַט – הָאֱלֹהִים – הַמֶּלֶךְ – הֶחָזָק – הֶאָוֹר – הַזֶּה – הָאָדָם – הֲשָׁלוֹם – הַהוּא

4.3.3.4 Aufgrund von Syntax und Sinnzusammenhang kann bestimmt werden, wo in den folgenden Sätzen ה als Fragepartikel und wo es als Artikel zu interpretieren ist; entsprechend ist die Punktation zu ergänzen.

2 Sam 18,32	1 [וַיֹּאמֶר דָּוִד] הֲשָׁלוֹם לַנַּעַר לְאַבְשָׁלוֹם
2 Kön 9,22	2 וַיֹּאמֶר [יְהוֹרָם] הֲשָׁלוֹם יֵהוּא וַיֹּאמֶר מָה הַשָּׁלוֹם
Gen 50,19	3 וַיֹּאמֶר ... יוֹסֵף ... הֲתַחַת אֱלֹהִים אָנִי:
Dtn 10,17	4 כִּי יְהוָה הוּא ... הָאֵל הַגָּדֹל הַגִּבֹּר
	5 הֲלֹא־הֵמָּה בְּעֵבֶר הַיַּרְדֵּן אַחֲרֵי דֶּרֶךְ מְבוֹא הַשֶּׁמֶשׁ בְּאֶרֶץ הַכְּנַעֲנִי הַיֹּשֵׁב
Dtn 11,30	בָּעֲרָבָה מוּל הַגִּלְגָּל אֵצֶל אֵלוֹנֵי מֹרֶה:

---

[1] S.o. 2.2.2; 2.2.3; 4.1.2; 3).

4.3.4 Übungssätze[1]

Ps 95,3	כִּי אֵל גָּדוֹל יְהוָה וּמֶלֶךְ גָּדוֹל עַל־כָּל־אֱלֹהִים׃	1
1 Chr 16,36	בָּרוּךְ יְהוָה אֱלֹהֵי יִשְׂרָאֵל מִן־הָעוֹלָם וְעַד הָעֹלָם	2
Gen 27,22	וַיֹּאמֶר [וְיִצְחָק] הַקֹּל קוֹל יַעֲקֹב וְהַיָּדַיִם יְדֵי עֵשָׂו׃	3
Prov 9,10	תְּחִלַּת חָכְמָה יִרְאַת יְהוָה וְדַעַת קְדֹשִׁים בִּינָה׃	4
Gen 11,10	אֵלֶּה תּוֹלְדֹת שֵׁם שֵׁם בֶּן־מְאַת שָׁנָה	5
Ex 19,16	וְקֹל שֹׁפָר חָזָק מְאֹד	6
Jer 30,7	הוֹי כִּי גָדוֹל הַיּוֹם הַהוּא ... וְעֵת־צָרָה הִיא לְיַעֲקֹב	7
	וְהִנֵּה רוּחַ גְּדוֹלָה ... לִפְנֵי יְהוָה לֹא בָרוּחַ יְהוָה וְאַחַר הָרוּחַ רַעַשׁ לֹא בָרַעַשׁ	8
1 Kön 19,11f	יְהוָה׃ וְאַחַר הָרַעַשׁ אֵשׁ לֹא בָאֵשׁ יְהוָה וְאַחַר הָאֵשׁ קוֹל דְּמָמָה דַקָּה׃	
Prov 1,7	יִרְאַת יְהוָה רֵאשִׁית דָּעַת	9
Jos 14,7	בֶּן־אַרְבָּעִים שָׁנָה אָנֹכִי	10
Gen 25,17	וְאֵלֶּה שְׁנֵי חַיֵּי יִשְׁמָעֵאל מְאַת שָׁנָה וּשְׁלֹשִׁים שָׁנָה וְשֶׁבַע שָׁנִים	11
2 Kön 2,11	וְהִנֵּה רֶכֶב־אֵשׁ וְסוּסֵי אֵשׁ	12
	מִי זֶה מֶלֶךְ הַכָּבוֹד יְהוָה עִזּוּז וְגִבּוֹר יְהוָה גִּבּוֹר מִלְחָמָה׃	13
Ps 24,8.10	מִי הוּא זֶה מֶלֶךְ הַכָּבוֹד יְהוָה צְבָאוֹת הוּא מֶלֶךְ הַכָּבוֹד סֶלָה׃	
Ex 32,5	וַיֹּאמַר [אַהֲרֹן] חַג לַיהוָה מָחָר׃	14
2 Sam 16,8	כִּי אִישׁ דָּמִים אָתָּה׃	15
Ri 17,6	בַּיָּמִים הָהֵם אֵין מֶלֶךְ בְּיִשְׂרָאֵל	16
1 Sam 28,7	הִנֵּה אֵשֶׁת בַּעֲלַת־אוֹב בְּעֵין דּוֹר׃	17
Gen 18,20	[2]וַיֹּאמֶר יְהוָה זַעֲקַת סְדֹם וַעֲמֹרָה כִּי־רָבָּה	18
	הִנֵּה נַחֲלַת יְהוָה בָּנִים שָׂכָר פְּרִי הַבָּטֶן׃ כְּחִצִּים בְּיַד־גִּבּוֹר כֵּן בְּנֵי הַנְּעוּרִים׃	19
Ps 127,3.4		
1 Chr 16,26	כִּי כָּל־אֱלֹהֵי הָעַמִּים אֱלִילִים	20
1 Kön 18,2	וְהָרָעָב חָזָק בְּשֹׁמְרוֹן׃	21

---

[1] Z.T. Ausschnitte aus den genannten Versen. Die wichtigsten neuen Vokabeln (wie z.B. alle Zahlen) sind auf der nächsten Seite aufgelistet.

[2] Die drei letzten Übungssätze enthalten Nominalbildungen entsprechend 9.4.

4.4 ZUM LEXIKON

4.4.1 Kardinalzahlen (1-100)[1]

	m.abs.	m.cs.	f.abs.	f.cs.	m.	f.
1 // 11	אֶחָד	אַחַד	אַחַת	אַחַת	אַחַד עָשָׂר[2]	אַחַת עֶשְׂרֵה
2 // 20	שְׁנַיִם	שְׁנֵי	שְׁתַּיִם	שְׁתֵּי	עֶשְׂרִים	
3 // 30	שְׁלֹשָׁה	שְׁלֹשֶׁת	שָׁלֹשׁ	שְׁלֹשׁ	שְׁלֹשִׁים	
4 // 40	אַרְבָּעָה	אַרְבַּעַת	אַרְבַּע	אַרְבַּע	אַרְבָּעִים	
5 // 50	חֲמִשָּׁה	חֲמֵשֶׁת	חָמֵשׁ	חָמֵשׁ	חֲמִשִּׁים	
6 // 60	שִׁשָּׁה	שֵׁשֶׁת	שֵׁשׁ	שֵׁשׁ	שִׁשִּׁים	
7 // 70	שִׁבְעָה	שִׁבְעַת	שֶׁבַע	שֶׁבַע	שִׁבְעִים	
8 // 80	שְׁמֹנָה	שְׁמֹנַת	שְׁמֹנֶה	שְׁמֹנֶה	שְׁמֹנִים	
9 // 90	תִּשְׁעָה	תִּשְׁעַת	תֵּשַׁע	תֵּשַׁע	תִּשְׁעִים	
10 // 100	עֲשָׂרָה	עֲשֶׂרֶת	עֶשֶׂר	עֶשֶׂר	abs. מֵאָה	cs. מְאַת

4.4.2 Unregelmäßige Nomina

Lexem:	Mann	Frau	Sohn	Tochter	Vater	Bruder	Tag	Stadt (f.!)
st.abs.	אִישׁ	אִשָּׁה	בֵּן	בַּת	אָב	אָח	יוֹם	עִיר
st.cs.	אִישׁ	אֵשֶׁת	בֶּן־/בֶּן	בַּת	אֲבִי	אֲחִי	יוֹם	עִיר
pl.abs.	אֲנָשִׁים	נָשִׁים	בָּנִים	בָּנוֹת	אָבוֹת	אַחִים	יָמִים	עָרִים
pl.cs.	אַנְשֵׁי	נְשֵׁי	בְּנֵי	בְּנוֹת	אֲבוֹת	אֲחֵי	יְמֵי	עָרֵי

---

[1] In der Tabelle ist das o. 3.2.1.7 zur Genus-Disgruenz Gesagte berücksichtigt (vgl. dort A 4).

[2] Es existiert eine Nebenform עַשְׁתֵּי עָשָׂר [עֶשְׂרֵה]. – Bei den analog zu bildenden Zahlen von 12-19 wird die Einerzahl beim Masculinum normalerweise in der Form des m.**abs.** verwendet, bei Feminina in der Form des f.**cs.** Die einzige Ausnahme von dieser Regel bildet die Zahl 12 im **m.**: שְׁנֵי עָשָׂר; Nebenform: שְׁנֵים עָשָׂר.

5 DAS VERBUM I – PARTIZIP (*qōtel* und *qatūl*) PARTIZIPIALSÄTZE (PS)

5.1 ALLGEMEINES ZUM HEBRÄISCHEN VERBUM

5.1.1 Die "Arten" der hebräischen Verben

Gemäß den auf Aristoteles zurückgehenden grammatischen Kategorien werden in den indoeuropäischen Sprachen wie dem Deutschen, Englischen, Französischen etc. zwei Haupt-Arten von Verben unterschieden – die "transitiven" und die "intransitiven" Verben: Transitive Verben beziehen sich auf zielorientierte Handlungen, d.h. Handlungen, die (in der Regel) an einem Objekt vollzogen werden (z.B. "schlagen", "lesen"); sie weisen auf der Ausdrucksseite die Möglichkeit der Genus-Transformation "aktiv-passiv" auf. Intransitive Verben dagegen bezeichnen Handlungen oder Vorgänge, die einen solchen Objektbezug ausschließen (z.B. "gehen", "stehen", "schlafen"), und können dementsprechend auch nicht ins Passiv transformiert werden. Was beide Haupt-Arten von Verben verbindet, ist der Umstand, daß beim Subjekt eine gewisse Aktivität bzw. "Potenz" vorausgesetzt wird, die die Handlung bzw. den Vorgang bewirkt oder zuläßt. Dementsprechend lernt der deutsche Schüler Verben als "**Tätigkeits**wörter" oder "**Tu**wörter" kennen[1]. Geht es dagegen um Zuständlichkeiten wie die Eigenschaften oder die Klassenzugehörigkeit eines Subjekts, werden im indoeuropäischen Bereich in der Regel Hilfszeitworte wie "sein/werden", "to be/become", "être" etc. in Verbindung mit Adjektiven oder Substantiven verwendet. – Anders im Hebräischen: Hier finden sich neben den beiden genannten Haupt-Arten von Verben auch noch die sog. "verba stativa" bzw. "Zustandsverben" wie z.B. חזק ("stark sein/werden"), מלך ("König sein/werden"), die nach indoeuropäischem Sprachempfinden

---

[1] Die – sachgerechtere – Terminologie "**Zeitwort**" ist in den Hintergrund getreten. – Daß die neuere Kategorisierung nicht einmal der deutschen Sprachwirklichkeit voll gerecht wird, ergibt sich schon allein daraus, daß die Grammatiken auf der Inhaltsebene "Tätigkeitsverben" ("unterstützen", "kämpfen") von "Vorgangsverben" ("fallen", "erfrieren") und "Zustandsverben" ("leben", "wohnen") unterscheiden, also die in der Terminologie enthaltene Unterstellung, daß Verben primär etwas mit "Tun" zu tun hätten, selbst relativieren; vgl. dazu etwa DUDEN Band 4. Grammatik der deutschen Gegenwartssprache, Mannheim ³1973, 64f. J. ERBEN, Deutsche Grammatik. Ein Abriß, München ¹²1980, 59 hat das Problem erkannt (Das Verb "stellt das Bezeichnete ... als Tätigkeit" dar, "ohne daß es sich in Wirklichkeit um ... "Tätigkeiten" handeln muß"), zieht aber daraus keine Konsequenzen im Blick auf die Nomenklatur.

nichts anderes als konjugierte Adjektive (bzw. Substantive) darstellen[1], aber voll in das hebräische Verbalsystem integriert sind, in dem DAS ALLE VERBEN VERBINDENDE MOMENT DIE HERSTELLUNG VON ZEITBEZÜGEN IST – dies unbeschadet der Tatsache, daß das Hebräische daneben die unseren Sätzen mit Hilfsverben entsprechende Konstruktion des NS (s.o.) kennt.

Verba stativa bedingen übrigens in der Übersetzungspraxis (nicht nur für den hebräischen Anfänger!) oft Schwierigkeiten, weil vom Kontext her nicht immer klar ist, ob der Schreiber z.B. zum Ausdruck bringen wollte, daß jemand König gewesen ist (es also zu dem in Rede stehenden Zeitpunkt nicht mehr ist) oder aber König geworden ist (und es somit auch noch zu dem in Rede stehenden Zeitpunkt ist). Analoges gilt für die Verba resultativa. Lediglich beim Zeitbezug Gleichzeitigkeit, der bei den hier zunächst verhandelten Partizipialsätzen gegeben ist, entfällt dieses Problem, zumal das Hebräische für den "status nascendi" eine eigene Konstruktion mit dem Inf.abs. bzw. Ptz.akt. des Verbs הלך kennt[2]: DIE PARTIZIPIEN DER "VERBA STATIVA" HABEN DIE FUNKTION VON ADJEKTIVEN[3], was zur Folge hat, daß derartige Partizipialsätze analog den qualifizierenden NS nur mit Formen von "sein" übersetzt werden können.

Nimmt man zu dem oben erwähnten Phänomen noch den Umstand hinzu, daß der Hebräer durch die Verwendung bestimmter konsonantischer bzw. vokalischer Elemente nach den Regeln der Stammbildung[4] aus jedem beliebigen Nomen ein Verbum machen kann ("Denominalbildungen"), und daß anstelle von Adverbien in einigen Fällen der sog. Infinitivus absolutus des Verbums verwendet werden kann[5], zeigt sich, daß die Wortklasse "Verbum" im Hebräischen einen weitaus größeren Anteil am Gesamt des Systems umfaßt als dies etwa im Deutschen der Fall ist.

Ein weiteres Phänomen, in dem das hebräische Verbalsystem erheblich von dem abweicht, was in den indoeuropäischen Sprachen an Ausdrucksmöglichkeiten gegeben ist, liegt darin, daß das Hebräische keine "Komposita" kennt, was u.a. mit dem Prinzip der Trilitteralität zusammenhängt: Kein hebräisches Verb weist in der Grundform mehr als drei Konsonanten auf (Näheres dazu s.u.)!

---

[1] Vgl. dazu H. BAUER, Die Tempora im Semitischen, Leipzig 1910, 33. Diese Verben dürfen auf keinen Fall mit den Verben verwechselt werden, die in deutschen Grammatiken "Zustandsverben" genannt werden!
[2] Vgl. dazu u. 8.1.
[3] In den Grammatiken werden sie deshalb oft auch einfach als "Verbaladjektive" bezeichnet.
[4] Vgl. dazu u. 5.1.2.3 und v.a. 13.2.2.
[5] S.u. 8.1.

5.1.2 Wichtige grammatische DEFINITIONEN zur Formenlehre des Verbums

5.1.2.1 Wurzel:

Eine in der Regel aus drei Konsonanten bestehende Lautfolge, die einen Sinnbereich konstituiert und die durch Prä- und Afformative, durch innere Vermehrung und durch unterschiedliche Vokalfolgen zu eindeutigen Bedeutungen bzw. Funktionen präzisiert wird.

Beispiel: כתב "schreiben" / "Schrift":

כָּתַב = "er hat geschrieben" – כֹּתֵב = "Schreiber" – כְּתָב = "Schrift"; "Buch" – מִכְתָּב = "Schrift"; "Brief" etc.

5.1.2.2 Radikal:

Einzelner Konsonant einer Wurzel. – Anstelle einer numerischen Aufschlüsselung von Wurzeln (1., 2., 3. Radikal) wird in den klassischen Grammatiken die Position eines Radikals in der Wurzel nach dem Paradigma פֹּעַל / p'l ("tun", "machen") beschrieben: פ meint den 1., ע den 2. und ל den 3. Radikal. Demgemäß ist ein Verbum פ"א ein Verbum, dessen 1. Radikal ein א ist, ein Verbum ל"ה ein Verbum, dessen 3. Radikal ein ה ist, etc.

Neben dem Paradigma פֹּעַל[1], das wegen des Laryngals in der zweiten Position zur Darstellung des masoretischen Hebräisch wenig geeignet schien, wurde und wird in den Grammatiken zur formalistischen Beschreibung der hebräischen Verbformen v.a. die Wurzel קֹטֵל / qṭl ("töten") verwendet. Da letztere Wurzel im Gefolge der politischen Ereignisse 1933-45 als zu sehr belastet empfunden wurde, wurde sie zunächst durch die bis dahin in den Grammatiken ungebräuchliche, aber semantisch weniger anstößige Wurzel כתב / ktb ("schreiben") ersetzt. In diesem Buch ist um der grammatischen Kontinuität willen als Paradigma wieder קֹטֵל verwendet – in Umschrift jedoch bewußt qṭl als eine an das alte Paradigma nur mehr phonetisch erinnernde, semantisch leere Buchstabenkombination[2].

---

[1] Es entspricht dem in den arabischen Paradigmen üblichen *fa'ala*.
[2] So schon bei F.E. KÖNIG, Historisch-kritisches Lehrgebäude der hebräischen Sprache, Leipzig 1881-1897 bzw. R. MEYER, Hebräische Grammatik, Bd. II, Berlin ³1969.

5.1.2.3   Stamm[1]:

Anders als in der deutschen Grammatik nennt man in der Hebraistik "Stamm" nicht den bedeutungstragenden Kern eines Lexems[2], sondern die Modifikation einer Verbalwurzel durch Vokalisationsstruktur, Präformative oder innere Vermehrung, die semantische Modifikationen bewirkt. Das Hebräische verwendet im wesentlichen sieben derartige Stämme, den Grundstamm (Qal bzw. G-Stamm), den Reflexivstamm (N-Stamm), den Doppelungsstamm (D-Stamm [akt. und pass. sowie tD-Stamm]) und den Kausativstamm (H-Stamm [akt. und pass.]); weitere Stämme finden sich bei den sog. schwachen Verben[3]. Unter Zuhilfenahme des Paradigmas פעל können sie – formal beschreibend – auch als Paʿal, Piʿʿel, Puʿʿal, Hitpaʿʿel, Nifʿal, Hifʿil, Hofʿal bezeichnet werden. (Ersteres ist indes ungebräuchlich, üblich ist die Bezeichnung Qal)[4].

5.1.2.4   Prä- und Afformative:

Grammatische Morpheme, die vor bzw. nach den drei Radikalen einer Wurzel erscheinen und die der Formenbildung dienen. – Sie geben Auskunft über Kategorien wie Genus, Numerus, Person oder "Tempus" (vgl. dazu u. Kap. 21) bzw. konstituieren beim Nomen bestimmte Wortklassen.

5.1.2.5   Prä- und Suffixe:

Präpositionen, Pronomina und Konjunktionen, die sich pro- / enklitisch mit dem nächststehenden Nomen oder Verbum verbinden, die jedoch nichts mit der Formenbildung im engeren Sinne zu tun haben.

5.1.2.6   Assimilation:

Innersprachlicher Vorgang, der dazu führt, daß zwei aufeinander folgende Laute einander angeglichen werden. – Man unterscheidet progressive Assimilation (der erste Laut setzt sich durch) und regressive Assimilation (der zweite

---

[1] In älteren Grammatiken: Konjugation.
[2] Nur in der Schule von D. MICHEL, die in vielem dem Indogermanisten J.L. WEISGERBER folgt, wird "Stamm" bis heute im Sinne der Indogermanistik gebraucht.
[3] S.u. 14ff.
[4] Vgl. zum Ganzen s.u. 13.

Laut setzt sich durch). Dazu kommt, daß die Assimilation partiell (bestimmte lautliche Eigenschaften eines Konsonanten sctzen sich durch) oder total sein kann. Besonders häufig findet sich totale Assimilation bei den "schwachen" Konsonanten נ und ה, gelegentlich auch bei Dentalen (ד, ת etc.). – Partielle Assimilation kommt vor, wenn Dentale in Kontaktstellung zu emphatischen Lauten kommen (ת > ט, שׂ > צ).

5.2 DAS PARTIZIP IM QAL (GRUNDSTAMM)
qōtel (qôtēl) und qatūl (qātûl)

5.2.1 Formenbildung des Partizips (Ptz.) – Partizip aktiv (akt.) und passiv (pass.)

Die Normalform des Ptz.akt. Qal ist *qōtēl* mit unveränderlichem *ô* und veränderlichem *ē* (< *i*) — vereinfacht geschrieben: *qōtel*. Verba stativa (Zustandsverben) wie כבד ("schwer sein") oder קטן ("klein sein") verwenden anstelle eines eigenen Ptz. (Verbal-) Adjektive des Typs *qātēl* / *qātôl* – ersteres mit zwei veränderlichen Vokalen, letzteres mit unveränderlichem *ô* und veränderlichem *ā* (< *a*). Neben dem Ptz.akt. gibt es bei transitiven Verben ein Ptz.pass.; seine Normalform ist *qātûl* mit veränderlichem *ā* (< *a*) und unveränderlichem *û* – vereinfacht zitiert: *qatūl*. Die Flexion beider Partizipien entspricht der des Nomens.

5.2.2 Syntax des Partizips – NS mit Partizip als Prädikat: "Partizipialsätze" (PS)

5.2.2.1 Partizip aktiv – "Partizipialsätze" (PS)

Entsprechend ihrer Formenbildung könnten alle Partizipien als Nomina betrachtet werden. Syntaktisch gesehen liegen die Verhältnisse komplizierter. Einc der syntaktischen Rolle des Nomens vollkommen entsprechende Rolle spielt das Ptz.akt. nur, wenn es mit Artikel oder in Cs.-Verb. erscheint. In anderen Fällen muß in Rechnung gestellt werden, daß es – wie der Name sagt – am nominalen und am verbalen Bereich "Anteil hat": NS, bei denen in der Position des Prädikats, d.h. an der Stclle der **indeterminierten** Nominalgruppe, das Ptz.akt. eines (in-) transitiven Verbs steht, werden deshalb sinnvollerweise als "Partizipialsätze" (PS), d.h. als eine eigene Gruppe innerhalb der NS ausgesondert. Semantisch gesehen dient das Ptz.akt. in ihnen zumeist nicht der Klassifikation des Subjekts – naheliegend ist eine entsprechende Übersetzung eigentlich nur in den Fällen, in denen es um allgemeingültige Sachverhalte geht –, PS berichten vielmehr in der Regel von einer Handlung des Subjekts, die zu dem in Rede stehenden Zeitpunkt gerade abläuft. Ist eine solche Handlung auf ein Objekt gerichtet, kann dieses (wie bei den finiten Verbformen) durch die sog. "nota accusativi" אֵת/אֶת־ hervorgehoben sein; syntaktisch notwendig ist dieses verdeutlichende Element indes nicht, um einen Satz als PS klassifizieren zu können.

Entsprechend der temporellen Grundfunktion der NS haben auch die in PS artikulierten Handlungen den Zeitbezug der Gleichzeitigkeit (GZ). M.a.W. in direkter Rede und in allen sonstigen Fällen, wo der Relationspunkt der Gegenwartspunkt des Sprechers bzw. Schreibers ist, drückt das Ptz.akt. das aus, was im Deutschen mit der finiten Verbalform Präsens ausgedrückt werden kann[1], in erzählenden Kontexten dagegen bezeichnet es parallel zur Haupthandlung ablaufende Vorgänge und ist präterital zu übersetzen. Man spricht in diesem Zusammenhang von **Umstandssätzen der GZ**; sie sind meist mit w^∂- eingeleitet (formalistisch gesprochen: Ihre Struktur ist w^∂-x-$q\bar{o}tel$[2]).

Gelegentlich – insbesondere wenn am Beginn einer direkten (Gottes-) Rede הִנֵּה steht – kann das Ptz.akt. jedoch auch (in Nebenfunktion) das "Futurum instans" ausdrücken. – In aspektueller Hinsicht bezeichnet das Ptz.akt. den imperfektiven Aspekt, im Blick auf die Aktions- bzw. Ablaufsart die Dauer (Durativ). [Zu den grammatischen Termini vgl. u. Kap. 21.3 und 4].

Beispiele:

1 Chr 17,1	הִנֵּה אָנֹכִי יוֹשֵׁב בְּבֵית הָאֲרָזִים	Siehe, ich wohne im Zedernhaus.
1 Chr 28,9	כִּי כָל־לְבָבוֹת דּוֹרֵשׁ יְהוָה	Ja, Jahwe erforscht alle Herzen.
Gen 18,1	וְהוּא יֹשֵׁב פֶּתַח־הָאֹהֶל	... während er am Zelteingang saß.
Ex 23,20	הִנֵּה אָנֹכִי שֹׁלֵחַ מַלְאָךְ	Siehe, ich sende einen Engel ...

---

[1] Dazu gehören nicht nur individuelle Sachverhalte (SV) mit dem Zeitbezug "Gegenwart" (z.B. "ich lese" [z.Zt.]), sondern auch generelle SV mit diesem Zeitbezug (z.B. "ich lese" [täglich die Zeitung] – d.h. ich bin Leser). M.a.W. der naheliegende Vergleich zwischen der Verwendung des Ptz.akt. in der engl. "Verlaufsform" ("I am reading") und in hebr. PS stößt an noetische Grenzen, denn im Englischen gibt es für generelle SV eine eigene Ausdrucksmöglichkeit ("I read"); vgl. dazu u. 7.1.

[2] "x" bezeichnet hier und im folgenden ein beliebiges (nicht-verbales) Satzglied.

5.2.2.2   Partizip passiv

Das Ptz.pass. entspricht syntaktisch praktisch den Adjektiven; zu beachten bleibt, daß es "perfektische" Sachverhalte ausdrückt, (also in etwa dem lateinischen *participium perfecti passivi* entspricht)[1]. Dementsprechend sind Sätze, in denen als Prädikat ein Ptz.pass. steht, als NS zu übersetzen.

Beispiele:

1 Kön 2,45a	וְהַמֶּלֶךְ שְׁלֹמֹה בָּרוּךְ	Aber der König Salomo ist (sei) gepriesen.
Dan 9,13aα	כַּאֲשֶׁר כָּתוּב בְּתוֹרַת מֹשֶׁה	Wie es geschrieben ist im Gesetz des Mose ...
[vgl. 1 Kön 2,3aγ	כַּכָּתוּב בְּתוֹרַת מֹשֶׁה	(*dto. rein nominal*)]

5.3   ÜBUNGSSÄTZE

Ps 116,11b	כָּל־הָאָדָם כֹּזֵב׃	1
Ex 18,17	וַיֹּאמֶר חֹתֵן מֹשֶׁה ... לֹא־טוֹב הַדָּבָר אֲשֶׁר אַתָּה עֹשֶׂה[2]׃	2
Jer 11,20	וַיהוָה צְבָאוֹת שֹׁפֵט צֶדֶק בֹּחֵן כְּלָיוֹת וָלֵב	3
Gen 45,26a	עוֹד יוֹסֵף חַי וְכִי־הוּא מֹשֵׁל בְּכָל־אֶרֶץ מִצְרָיִם	4
Ri 14,4b	וּבָעֵת הַהִיא פְּלִשְׁתִּים מֹשְׁלִים בְּיִשְׂרָאֵל׃	5
Ri 4,4	וּדְבוֹרָה[3] אִשָּׁה נְבִיאָה אֵשֶׁת לַפִּידוֹת הִיא שֹׁפְטָה אֶת־יִשְׂרָאֵל בָּעֵת הַהִיא׃	6
Ex 34,10a	וַיֹּאמֶר הִנֵּה אָנֹכִי כֹּרֵת בְּרִית	7
Ez 29,19	הִנְנִי[4] נֹתֵן לִנְבוּכַדְרֶאצַּר מֶלֶךְ־בָּבֶל אֶת־אֶרֶץ מִצְרָיִם	8
Ez 3,5	כִּי לֹא אֶל־עַם עִמְקֵי שָׂפָה וְכִבְדֵי לָשׁוֹן אַתָּה שָׁלוּחַ אֶל־בֵּית יִשְׂרָאֵל׃	9
1 Kön 11,41aαb	וְיֶתֶר דִּבְרֵי שְׁלֹמֹה ... הֲלֹוא־הֵם כְּתֻבִים עַל־סֵפֶר דִּבְרֵי שְׁלֹמֹה׃	10

---

[1] Vgl. zum Ganzen a. u. Kap. 21.
[2] Bei Verba ל"ה wird das Ptz.akt. m.sg.st.a. mit Sᵊgol statt Ṣēre gebildet.
[3] Hier ist der PN Debora, nicht das Lexem "Biene" gemeint.
[4] Die Fügung meint das Gleiche wie הִנֵּה אָנֹכִי.

11 וַעֲתַלְיָה מֹלֶכֶת¹ עַל־הָאָרֶץ: 2 Kön 11,3b

12 וְאֹרַח צַדִּיקִים כְּאוֹר נֹגַהּ   Prov 4,18a

13 אַךְ יֵשׁ־אֱלֹהִים שֹׁפְטִים בָּאָרֶץ: Ps 58,12b

14 אַשְׁרֵי שֹׁמְרֵי מִשְׁפָּט עֹשֵׂה צְדָקָה בְכָל־עֵת: Ps 106,3

15 וִיוֹתָם בֶּן־הַמֶּלֶךְ עַל־הַבַּיִת שֹׁפֵט אֶת־עַם הָאָרֶץ: 2 Kön 15,5b

16 כִּי אִישׁ טְמֵא־שְׂפָתַיִם אָנֹכִי וּבְתוֹךְ עַם־טְמֵא שְׂפָתַיִם אָנֹכִי יוֹשֵׁב   Jes 6,5aβ

17 אֶת־הָאֱלֹהִים אֲנִי יָרֵא: Gen 42,18b

18 יְהוָה פֹּקֵחַ עִוְרִים יְהוָה זֹקֵף כְּפוּפִים יְהוָה אֹהֵב צַדִּיקִים:
יְהוָה ׀ שֹׁמֵר אֶת־גֵּרִים²   Ps 146,8.9a

19 סוֹמֵךְ יְהוָה לְכָל־הַנֹּפְלִים   Ps 145,14a

20 עַל־מִצְפֶּה ׀ אֲדֹנָי אָנֹכִי עֹמֵד תָּמִיד יוֹמָם   Jes 21,8b

21 שֹׁמֵר פְּתָאיִם יְהוָה   Ps 116,6a

22 וּמָה־אַתָּה עֹשֶׂה בָזֶה   Ri 18,3b

23 קוֹל דְּבָרִים אַתֶּם שֹׁמְעִים   Dtn 4,12

24 וַיֹּאמֶר זֶה בְּכֹה וְזֶה אֹמֵר בְּכֹה: 1 Kön 22,20

25 נֹתֵן לַיָּעֵף כֹּחַ   Jes 40,29a

26 וַיֹּאמֶר שְׁמוּאֵל וּמֶה קוֹל־הַצֹּאן הַזֶּה ... וְקוֹל הַבָּקָר אֲשֶׁר אָנֹכִי שֹׁמֵעַ:
1 Sam 15,14

27 כִּי יְהוָה ... הוּא אֱלֹהֵי הָאֱלֹהִים וַאֲדֹנֵי הָאֲדֹנִים הָאֵל הַגָּדֹל הַגִּבֹּר וְהַנּוֹרָא ...
עֹשֶׂה מִשְׁפַּט יָתוֹם וְאַלְמָנָה וְאֹהֵב גֵּר   Dtn 10,17.18a

28 כֹּה־אָמַר³ הָאֵל יְהוָה בּוֹרֵא הַשָּׁמַיִם וְנוֹטֵיהֶם⁴ רֹקַע⁵ הָאָרֶץ ...
נֹתֵן נְשָׁמָה לָעָם עָלֶיהָ וְרוּחַ לַהֹלְכִים בָּהּ⁴: Jes 42,5

---

[1] Eine Nebenform des Ptz.akt. f.sg. Die – alte – Fem.-Endung -*t*, die st.a. und st.cs. bezeichnen kann, wird unmittelbar an den letzten Radikal der Wurzel angefügt und entsprechend den Regeln von 6.4 vokalisiert.

[2] ׀ = Paseq: Trenner im Sinne der graphischen Deutlichkeit.

[3] Vgl. וַיֹּאמֶר! Es liegt ein Perfekt der gleichen Wurzel vor – vgl. u. 6.2.

[4] Es liegen Pronomina suffixa vor (s.u. 5.4.1). הֶם- (3.m.pl.) bezieht sich auf den Himmel, הָ- bzw. הָ- (3.f.sg.) auf die Erde.

[5] Zu רֹקַע vgl. o. 4.1.2; 3) bzw. 4.3.2.3.

5.4   ZUM LEXIKON

5.4.1   Das unselbständige Personalpronomen (Suffixe am Nomen)

Das Hebräische kennt neben den selbständigen Personalpronomina, die dem Nominativ der deutschen Personalpronomina entsprechen, noch eigene enklitische Formen der Personalpronomina, die in etwa dem Genitiv bzw. Akkusativ der deutschen Personalpronomina entsprechen. Diese – nach ihrer Fügungsweise auch Suffixe genannten – Formen bilden mit dem vorhergehenden Wort eine graphische und tonmäßige Einheit und können in Verbindung mit Nomina, Präpositionen und Verben auftreten. Je nach der Silbenstruktur unterscheidet man "schwere" (Suffixe der 2. / 3. Pers. pl. und ךְ- im Kontext) und "leichte" Suffixe (alle übrigen). Als Basisformen kann man die in der Tabelle aufgelisteten Morpheme annehmen. Die Formen in () stellen demgegenüber die wichtigsten Varianten dar, wie sie an Nomina (N) und Präpositionen erscheinen können – bei Verben (V) treten noch andere Varianten auf[1].

Numerus ‖ Person / Genus →					
↓	1.c.	2.m.	2.f.	3.m.	3.f.
sg.	יִ-[2]	ךָ-	ךְ-	(הֹו- > וֹ- / יְהוּ- > יְו-) הוּ-	הָ- / יהָ-
pl.	נוּ-	כֶם-	כֶן-	(הֶם- > ם-) הֶם-	[הֶן-] / (הֶן- > ן-) הֶן-

Was die Funktion der Suffixe am Nomen betrifft ist klar, daß hier von beiden genannten Funktionen (Gen. / Akk. des Pers. Pron.) nur die erstere in Frage kommt – mit direktem Objekt (Akk.) können nur Verben gefügt werden. Für die grammatische Analyse von suffigierten Nominalformen ergibt sich von daher, daß man sie als Cs.-Verb. zwischen einem Nomen und einem Personalpronomen ansehen kann, was sie – diachron gesehen – wohl auch sind, bei denen aus der Sinn- und Toneinheit[3] auch noch eine graphische Einheit geworden ist (z.B. סוּסִי – "wörtlich" übersetzt: Pferd des Ich, Pferd meiner [Person]). Im Deutschen, das eine entsprechende Konstruktion nicht kennt, wird dieser Genitivus possessivus so aufgelöst, daß man an seiner Stelle das Possessivpronomen, das das Hebräische nicht kennt, einsetzt (z.B. mein Pferd).

---

[1] Vgl. u. 12.1.
[2] An Verben: נִי-!
[3] Vgl. o. 3.2.1.4.

Im Blick auf die Formenbildung ergibt sich von daher die Faustregel, daß die Suffixe jeweils an die Cs.-Form der Nomina angehängt werden, wobei im sg. zwischen Nomen und Suffix ein Bindevokal tritt[1], und im pl. das -$\bar{e}$ des m.cs. beim Suff. 1.c., 2.f.sg. und 3.m.sg. (hier nur als theoretische Basis) in dissimilierter Form ($\bar{e} > ay$) erscheint. Im f.pl. tritt zwischen die Endung des Nomens und das Suffix noch zusätzlich die Endung des m.pl.cs. – Zu Einzelheiten vgl. das Paradigma.

Paradigma – סוּס (Pferd, Hengst) / סוּסָה* (Stute)

Nomen → ↓ Suffix	m.sg.	m.pl.	f.sg.	f.pl.	
1.c.sg.	סוּסִי	סוּסַי	סוּסָתִי	סוּסוֹתַי	
2.m.sg.	סוּסְךָ	סוּסֶיךָ	סוּסָתְךָ	סוּסוֹתֶיךָ	
2.f.sg.	סוּסֵךְ	סוּסַיִךְ	סוּסָתֵךְ	סוּסוֹתַיִךְ	
3.m.sg.	סוּסוֹ	סוּסָיו	סוּסָתוֹ	סוּסוֹתָיו	
3.f.sg.	סוּסָהּ	סוּסֶיהָ	סוּסָתָהּ	סוּסוֹתֶיהָ	
1.c.pl.	סוּסֵנוּ	סוּסֵינוּ	סוּסָתֵנוּ	סוּסוֹתֵינוּ	
2.m.pl.	סוּסְכֶם	סוּסֵיכֶם	סוּסַתְכֶם[2]	סוּסוֹתֵיכֶם	
2.f.pl.	סוּסְכֶן	סוּסֵיכֶן	סוּסַתְכֶן	סוּסוֹתֵיכֶן	
3.m.pl.	סוּסָם	סוּסֵיהֶם	סוּסָתָם	סוּסוֹתֵיהֶם	(סוּסוֹתָם)
3.f.pl.	סוּסָן	סוּסֵיהֶן	סוּסָתָן	סוּסוֹתֵיהֶן	(סוּסוֹתָן)

5.4.2   Nachtrag zu den Lexemen mit Vokalisationseigentümlichkeiten

Analog dem Artikel assimiliert auch die Präposition מִן ("von [... aus gesehen]"; bei Adjektiven auch als Ersatz für den im Hebräischen fehlenden Komparativ) in den Fällen, wo sie ohne ־ an das zugehörige Nomen tritt, den "schwachen" Konsonanten *n* an den folgenden Konsonanten, so daß dieser dageš iert erscheint. Ist der folgende Konsonant ein Laryngal oder ein *r*, tritt

---

[1] Die jetzt vorfindlichen Vokale gehen auf ursprüngliches *a* oder *i* zurück – die Veränderungen sind nach 4.1.2 zu erklären; gelegentlich liegt Kontraktion vor.
[2] Vgl. zu dieser Bildung o. S. 50 A 2.

Ersatzdehnung bzw. virtuelle Verdoppelung ein. Dabei kann – wie auch sonst – der Dageš-Punkt entfallen, wenn der betreffende Konsonant mit Šᵊwa vokalisiert ist[1]. Bei Bᵊgadkᵊpat-Lauten darf das Dageš allerdings nicht ausfallen.

Beispiele:

מִן־הָאָרֶץ – מִבֶּטֶן – מִדֵּי / מִדִּי – מֵאָדָם – מִחוּץ

5.4.3   Übung

5.4.3.1   Vorbemerkung

Neben Übungssätzen und Vokalisationsübungen erscheinen von hier an auch Formanalysen, um den jeweiligen Grammatik-Stoff einzuüben.

Es empfiehlt sich, bei Analysen folgendes **Analyseschema** einzuhalten:

1) Lexem
a) Nomina → Lexikalische Form, Genus, Numerus (Num.), evtl. Determination bzw. Status;
b) Verben → Person (Pers.), Genus, Num., Tempus / Modus, Stamm, Wurzel;
2) Suffixe → Pers., Genus, Num.;
3) Zusätze → ו cop., Präposition(en), evtl. Angabe über Pausalform.

Beispiele:

וְאָבִינוּ   Nomen אָב m.sg. mit Suff. 1.c.pl. + ו cop.

שֹׁמְעָיו   m.pl. Ptz.akt. Q Wz. שׁמע mit Suff. 3.m.sg.

5.4.3.2   Formanalysen

דְּבָרַי וַאֲמָתוֹ קוֹלָן אֶחָיו אֶחָיו אָחִיךָ אָחִיו שְׁמָהּ מִיָּדִי רָאשֵׁיכֶם אִשְׁתְּךָ נָשָׁיו בְּיֶדְכֶן בְּנֵיהֶם
וּבִתְשׁוּעָתֵנוּ רְכוּשָׁם וּבְנוֹחֵיכֶן בְּקָרְיֵךְ עֲמָלֵנוּ בְּקָרְיֵהֶן אֱלֹהֵינוּ אֲבִיהָ שְׁנֵיכֶם שְׁפָטֵנוּ

---

[1] S.o. 2.2.3.5.

6 DAS VERBUM II – PERFEKT (AFFORMATIVKONJU-GATION / *qatal*) // VERBALSÄTZE (VS) FORMENBILDUNG DER NOMINA II (SEGOLATA)

6.1 ALLGEMEINES ZU DEN FINITEN VERBALFORMEN BZW. ZU DEN VERBALSÄTZEN UND DEN HEBRÄISCHEN "TEMPORA"

Was die Konjugationsarten betrifft, zeichnet sich das Hebräische durch eine ausgesprochene Formenarmut aus: Es kennt auf der Ebene der Darstellung nur zwei morphologisch eindeutig unterscheidbare Formen – die Prä- und die Afformativkonjugation (PK und AK) – sowie zwei weitere aus diesen beiden Konjugationen ableitbare "zusammengesetzte" Formen[1]. Zusammen mit dem Ptz.akt. stehen somit fünf Formen zum Ausdruck von temporellen Bezügen zur Verfügung, also weniger als etwa im Deutschen oder Lateinischen. Von daher ist klar, daß eine unmittelbare Funktionsidentität zwischen den hebräischen und deutschen "Tempora" wenig wahrscheinlich ist; dem Hebräischen eignet vielmehr ein eigenes – von den indoeuropäischen Tempussystemen abweichendes – (relatives) Tempussystem[2].

Für eine erste Begegnung mit den hebräischen "Tempora" genügt es, wenn man sich folgendes klar macht: Die in der älteren Literatur beheimateten Namen der Konjugationsarten (Perfekt / Imperfekt) dürfen nicht im Sinne der entsprechenden Namen etwa der deutschen Grammatik (miß-) verstanden werden; sie zielen vielmehr auf den "Aspekt" des in Rede stehenden Sachverhalts (abgeschlossen / unabgeschlossen) und stellen eine Analogie zwischen der Funktion der hebräischen Verbalformen und der Funktion strukturverwandter Formen in anderen semitischen Sprachen her. Diese Funktionszuweisung ist jedoch unzureichend, denn es läßt sich zeigen, daß die Hauptfunktion von "Perfekt" und "Imperfekt" im klassischen Hebräisch in Entsprechung zur temporellen Funktion des Ptz.akt. bestimmt werden kann: Das Perfekt steht bei individuellen Sachverhalten (SV) für den relativen Zeitbezug Vorzeitigkeit (VZ), das Imperfekt demgegenüber für Nachzeitigkeit (NZ); Ausnahmen davon finden sich nur in den ältesten bzw. in archaisierenden poetischen Texten und in den jüngsten, bereits unter aramäischem Spracheinfluß stehenden

---

[1] Die Unterscheidung von PK-LF und PK-KF (s.u. 7.1) ist nur gelegentlich möglich und kann hier außer acht bleiben.
[2] Vgl. dazu die Zusammenfassung am Ende dieses Buches (Kap. 21.2-4).

Texten des AT. Zu diesen Hauptfunktionen kommen noch einige Nebenfunktionen wie beim Perfekt die Bezeichnung des "Koinzidenzfalls" und beim Imperfekt die Bezeichnung des "Inzidenzfalls", sowie die Artikulation von generellen bzw. iterativen Sachverhalten.

VON DAHER RELATIVIERT SICH DIE IN ANDEREN LEHRBÜCHERN VERTRETENE PRINZIPIELLE SEMANTISCHE UNTERSCHEIDUNG ZWISCHEN DEN NOMINALSÄTZEN, zu denen unterschiedslos NS und PS[1] gerechnet werden, UND DEN VERBALSÄTZEN (VS)[2]: Eine eigenständige **semantische** Funktion eignet nur den (absolut) verblosen NS – PS und VS unterscheiden sich auf der Inhaltsebene dagegen nur in temporeller / aspektueller Hinsicht bzw. im Blick auf die Aktionsart (durativ vs. punktuell). In beiden Satztypen ist indes von Handlungen die Rede – es sei denn, es sind "Zustandsverben" (verba stativa) verwendet. – Daß man unbeschadet dieser – angesichts der mannigfaltigen an die semantische Unterscheidung von NS und VS geknüpften exegetischen Spekulationen – notwendigen Einschränkung auf der Ausdrucksebene jedoch auch weiterhin sinnvollerweise NS / PS von VS unterscheidet, steht auf einem anderen Blatt.

6.2   ZU FORMENBILDUNG UND VERWENDUNG DES PERFEKTS (AK; *qatal*) (Qal)

Historisch gesehen sind die Endungen (Afformative), mit denen die Personalformen dieses Konjugationstyps gebildet werden, Personalpronomina, die in der Art von Suffixen an die jeweilige Wurzel gefügt werden[3]. Synchron gese-

---

[1] S.o. 3.2.2 bzw. 5.2.2.

[2] So etwa C. BROCKELMANN, Hebräische Syntax, Neukirchen 1956, § 33. Vollends überflüssig ist von daher die u.a. von R. MEYER oder W. SCHNEIDER vertretene Theorie des "zusammengesetzten" NS (vgl. R. MEYER, Hebräische Grammatik, Bd. III, Berlin-New York 1972, § 92.4; W. SCHNEIDER, Grammatik des Biblischen Hebräisch, München [5]1982, 161), die davon ausgeht, daß Sätze, in denen ein Verbum finitum an anderer als an erster Stelle vorkommt, keine VS, sondern ZNS sind. Das dahinter stehende (aus der arabischen Nationalgrammatik stammende) Basistheorem der verbindlichen Erststellung des Verbs im VS ist längst widerlegt – u.a. durch W. GROß, Die Position des Subjekts im hebräischen Verbalsatz, untersucht an den asyndetischen ersten Redesätzen in Gen, Ex 1-19, Jos – 2 Kön, ZAH 6 (1993) 170-187 (dort reiches Belegmaterial); damit entfallen aber auch die mit der Beschreibungskategorie ZNS verbundenen semantischen bzw. exegetischen Spekulationen.

[3] Daher sprechen einige Grammatiken von Suffixkonjugation, wenn sie das Perfekt meinen. – An dem oben angesprochenen Phänomen läßt sich zeigen, wie gering letztlich der Unterschied zwischen VS und PS auf der Ausdrucksebene ist: Im Falle der PS erscheint (sofern nicht durch ein Nomen ersetzt) das Personalpronomen getrennt vom Ptz.akt., bildet aber zusammen mit ihm eine syntaktische bzw. Sinn-Einheit. Bei den hier diskutierten finiten Formen ist die analoge Einheit auch graphisch zum Ausdruck gebracht.

hen sind daraus jedoch echte grammatische Morpheme geworden, die in dieser Gestalt sonst nirgends im System auftauchen und deren einzige Funktion darin besteht, die Personalformen des Perfekts zu bilden[1]. – Im einzelnen haben sie folgende Gestalt:

3.m.sg.	-xxx	′	-Ø	‖	3.c.pl.	וxxx֫	′	-ú̄
3.f.sg.	הxxx֖ ָ ְ	′	-á̄					
2.m.sg.	תָּxxx	′	-tā	‖	2.m.pl.	םתֶּxxx		-tǽm
2.f.sg.	תְּxxx	′	-t	‖	2.f.pl.	ןתֶּxxx		-tǽn
1.c.sg.	יתִּxxx	′	-tī̄	‖	1.c.pl.	ונxxx	′	-nū̄

Diese Endungen treten im Grundstamm (Qal) an die nach den drei Vokalisationstypen *qatal* / *qatil* / *qatul* vokalisierte Verbalwurzel des jeweiligen Lexems. (Das erstgenannte Paradigma *qatal*, das die mit Abstand am häufigsten belegte Vokalstruktur repräsentiert, dient zugleich im Rahmen der formalistischen Nomenklatur als allgemeine Bezeichnung für diese Konjugationsform). Die damit gegebene ursprüngliche Vokalstruktur verändert sich nach den in 4.1.2 vorgestellten masoretischen Regeln. Dementsprechend werden beim starken Verbum[2] die Formen des Perfekts (der AK / des *qatal*) im Qal folgendermaßen gebildet:

Paradigma 1 – Vokalisationstyp *qatal*[3]

3.m.sg.	קָטַל	*qātál*	‖	3.c.pl.	קָטְלוּ	*qắtᵊlú̄*
3.f.sg.	קָטְלָה	*qắtᵊlá̄*				
2.m.sg.	קָטַלְתָּ	*qātáltā*	‖	2.m.pl.	קְטַלְתֶּם	*qᵊtaltém*
2.f.sg.	קָטַלְתְּ	*qātált*	‖	2.f.pl.	קְטַלְתֶּן	*qᵊtaltén*
1.c.sg.	קָטַלְתִּי	*qātáltī̄*	‖	1.c.pl.	קָטַלְנוּ	*qātálnū̄*

---

[1] Wie *amo* im Lateinischen oder παιδεύω im Griechischen bilden diese Formen bereits für sich jeweils eine eigenständige satzhafte Aussage, weshalb man von "finiten" Verbformen spricht.

[2] Zur Unterscheidung von "starken" und "schwachen" Verben im Hebräischen s.u. 14.1.1.

[3] Als Paradigmen werden hier – in Aufnahme der von HOLLENBERG-BUDDE geprägten Tradition – wieder die drei Verben קָטַל ("töten"; dazu s.o. 5.1.2.2), כָּבֵד ("schwer sein") und קָטֹן ("klein sein") verwendet.

Paradigma 2 – Vokalisationstyp *qatil*

3.m.sg.	כָּבֵד	kābḗd	‖	3.c.pl.	כָּבְדוּ	kắbᵊdū́
3.f.sg.	כָּבְדָה	kắbᵊdắ				
2.m.sg.	כָּבַדְתָּ	kābádtā	‖	2.m.pl.	כְּבַדְתֶּם	kᵊbadtǽm
2.f.sg.	כָּבַדְתְּ	kābádt	‖	2.f.pl.	כְּבַדְתֶּן	kᵊbadtǽn
1.c.sg.	כָּבַדְתִּי	kābádtī	‖	1.c.pl.	כָּבַדְנוּ	kābádnū

Paradigma 3 – Vokalisationstyp *qatul*

3.m.sg.	קָטֹן	qātṓn	‖	3.c.pl.	קָטְנוּ	qắtᵊnū́
3.f.sg.	קָטְנָה	qắtᵊnắ				
2.m.sg.	קָטֹנְתָּ	qātṓntā	‖	2.m.pl.	קְטָנְתֶּם	qᵊtåntǽm
2.f.sg.	קָטֹנְתְּ	qātṓnt	‖	2.f.pl.	קְטָנְתֶּן	qᵊtåntǽn
1.c.sg.	קָטֹנְתִּי	qātṓntī	‖	1.c.pl.	קָטֹנוּ	qātṓnnū

Was die Wortstellung betrifft, findet sich *qatal* in Erzählungen üblicherweise in Zweitstellung im Satz[1] – formal ausgedrückt: Die Standardfügung ist
[*wᵊ-*] x-*qatal*. Erststellung (*qatal*-x) kommt nur in Reden vor, wenn die angesprochene Handlung besonders betont bzw. in den Vordergrund gerückt werden soll.

Bei der Übersetzung von *qatal* ist darauf zu achten, daß man sich nicht vor-
schnell auf das deutsche Perfekt festlegt; wie bei NS und PS spielt auch hier
der Kontext die entscheidende Rolle. Je nachdem, ob der zu übersetzende
Satz aus einer direkten Rede oder aus einer Erzählung stammt, wird man bei
präteritalem Kontext[2] das deutsche Perfekt oder das Imperfekt / Plusquamperfekt[3] wählen. Handelt eine Rede von zukünftigen Dingen, kann auch die
Übersetzung mit Futur II in Frage kommen (so insbesondere in Konditionalsätzen); zur Möglichkeit präsentischer Übersetzung (u.a. Koinzidenzfall;
Verba resultativa und stativa) vgl. die Beispiele inkl. der Anmerkungen.

---

[1] Vgl. dazu o. S. 71 A 2.
[2] Handelt es sich um den Beginn einer Rede bzw. eines Textes, werden letztere durch die Wahl von
qatal als präterital bestimmt.
[3] Letzteres ist zwingend, wenn der angesprochene SV gegenüber dem zuletzt genannten vorzeitig
ist. Auf der Ausdrucksebene stehen in solchen Fällen normalerweise "subordinierende" Konjunktionen, so häufig כִּי; es gibt aber auch zahlreiche Fälle, wo ein *wᵊ-x-qatal* mit Plusquamperfekt
wiederzugeben ist (zum Ganzen vgl. u. 21).

Beispiele:

2 Sam 1,4aβ מֶה־הָיָה֣ הַדָּבָ֔ר	Wie ist die Sache ausgegangen (gewesen)?
וְגַם־הַרְבֵּ֞ה נָפַ֤ל מִן־הָעָם֙	Und es ist auch eine Menge vom Volk ge-
2 Sam 1,4bβ	fallen ...
יַ֗עַן אֲשֶׁ֤ר אַתָּה֙ שָׁלַ֣חְתָּ בְשִׁמְכָ֔ה	Weil du selbst in deinem Namen Briefe ge-
Jer 29,25bα סְפָרִ֖ים	sandt hast ...
Ps 104,5aα יָֽסַד־אֶ֭רֶץ עַל־מְכוֹנֶ֑יהָ	Gegründet hat er die Erde auf ihre Pfeiler.
כִּֽי־שָׁמַ֥ע כִּ֥י נָסַ֖ע מִלָּכִֽישׁ׃	... denn er hatte gehört, daß er von Lachisch
2 Kön 19,8b	abgezogen war.
וּלְשָׂרָ֣ה אָמַ֗ר הִנֵּ֨ה נָתַ֤תִּי אֶ֙לֶף֙	Zu Sara aber sagte er: Siehe, hiermit[2] gebe
Gen 20,16aαβ כֶּ֙סֶף֙ לְאָחִ֔יךְ	ich deinem Bruder 1000 Silberstücke ...
וַיֹּ֣אמֶר לָהֶ֔ם הַיְדַעְתֶּ֖ם אֶת־לָבָ֣ן	Er sagte zu ihnen: Kennt ihr[3] den Laban,
בֶּן־נָח֑וֹר וַיֹּאמְר֖וּ יָדָֽעְנוּ׃	den Sohn des Nahor? Sie sagten: Wir ken-
Gen 29,5	nen (ihn)! [= Ja!].
לָכֵ֗ן כֹּ֤ה אָמַר֙ אֲדֹנָ֣י יְהוִ֔ה	Darum: So hat der Herr Jahwe gesprochen
Jes 28,16aα	[... So spricht der Herr Jahwe][4].

---

[1] Bei Verben mit vokalischem Auslaut (ל״ה; ל״א) erscheint in der 3.m.sg. Qamæṣ statt Pataḥ.

[2] Beim sog. "Koinzidenzfall" fallen Handlung (hier: das Geben) und begleitende Rede in eins zu-sammen: Mit Abschluß der Rede ist die Übergabe rechtlich vollzogen – "perfekt". Im Deutschen wird der Koinzidenzfall "synthetisch" zum Ausdruck gebracht. Als Tempus kann Präsens oder Perfekt erscheinen; daß ein Sonderfall gemeint ist, wird durch Einfügung von "hie(r)mit" deutlich gemacht: "Hiermit eröffne ich die Versammlung" / "Hiermit ist die Versammlung eröffnet". In der neueren hebraistischen Diskussion hat es sich eingebürgert, statt dessen von "performatori-scher Rede" zu sprechen.

[3] ידע ("erkennen"; "wissen") gehört zu der Gruppe der sog. Verba resultativa, die sowohl einen Vorgang als auch dessen Resultat bezeichnen können: Wer etwas "erkannt" hat, "weiß" etwas (vgl. griech. οἶδα oder lat. nosse; cognovisse); daher kann hier im Deutschen ein Präsens erscheinen (vgl. dazu auch o. S. 60). – Zu den Verba resultativa im weiteren Sinne gehören übrigens auch die Verben der Gefühlsbewegung אהב ("lieben" < "lieb gewonnen haben"), שׂנא ("hassen" < "hassen gelernt haben").

[4] Bei der Übersetzung der sog. "Botenspruchformel" kommt es darauf an, ob man als Übersetzer mehr Nachdruck auf die Auftragserteilung oder auf die Botschaftsübermittlung legen möchte. Der Bote (hier der Prophet Jesaja) hat die Botschaft immer schon eine Zeitlang vorher erhalten – insofern muß er bei der Botschaftsübermittlung das Perfekt gebrauchen, wenn er auf die Auf-tragserteilung Bezug nimmt. In dem Moment, wo er die Botschaft weitergibt, spricht indes quasi der Auftraggeber selbst (hier Jahwe) durch den Mund des Boten, so daß die gängige Übersetzung mit Präsens durch den situativen Kontext in gewisser Weise gerechtfertigt ist. Unbeschadet des-sen sollte die Botenspruchformel im Rahmen von Übersetzungsübungen um der grammatisch-syntaktischen Sauberkeit willen stets präterital übersetzt werden; vgl. zu dem Problem indes auch J. KRISPENZ, Grammatik und Theologie in der Botenformel, ZAH 11 (1998) 133-139.

וְעַתָּה שָׁלַחְתִּי אִישׁ־חָכָם יוֹדֵעַ   Jetzt aber sende ich dir hiermit[1] einen klu-
בִּינָה לְחוּרָם אָבִי: 2 Chr 2,12   gen Mann, reich an Einsicht: Huram Abi.

וּמַדּוּעַ מָלַךְ אֲדֹנִיָהוּ:   Warum also ist Adonja König geworden?
1 Kön 1,13b

וְאֵת ׀ כְּלֵי הַזָּהָב אֲשֶׁר הֲשֵׁבֹתֶם[2]   ... und die goldenen Dinge, die ihr ihm als
לוֹ אָשָׁם תָּשִׂימוּ[3] בָּאַרְגַּז מִצִּדּוֹ   Buße entrichtet haben werdet, werdet ihr
1 Sam 6,8   in ein Kästchen an der Seite legen ...

6.3   ÜBUNGSSÄTZE

Gen 15,18a	בַּיּוֹם הַהוּא כָּרַת יְהוָה אֶת־אַבְרָם בְּרִית לֵאמֹר 1
Ri 6,30b	כִּי נָתַץ אֶת־מִזְבַּח הַבַּעַל וְכִי כָרַת הָאֲשֵׁרָה 2
Jes 3,8a.bα	כִּי כָשְׁלָה יְרוּשָׁלַם וִיהוּדָה נָפָל כִּי־לְשׁוֹנָם וּמַעַלְלֵיהֶם אֶל־יְהוָה 3
Ez 30,21a	בֶּן־אָדָם אֶת־זְרוֹעַ פַּרְעֹה מֶלֶךְ־מִצְרַיִם שָׁבָרְתִּי 4
	וְגָד וּרְאוּבֵן וַחֲצִי שֵׁבֶט הַמְנַשֶּׁה לָקְחוּ נַחֲלָתָם מֵעֵבֶר לַיַּרְדֵּן מִזְרָחָה 5
Jos 18,7b	אֲשֶׁר נָתַן לָהֶם[4] מֹשֶׁה עֶבֶד יְהוָה:
2 Chr 24,6aα	מַדּוּעַ לֹא דָרַשְׁתָּ עַל־הַלְוִיִּם 6
Ijob 1,22	בְּכָל־זֹאת לֹא־חָטָא אִיּוֹב וְלֹא־נָתַן תִּפְלָה לֵאלֹהִים: 7
Ri 16,31b	וְהוּא שָׁפַט אֶת־יִשְׂרָאֵל עֶשְׂרִים שָׁנָה: 8
2 Sam 15,10bβ	מָלַךְ אַבְשָׁלוֹם בְּחֶבְרוֹן: 9
	וְאֵלֶּה דִּבְרֵי הַסֵּפֶר אֲשֶׁר שָׁלַח יִרְמְיָה הַנָּבִיא מִירוּשָׁלָ͏ִם אֶל־זִקְנֵי הַגּוֹלָה 10
Jer 29,1abα (gek.)	
Ez 23,31a	בְּדֶרֶךְ אֲחוֹתֵךְ הָלָכְתְּ 11
1 Sam 25,21a	וְדָוִד אָמַר אַךְ לַשֶּׁקֶר שָׁמַרְתִּי אֶת־כָּל־אֲשֶׁר לָזֶה בַּמִּדְבָּר 12
	וַיֹּאמֶר יְהוָה אֶל־קַיִן אֵי הֶבֶל אָחִיךָ וַיֹּאמֶר לֹא יָדַעְתִּי הֲשֹׁמֵר אָחִי אָנֹכִי: 13
Gen 4,9	

---

[1] Es handelt sich um eine Kombination aus Botensituation und Koinzidenzfall: Hiram (Huram) teilt dem Salomo in einem Brief mit, daß er den Handwerker quasi schon abgesandt hat. In dem Moment, in dem Salomo den Brief erhält, fallen für diesen Handlung und begleitende Worte in eins zusammen.

[2] הֲשֵׁבֹתֶם = 2.m.pl. Perf. Hi. Wz. שׁוב, gefolgt von לוֹ = Präp. לְ mit Suff. 3.m.sg.

[3] תָּשִׂימוּ = 2.m.pl. Impf. Q Wz. שִׂים; s.u. 7.2. Das Beispiel für Futur II enthält leider viel Grammatikstoff aus späteren Kapiteln; aber es kommt ohne Futur im Kontext nicht vor!

[4] לָהֶם = ihnen (Präp. לְ mit Suff. 3.m.pl.).

14 כֹּה אָמַר יְהוָה צְבָאוֹת פָּקַדְתִּי אֵת אֲשֶׁר־עָשָׂה עֲמָלֵק לְיִשְׂרָאֵל 1 Sam 15,2a

15 כֹּה אָמַר יְהוָה צְבָאוֹת אֱלֹהֵי יִשְׂרָאֵל לֵאמֹר שָׁבַרְתִּי אֶת־עֹל מֶלֶךְ בָּבֶל:
Jer 28,2

16 לַמָּקוֹם הַהוּא קָרָא נַחַל אֶשְׁכּוֹל עַל אֹדוֹת הָאֶשְׁכּוֹל אֲשֶׁר־כָּרְתוּ מִשָּׁם
Num 13,24   בְּנֵי יִשְׂרָאֵל:

Jos 2,5a   17 [וַתֹּאמֶר הָאִשָּׁה] לֹא יָדַעְתִּי אָנָה הָלְכוּ הָאֲנָשִׁים

18 אֵלֶּה פְּקוּדֵי מֹשֶׁה וְאֶלְעָזָר הַכֹּהֵן אֲשֶׁר פָּקְדוּ אֶת־בְּנֵי יִשְׂרָאֵל בְּעַרְבֹת מוֹאָב
עַל יַרְדֵּן יְרֵחוֹ: וּבְאֵלֶּה לֹא־הָיָה אִישׁ מִפְּקוּדֵי מֹשֶׁה וְאַהֲרֹן הַכֹּהֵן אֲשֶׁר פָּקְדוּ
Num 26,63.64   אֶת־בְּנֵי יִשְׂרָאֵל בְּמִדְבַּר סִינָי:

19 אַרְבָּעִים שָׁנָה מָלַךְ [דָוִד] בְּחֶבְרוֹן מָלַךְ עַל־יְהוּדָה שֶׁבַע שָׁנִים וְשִׁשָּׁה חֳדָשִׁים
2 Sam 5,4b.5   :וּבִירוּשָׁלַםִ מָלַךְ שְׁלֹשִׁים וְשָׁלֹשׁ שָׁנָה עַל כָּל־יִשְׂרָאֵל וִיהוּדָה

20 וַיֹּאמֶר נָתָן אֶל־בַּת־שֶׁבַע אֵם־שְׁלֹמֹה לֵאמֹר הֲלוֹא שָׁמַעַתְּ כִּי מָלַךְ אֲדֹנִיָּהוּ
1 Kön 1,11 (gek.)   בֶן־חַגִּית וְדָוִד אֲדֹנֵינוּ לֹא יָדָע:

6.4 FORMENBILDUNG DER NOMINA II – NOMINA SEGOLATA
(qatl, qitl, qutl)

6.4.1 Segolata im engeren Sinne

Neben den Nomina mit zwei veränderlichen Vokalen (Typ: *qatal*, *qatil*, *qa-tul*[2]) spielen im hebräischen Nominalsystem die sog. Nomina Segolata eine wichtige Rolle. Diachron gesehen stellen sie eine masoretische Kunstbildung dar, denn das Althebräische kannte die Regel, daß Doppelkonsonanz im Auslaut unzulässig ist, noch nicht (aufgrund derer die Segolatbildungsweise entwickelt wurde). Vielmehr läßt sich mit einiger Wahrscheinlichkeit aufzeigen, daß die Nomina, die wir heute als Segolata kennen (z.B. מֶלֶךְ[3], סֵפֶר oder אֹהֶל), ursprünglich – nachdem die alten Kasusendungen -*u*, -*i* und -*a* für Nominativ, Genitiv und Akkusativ ausgefallen waren – einsilbige Nomina mit doppeltem Silbenschluß waren (z.B. **malk*, **sipr* oder ** 'uhl*). Denn sobald diese Nomina suffiziert oder aber mit Endungen erscheinen — so im f.sg. und im du.m. (קַרְנַיִם, חָרְבַת, מַלְכָּה) –, sobald also keine Doppelkonsonanz im

---

[1] Umwandlung des Šᵊwa in Pataḥ statt des gemäß 2.2.2.3 "unmöglichen" שְׁמַעַתְּ; s.u. 6.5.2.
[2] Vgl.o. 4.2.1 Paradigma 2.
[3] Die Bedeutung der als Beispiele aufgeführten Wörter findet sich hier im Vokabelverzeichnis.

Auslaut vorliegt, tritt diese ursprüngliche Form auf. In den Fällen, wo keine Endungen bzw. Suffixe die Doppelkonsonanz im Auslaut verhinderten, verfuhren die Masoreten so, daß sie als Hilfsvokal im Normalfall jeweils ein Sᵊgol zwischen die beiden silbenschließenden Konsonanten setzten, den Ton jedoch auf dem ursprünglichen (einzigen) Vokal beließen. Entsprechend den Regeln von 4.1.2 wurde so aus ursprünglichem *i* ein *ē*, aus *u* ein *ō*; lediglich bei ursprünglichem *a* nahmen die Masoreten eine Angleichung des ursprünglichen Vokals an den Hilfsvokal *æ* vor, so daß die *qatl*-Bildungen jetzt im Lexikon mit zwei Sᵊgol erscheinen; (in einigen Fällen gehen solche *qætæl*-Bildungen auch auf ursprüngliches *qitl* zurück). Entsprechend der Regel, daß Laryngale eine starke Affinität zu *a* aufweisen[1], ist der Hilfsvokal bei Nomina, die als 2. oder 3. Radikal einen Laryngal haben, meist nicht Sᵊgol, sondern Pataḥ; in der Stammsilbe bleibt im ersteren Fall das *a* zumeist erhalten:

Beispiele: נַעַר ,נַחַל ,זֶרַע – Ausnahme: לֶחֶם.

Schematische Darstellung:

málku	> *málk-*	> *málk*	> *málœk*	> *mǽlœk*	‖	aber: ⌊*malkí*⌋
sípru	> *sípr-*	> *sípr*	> *sípœr*	> *sḗpœr*	‖	aber: [*siprí*]
'úhlu	> *'úhl-*	> *'úhl*	> *'úhœl*	> *'ṓhœl*	‖	aber: ['*åhᵃlí*]
ná'ru	> *ná'r-*	> *ná'r*		> *ná'ar*	‖	aber: [*naᵃrí*]

Die Regel, daß Vokale im Status constructus wieder gekürzt werden, (sofern sie zu den veränderlichen Vokalen gehören), findet bei den Segolata keine Anwendung, so daß m.sg.abs. und m.sg.cs. gleich sind:

Beispiele: אֹהֶל מוֹעֵד, סֵפֶר דִּבְרֵי שְׁלֹמֹה, מֶלֶךְ בָּבֶל.

Im Plural folgen die Segolata der Bildungsweise *qatal*, allerdings mit dem Unterschied, daß im st.cs. der ursprüngliche Vokal erhalten bleibt (im Falle von *u* in der reduzierten Form *å*):

Beispiele: חֳרָבוֹת/ חָרְבוֹת – אָהֳלֵי/ אֹהָלִים/ סִפְרֵי/ סְפָרִים – מַלְכֵי/ מְלָכִים.

---

[1] S.o. 4.1.2; 3).

Die schweren Suffixe treten dabei im m.pl. an die Formen mit ursprünglichem Vokal – die leichten Suffixe an Formen, die nach dem Typus *qatal* gebildet sind.

6.4.2 Weitere "Segolat"-Bildungen

Zwei besondere Gruppen innerhalb der Segolata bilden die Nomina, bei denen der 2. oder 3. "Radikal" ein Halbvokal (*y* oder *w*) ist. Hier beschränken sich die masoretischen künstlichen Bildungen auf Formen des m.sg. Ist der 2. "Radikal" ein Halbvokal, sind die ursprünglichen Diphtonge **ay* bzw. **aw*, die im st. cs. – der Grundform, die auch den Suffixbildungen zugrundeliegt – in kontrahierter Form erhalten geblieben sind (**ay > ē*, **aw > ō*), im st.abs. durch Einfügung eines Hilfsvokals (*i* bzw. *æ*) sekundär aufgebrochen, so daß nunmehr die Folge Ko-Vo-Ko-Vo-Ko vorliegt.

Beispiele: עֵין (cs.) > עַיִן (abs.) bzw. מוֹת (cs.) > מָוֶת (abs.).

Ist der 3. "Radikal" ein Halbvokal, wird die ursprüngliche Doppelkonsonanz aus Konsonant und Halbvokal, die aus den Suffixformen erschlossen werden kann, in eine Abfolge Konsonant – Vollvokal umgewandelt, und der so in offene Silbe geratene Basisvokal zu Šᵊwa reduziert (z.B.[ˀ]פְּרִי > פְּרִי).

Im Plural / Dual finden sich bei beiden Gruppen Formen entsprechend dem Bildungstyp *qatal* – daneben aber auch Formen mit der ursprünglichen Struktur (in kontrahierter Form), sowie ganz unregelmäßige Bildungsweisen.

Beispiele:

(כְּלִי von) bzw. – כֵּלִים ‖ לֵילוֹת / עֵינַיִם / עֵינוֹת ‖ חֲלָיִים bzw. אֵילִים / עֵינַיִם / חֲלָיִים / עֵינוֹת / חֲיָלִים
ganz unregelmäßig – בָּתִּים von בַּיִת!).

Schematische Darstellung:

*báytu	*> báyt*	*> báit̠*	*> bḗt̠*	(cs.) ‖	**píryu*	*> píry*	*> pᵊrî*
		> báyit̠		(abs.)			
*máwtu	*> máwt*	*> máut̠*	*> mṓt̠*	(cs.) ‖	**ḥúlyu*	*> ḥúly*	*> ḥ˚lî*
		> máwæt̠		(abs.)			

6.5 ÜBUNGEN ZUR FLEXION DER SEGOLATA

6.5.1 Formanalysen[1]

וּבִשְׁעָרֶיךָ צִדְקָתֵךְ לְבַעֲלֵיהֶן אֲבוֹתֵנוּ מִסְפָּרְךָ זִקְנֵיהֶם הַבַּיְתָה בְּבֵיתְךָ אֱלֹהֵיכֶם
אַרְצָה אַרְצָה בְּעָלֶיהָ וְאָזְנָיו לְכַרְמִי מֵאָהֳלִי וְלִרְכְבּוֹ לְחֵילוֹ בַּחֲמָתָם בְּחֵמָה בְּחֵמָה
קָדְשׁוּ אֶינְכֶם דַּרְכִּי צִדְקָתוֹ דְּרָכֶיךָ עֶגְלוֹתֵיהֶם מַלְכוּתִי מַלְכוּתָם אָהֳלָה וּלְזַרְעֲךָ תְּשׁוּעָתִי

6.5.2 Vokalisationsübung[2]

	pl. mit Suff.	pl.cs.	pl.abs.	sg. mit Suff.	sg.cs.	sg.abs.
Rind; Tausend	אלפיכם	אלפי	אלפים	אלפי	אלף	אֶלֶף
Lamm (m.) ↓	כבשי	כבשׁי	כבשׁים	כבשׂו*	כֶּבֶשׂ	כבשׂ
Lamm (f.) ↑	כבשׂותי*	כבשׂות	כבשׂות	כבשׂתך*	כבשׂת	כִּבְשָׂה
Grab	קברותיה	קִבְרוֹת	קברות	קברי	קֶבֶר	קבר
Ölbaum	זֵיתֵיהֶם	זיתי	זיתים	זיתך	זית	זית
Monat	חדשׁיו	חדשׁי	חֳדָשִׁים	חדשׁו	חדשׁ	חדשׁ
Königin	מלכותכם*	מלכות	מלכות	מלכתה	מַלְכַּת	מלכה
Rind	בקרינו	בְּקָרֵי	בקרים	בקרך	בקר	בקר
Morgen		בָּקָרֵי*	בקרים		בקר	בקר
Junger Mann ↓	נעריך	נערי	נערים	נערה	נַעַר	נער
Junge Frau ↑	נערותי	נערות	נְעָרוֹת	נערתי*	נערת*	נערה
Heiligtum	קדשׁיכם	קָדְשֵׁי	קֳדָשִׁים	קדשׁנו	קדשׁ	קדשׁ
Auge	עיניהן	עיני	עֵינַיִם	עינך	עין	עין
Sandale	נעליו	נעלי*	נעלים	נַעֲלְךָ[3]	נעל	נעל
Treue, Gnade	חסדיך	חַסְדֵי	חסדים	חסדך	חסד	חסד
Mitte				[בְּ]תֹכְכֶם	תוך	תוך

---

[1] Unter den Formen befinden sich auch einige mit dem sog. h locale (הָ ; "nach") – funktional eine Präposition, morphologisch eine "Post"position –, das gern mit einem Suffix verwechselt wird und deshalb hier mit verhandelt ist.

[2] * = Form im AT nicht belegt, aber semantisch möglich.

[3] נַעֲלְךָ: Nᵉsiga (Tonrückziehung) und Umwandlung des Šᵉwa in Pataḥ anstelle des gemäß 2.2.2.3 "unmöglichen" נַעֲלְךָ; s.a.o. 6.3 A 1.

6.5.3   Übungssätze

1 וַיֹּאמֶר אַבְשָׁלוֹם אֶל־חוּשַׁי זֶה חַסְדְּךָ אֶת־רֵעֶךָ לָמָּה לֹא־הָלַכְתָּ אֶת־רֵעֶךָ:
2 Sam 16,17

2 כִּי יְהוָה אֱלֹהֵינוּ הוּא ... עָשָׂה לְעֵינֵינוּ אֶת־הָאֹתוֹת הַגְּדֹלוֹת הָאֵלֶּה Jos 24,17

3 הֲשָׁמַע עָם קוֹל אֱלֹהִים ... מִתּוֹךְ־הָאֵשׁ כַּאֲשֶׁר־שָׁמַעְתָּ אַתָּה ...   Dtn 4,33

4 וְיֶתֶר כָּל־דִּבְרֵי־אָסָא וְכָל־גְּבוּרָתוֹ וְכָל־אֲשֶׁר עָשָׂה וְהֶעָרִים אֲשֶׁר בָּנָה
הֲלֹא־הֵמָּה כְתוּבִים עַל־סֵפֶר דִּבְרֵי הַיָּמִים לְמַלְכֵי יְהוּדָה רַק לְעֵת זִקְנָתוֹ
חָלָה אֶת־רַגְלָיו:
1 Kön 15,23

5 אָדָם בְּלִיַּעַל אִישׁ אָוֶן הוֹלֵךְ עִקְּשׁוּת פֶּה: קֹרֵץ בְּעֵינָו מֹלֵל בְּרַגְלָיו¹
Prov 6,12.13a

---

¹ Häufig vorkommendes Kᵊtib für יָ-.

Das Verbum III – Imperfekt und Jussiv (Präformativkonjugation Langform und Kurzform / *yiqtol*-LF und *yiqtol*-KF) Suffixe an Präpositionen

7.1 Allgemeines zur Präformativkonjugation (PK)

Wie bereits erwähnt[1], muß im Blick auf die Formen des hebräischen Verbalsystems, die durch Präformative konstituiert werden, differenziert vorgegangen werden. Diachron gesehen sind nämlich im Falle der masoretischen Bildungsweise *yiqtol* zwei Formen zusammengefallen, die ursprünglich eindeutig unterscheidbar waren, näherhin die Bildungsweisen **yaqtulu* (*yiqtol*-Langform) und **yaqtul* (*yiqtol*-Kurzform); überdies gibt es noch eine merkmalhaft mit ה gebildete Sonderbildung in der 1. Pers., den sog. Kohortativ *'æqtᵊlā*. Daß die erstgenannte Differenzierung trotz der fehlenden formalen Unterscheidungsmöglichkeiten ernstgenommen werden muß, ergibt sich daraus, daß bei einigen Gruppen der sog. schwachen Verben auch im masoretischen Hebräisch Langform (LF) und Kurzform (KF) der PK unterschiedlich gebildet werden, daß also ein Wissen um die unterschiedliche Bildungsweise auch dort vorausgesetzt werden kann, wo durch die konsequente Anwendung der masoretischen Vokalisationsregeln (kurze Vokale im Auslaut werden nicht artikuliert) eine formale Unterscheidung unmöglich geworden ist.

Was die Funktionszuweisung von LF und KF der PK betrifft, besteht nur wenig Übereinstimmung in der Forschung. Geht man von den noetischen Vorgaben der in diesem Buch vertretenen Tempustheorie aus, so ergibt sich als Hauptfunktion der LF die Bezeichnung der Nachzeitigkeit (NZ), als Nebenfunktion die Bezeichnung von generellen / iterativen Sachverhalten; in aspektueller Hinsicht liegt der Nachdruck auf der Unabgeschlossenheit des Sachverhalts (Imperfektivität), und unter dem Gesichtspunkt der Aktionsart liegt Punktualität vor. Die Hauptfunktion der KF liegt demgegenüber auf einer ganz anderen Ebene: Zusammen mit dem Kohortativ dient sie als einzige der bisher besprochenen Verbalformen nicht der **Darstellung** von Sachverhalten, sondern zum Ausdruck der **Auslösung** (des Appells)[2]; m.a.W. während Ptz.akt., Perf. und Impf. "relative" Tempora sind und in modaler Hin-

---

[1] S.o. 6.1 A 1.
[2] Vgl. dazu K. Bühler, Sprachtheorie, Stuttgart [2]1965 = [1]1934, 28ff.

sicht den Indikativ repräsentieren, ist die PK-KF modal gesehen der Jussiv, also eine Befehlsform. – Daß diese allgemeine Funktionszuweisung im Blick auf die Verwendung der PK in den ältesten und in archaisierenden poetischen Texten an Grenzen stößt, muß zugestanden werden: Dort findet sich die PK-LF auch zum Ausdruck der GZ und die PK-KF zum Ausdruck des Präteritums. Für den Umgang mit dem größten Teil der alttestamentlichen Literatur (rund 95%) erweist sich jedoch die oben diskutierte Funktionszuweisung als hinreichend, wenn man auch im Blick auf Fragen und negierte Sätze Einschränkungen machen muß[1].

7.2 ZU FORMENBILDUNG UND VERWENDUNG DES IMPERFEKTS / JUSSIVS (PK-LF / KF; *yiqtol*-LF / KF) (QAL)

Wie schon der formbezogenen Namengebung zu entnehmen ist, dienen zur Formenbildung der PK in erster Linie Präformative; daneben finden sich jedoch auch Afformative. Die einzelnen formbildenden konsonantischen Elemente und Endungen lassen sich der folgenden Tabelle entnehmen:

3.m.sg.	׳xxxי	3.m.pl.	וxxx׳
3.f.sg.	xxxת	3.f.pl.	תxxxנָה
2.m.sg.	xxxת	2.m.pl.	וxxxת
2.f.sg.	׳xxxת	2.f.pl.	תxxxנָה
1.c.sg.	xxxא	1.c.pl.	נ xxx

Was die Vokalisation betrifft, gilt für die PK das BARTH-GINSBERGsche Gesetz, das besagt, daß im Qal als ursprüngliche Vokalfolgen in der Präformativ- und Stammsilbe nur die Kombinationen *a-u / i-a / a-i* vorkommen können. Im masoretischen Hebräisch wurde danach entsprechend den Regeln von 4.1.2 aus der Vokalfolge *a-u* die Folge *i-ō* (bei Laryngalen im Anlaut *a-ō*), und aus der (allerdings nur bei schwachen Verben belegten) Vokalfolge *a-i* die Folge *i(a)-ē*;[2] die Vokalfolge *i-a* blieb dagegen unverändert erhalten. Im einzelnen ergeben sich von daher folgende Formen:

---

[1] Vgl. dazu R. BARTELMUS, *HYH*. Bedeutung und Funktion eines hebräischen "Allerweltswortes" – zugleich ein Beitrag zur Frage des hebräischen Tempussystems, ATS 17, St. Ottilien 1982, 54ff., bes. 61-63 und unten Kap. 21.

[2] Ob hier bei *e* und *o* wirklich die sonst vorauszusetzende (leichte) Längung durch die Änderung der Vokalqualität anzunehmen ist, ist umstritten; deshalb fehlen hier die Striche zum Zeichen der

Paradigma 1 – Vokalisationstyp *yaqtul > yiqtol*

Qal:	Masoretische Form		Masoretische Form
3.m.sg. *yaqtulu*	> יִקְטֹל *yiqtól* ‖ 3.m.pl. *yaqtulū* >		יִקְטְלוּ *yiqtᵊlú*
KF	*yaqtul*		*yaqtulū*
3.f.sg. *taqtulu*	> תִּקְטֹל *tiqtól* ‖ 3.f.pl. *taqtulnā* >		תִּקְטֹלְנָה *tiqtólnā*
KF	*taqtul*		*taqtulnā*
2.m.sg. *taqtulu*	> תִּקְטֹל *tiqtól* ‖ 2.m.pl. *taqtulū* >		תִּקְטְלוּ *tiqtᵊlú*
KF	*taqtul*		*taqtulū*
2.f.sg. *taqtulī*	>תִּקְטְלִי *tiqtᵊlí* ‖ 2.f.pl. *taqtulnā* >		תִּקְטֹלְנָה *tiqtólnā*
KF	*taqtulī*		*taqtulnā*
1.c.sg. *'aqtulu*	> אֶקְטֹל *'æqtól* ‖ 1.c.pl. *naqtulu* >		נִקְטֹל *niqtól*
KF	*'aqtul*		*naqtul*

Paradigma 2 – Vokalisationstyp *yiqtal*[1]

Qal:	Masoretische Form		Masoretische Form
3.m.sg. *yikbadu*	> יִכְבַּד *yikbád* ‖ 3.m.pl. *yikbadū* >		יִכְבְּדוּ *yikbᵊdú*
KF	*yikbad*		*yikbadū*
3.f.sg. *tikbadu*	> תִּכְבַּד *tikbád* ‖ 3.f.pl. *tikbadnā* >		תִּכְבַּדְנָה *tikbádnā*
KF	*tikbad*		*tikbadnā*
2.m.sg. *tikbadu*	> תִּכְבַּד *tikbád* ‖ 2.m.pl. *tikbadū* >		תִּכְבְּדוּ *tikbᵊdú*
KF	*tikbad*		*tikbadū*
2.f.sg. *tikbadī*	>תִּכְבְּדִי *tikbᵊdí* ‖ 2.f.pl. *tikbadnā* >		תִּכְבַּדְנָה *tikbádnā*
KF	*tikbadī*		*tikbadnā*
1.c.sg. *'ikbadu*	> אֶכְבַּד *'ækbád*‖ 1.c.pl. *nikbadu* >		נִכְבַּד *nikbád*
KF	*'ikbad*		*nikbad*

Längung (die durch die Änderung der Klangfarbe ohnehin andeutungsweise vollzogen ist). Daß beide Vokale von der Masora als (mittel-) lang empfunden wurden, ergibt sich aus der Tatsache, daß *o* im MT gelegentlich in Pleneschreibung erscheint; auch der Umstand, daß die Masora bei Fortführung des Textes durch Maqqep konsequent *å* statt *o* bzw. *æ* statt *e* einsetzt, d.h. eine sekundäre Kürzung vornimmt, läßt sich wohl nur erklären, wenn vorausgesetzt ist, daß der Ausgangsvokal (mittel-) lang ist; vgl. dazu o. 2.2.1.

[1] Paradigma für die Vokalfolge *i-a* ist üblicherweise כָּבֵד ("schwer sein"; "schwer werden"). Sie erscheint vornehmlich bei Verba stativa und ist viel seltener als die Folge *a-u*.

yiqtol steht — wie *qatal* — üblicherweise an zweiter Stelle im Satz — formal ausgedrückt: Die Standardfügung ist [$w^ə$-] x-*yiqtol* (Ausnahmen in direkter Rede, v.a. bei KF und beim Kohortativ).

LF und KF lassen sich beim starken Verbum zumeist nur aufgrund von syntaktischen Kriterien (z.B. unterschiedliche Negationen: לֹא bei LF, אַל bei KF) oder vom Sinn des Kontextes her unterscheiden.

Deutlich vom einfachen Imperfekt ist dagegen der **Kohortativ** *'æqtᵊlā* unterschieden (sg. אֶקְטְלָה, pl. נִקְטְלָה), der durch die Endung הָ- (ה cohortativum) konstituiert wird und die Selbstaufforderung ausdrückt ("Ich will ..."; "Laßt uns ...").

Demgegenüber hat das sog. **Nun paragogicum**, eine alte Endung, die gelegentlich noch quasi als Appendix an vokalische Afformative angefügt wird (z.B. תִּשְׁמְרוּן), nach verbreiteter Einschätzung keinen identifizierbaren semantischen Wert; nach Meinung von J. HOFTIJZER erscheint es indes vor allem an Stellen, wo ein Kontrast ausgedrückt werden soll[1].

Im Blick auf die konkrete Verwendung von *yiqtol* muß man zunächst darauf achten, aus welcher Art von Text der zu übersetzende Satz stammt. Handelt es sich um eine Erzählung, liegt es nahe, daß *yiqtol* als LF gebraucht ist und einen **generellen / iterativen SV** bezeichnet. Handelt es sich um eine Rede in einer Erzählung, geht es meist um einen **zukünftigen individuellen SV**; das gilt insbesondere, wenn eine Konjunktion wie אִם / כִּי ("wenn") vorausgeht, d.h. wenn ein Konditionalsatz vorliegt. In Reden kann aber auch die Verwendung als **Injunktiv**[2] gegeben sein, eine Verwendung, die – zusammen mit dem Pendant **Prohibitiv**[3] – im Rahmen der Rechtstexte des AT redundant auftaucht. Häufig ist sie dort allerdings nicht klar vom **Jussiv** (*yiqtol*-KF) zu unterscheiden – es sei denn, es tauchen im gleichen Zusammenhang Sätze mit der Negation אַל vor *yiqtol* auf, die den **Vetitiv** bezeichnen. Der **Vetitiv** stellt seinerseits somit das negative Pendant zum **Jussiv** (oft auch zum Imperativ) dar[4]. In poetischen Texten kann *yiqtol* schließlich gelegentlich im Sinne des alten kanaanäischen Präteritum gebraucht sein (dazu s.o. 7.1).

---

[1] J. HOFTIJZER, The Function and Use of the Imperfect Forms with Nun Paragogicum in Classical Hebrew, SSN 21, Assen 1985.

[2] Von Injunktiv spricht man, wenn *yiqtol*-LF (also Indikativ) vorliegt, aber vom Kontext her klar ist, daß es nicht um die neutrale Beschreibung eines zukünftigen Sachverhalts geht, sondern um die "Darstellung" dessen, was zwingend erwartet wird. Es handelt sich also um eine positive, keinen Widerspruch duldende Nebenform der Aufforderung, die "stärker" ist als ein Befehl; vgl. das Deutsche: "Du gehst jetzt!".

[3] Prohibitive sind negierte Injunktive (לֹא + *yiqtol*-LF); vgl. das Deutsche: "Du gehst mir nicht ins Kino"! Die Dekaloge Ex 20 / Dtn 5 enthalten im 2. Teil jeweils Prohibitiv-Reihen.

[4] Vgl. etwa Deutsch: "Du sollst nicht gehen ..." bzw. "Geh nicht"!

Beispiele:

אֶת־חַג הַמַּצּוֹת תִּשְׁמֹר   Ex 23,5a   Das Mazzot-Fest wirst (sollst) du halten.

אִישׁ אֶת־שְׁמוֹ תִּכְתֹּב עַל־מַטֵּהוּ:   Den Namen eines jeden sollst (wirst) du

Num 17,17b   auf seinen Stab schreiben.

וְיִשְׂרָאֵל יִשְׁכֹּן לָבֶטַח   Jer 23,6aβ   ... und Israel wird in Sicherheit wohnen.

וַיֹּאמֶר פַּרְעֹה מִי יְהוָה אֲשֶׁר   Der Pharao sagte: Wer ist Jahwe, daß

אֶשְׁמַע[1] בְּקֹלוֹ   Ex 5,2aαβ   ich auf seine Stimme hören werde (soll)?

יַעֲבָר־נָא[2] אֲדֹנִי לִפְנֵי עַבְדּוֹ   Es möge doch mein Herr vor seinem

Gen 33,14a   Knecht vorausziehen.

וְכִי־יִמְכֹּר אִישׁ אֶת־בִּתּוֹ לְאָמָה   Und wenn (gesetzt den Fall, daß) jemand

Ex 21,7a   seine Tochter als Sklavin verkauft[3] ...

וַיֹּאמֶר מֹשֶׁה אֲלֵהֶם[4] אִם־יַעַבְרוּ   Mose sprach zu ihnen: Wenn die Gaditen

בְנֵי־גָד וּבְנֵי־רְאוּבֵן | אִתְּכֶם אֶת־   und Rubeniten mit euch den Jordan über-

Num 32,29a   הַיַּרְדֵּן   queren ...

כִּי עַתָּה יֹאמְרוּ[5] אֵין מֶלֶךְ לָנוּ   Denn jetzt beginnen sie zu sagen[6]: Wir ha-

Hos 10,3   ben keinen König ...

כִּי כֵן תִּלְבַּשְׁןָ בְנוֹת־הַמֶּלֶךְ   ... denn so pflegten sich Königstöchter zu

2 Sam 13,18aβ   kleiden ...

וַיֹּאמֶר אַל־תִּקְרַב הֲלֹם   Ex 3,5a   Er sagte: Tritt hier nicht näher heran!

לֹא תִּרְצָח: Ex 20,13   Du wirst nicht totschlagen!

בְּשָׁלוֹם יַחְדָּו אֶשְׁכְּבָה וְאִישָׁן   Ich will mich in Frieden hinlegen und

Ps 4,9   einschlafen ...

עֵקֶב לֹא תִשְׁמְעוּן בְּקוֹל יְהוָה   ... dafür, daß ihr nicht auf die Stimme

Dtn 8,20b (gek.)   Jahwes hören wollt ...

---

[1] Vgl. dazu und zu יַעֲבָר bzw. יַעֲבְרוּ o. 4.3.1, 4.3.2.3 mit A 1 und 6.5.2 A 3. Die Frage, ob hier Indikativ oder Jussiv zu übersetzen ist, ist auf der Ebene der Grammatik nicht zu beantworten.

[2] Wenn die verstärkende Partikel נָא nach yiqtol erscheint, handelt es sich in der Regel um eine KΓ, zu übersetzen ist allerdings im Sinne eines Wunsches, d.h. mit Konjunktiv.

[3] Im – "futurfaulen" – Deutschen ist es nicht üblich, in Konditionalsätzen das Futur zu gebrauchen, obwohl natürlich kein Zweifel daran bestehen kann, daß es in der Protasis um einen nachzeitigen SV geht: Man setzt einen theoretischen Fall in der Zukunft an ("Inzidenz-" bzw. "Ingreß"-Fall); daß die Folgen (Apodosis) demgegenüber noch einmal nachzeitig sind, versteht sich von selbst.

[4] Vgl. dazu u. 7.4.

[5] Vgl. וַיֹּאמֶר.

[6] Auch hier steht yiqtol für den "Inzidenz-" bzw. "Ingreß"-Fall, der noetisch das Gegenstück zum Koinzidenzfall darstellt: Bezeichnet ist der Anfangspunkt der Handlung (vgl. a. Jes 40,1)!

[7] Vgl. zur letzten Form o. 4.2.2.3.1 A 6!

7.3   ÜBUNGSSÄTZE[1]

Est 2,4a	וְהַנַּעֲרָה ... תִּמְלֹךְ תַּחַת וַשְׁתִּי	1
1 Kön 1,5a	אֲנִי אֶמְלֹךְ	2
Prov 6,9a	עַד־מָתַי עָצֵל ׀ תִּשְׁכָּב	3
Jes 54,3abα	כִּי־יָמִין וּשְׂמֹאול תִּפְרֹצִי וְזַרְעֵךְ גּוֹיִם יִירָשׁ[2]	4
	מִי־יִשְׁכֹּן בְּהַר קָדְשֶׁךָ: הוֹלֵךְ תָּמִים וּפֹעֵל צֶדֶק וְדֹבֵר אֱמֶת בִּלְבָבוֹ:	5
Ps 15,1b.2		
Ps 127,1b	אִם־יְהוָה לֹא־יִשְׁמָר־עִיר שָׁוְא ׀ שָׁקַד שׁוֹמֵר:	6
Jes 2,4bαβ	וְלֹא־יִלְמְדוּ עוֹד מִלְחָמָה:	7
Jer 5,28b.29a	וּמִשְׁפַּט אֶבְיוֹנִים לֹא שָׁפָטוּ: הַעַל־אֵלֶּה לֹא־אֶפְקֹד נְאֻם־יְהוָה	8
Jes 43,18a.19aα	אַל־תִּזְכְּרוּ רִאשֹׁנוֹת ... הִנְנִי עֹשֶׂה[3] חֲדָשָׁה עַתָּה תִצְמָח	9
Mal 2,7aα	כִּי־שִׂפְתֵי כֹהֵן יִשְׁמְרוּ־דַעַת	10
Lev 11,24b	כָּל־הַנֹּגֵעַ בְּנִבְלָתָם יִטְמָא עַד־הָעָרֶב:	11
Jes 12,2a	הִנֵּה אֵל יְשׁוּעָתִי אֶבְטַח וְלֹא אֶפְחָד	12
	כֹּה־אָמַר ׀ יְהוָה צְבָאוֹת כָּכָה אֶשְׁבֹּר אֶת־הָעָם הַזֶּה וְאֶת־הָעִיר הַזֹּאת כַּאֲשֶׁר	13
Jer 19,11aαbα	יִשְׁבֹּר אֶת־כְּלִי הַיּוֹצֵר ... וּבְתֹפֶת יִקְבְּרוּ	
	אָדָם עָרוּם כֹּסֶה דָּעַת וְלֵב כְּסִילִים יִקְרָא אִוֶּלֶת:	14
Prov 12,23.24	יַד־חָרוּצִים תִּמְשׁוֹל וּרְמִיָּה תִהְיֶה[4] לָמַס:	
	וְעַתָּה ... הַשֶּׁמֶן וְהַיַּיִן אֲשֶׁר אָמַר אֲדֹנִי יִשְׁלַח לַעֲבָדָיו: וַאֲנַחְנוּ נִכְרֹת עֵצִים	15
2 Chr 2,14.15aα	מִן־הַלְּבָנוֹן כְּכָל־צָרְכֶּךָ	
	כִּי זֹאת הַבְּרִית אֲשֶׁר אֶכְרֹת אֶת־בֵּית יִשְׂרָאֵל אַחֲרֵי הַיָּמִים הָהֵם נְאֻם־יְהוָה	16
Jer 31,33aα		
	וְעַתָּה יְהוָה אָבִינוּ אָתָּה אֲנַחְנוּ הַחֹמֶר [וּמַעֲשֵׂה יָדְךָ] וְאַתָּה יֹצְרֵנוּ אַל־תִּקְצֹף	17
Jes 64,7abα.8a (var.)	עַד־מְאֹד וְאַל־לָעַד יְהוָה תִּזְכֹּר עָוֹן	
Jer 31,13a	אָז תִּשְׂמַח בְּתוּלָה בְּמָחוֹל וּבַחֻרִים וּזְקֵנִים יַחְדָּו	18
Jes 30,21 (gek.)	וְאָזְנֶיךָ תִּשְׁמַעְנָה דָבָר ... לֵאמֹר זֶה הַדֶּרֶךְ	19
Dtn 4,31aαbα	כִּי אֵל רַחוּם יְהוָה אֱלֹהֶיךָ ... וְלֹא יִשְׁכַּח אֶת־בְּרִית אֲבֹתֶיךָ	20

---

[1] Unbekannte Vokabeln ab hier bitte einem wissenschaftlichen Lexikon wie GBL[17] oder KBL[2.3] entnehmen!

[2] Vgl. zur letzten Form o. 4.2.2.3.1 A 7!

[3] Vgl. o. 5.3 A 2.

[4] Verba ל"ה haben in der Stammsilbe des Impf. Sᵉgol.

21 וַיֹּאמֶר הָאִישׁ אֶל־יוֹאָב וְלֹא* אָנֹכִי שֹׁקֵל עַל־כַּפַּי אֶלֶף כֶּסֶף לֹא־אֶשְׁלַח יָדִי
2 Sam 18,12a (*Qᵊre: וְלֹא)   אֶל־בֶּן־הַמֶּלֶךְ

22 לֹא תִנְאָף: לֹא תִגְנֹב: לֹא־תַעֲנֶה בְרֵעֲךָ עֵד שָׁקֶר: לֹא תַחְמֹד בֵּית רֵעֶךָ
לֹא־תַחְמֹד אֵשֶׁת רֵעֶךָ וְעַבְדּוֹ וַאֲמָתוֹ וְשׁוֹרוֹ וַחֲמֹרוֹ וְכֹל אֲשֶׁר לְרֵעֶךָ:
Ex 20,14-17

7.4   SUFFIXE AN PRÄPOSITIONEN

7.4.1   Vorbemerkung

Anders als die Präpositionen der indoeuropäischen Sprachen sind die meisten
hebräischen Präpositionen – diachron gesehen – keine eigenständigen Fü-
gungswörter, sondern gehören zu den Nomina[1]. Das wird besonders bei ihrer
Fügung mit Suffixen deutlich, wo einige Präpositionen (so אֶל, אַחַר / אַחֲרֵי,
תַּחַת, עַל, עַד, לִפְנֵי, בֵּין) der Form nach Plurale bilden, was "echte" Präpositionen als "grammatische Wörter" im Gegensatz zu Nomina nicht können.
Die Suffixformen der Präpositionen können demzufolge analog zu den Suffixformen der Nomina als ursprüngliche Constructus-Verbindungen zwischen
je einem Nomen und einem Pronomen aufgefaßt werden[2]; für die Übersetzung der suffigierten Präpositionen gilt jedoch das oben 3.2.1.5 Gesagte: Die
hebräischen präpositionalen Fügungen sind semantisch analog den deutschen
präpositionalen Fügungen zu behandeln, also als eigenständige Wortgruppe.

7.4.2   Fügungsmöglichkeiten von Präpositionen mit Suffixen

Im Blick auf ihre Fügung mit Suffixen lassen sich die hebräischen Präpositionen in folgende sechs Gruppen einteilen:

7.4.2.1   Fügung analog den Suffixen am (un)veränderlichen Nomen[3] bei בְּ
         ("in", "an", "bei" auch "durch" [Ausdruck des Mittels]) und לְ ("zu",
         "für" [Ausdruck des Ziels / Zwecks]).

---

[1] S.o. 3.2.1.2.
[2] Bei אַחֲרֵי und לִפְנֵי ist dieses Phänomen schon an der lexikalischen Form zu erkennen; ähnlich
    auch bei אֶל / עַד / עַל in den poetischen Texten (אֱלֵי etc.).
[3] S.o. 5.4.

7.4.2.2   Fügung analog den Suffixen an Segolata[1] bei אֵצֶל ("neben"), נֶגֶד
           ("gegenüber") und עֵבֶר ("jenseits"), sowie בֵּין ("zwischen")[2].

7.4.2.3   Fügung analog den Suffixen am Plural des maskulinen Nomens[3]
           bei אַחַר / אַחֲרֵי ("nach", "hinter"), אֶל ("zu", "nach"), לִפְנֵי ("vor"),
           עַד ("bis"), עַל ("auf") und תַּחַת ("unter", "anstelle"), sowie – in er-
           ster Linie bei Pluralsuffixen – bei בֵּין ("zwischen"), das gelegent-
           lich auch feminine Plurale bildet (zugrunde liegt ein Nomen mit der
           Bedeutung "Zwischenraum").

7.4.2.4   Fügung analog den Suffixen an Nomina ע"ע[4] bei אֵת ("mit", "bei")
           und עִם ("mit"); der 2. Radikal der Präposition wird verdoppelt. -
           עִם kennt außerdem noch eine Nebenform עִמָּדִי.

7.4.2.5   Fügung mit einer erweiterten Form der Präposition (mit Ausnah-
           men bei den sog. "schweren" Suffixen des Plural) bei כְּ ("wie";
           auch Angabe der ungefähren Anzahl "um die" / "ca."), das als כְּמוֹ
           (*ka + *mā), und מִן ("von"), das zumeist in reduplizierter Form
           als מִמֶּנ (*minmin) erscheint.

7.4.2.6   Obwohl ursprünglich wohl nicht zu den Präpositionen gehörig,
           werden hier die Suffixformen der "nota accusativi" (n.a.) אֵת mit
           verhandelt, weil sie häufig – auch schon in biblischen Zeiten –
           mit denen der Präposition אֵת verwechselt werden bzw. wurden; die
           n.a. erscheint in der Form אֹ[וֹ]ת.

Tabellarisch zusammengefaßt ergeben sich somit folgende Fügungs-For-
men der wichtigsten Präpositionen mit Suffixen:

---

[1] S.o. 6.4.
[2] Doch s.a. u. 7.4.2.4!
[3] S.o. 5.4 und 6.4.
[4] S.u. 9.4.

Tabellarische Übersicht zu 7.4.2.1-3[1]

↓ Suff./Präp. →	בְּ	לְ	בֵּין	אַחֲרֵי/אַחַר	אֶל	עַל
1.c.sg.	בִּי	לִי	בֵּינִי	אַחֲרַי	אֵלַי	עָלַי
2.m.sg.	בְּךָ	לְךָ	בֵּינְךָ	אַחֲרֶיךָ	אֵלֶיךָ	עָלֶיךָ
i.P.	בָּךְ	לָךְ	בֵּינֶךָ			
2.f.sg.	בָּךְ	לָךְ	בֵּינֵךְ	אַחֲרַיִךְ	אֵלַיִךְ	עָלַיִךְ
3.m.sg.	בּוֹ	לוֹ	בֵּינוֹ/בֵּינָיו	אַחֲרָיו	אֵלָיו	עָלָיו
3.f.sg.	בָּהּ	לָהּ	--	אַחֲרֶיהָ	אֵלֶיהָ	עָלֶיהָ
1.c.pl.	בָּנוּ	לָנוּ	בֵּינֵינוּ/בֵּינוֹתֵינוּ לָנוּ	אַחֲרֵינוּ	אֵלֵינוּ	עָלֵינוּ
2.m.pl.	בָּכֶם	לָכֶם	בֵּינֵיכֶם	אַחֲרֵיכֶם	אֲלֵיכֶם	עֲלֵיכֶם
2.f.pl.	--	--	--	--		עֲלֵיכֶן
3.m.pl.	בָּהֶם/בָּהֵמָּה	לָהֶם/לָהֵמָּה	בֵּינֵיהֶם/בֵּינָתָם	אַחֲרֵיהֶם	אֲלֵיהֶם	עֲלֵיהֶם
(NF)-poet.	(בָּם)	לָמוֹ			אֵלֵימוֹ	
3.f.pl.	בָּהֶן/בָּהֵנָּה	לָהֶן/לָהֵנָּה/לְהֵנָּה	--	אַחֲרֵיהֶן	אֲלֵיהֶן	עֲלֵיהֶן

Tabellarische Übersicht zu 7.4.2.4-6

↓ Suff. / Präp. →	אֵת	[n.a.] אֵת	עִם	כְּ	מִן
1.c.sg.	אִתִּי	אֹתִי	עִמִּי/עִמָּדִי	כָּמוֹנִי	מִמֶּנִּי/מִנִּי
2.m.sg.	אִתְּךָ	אֹתְךָ	עִמְּךָ	כָּמוֹךָ	מִמְּךָ
i.P.	אִתָּךְ	אֹתָךְ	עִמָּךְ	--	מִמֶּךָּ
2.f.sg.	אִתָּךְ	אֹתָךְ	עִמָּךְ	--	מִמֵּךְ
3.m.sg.	אִתּוֹ	אֹתוֹ	עִמּוֹ	כָּמֹהוּ	מִמֶּנּוּ‖מֶנְהוּ
3.f.sg.	אִתָּהּ	אֹתָהּ	עִמָּהּ	כָּמֹהָ	מִמֶּנָּה
1.c.pl.	אִתָּנוּ	אֹתָנוּ	עִמָּנוּ	כָּמוֹנוּ	מִמֶּנּוּ
2.m.pl.[2]	אִתְּכֶם/אֶתְכֶם	אֹתְכֶם/אֶתְכֶם	עִמָּכֶם	כְּמוֹכֶם/כָּכֶם	מִכֶּם
3.m.pl.	אִתָּם	אֹתָם/אִתְּהֶם‖אֹתָם	עִמָּהֶם/עִמָּם	כְּמוֹהֶם/כָּהֶם	מֵהֶם/מִנְהֶם
NF		אֶתְהֶם		כָּהֵמָּה	מֵהֵמָּה
3.f.pl.	--	אֶתְהֶן/אֹתָן	--	כָּהֵן/כָּהֵנָּה	מֵהֶן/מֵהֵנָּה

---

[1] NF bzw. / = Nebenform.
[2] Suff. 2.f.pl. ist an dieser Präp. nicht belegt.

7.5   ÜBUNGSMATERIAL

7.5.1   Formanalysen

בָּמָה בָּהֵמָּה בְּהֶמָה בֵּינִי בּוֹ וּבֵינֵיהֶן לְפָנֵינוּ מֵאֶצְלִי בָּנוּ כְּמוֹהֶם עֲדֵיכֶם עָדַי נֶגְדּוֹ

כְּמוֹכָה בָּם תַּחְתֵּיכֶם מֵעִמּוֹ

7.5.2   Übungssätze

1   זֹאת בְּרִיתִי אֲשֶׁר תִּשְׁמְרוּ בֵּינִי וּבֵינֵיכֶם וּבֵין זַרְעֲךָ אַחֲרֶיךָ   Gen 17,10a

2   בַּחֶרֶב וּבָרָעָב וּבַדֶּבֶר אֶפְקֹד עַל־הַגּוֹי הַהוּא נְאֻם־יְהוָה... וְאַתֶּם אַל־תִּשְׁמְעוּ
אֶל־נְבִיאֵיכֶם ... אֲשֶׁר־הֵם אֹמְרִים אֲלֵיכֶם לֵאמֹר לֹא תַעַבְדוּ אֶת־מֶלֶךְ בָּבֶל:
Jer 27,8b.9

3   וַיֹּאמְרוּ[1] בְּנֵי־הַנְּבִיאִים אֶל־אֱלִישָׁע הִנֵּה־נָא הַמָּקוֹם אֲשֶׁר אֲנַחְנוּ יֹשְׁבִים שָׁם
לְפָנֶיךָ צַר מִמֶּנּוּ:   2 Kön 6,1

4   אִם־עֲוֹנוֹת תִּשְׁמָר־יָהּ אֲדֹנָי מִי יַעֲמֹד: כִּי־עִמְּךָ הַסְּלִיחָה   Ps 130,3.4a

5   וַיֹּאמֶר אֲלֵהֶם גִּדְעוֹן לֹא־אֶמְשֹׁל אֲנִי בָּכֶם וְלֹא־יִמְשֹׁל בְּנִי בָּכֶם יְהוָה יִמְשֹׁל
בָּכֶם: Ri 8,23

6   וַיֹּאמֶר אֱלֹהִים אֶל־אַבְרָהָם וְאַתָּה אֶת־בְּרִיתִי תִשְׁמֹר אַתָּה וְזַרְעֲךָ אַחֲרֶיךָ
לְדֹרֹתָם: Gen 17,9

7   וְאֶת־הַחֻקִּים[2] וְאֶת־הַמִּשְׁפָּטִים וְהַתּוֹרָה וְהַמִּצְוָה אֲשֶׁר כָּתַב לָכֶם תִּשְׁמְרוּן ...
כָּל־הַיָּמִים ... וְהַבְּרִית ... אֲשֶׁר־כָּרַתִּי אִתְּכֶם לֹא תִשְׁכָּחוּ וְלֹא תִירְאוּ אֱלֹהִים
אֲחֵרִים: כִּי אִם־אֶת־יְהוָה אֱלֹהֵיכֶם תִּירָאוּ וְהוּא יַצִּיל[3] אֶתְכֶם מִיַּד
כָּל־אֹיְבֵיכֶם: 2 Kön 17,37-39

8   וְהָאֲנָשִׁים רָדְפוּ אַחֲרֵיהֶם דֶּרֶךְ הַיַּרְדֵּן עַל הַמַּעְבְּרוֹת וְהַשַּׁעַר סָגָרוּ אַחֲרֵי
כַּאֲשֶׁר יָצְאוּ הָרֹדְפִים אַחֲרֵיהֶם: Jos 2,7

9   וַיֹּאמֶר אֵלַי בֶּן־אָדָם שׁוֹלֵחַ אֲנִי אוֹתְךָ אֶל־בְּנֵי יִשְׂרָאֵל ... הַמּוֹרְדִים אֲשֶׁר
מָרְדוּ־בִי הֵמָּה וַאֲבוֹתָם פָּשְׁעוּ בִי עַד־עֶצֶם הַיּוֹם הַזֶּה: Ez 2,3

10   וַתֹּאמֶר אֶל־הָאֲנָשִׁים יָדַעְתִּי כִּי־נָתַן יְהוָה לָכֶם אֶת־הָאָרֶץ וְכִי־נָפְלָה אֵימַתְכֶם
עָלֵינוּ   Jos 2,9abα

---

[1] Vgl. וַיֹּאמֶר; das unmittelbar folgende Subjekt steht im Plural.
[2] Pl. von חֹק ("Satzung", "Gesetz"); s.u. 9.4.
[3] יַצִּיל: Er wird retten.

11 מִי־כָמֹכָה בָּאֵלִם יְהוָה מִי כָּמֹכָה נֶאְדָּרִ֮י בַּקֹּדֶשׁ
Ex 15,11

12 יְהוָה אֵין כָּמֹוךָ וְאֵין אֱלֹהִים זוּלָתֶךָ כְּכֹל² אֲשֶׁר־שָׁמַעְנוּ בְּאָזְנֵינוּ׃ וּמִי כְּעַמְּךָ
1 Chr 17,20.21a   יִשְׂרָאֵל גּוֹי אֶחָד בָּאָרֶץ

13 וַיֹּאמֶר אֲלֵיהֶם כֹּה־אָמַר יְהוָה אֱלֹהֵי יִשְׂרָאֵל אֲשֶׁר שְׁלַחְתֶּם אֹתִי אֵלָיו
Jer 42,9abα

14 וַיֹּאמֶר [אֵהוּד] דְּבַר־סֵתֶר לִי אֵלֶיךָ הַמֶּלֶךְ וַיֹּאמֶר הָס וַיֵּצְאוּ³ מֵעָלָיו
Ri 3,19abβ   כָּל־הָעֹמְדִים עָלָיו׃

15 וַתֹּאמֶר אֶל־אֵלִיָּהוּ מַה־לִּי וָלָךְ אִישׁ הָאֱלֹהִים
1 Kön 17,18a

16 וַיֹּאמֶר אַל־תִּשְׁלַח יָדְךָ אֶל־הַנַּעַר ... כִּי ׀ עַתָּה יָדַעְתִּי כִּי־יְרֵא אֱלֹהִים אַתָּה
Gen 22,12   וְלֹא חָשַׂכְתָּ אֶת־בִּנְךָ אֶת־יְחִידְךָ מִמֶּנִּי׃

---

[1] נֶאְדָּר: herrlich.
[2] Nach App[a]. BHK[3] emendiert.
[3] וַיֵּצְאוּ: Es gingen hinaus; das Subjekt folgt erst später.

8 DAS VERBUM IV – IMPERATIV UND INFINITIVE (*qᵊtol / qātôl*)

8.1 VORBEMERKUNG

8.1.1 Allgemeines zum Imperativ und zu den Infinitiven

Anders als bei den bisher besprochenen Verbformen besteht im Falle von Imperativ (Ipt.) und Infinitiv (Inf.) eine weitgehende Funktionsidentität zwischen den deutschen und hebräischen Ausformungen dieser grammatischen Kategorien. Zu beachten bleibt immerhin, daß es neben dem sog. Infinitivus constructus (Inf.cs.), der praktisch ein Äquivalent zum Inf. in den indoeuropäischen Sprachen darstellt, auch noch den sog. Infinitivus absolutus (Inf. abs.) gibt, der – sofern er nicht als Nomen verwendet ist[1] – keine unmittelbare Entsprechung in den indoeuropäischen Sprachen hat[2]. Von daher bedarf nur letzterer einer eingehenderen theoretischen Erörterung.

8.1.2 Der Infinitivus absolutus

Pauschal läßt sich sagen, daß der Inf.abs. in der Funktion eines Verbs überall dort steht, wo der Autor / Sprecher zunächst allein die Bedeutung einer Verbalwurzel in den Kontext einbringen wollte, ohne dabei auf die syntaktischen Gegebenheiten zu achten (vgl. die Verwendung des Infinitivs im sog. "Gastarbeiterdeutsch": "Du nehmen Schaufel ..." o.ä.). Von daher erklärt sich der häufige Gebrauch des Inf.abs. in Sätzen, in denen man an sich einen Ipt. erwarten würde. Solchen mit Inf.abs. formulierten Aufforderungen eignet stets eine besondere Emphase. Aber auch andere Verbformen können ersetzt sein, so *yiqtol* (Imperfekt / Jussiv) oder *qatal* (Perfekt); auch hier liegt auf den mit Inf.abs. formulierten Aussagen ein gewisser Nachdruck.

---

[1] Vgl. dazu etwa Spr 25,27: אָכֹל דְּבַשׁ הַרְבּוֹת לֹא־טוֹב – Honig essen in Menge ist nicht gut.

[2] Die Opposition absolutus vs. constructus ist hier etwas anders verwendet als beim Nomen: "Absolutus" soll zum Ausdruck bringen, daß die Form nur selbständig vorkommen kann, d.h. daß sie keine Genitiv-Verbindungen eingehen kann, also weder mit Präpositionen noch mit Suffixen gefügt werden darf (wohl aber mit ו cop. oder ה interrog.). Demgegenüber **kann** der Inf.cs. derartige Funktionen übernehmen, muß es aber nicht; der Name darf somit nicht dazu verleiten, jeden Inf.cs. als Nomen im Status obliquus zu betrachten.

Besonders häufig wird der Inf.abs. in der sog. "Figura etymologica" verwendet, wo er regelhaft dem Ausdruck der Emphase dient, d.h. der Betonung
der aus einer finiten Form und dem Inf.abs. ein- und desselben Verbs zusammengesetzten Aussage, wobei der Inf.abs. zumeist vor dem Verbum finitum
zu stehen kommt. In der deutschen Übersetzung wird zum Ausdruck der Emphase in der Regel ein Adverb verwendet.

Von daher erklärt es sich leicht, daß der Inf.abs. einiger relativer (nach anderer Terminologie: modaler) Verben rein adverbiell gebraucht werden kann,
so z.B. הַרְבֵּה (Inf.abs. Hi. von רבה "zahlreich sein" → "häufig"), "viel", מַהֵר
(Inf.abs. Pi. von מהר "eilen" → "eilends").

Besonderer Aufmerksamkeit bedürfen in diesem Zusammenhang die häufigen Fügungen mit zwei koordinierten absoluten Infinitiven (bzw. von einem
Ptz.akt. und einem Inf.abs.), bei denen die erste Position mit dem Inf.abs. (gelegentlich auch dem Ptz.akt.) von הלך besetzt ist. Mit ihnen drückt der Hebräer Vorgänge von längerer Dauer aus, daneben aber auch solche, die sich
im "status nascendi" (oder "denascendi") befinden, d.h. Sachverhalte, die im
Deutschen mit dem Hilfszeitwort "werden" oder – synthetisch – mit adverbi-
ellen Ausdrücken wie "immer mehr" o.ä. artikuliert werden.

8.2   FORMENBILDUNG VON IMPERATIV UND INFINITIVEN
        (*q^ətol / qātôl*) (Qal)

Die vier Formen des Ipt. werden gebildet, indem man die vier Formen der 2.
Person Imperfekt jeweils ohne das Präformativ ת bildet, wobei das Š^əwa
nach den Regeln von 4.1 bzw. 2.2.2.1 zu behandeln ist:

קְטֹל – קִטְלִי – קִטְלוּ – קְטֹלְנָה || כְּבַד – כִּבְדִי – כִּבְדוּ – כְּבַדְנָה

Erstere Form erscheint gelegentlich auch mit ◌ָה erweitert. Dieses plene ge-
schriebene *ā* wirkt "verstärkend" und wird ה (nicht ā!) adhortativum genannt.

Der Inf.cs. ist identisch mit der Form für die 2.m.sg. des Ipt.: כְּבַד / קְטֹל,
der Inf.abs. lautet: כָּבוֹד* / קָטוֹל[1].

Beispiele:

שִׁפְטוּ־נָא בֵּינִי וּבֵין כַּרְמִי: Richtet doch zwischen mir und meinem
Jes 5,3b   Weinberg!

---

[1] * = Die Form ist bei dem als Paradigma verwendeten Verb nicht belegt.

שְׁמַע יִשְׂרָאֵל יְהוָה אֱלֹהֵינוּ
יְהוָה ׀ אֶחָד׃   Dtn 6,4

Höre, Israel! Jahwe ist unser Gott, Jahwe ist einer.

וְעַתָּה קוּם¹ עֲבֹר אֶת־הַיַּרְדֵּן הַזֶּה
אַתָּה וְכָל־הָעָם הַזֶּה   Jos 1,2baβ

Jetzt aber: Auf, überschreite diesen Jordan da – du und dieses ganze Volk.

אִם־יֹסְפִים ׀ אֲנַחְנוּ לִשְׁמֹעַ
אֶת־קוֹל יְהוָה אֱלֹהֵינוּ עוֹד
וָמָתְנוּ²׃   Dtn 5,25b

Wenn wir fortfahren, die Stimme Jahwes, unseres Gottes zu hören, werden wir sterben.

וַיֹּאמֶר הַתִּרְשָׁתָא לָהֶם אֲשֶׁר לֹא־
יֹאכְלוּ³ מִקֹּדֶשׁ הַקֳּדָשִׁים עַד עֲמֹד
כֹּהֵן לְאוּרִים וּלְתֻמִּים׃   Esr 2,63

Da sagte ihnen der Statthalter, daß sie nicht vom Hochheiligen essen sollten, bis ein Priester für das Losorakel erstünde.

זָכוֹר אֶת־יוֹם הַשַּׁבָּת   Ex 20,8a

Gedenke(n) des Sabbat-Tages!

וְזֶה־לְּךָ הָאוֹת אָכוֹל
הַשָּׁנָה סָפִיחַ   2 Kön 19,29aα

Das aber wird dir Zeichen sein: Ihr werdet dieses Jahr das essen, was von selbst wächst ...⁴

הָרֹה עָמָל וְיָלֹד אָוֶן   Ijob 15,35a

Sie sind von Mühsal schwanger geworden und haben Unheil geboren.

הֲמָלֹךְ תִּמְלֹךְ עָלֵינוּ
אִם־מָשׁוֹל תִּמְשֹׁל בָּנוּ   Gen 37,8aβ

Willst du wirklich König über uns werden oder tatsächlich über uns herrschen?

שִׁמְעוּ שָׁמוֹעַ בְּרֹגֶז קֹלוֹ   Ijob 37,2a

Hört doch aufmerksam das Tosen seines Donners!

[הַפָּרוֹת] ... הָלְכוּ הָלֹךְ וְגָעוֹ
1 Sam 6,12aδ

Die Kühe gingen beständig brüllend ...

וְהַמְאַסֵּף הֹלֵךְ אַחֲרֵי הָאָרוֹן
הָלוֹךְ וְתָקוֹעַ בַּשּׁוֹפָרוֹת׃   Jos 6,9b

Die Nachhut folgte der Lade, während man ständig die Posaunen blies.

וַיָּשֻׁבוּ⁵ הַמַּיִם ... הָלוֹךְ וָשׁוֹב
Gen 8,3a

Die Wasser verliefen sich immer mehr ...

---

¹ קוּם = Ipt. m.sg. Q Wz. קום ("aufstehen"). Stehen zwei Imperative asyndetisch hintereinander, von denen der erste von einem Verb der Bewegung stammt, ist dieser weitgehend desemantisiert und dient nur mehr ganz allgemein als Einleitung zu einer Aufforderung. Vgl. das bayerische: "geh komm, bleib da", wo sogar zwei desemantisierte Ipt. vorliegen.

² 1.c.pl. w-Perf. Q Wz. מות.

³ יֹאכְלוּ = 3.m.pl. Impf. / Juss. Q Wz. אכל.

⁴ D.h. das, was aus den bei der Ernte liegengebliebenen Körnern hervorkommt.

⁵ Die Formen sind von der Wurzel שוב abzuleiten; s.u. 9.1 und 18.2.

8.3   ÜBUNGSSÄTZE

8.3.1   Übungssätze zum Imperativ

1 זְכֹר־רַחֲמֶיךָ יְהוָה וַחֲסָדֶיךָ כִּי מֵעוֹלָם הֵמָּה׃ חַטֹּאות נְעוּרַי ׀ וּפְשָׁעַי אַל־תִּזְכֹּר
Ps 25,6.7   כְּחַסְדְּךָ זְכָר־לִי־אַתָּה לְמַעַן טוּבְךָ יְהוָה׃

2 וַיֹּאמֶר יְהוֹשָׁפָט אֶל־מֶלֶךְ יִשְׂרָאֵל דְּרָשׁ־נָא כַיּוֹם אֶת־דְּבַר יְהוָה׃ 1 Kön 22,5

3 לָכֵן שִׁמְעוּ דְבַר־יְהוָה אַנְשֵׁי לָצוֹן מֹשְׁלֵי הָעָם הַזֶּה אֲשֶׁר בִּירוּשָׁלָ͏ִם׃ Jes 28,14

4 זִכְרוּ רִאשֹׁנוֹת מֵעוֹלָם כִּי אָנֹכִי אֵל וְאֵין עוֹד אֱלֹהִים וְאֶפֶס כָּמוֹנִי׃ Jes 46,9

5 אֱמֶת וּמִשְׁפַּט שָׁלוֹם שִׁפְטוּ בְּשַׁעֲרֵיכֶם׃ Sach 8,16bβ

6 כִּי כֹה אָמַר יְהוָה צְבָאוֹת כִּרְתוּ עֵצָה וְשִׁפְכוּ עַל־יְרוּשָׁלַ͏ִם סֹלְלָה
Jer 6,6a (var.)

7 וְעַתָּה שִׁמְעִי־זֹאת עֲדִינָה הַיּוֹשֶׁבֶת לָבֶטַח הָאֹמְרָה בִּלְבָבָהּ אֲנִי וְאַפְסִי עוֹד
Jes 47,8a

8 הֲלֹא יִרְאָתְךָ כִּסְלָתֶךָ תִּקְוָתְךָ וְתֹם דְּרָכֶיךָ׃ זְכָר־נָא מִי הוּא נָקִי אָבָד
Ijob 4,6.7a

9 לָכֵן כֹּה אָמַר יְהוָה שַׁאֲלוּ־נָא בַּגּוֹיִם מִי שָׁמַע כָּאֵלֶּה Jer 18,13a

10 שְׁלַח עַל־כָּל־הַגּוֹלָה לֵאמֹר כֹּה אָמַר יְהוָה אֶל־שְׁמַעְיָה הַנֶּחֱלָמִי Jer 29,31a

11 לָכֵן שִׁמְעוּ עֲצַת־יְהוָה אֲשֶׁר יָעַץ אֶל־אֱדוֹם וּמַחְשְׁבוֹתָיו אֲשֶׁר חָשַׁב אֶל־יֹשְׁבֵי
תֵימָן Jer 49,20a

12 וַיֹּאמֶר יְהוָה אֵלָו [אֵלָיו Q:] עֲבֹר בְּתוֹךְ הָעִיר בְּתוֹךְ יְרוּשָׁלָ͏ִם Ez 9,4a

13 וְעַתָּה קְרָא נָא בְּאָזְנֵי הָעָם לֵאמֹר Ri 7,3aα

14 וַיֹּאמֶר אֵלֶיהָ עִמְדִי¹ פֶּתַח הָאֹהֶל Ri 4,20a

15 וַיֹּאמְרוּ אִישׁ־יִשְׂרָאֵל אֶל־גִּדְעוֹן מְשָׁל־בָּנוּ גַּם־אַתָּה גַּם־בִּנְךָ גַּם בֶּן־בְּנֶךָ Ri 8,22a

16 וַיֹּאמֶר יְהוָה אֶל־מֹשֶׁה שְׁלַח יָדְךָ וֶאֱחֹז [אֶת־הַנָּחָשׁ] בִּזְנָבוֹ Ex 4,4a

8.3.2   Übungssätze zu den Infinitiven

1 וְעַתָּה הִנֵּה יָדַעְתִּי כִּי מָלֹךְ תִּמְלוֹךְ 1 Sam 24,21a

2 כִּי־נְבָלָה עָשָׂה בְיִשְׂרָאֵל לִשְׁכַּב אֶת־בַּת־יַעֲקֹב Gen 34,7bα

---

¹ Nach App.ᵃ BHK³ emendiert.

3   וְאֵ֙לֶּה֙ הַמְּלָכִ֔ים אֲשֶׁ֥ר מָלְכ֖וּ בְּאֶ֣רֶץ אֱד֑וֹם לִפְנֵ֥י מְלָךְ־מֶ֖לֶךְ לִבְנֵ֥י יִשְׂרָאֵֽל׃

Gen 36,31

4   כֹּ֣ה אָמַ֣ר יְהוָ֗ה הַֽמִבְּלִ֤י אֵין־אֱלֹהִים֙ בְּיִשְׂרָאֵ֔ל אַתָּ֣ה שֹׁלֵ֔חַ לִדְרֹ֖שׁ בְּבַ֣עַל זְב֑וּב
אֱלֹהֵ֖י עֶקְר֑וֹן

2 Kön 1,6aβ

Gen 43,20   וַיֹּאמְר֖וּ בִּ֣י אֲדֹנִ֑י יָרֹ֥ד יָרַ֛דְנוּ בַּתְּחִלָּ֖ה לִשְׁבָּר־אֹֽכֶל׃

5

6   לֹ֥א תִירָ֖א מֵהֶ֑ם זָכֹ֣ר תִּזְכֹּ֗ר אֵ֤ת אֲשֶׁר־עָשָׂה֙ יְהוָ֣ה אֱלֹהֶ֔יךָ לְפַרְעֹ֖ה

Dtn 7,18   וּלְכָל־מִצְרָֽיִם׃

7   לַכֹּ֖ל זְמָ֑ן וְעֵ֥ת לְכָל־חֵ֖פֶץ תַּ֣חַת הַשָּׁמָֽיִם׃ ... עֵ֤ת לַהֲרוֹג֙ וְעֵ֣ת לִרְפּ֔וֹא ... עֵ֤ת
סְפוֹד֙ וְעֵ֣ת רְק֔וֹד׃ ... עֵ֤ת לֶֽאֱהֹב֙ וְעֵ֣ת לִשְׂנֹ֔א עֵ֥ת מִלְחָמָ֖ה וְעֵ֥ת שָׁלֽוֹם׃

Qoh 3,1.3a.4b.8

8   וַיֹּ֨אמֶר מֹשֶׁ֜ה אֶל־הָעָ֗ם זָכ֞וֹר אֶת־הַיּ֤וֹם הַזֶּה֙ אֲשֶׁ֨ר יְצָאתֶ֤ם מִמִּצְרַ֙יִם֙ מִבֵּ֣ית
עֲבָדִ֔ים

Ex 13,3

9   אַ֥שְֽׁרֵי אָדָם֙ שֹׁמֵ֣עַֽ לִ֔י לִשְׁקֹ֥ד עַל־דַּלְתֹתַ֖י י֣וֹם ׀ י֑וֹם לִשְׁמֹ֕ר מְזוּזֹ֖ת פְּתָחָֽי׃
כִּ֣י מֹצְאִי֙ מָצָ֣אֿ[1] חַיִּ֔ים

Prov 8,34.35a

10   וַיֹּ֤אמֶר הַמֶּ֙לֶךְ֙ אֶל־צִיבָ֔א מָֽה־אֵ֖לֶּה לָּ֑ךְ וַיֹּ֣אמֶר צִ֠יבָא הַחֲמוֹרִ֨ים לְבֵית־הַמֶּ֜לֶךְ
לִרְכֹּ֗ב וְהַלֶּ֤חֶם[2] וְהַקַּ֙יִץ֙ לֶאֱכ֣וֹל הַנְּעָרִ֔ים

2 Sam 16,2abα

11   וַיֹּ֤אמֶר יְהוָה֙ אֶל־שְׁמוּאֵ֔ל שְׁמַע֙ בְּק֣וֹל הָעָ֔ם לְכֹ֥ל אֲשֶׁר־יֹאמְר֖וּ[3] אֵלֶ֑יךָ כִּ֣י לֹ֤א
אֹֽתְךָ֙ מָאָ֔סוּ כִּֽי־אֹתִ֥י מָאֲס֖וּ מִמְּלֹ֥ךְ עֲלֵיהֶֽם׃

1 Sam 8,7

12   הַדָּבָ֛ר אֲשֶׁר־הָיָ֥ה אֶֽל־יִרְמְיָ֖הוּ מֵאֵ֣ת יְהוָ֑ה אַחֲרֵ֡י כְּרֹת֩ הַמֶּ֨לֶךְ צִדְקִיָּ֜הוּ בְּרִ֗ית
אֶת־כָּל־הָעָם֙ אֲשֶׁ֣ר בִּירֽוּשָׁלִַ֔ם לִקְרֹ֥א לָהֶ֖ם דְּרֽוֹר׃

Jer 34,8

13   הֲל֣וֹא חָנ֣וֹף תֶּחֱנַ֗ף הָאָ֥רֶץ הַהִ֔יא[4] וְאַ֗תְּ זָנִית֙[5] רֵעִ֣ים רַבִּ֔ים וְשׁ֥וֹב[6] אֵלַ֖י
נְאֻם־יְהֹוָֽה׃

Jer 3,1b:

14   שִׁמְע֥וּ דְבַר־יְהוָ֖ה בְּנֵ֣י יִשְׂרָאֵ֑ל כִּ֣י רִ֤יב לַֽיהוָה֙ עִם־יוֹשְׁבֵ֣י הָאָ֔רֶץ כִּ֣י אֵין־אֱמֶ֧ת
וְאֵֽין־חֶ֛סֶד וְאֵֽין־דַּ֥עַת אֱלֹהִ֖ים בָּאָֽרֶץ׃ אָלֹ֣ה ... וְרָצֹ֤חַ וְגָנֹב֙ וְנָאֹ֔ף פָּרָ֕צוּ וְדָמִ֥ים
בְּדָמִ֖ים נָגָֽעוּ׃

Hos 4,1.2

---

[1] So ק (mit App.ᵃ BHK³)!
[2] Nach App.ᵃ BHK³ emendiert.
[3] יֹאמְרוּ = 3.m.pl. Impf. Q Wz. אמר.
[4] Emendation mit LXX für הָאָֽרֶץ!
[5] זָנִית = 2.f.sg. Perf. Q Wz. זנה.
[6] וְשׁוֹב = Inf.abs. Q Wz. שׁוב.

9 DAS VERBUM V – DIE "ZUSAMMENGESETZTEN" TEMPORA I: IMPERFECTUM CONSECUTIVUM (Waw-IMPERFEKT / NARRATIV / *wayyiqtol*) FORMENBILDUNG DER NOMINA III (NOMINA ע"ע)

9.1 ALLGEMEINES ZUM IMPERFECTUM CONSECUTIVUM (*wayyiqtol*)

Versucht man, sich anhand der bisher besprochenen Tempora ein Bild vom hebräischen Tempussystem zu machen, so stellt man fest, daß die Formen *qatal*, *yiqtol* und *qōtel* mit ihren relativen Zeitbezügen zwar durchaus dazu geeignet sind, Sachverhalte in ein "vorher", "nachher" und "zugleich" einzuteilen; aber das Erzählen von vergangenen Sachverhalten in ihrer historischen Abfolge (Ausdruck des Sachverhaltsprogresses bzw. des Informationsprogresses) – Voraussetzung jeder Art von Erzählung bzw. Geschichtsschreibung – ist allein mit ihnen ohne "synthetische" Elemente wie Temporaldeiktika o.ä. kaum zu realisieren: Bei der Verwendung mehrerer Formen des Typs *qatal* kommt man nur Schritt für Schritt weiter in die Vergangenheit (VZ), und wechselt man nach einem *qatal* zu einem *yiqtol*, um das Nacheinander in der Vergangenheit auszudrücken, läuft man Gefahr, mißverstanden zu werden, denn NZ zu einer VZ könnte ja auch eine Wendung in die Zukunft signalisieren. Die naheliegende Möglichkeit, einfach durch Anfügung eines "und" / "und dann" an ein *qatal* den Progreß der Erzählung zu markieren, (die im Aramäischen realisiert ist), hat das Hebräische nicht gewählt. (Die wenigen Fälle, wo *wᵊqatal* in aramaisierender Weise zum Ausdruck des Progresses in der Erzählung verwendet ist, können hier ebenso vernachlässigt werden wie die "synthetische" Ausdrucksweise mit dem semantisch ambivalenten Temporaldeiktikon אָז [dann, damals]). Vielmehr hat das Hebräische zum **Ausdruck des Progresses in der Vergangenheit** (selten auch zum Ausdruck der Fortführung anderer mit *qatal* eingeführter Sachverhalte) eine eigene "zusammengesetzte" Verbform ausgebildet, in der gewissermaßen noetische Teilaspekte von *qatal* und *yiqtol* kombiniert sind: Es handelt sich dabei um die Form *wayyiqtol* (in älteren Grammatiken und Lexika als Impf. cons., in neueren auch als W(aw)-Impf.[1] oder – unter Bezug auf die Funktion – als

---

[1] In den Analysen in den Anmerkungen wird in diesem Buch stets w-Impf. verwendet.

Narrativ bezeichnet), die in Gestalt der Redeeinleitung וַיֹּאמֶר] schon am Anfang dieses Buches kommentarlos quasi als "Lexem" eingeführt worden ist,
die indes als Thema der Grammatik bzw. Syntax erst hier sinnvoll diskutiert
werden kann. Aus dem relativen Bezugssystem VZ-GZ-NZ ist durch die Einführung dieser einigermaßen "eindeutig" zeitstufen-bezogenen Form ein relatives Tempussystem geworden, vermittels dessen alle denkbaren Zeitbezüge
in Erzählungen mit der wünschenswerten Genauigkeit darstellbar sind[1].

Daß *wayyiqtol* in poetischen Texten auch "für generellen Sachverhalt der
Gegenwart" in sog. Erfahrungssätzen stehen kann[2], sei hier immerhin am
Rande erwähnt, ist für den hebräischen Anfänger indes kaum von Bedeutung,
zumal die Fälle ausgesprochen selten sind.

Was die Syntax von *wayyiqtol* betrifft, gilt pauschal: *wayyiqtol* steht in der
Regel am Anfang des Satzes. Die Fälle, in denen ein Element – sei es eine
Zeitangabe, sei es das Subjekt oder Objekt des Satzes – vor *wayyiqtol* zu stehen kommt, sind nicht allzu häufig[3] und implizieren stets, daß das betreffende
Element aus stilistischen Gründen hervorgehoben werden soll[4]. – Was darüber hinaus noch zu beachten ist, ist der Umstand, daß *wayyiqtol* aus semantischen Gründen nicht in Kombination mit einer Negation erscheinen kann:
Wenn ein Sachverhalt nicht stattgefunden hat, kann man auch nicht sinnvoll
mit der grammatischen Kategorie "Progreß" operieren[5]. Hält es ein Autor /
Sprecher im Rahmen seiner Erzählung aus irgendwelchen Gründen für erforderlich zu erwähnen, was nicht stattgefunden hat, tritt die Fügung *wᵊ-lō'
qatal* ein[6].

---

[1] Vgl. dazu a. u. Kap. 21 bzw. generell W. GROß, Verbform und Funktion. *wayyiqtol* für die Gegenwart? Ein Beitrag zur Syntax poetischer althebräischer Schriften, ATS 1, St. Ottilien 1976.

[2] Vgl. dazu W. GROß (o. A 1) 164f. Erfahrungssätze des Typs "x hat noch immer ..." bezeichnen
ohnehin primär vergangene SV – die Generalität des SV wird "mit-verstanden".

[3] Vgl. dazu W. GROß, Die Pendenskonstruktion im Biblischen Hebräisch. Studien zum althebräischen Satz I, ATS 27, St. Ottilien 1987. Er zählt insgesamt rund 1000 Belege für das Phänomen,
das er "Pendenssatz" nennen möchte (ebd. 1 bzw. 38), und das darin besteht, daß vor einem syntaktisch an sich vollständigen Satz Teileelemente desselben noch einmal stehen und so syntaktisch
gewissermaßen in der Luft hängen; unter ihnen sind nur wenige Fälle, wo vor einer "zusammengesetzten" Verbform (*wayyiqtol* oder *wᵊqatal*; vgl. zu letzterer Form u. 10) ein Element im "casus
pendens" erscheint.

[4] Vgl. dazu W. GROß (o. A 3) 190-193.

[5] Analoges gilt auch für die Progreßform der Zukunft *wᵊqatal* – das sei hier im Vorgriff auf Kap.
10 erwähnt.

[6] Vgl. dazu u. das Beispiel aus 1 Kön 1,18a.19.

9.2 FORMENBILDUNG DES IMPERFECTUM CONSECUTIVUM

Eigene – neu zu lernende – Prä- oder Afformative weist das Impf. cons. nicht auf. Der einzige formale Unterschied zu den Formen des "einfachen" Imperfekts besteht in der Anfügung eines mit Pataḥ vokalisierten und von einem Dageš forte im nächsten Konsonanten gefolgten וֹ als Präfix. Was bei der Formenbildung des Impf. cons. von starken Verben noch nicht deutlich wird, ist die Tatsache, daß die ihm zugrundeliegende Form nicht die LF der PK ist, sondern vielmehr — wie entsprechende Formen von schwachen Verben belegen — die KF (die in aspektueller Hinsicht perfektiv und nicht imperfektiv ist). — Was das präfigierte ·וֹ betrifft, handelt es sich dabei – diachron gesehen – wohl um die Kombination eines וֹ copulativum mit dem Deiktikon *han-* (vgl. den best. Artikel!)[1], durch das anaphorisch auf das im Text normalerweise vorausgehende (manchmal aber auch nur "virtuell" vorausgesetzte) *qatal* verwiesen wird. Diachron gesehen handelt es sich beim Impf. cons. also um eine "abhängige" Verbform – was auch in der Bezeichnung Imperfectum **consecutivum** zum Ausdruck gebracht wird – im Verlauf der Sprachgeschichte ist daraus jedoch, wie Erzählanfänge mit dem erstarrten "Tempusmarker" וַיְהִי (einem *wayyiqtol* von היה[2]), belegen, ein echtes Präteritum – der Narrativ – geworden.

Beispiele:

וַיִּמְכֹּר אֶת־בְּכֹרָתוֹ לְיַעֲקֹב׃[3]
וְיַעֲקֹב נָתַן לְעֵשָׂו לֶחֶם וּנְזִיד
עֲדָשִׁים וַיֹּאכַל וַיֵּשְׁתְּ וַיָּקָם
וַיֵּלֶךְ וַיִּבֶז[4] עֵשָׂו אֶת־הַבְּכֹרָה׃

Gen 25,33bβ.34

Da verkaufte er (Esau) dem Jakob sein Erstgeburtsrecht; Jakob aber gab dem Esau (dafür) Brot und ein Linsengericht. Esau aß, trank, stand auf, ging und verachtete das Erstgeburtsrecht.

---

[1] Vgl. dazu V. MAAG, Morphologie des hebräischen Narrativs, ZAW 65 (1953) 86-88.

[2] Vgl. dazu u. 11.1.

[3] Letzte Szene einer Erzählung – hier zugleich die Pointe.

[4] Die 5 *wayyiqtol*-Formen 3.m.sg. Q stammen von den Wurzeln אכל, שתה, קום, הלך und בזה. Die Folge וַיִּבֶז – וַיֹּאכַל stellt einen "gerafften" Informationsprogreß (nach A. DENZ ein "Progreßbündel") dar, mit dem das "Tempo" der Erzählung gesteigert wird: So schnell und gedankenlos, wie man ein Linsengericht hinunterschlingt, hat sich Esau von seinem Erstgeburtsrecht getrennt! – Bei diesem Beispiel handelt es sich somit zugleich um einen Beleg für die in der älteren – mehr an diachronen textanalytischen Modellen interessierten – Exegese oft vernachlässigte Tatsache, daß bei einer genauen Wahrnehmung der sprachlichen Phänomene die Texte plötzlich quasi von selbst zu sprechen beginnen.

וְאַחֲרֵי־כֵן¹ יָצָא אָחִיו | Danach² kam sein Bruder heraus, wobei er
וְיָדוֹ אֹחֶזֶת בַּעֲקֵב עֵשָׂו | mit seiner Hand die Ferse Esaus festhielt. Da
וַיִּקְרָא שְׁמוֹ יַעֲקֹב ³וְיִצְחָק | nannte er (Isaak) seinen Namen Jakob. Isaak
בֶּן־שִׁשִּׁים שָׁנָה בְּלֶדֶת⁴ | aber war 60 Jahre alt, als sie (Rebekka) sie ge-
אֹתָם: וַיִּגְדְּלוּ הַנְּעָרִים | bar. Und die Knaben wurden groß ...

Gen 25,26.27aα

⁵וְעַתָּה הִנֵּה אֲדֹנִיָּה מָלָךְ ... | Jetzt aber, siehe, ist Adonija König geworden.
וַיִּזְבַּח שׁוֹר וּמְרִיא־וְצֹאן לָרֹב | Er hat Rind(er), Mastvieh und Kleinvieh in
וַיִּקְרָא לְכָל־בְּנֵי הַמֶּלֶךְ | Menge geschlachtet und eingeladen alle Kö-
וּלְאֶבְיָתָר הַכֹּהֵן וּלְיֹאָב שַׂר | nigssöhne, Abjatar, den Priester und Joab, den
הַצָּבָא וְלִשְׁלֹמֹה עַבְדְּךָ לֹא | Anführer des Heerbanns; deinen Knecht Salo-

1 Kön 1,18a.19   קָרָא: | mo aber hat er nicht eingeladen.

⁶אָהַבְתָּ צֶּדֶק וַתִּשְׂנָא רֶשַׁע | Du liebst die Gerechtigkeit und haßt das Un-

Ps 45,8 | recht ...

יְהוָה ⁷מֵמִית וּמְחַיֶּה מוֹרִיד | Jahwe tötet und macht lebendig, er führt

1 Sam 2,6   ⁸שְׁאוֹל וַיָּעַל: | in die Scheol hinunter und wieder herauf⁹.

9.3   ÜBUNGSSÄTZE ZUM IMPERFECTUM CONSECUTIVUM

1 וַיִּשְׁלַח דָּוִד וַיִּדְרֹשׁ לָאִשָּׁה וַיֹּאמֶר הֲלוֹא־זֹאת בַּת־שֶׁבַע בַּת־אֱלִיעָם אֵשֶׁת
2 Sam 11,3   אוּרִיָּה הַחִתִּי:

---

¹ Temporaldeiktikon als (relativer) Neueinsatz.

² Wie dem "danach" zu entnehmen ist, handelt es sich um die Teilszene einer Erzählung.

³ Hintergrundinformation durch Umstandssatz der GZ (... wobei, wie man wissen muß ...).

⁴ בְּלֶדֶת = Inf.cs. Q Wz. ילד mit Präp. בְּ – die Fügung ist hier als Umstandsbestimmung der GZ verwendet.

⁵ Erzählung in direkter Rede.

⁶ Artikuliert ist ein genereller Sachverhalt der Gegenwart – bedingt durch die Verba resultativa אהב und שׂנא: Du hast das Recht lieben gelernt und das Unrecht hassen gelernt ...; vgl. W. GROß (o. 9.1 A 2) 137.

⁷ Die folgenden 3 Worte sind Partizipien (m.sg.) der Wurzeln מות (Hi.), חיה (Pi.) und ירד (Hi.).

⁸ וַיָּעַל = 3.m.sg. w-Impf. Hi. Wz. עלה.

⁹ Ausgedrückt ist: Er hat (noch immer) heraufgeführt; vgl. dazu W. GROß (o. 9.1 A 2) 111f und R. BARTELMUS, Tempus als Strukturprinzip. Anmerkungen zur stilistischen und theologischen Re-levanz des Tempusgebrauchs im "Lied der Hanna" (1 Sam 2,1-10), in: BZ NF 31 (1987) 15-35; 26 bzw. DERS., Auf der Suche nach dem archimedischen Punkt der Textinterpretation, Zürich 2002, 133-157; 146. Der Wechsel von den Partizipien zum Ausdruck der Generalität zum w-Impf. ist stilistisch bedingt.

2   וָאֶכְתֹּב בַּסֵּפֶר וָאֶחְתֹּם ... וָאֶשְׁקֹל הַכֶּסֶף בְּמֹאזְנָיִם:

Jer 32,10

3   וַיֹּאמְרוּ שָׁם חָטָאנוּ לַיהוָה וַיִּשְׁפֹּט שְׁמוּאֵל אֶת־בְּנֵי יִשְׂרָאֵל בַּמִּצְפָּה:

1 Sam 7,6aβb

4   בָּעֵת הַהִיא שָׁלַח מְרֹדַךְ בַּלְאֲדָן ... מֶלֶךְ־בָּבֶל סְפָרִים וּמִנְחָה אֶל־חִזְקִיָּהוּ

כִּי שָׁמַע כִּי חָלָה חִזְקִיָּהוּ: וַיִּשְׂמַח¹ עֲלֵיהֶם חִזְקִיָּהוּ   2 Kön 20,12.13a

5   וַיֹּאמֶר שָׁאוּל אֶל־שְׁמוּאֵל חָטָאתִי כִּי־עָבַרְתִּי אֶת־פִּי־יְהוָה וְאֶת־דְּבָרֶיךָ כִּי

יָרֵאתִי אֶת־הָעָם וָאֶשְׁמַע בְּקוֹלָם: 1 Sam 15,24

6   וְהַנָּחָשׁ הָיָה עָרוּם מִכֹּל חַיַּת הַשָּׂדֶה אֲשֶׁר עָשָׂה יְהוָה אֱלֹהִים וַיֹּאמֶר

אֶל־הָאִשָּׁה   Gen 3,1

7   אָז יִבְנֶה יְהוֹשֻׁעַ מִזְבֵּחַ לַיהוָה אֱלֹהֵי יִשְׂרָאֵל בְּהַר עֵיבָל: ... וַיִּזְבְּחוּ שְׁלָמִים:

וַיִּכְתָּב־שָׁם עַל־הָאֲבָנִים אֵת מִשְׁנֵה תּוֹרַת מֹשֶׁה אֲשֶׁר כָּתַב לִפְנֵי בְּנֵי יִשְׂרָאֵל:

וְכָל־יִשְׂרָאֵל ... עֹמְדִים מִזֶּה וּמִזֶּה לָאָרוֹן נֶגֶד הַכֹּהֲנִים הַלְוִיִּם נֹשְׂאֵי אֲרוֹן

בְּרִית־יְהוָה ... וְאַחֲרֵי־כֵן קָרָא אֶת־כָּל־דִּבְרֵי הַתּוֹרָה ... כְּכָל־הַכָּתוּב בְּסֵפֶר

הַתּוֹרָה: לֹא־הָיָה דָבָר ... אֲשֶׁר לֹא־קָרָא יְהוֹשֻׁעַ נֶגֶד כָּל־קְהַל יִשְׂרָאֵל ...

Jos 8,30-35²

8   וַיִּמְאַס בְּאֹהֶל יוֹסֵף וּבְשֵׁבֶט אֶפְרַיִם לֹא בָחָר: וַיִּבְחַר אֶת־שֵׁבֶט יְהוּדָה

אֶת־הַר צִיּוֹן אֲשֶׁר אָהֵב: Ps 78,67.68

9   אֲחַזְיָהוּ בֶן־אַחְאָב מָלַךְ עַל־יִשְׂרָאֵל בְּשֹׁמְרוֹן ... וַיִּמְלֹךְ עַל־יִשְׂרָאֵל שְׁנָתָיִם:

1 Kön 22,52

10   כַּאֲשֶׁר־בָּא³ יַעֲקֹב מִצְרָיִם וַיִּזְעֲקוּ אֲבוֹתֵיכֶם אֶל־יְהוָה וַיִּשְׁלַח יְהוָה אֶת־מֹשֶׁה

וְאֶת־אַהֲרֹן ... וַיִּשְׁכְּחוּ אֶת־יְהוָה אֱלֹהֵיהֶם וַיִּמְכֹּר אֹתָם בְּיַד סִיסְרָא שַׂר־צְבָא

חָצוֹר וּבְיַד־פְּלִשְׁתִּים וּבְיַד מֶלֶךְ מוֹאָב ... וַיִּזְעֲקוּ אֶל־יְהוָה וַיֹּאמְרוּ⁴ חָטָאנוּ כִּי

עָזַבְנוּ אֶת־יְהוָה וַנַּעֲבֹד אֶת־הַבְּעָלִים וְאֶת־הָעַשְׁתָּרוֹת   1 Sam 12,8-10a

11   כִּי שֵׁשֶׁת חֳדָשִׁים יָשַׁב־שָׁם יוֹאָב וְכָל־יִשְׂרָאֵל עַד־כָּרַתִי⁵ כָּל־זָכָר בֶּאֱדוֹם:

וַיִּבְרַח הֲדַד הוּא וַאֲנָשִׁים אֲדֹמִיִּים מֵעַבְדֵי אָבִיו אִתּוֹ ... מִצְרָיִם וַהֲדַד נַעַר

קָטָן: ... וַיִּמְצָא הֲדַד חֵן בְּעֵינֵי פַרְעֹה מְאֹד וַיִּתֶּן⁶־לוֹ אִשָּׁה אֶת־אֲחוֹת אִשְׁתּוֹ

... וַהֲדַד שָׁמַע בְּמִצְרַיִם כִּי־שָׁכַב דָּוִד עִם־אֲבֹתָיו ... וַיֹּאמֶר הֲדַד

אֶל־פַּרְעֹה ...   1 Kön 11,16-21 (gek.)

---

¹ Beide Verse nach App. BHK³ bzw. LXX emendiert. BHS hat סְפָרִים (v.12) bzw. וַיִּשְׁמַע.

² Vgl. dazu u. 21.5.

³ בָּא = 3.m.sg. Perf. Q Wz. בוא.

⁴ וַיֹּאמְרוּ = וַיֹּאמֶר.

⁵ Im Original Hi. der gleichen Wz. – die Bedeutung ist hier nahezu identisch.

⁶ וַיִּתֶּן = 3.m.sg. w-Impf. Q Wz. נתן.

‫12 וְהַמֶּלֶךְ וְכָל־יִשְׂרָאֵל עִמּוֹ זֹבְחִים זֶבַח לִפְנֵי יְהוָה: וַיִּזְבַּח שְׁלֹמֹה אֶת זֶבַח‬
‫הַשְּׁלָמִים אֲשֶׁר זָבַח לַיהוָה בָּקָר עֶשְׂרִים וּשְׁנַיִם אֶלֶף וְצֹאן מֵאָה וְעֶשְׂרִים‬
‫אֶלֶף וַיַּחְנְכוּ אֶת־בֵּית יְהוָה הַמֶּלֶךְ וְכָל־בְּנֵי יִשְׂרָאֵל:‬   1 Kön 8,62.63

Weitere Übungstexte[1]

13) 2 Chr 13,1-3[2]
14) Gen 32,2-4[3]
15) Gen 31,1.2.4-6[4]
16) 1 Sam 26,13-15a.16a[5].

9.4 FORMENBILDUNG DER NOMINA III – NOMINA ע"ע (*qall–*, *qill–*, *qull*-Bildungen)

Obwohl in der konsonantischen Struktur ähnlich wie die Segolata (doppelter
Silbenschluß), haben die Nomina, bei denen der 2. und 3. Radikal gleich ist,
im masoretischen Hebräisch eine ganz andere Behandlung erfahren. In den
endungslosen Formen bleibt die ursprüngliche Doppelkonsonanz im Auslaut
unberücksichtigt (Dageš forte wird im Auslaut nicht verwendet!); in den
Formen mit Endungen bzw. Suffixen erscheint der ursprüngliche 3. Radikal
in Form eines Dageš forte im 2. Radikal, und in der "geschärften" ersten Silbe
erscheint zumeist wieder der ursprüngliche kurze Vokal, der – entsprechend
4.1.2 – in der endungslosen (lexikalischen) Form unter Tondruck gelängt
wird (Ausnahmen beim Typ *qall*, wo die Längung oft unterbleibt). Ist der 2. /
3. Radikal ein Laryngal bzw. ר, wird entsprechend den Regeln von 2.2.3.4
bzw. 4.2.2.1.2 verfahren. – בַּת (*bat* < *bint) folgt im Sg. dem Bildungstypus
qill, im Plural erscheint das ursprüngliche נ wieder[6].

---

[1] Zur Einübung in das Schriftbild der Biblia Hebraica dort nachzuschlagen! Die Anmerkungen
nach den Stellenangaben erklären hier und im folgenden Formen in den Texten, die nach dem bis
zur (jeweiligen) Lektion erreichten Wissensstand noch nicht analysierbar sind.

[2] הָיְתָה = 3.f.sg. Perf. Q Wz. היה.

[3] רְאָם = 3.m.sg. Perf. Q Wz. ראה mit Suff. 3.m.pl.

[4] וַיִּרְא = 3.m.sg. w-Impf. Q Wz. ראה; zu אֵינֶנּוּ vgl. u. 10.4.2.

[5] וַיַּעַן = 3.m.sg. w-Impf. Q Wz. ענה; עָשִׂיתָ = 2.m.sg. Perf. Q Wz. עשה.

[6] S.o. 4.4.2.

Die formalistische Nomenklatur für diese Nominalgruppe (ע"ע) stellt einen gewissen Systembruch gegenüber dem oben Gesagten dar[1]: Hier steht nicht – wie eigentlich zu erwarten – in der 2. Position der Wurzel ein ע, gemeint ist vielmehr, daß die Position ע zweimal besetzt ist[2].

Beispiele:

שַׂר (Beamter, Oberster) – חֹק (Satzung, Gesetz) – לֵב (Herz) – עַם (Volk)

	Plural:					Singular:	
st.a.	שָׂרִים	חֻקִּים	לִבּוֹת	עַמִּים	שַׂר	חֹק	לֵב [עָם] עַם
st cs.	שָׂרֵי	חֻקֵּי	לִבּוֹת	עַמֵּי	שַׂר	חֹק [חָק־] [לֵב־] לֵב	עַם
m. Suff.	שָׂרֵיהֶם	חֻקָּיו	לִבּוֹתָם	עַמֶּיהָ	שָׂרְכֶם [חָקֳךָ] חֻקִּי	לִבֵּנוּ	עַמִּי

Gelegentlich finden sich auch Alternativbildungen des Typs *qilal/qalal* (לְבָב).

9.5 ÜBUNGEN ZUR FLEXION DER NOMINA ע"ע

9.5.1 Vokalisationsübung[3]

	f.pl.			f.sg.			m.pl.			m.sg.		
	suff.	cs.	abs.	suff.	cs.	abs.	suff.	cs.	abs.	suff.	cs.	abs.
	---	רבות	רבת	רבתי	רבת	רבה	---	רבי	רבים	---	רב	רב
							---	[ימי]	ימים	ימה	יָם	ים
	חקותי	חקות	חקת	---	חקת	חקה						
	רעתכם	רעות	רעת	רעתך	רעת	רעה	---	רעי	רעים	---	רַע	רע
							עזיך	עֻזִּי [עזון]	עזים	עֻזּ	עֹז	עז
							---	---	עזכם	עֻזּ	עֹז	עז
	עתתי	---	עתות				עתיך	עתים	---	עתם	עת	עת
										כלנו	כָּל־	כל

---

[1] Vgl. o. 5.1.2.2.
[2] Vgl. dazu auch die Verba ע"ע; s.u. 19.
[3] [] = Form erschlossen.

9.5.2   Formanalysen

עַמִּים עִמָּם מֵעַמִּי מֵעִמּוֹ כַּפֶּיךָ כַּנְפֵיהֶם בְּיָמָיו יָמָה שְׁמָה שְׁמַע שָׁמָה שְׁמוֹתָן חֲקוֹתַי
כֻּלָּנָה בָּהּ בְּתֵּנוּ בִּנְחֹתֵיכֶם כַּפֵּיהֶם אַפַּיִם מֵרֵעָתָם פְּרֵיהָ אִמִּי אִמֹּתָם כַּדֵּךְ חַיֵּי יָדֶךָ
עַתָּה אַתָּה אַתָּה עַתָּה

9.5.3   Übungssätze[1]

Prov 21,23	1 שֹׁמֵר פִּיו וּלְשׁוֹנוֹ שֹׁמֵר מִצָּרוֹת נַפְשׁוֹ׃
Ps 82,6	2 אֲנִי־אָמַרְתִּי אֱלֹהִים אַתֶּם וּבְנֵי עֶלְיוֹן כֻּלְּכֶם׃

3   וַיֹּאמֶר פַּרְעֹה אֶל־יַעֲקֹב כַּמָּה יְמֵי שְׁנֵי חַיֶּיךָ׃ וַיֹּאמֶר יַעֲקֹב אֶל־פַּרְעֹה יְמֵי
שְׁנֵי מְגוּרַי שְׁלֹשִׁים וּמְאַת שָׁנָה מְעַט וְרָעִים הָיוּ[2] יְמֵי שְׁנֵי חַיַּי וְלֹא הִשִּׂיגוּ[3]
Gen 47,8.9   אֶת־יְמֵי שְׁנֵי חַיֵּי אֲבֹתַי בִּימֵי מְגוּרֵיהֶם׃

4   וַיִּשְׁאַל [יוֹסֵף] אֶת־סְרִיסֵי פַרְעֹה אֲשֶׁר אִתּוֹ בְמִשְׁמַר בֵּית אֲדֹנָיו לֵאמֹר מַדּוּעַ
פְּנֵיכֶם רָעִים הַיּוֹם׃ וַיֹּאמְרוּ אֵלָיו חֲלוֹם חָלַמְנוּ וּפֹתֵר אֵין אֹתוֹ   Gen 40,7.8a

5   זְבוּלֻן לְחוֹף יַמִּים יִשְׁכֹּן וְהוּא לְחוֹף אֳנִיּוֹת וְיַרְכָתוֹ עַל־צִידֹן׃   Gen 49,13

6   דִּרְשׁוּ יְהוָה וְעֻזּוֹ ... זִכְרוּ נִפְלְאוֹתָיו אֲשֶׁר־עָשָׂה מֹפְתָיו וּמִשְׁפְּטֵי־פִיו׃ זֶרַע
אַבְרָהָם עַבְדּוֹ בְּנֵי יַעֲקֹב בְּחִירוֹ[4]׃ הוּא יְהוָה אֱלֹהֵינוּ בְּכָל־הָאָרֶץ מִשְׁפָּטָיו׃
זָכַר לְעוֹלָם בְּרִיתוֹ ... אֲשֶׁר כָּרַת אֶת־אַבְרָהָם וּשְׁבוּעָתוֹ לְיִשְׂחָק׃
Ps 105,4a.5-8a.9

---

[1] S.a. o. 4.3.4, Satz 18-20.
[2] הָיוּ = 3.c.pl. Perf. Q Wz. היה.
[3] הִשִּׂיגוּ = 3.c.pl. Perf. Hi. Wz. נשׂג.
[4] Nach App.[a] BHK[3] emendiert.

10 DAS VERBUM VI – DIE "ZUSAMMENGESETZTEN" TEMPORA II: PERFECTUM CONSECUTIVUM (Waw-PERFEKT / wᵊqatal) // DER TEMPUSMARKER וְהָיָה FORMENBILDUNG DER NOMINA IV (NACHTRÄGE)

10.1 ALLGEMEINES ZUM PERFECTUM CONSECUTIVUM (wᵊqatal)

Obwohl man meinen könnte, daß zum Ausdruck des Progresses in der NZ / Zukunft keine eigene Form nötig ist — von der Noetik der Verbformen her läge eine Kombination von וֹ und *yiqtol* nahe —, hat das Hebräische in strikter Analogie zur Bildungsweise *wayyiqtol* eine eigene Progreßform für den Progreß in der NZ / Zukunft ausgebildet, nämlich die Form *wᵊqatal*. – Die Form *wᵊyiqtol* steht demgegenüber für den Ausdruck finaler oder konsekutiver Bezüge, insbesondere nach Imperativen und anderen auslösenden Verbalformen. Zwar ist diese Deutung der Kombination von וֹ und *qatal* nicht unumstritten, — C. BROCKELMANN und seine Schüler sind z.B. der Meinung, daß es sich um keine eigenständige Verbform handelt, sondern nur um ein koordiniertes Perfekt –, doch der überwiegende Teil der neueren Grammatiker rechnet damit, daß *wᵊqatal* eine eigenständige Form darstellt und der Funktion nach nicht nur *yiqtol*-LF / KF, sondern auch andere Formen mit dem Zeitbezug NZ (so etwa *qōtel* in der Nebenfunktion des Ausdrucks des Futurum instans) bzw. mit auslösender Funktion (so den Imperativ) fortführen kann; ebenso verbreitet ist die Meinung, daß *wᵊqatal* auch die Nebenfunktionen von *yiqtol* (Ausdruck von generellen und iterativen Sachverhalten) übernehmen kann, wo diese im Progreß einer Erzählung bzw. einer Rede artikuliert werden sollen. Ja, im Verlauf der Sprachgeschichte hat sich diese Form so weit verselbständigt, daß sie – auch hier in strikter Analogie zu *wayyiqtol* – eigenständig, d.h. unabhängig von einem vorhergehenden *yiqtol*, *qᵊtol* oder *qōtel*, Tempus- bzw. Modus-Wechsel anzuzeigen vermag; der Tempusmarker וְהָיָה (dazu s.u.) und Stellen wie Dtn 12,9f; 29,8; Jos 4,7; 6,2f; 8,1f; Ri 9,9.11.13; 13,3; 2 Sam 7,8f; Jes 6,7; Ez 18,13; 23,31, in denen *wᵊqatal* unmißverständlich einen Tempuswechsel in die Zukunft markiert, beweisen hinlänglich, daß es eine eigenständige Verbalform ist, deren Funktionsspektrum alle Funktionen von *yiqtol* und *qᵊtol* unter Einbeziehung des Merkmals "Progreß" umfaßt.

Faßt man die Funktionen der finiten Verbformen (ohne die modalen Formen) in einer Schemazeichnung zusammen, so zeigt sich, daß die mit $w^ə$- zusammengesetzten Formen jeweils gewissermaßen die "umgekehrte" Funktion der einfachen Form übernehmen, wenn die Information fortschreitet (Progreß):

qatal	↘ ⇨	*wayyiqtol* (-KF)
yiqtol (LF)	↗ ⇨	*wᵊqatal*

Ältere Untersuchungen sprechen in diesem Zusammenhang deshalb von einer "konversiven" Funktion des ו (ו conversivum); die oben (9.1 und hier) vorgelegte Deutung dürfte jedoch den beschriebenen Sachverhalt angemessener interpretieren.

Daß die vorgelegte Funktionsbeschreibung von $w^ə qatal$ nicht für alle alttestamentlichen Texte gilt, sei nicht verschwiegen; doch die wenigen geschlossenen Textcorpora, in denen $w^ə qatal$ in aramaisierender bzw. mittelhebräischer Weise zum Ausdruck des Progresses in der Erzählung verwendet wird, umfassen einen so geringen Teil des AT, daß man sie bei einer Darstellung des "klassischen" hebräischen Sprachsystems hintanstellen kann. Immerhin sei darauf hingewiesen, daß auch außerhalb des Buches Qohelet und einiger später Psalmen gelegentlich $w^ə qatal$ im eben geschilderten Sinne verwendet ist. Wo dabei nicht – wie z.B. in 1 Sam 12,2 oder Dtn 33,2 (hier chiastisch!) – zwei **sachlich identische** SV durch zwei **unmittelbar aufeinander folgende** koordinierte Perfekte beschrieben sind, muß damit gerechnet werden, daß der Text einen sekundären Einschub in einen älteren Text beinhaltet[1], oder aber damit, daß ein Abschreibfehler vorliegt (so möglicherweise in 1 Kön 8,47bβ).

Was die Syntax von $w^ə qatal$ betrifft, gelten – mutatis mutandis – die Anmerkungen zu *wayyiqtol*: $w^ə qatal$ steht in der Regel in Erststellung im Satz und kann nicht mit Negationen verbunden werden. Soll ein negierter Sachverhalt in einer Reihe von Progressen in der NZ (bzw. von generellen Sachverhalten) untergebracht werden, wechselt der hebräische Autor zu $w^ə$-*lō'*-*yiqtol*.

---

[1] Vgl. dazu R. BARTELMUS, Ez 37,1-14, die Verbform $w^e qatal$ und die Anfänge der Auferstehungshoffnung, ZAW 97 (1985) 366-389 bzw. DERS., Auf der Suche nach dem archimedischen Punkt der Textinterpretation, Zürich 2002, 105-132.

10.2   FORMENBILDUNG DES PERFECTUM CONSECUTIVUM (*wᵊqatal*)

Wie aus der formalen Beschreibung des Perf. cons. als *wᵊqatal* hervorgeht, werden die Formen des Perf. cons. durch einfache Anfügung eines וֹ als Präfix an die Formen des Perfekts gebildet; gelegentlich ändert sich dabei allerdings die Betonung der Form, so z.B. וְלָקַחְתִּי vs. לָקַחְתִּי.

Beispiele:

רַק בְּכָל־אַוַּת נַפְשְׁךָ	Doch ganz nach deinem Begehren (dem Be-
תִּזְבַּח I וְאָכַלְתָּ בָשָׂר	gehren deiner Person) darfst (wirst) du
כְּבִרְכַּת יְהוָה אֱלֹהֶיךָ	schlachten und Fleisch essen nach dem Segen
אֲשֶׁר נָתַן־לְךָ בְּכָל־שְׁעָרֶיךָ	Jahwes, deines Gottes, den er dir gegeben ha-
Dtn 12,15a	ben wird in allen deinen Toren (Städten) ...
וַיֹּאמְרוּ לוֹ עֲבָדָיו	Da sagten seine Knechte zu ihm:
יְבַקְשׁוּ¹ לַאדֹנִי הַמֶּלֶךְ נַעֲרָה	Man suche für meinen Herrn, den König ein
בְתוּלָה וְעָמְדָה לִפְנֵי הַמֶּלֶךְ	jungfräuliches Mädchen, und es soll dem
1 Kön 1,2aβγ	König aufwarten ...
הִנְנִי מֵקִים² עָלֶיךָ רָעָה	Siehe, ich erwecke gegen dich Böses aus
מִבֵּיתֶךָ וְלָקַחְתִּי אֶת־נָשֶׁיךָ	deinem (eigenen) Hause und werde deine
לְעֵינֶיךָ וְנָתַתִּי לְרֵעֶיךָ	Frauen vor deinen Augen wegnehmen und
2 Sam 12,11aβγ	deinem Nächsten geben.
קְחוּ³ עִמָּכֶם אֶת־עַבְדֵי אֲדֹנֵיכֶם	Nehmt mit euch die Knechte eures Herrn
... וְהִרְכַּבְתֶּם⁴ אֶת־שְׁלֹמֹה בְנִי	... und setzt meinen Sohn Salomo auf das
עַל־הַפִּרְדָּה אֲשֶׁר־לִי ... וּמָשַׁח	Maultier, das mir gehört ... und dort (in
אֹתוֹ שָׁם צָדוֹק הַכֹּהֵן	Gihon) soll ihn der Priester Zadok salben ...
1 Kön 1,33.34 (gek.)	
... וְאִם־בְּנֵי עַמּוֹן יֶחֱזְקוּ מִמְּךָ	... wenn aber die Ammoniter stärker sind⁵

---

¹ יְבַקְשׁוּ = 3.m.pl. Impf. / Juss. Pi. Wz. בקשׁ; wahrscheinlich ist hier Juss. gemeint. Formen der 3.m.pl. stehen oft für das unpersönliche Subjekt "man".
² מֵקִים = Ptz. m.sg.st.abs. Hi. Wz. קום.
³ קְחוּ = Ipt. m.pl. Q Wz. לקח.
⁴ וְהִרְכַּבְתֶּם = 2.m.pl. w-Perf. Hi. Wz. רכב.
⁵ Vgl. zum Gebrauch des Präsens in deutschen Konditionalsätzen o. S. 85 A 3.

וְהָלַכְתִּי[1] לְהוֹשִׁיעַ[2] לָךְ׃

2 Sam 10,11b

als du, dann werde ich kommen, dir zu helfen.

וַיִּשְׁפֹּט שְׁמוּאֵל אֶת־יִשְׂרָאֵל כֹּל
יְמֵי חַיָּיו׃ וְהָלַךְ[3] מִדֵּי שָׁנָה
בְּשָׁנָה וְסָבַב בֵּית־אֵל וְהַגִּלְגָּל
וְהַמִּצְפָּה וְשָׁפַט אֶת־יִשְׂרָאֵל

1 Sam 7,15b.16abα

Und Samuel richtete Israel Zeit seines Lebens. Und er ging Jahr für Jahr herum und machte die Runde über Bethel, Gilgal und Mizpa und richtete Israel.

Beispiel für die Verwendung von *wᵊyiqtol*:

וַיֹּאמֶר לָהֶם שִׁמְעוּ אֵלַי בַּעֲלֵי
שְׁכֶם וְיִשְׁמַע אֲלֵיכֶם אֱלֹהִים׃

Ri 9,7b

Er sagte zu ihnen: Hört auf mich, Herren von Sichem, damit[4] / so daß Gott auf euch hört.

10.3   ÜBUNGSSÄTZE ZUM PERFECTUM CONSECUTIVUM

10.3.1   Perfectum consecutivum nach anderen Verbformen

1   הַעַל זֹאת לֹא־תִרְגַּז הָאָרֶץ וְאָבַל כָּל־יוֹשֵׁב בָּהּ   Am 8,8a

2   וְאִם־לֹא תִשְׁמְעוּ אֵלֵינוּ ... וְלָקַחְנוּ אֶת־בִּתֵּנוּ וְהָלָכְנוּ׃   Gen 34,17

3   וַיֹּאמֶר יְהוָה אֶל־מֹשֶׁה פְּסָל־לְךָ שְׁנֵי־לֻחֹת אֲבָנִים כָּרִאשֹׁנִים וְכָתַבְתִּי
עַל־הַלֻּחֹת אֶת־הַדְּבָרִים   Ex 34,1 (gek.)

4   עַל־כֵּן יַעֲזָב־אִישׁ אֶת־אָבִיו וְאֶת־אִמּוֹ וְדָבַק בְּאִשְׁתּוֹ וְהָיוּ[5] לְבָשָׂר אֶחָד׃   Gen 2,24

5   וְעַתָּה אִם־שָׁמוֹעַ תִּשְׁמְעוּ בְּקֹלִי וּשְׁמַרְתֶּם אֶת־בְּרִיתִי וִהְיִיתֶם[5] לִי סְגֻלָּה
מִכָּל־הָעַמִּים כִּי־לִי כָּל־הָאָרֶץ׃   Ex 19,5

---

[1] In konditionalen Fügungen wird das "dann" der Apodosis meist mit *wᵊqatal* ausgedrückt.
[2] לְהוֹשִׁיעַ = Inf.cs. Hi. Wz. ישׁע + Präp. לְ.
[3] Hier ist die Gewohnheit (bzw. der Iterativ) zudem lexikalisch ausgedrückt (שָׁנָה בְּשָׁנָה). Das einleitende *wayyiqtol* legt die Zeitstufe fest, *wᵊqatal* führt unter Betonung der Iterativität weiter.
[4] Die Entscheidung, ob eine Übersetzung als Final- oder als Konsekutivsatz angemessener ist, ist oft nicht leicht zu treffen, zumal *wᵊyiqtol* vornehmlich nach "auslösenden" Verbformen vorkommt: Nach Ipt. kann jede Folge aus der geforderten Handlung zugleich auch als Ziel betrachtet werden.
[5] Die Formen sind von der Wz. היה abzuleiten (w-Perf. Q).

6 הָלֹךְ וְקָרֵאתָ בְאָזְנֵי יְרוּשָׁלַם לֵאמֹר כֹּה אָמַר יְהוָה זָכַרְתִּי לָךְ חֶסֶד נְעוּרַיִךְ
Jer 2,2a אַהֲבַת כְּלוּלֹתָיִךְ

7 אֲשֶׁר נָשִׂיא יֶחֱטָא וְעָשָׂה אַחַת מִכָּל־מִצְוֹת יְהוָה אֱלֹהָיו ... וְהֵבִיא אֶת־קָרְבָּנוֹ
שְׂעִיר עִזִּים זָכָר תָּמִים: וְסָמַךְ יָדוֹ עַל־רֹאשׁ הַשָּׂעִיר וְשָׁחַט אֹתוֹ בִּמְקוֹם
אֲשֶׁר־יִשְׁחַט אֶת־הָעֹלָה לִפְנֵי יְהוָה חַטָּאת הוּא: וְלָקַח הַכֹּהֵן מִדַּם הַחַטָּאת
בְּאֶצְבָּעוֹ וְנָתַן עַל־קַרְנֹת מִזְבַּח הָעֹלָה וְאֶת־דָּמוֹ יִשְׁפֹּךְ אֶל־יְסוֹד מִזְבַּח
Lev 4,22abα.23b.24.25 הָעֹלָה:

8 וַיִּשְׁמַע מֹשֶׁה לְקוֹל חֹתְנוֹ ... וַיִּבְחַר מֹשֶׁה אַנְשֵׁי־חַיִל מִכָּל־יִשְׂרָאֵל וַיִּתֵּן אֹתָם
רָאשִׁים עַל־הָעָם שָׂרֵי אֲלָפִים שָׂרֵי מֵאוֹת שָׂרֵי חֲמִשִּׁים וְשָׂרֵי עֲשָׂרֹת: וְשָׁפְטוּ
Ex 18,24-26a אֶת־הָעָם בְּכָל־עֵת

9 שְׁמַע יִשְׂרָאֵל יְהוָה אֱלֹהֵינוּ יְהוָה אֶחָד׀ אֶחָד: וְאָהַבְתָּ אֵת יְהוָה אֱלֹהֶיךָ בְּכָל־לְבָבְךָ
Dtn 6,4.5 וּבְכָל־נַפְשְׁךָ וּבְכָל־מְאֹדֶךָ:

10 הַדָּבָר אֲשֶׁר הָיָה אֶל־יִרְמְיָהוּ מֵאֵת יְהוָה לֵאמֹר: עֲמֹד בְּשַׁעַר בֵּית יְהוָה
וְקָרֵאתָ שָּׁם אֶת־הַדָּבָר הַזֶּה וְאָמַרְתָּ שִׁמְעוּ דְבַר־יְהוָה כָּל־יְהוּדָה ...
Jer 7,1.2abα

11 וַיִּשְׁלַח אֵלָיו אֱלִישָׁע מַלְאָךְ לֵאמֹר הָלוֹךְ וְרָחַצְתָּ שֶׁבַע־פְּעָמִים בַּיַּרְדֵּן
2 Kön 5,10abα

12 אַחֲרֵי מִי יָצָא מֶלֶךְ יִשְׂרָאֵל אַחֲרֵי מִי אַתָּה רֹדֵף אַחֲרֵי כֶּלֶב מֵת אַחֲרֵי
פַּרְעֹשׁ אֶחָד: וְהָיָה יְהוָה לְדַיָּן וְשָׁפַט בֵּינִי וּבֵינֶךָ
1 Sam 24,15.16a

10.3.2 "Freies" wᵊqatal – וְהָיָה als Tempusmarker

Wie bereits oben erwähnt, eignet der wᵊqatal-Form der Wurzel היה eine spezielle Funktion im hebräischen Tempussystem. Infolge der semantischen Leere der Wurzel היה ("sein") wird וְהָיָה häufig gewissermaßen im Leerlauf gebraucht, um an Text- und Redeanfängen den Tempus- bzw. Modalbezug der
folgenden Aussage vorweg festzulegen; in dieser Funktion als Tempus- bzw.
Modusmarker wird וְהָיָה nicht übersetzt, sondern nur als Signal für die NZ /
Iterativität etc. der folgenden Aussagen gewertet.

---

[1] Vgl. zu dieser Verwendung von אֲשֶׁר u. 15.4.1 f).
[2] וְהֵבִיא = er soll / wird bringen – 3.m.sg. w-Perf. Hi. Wz. בוא.
[3] וַיִּתֵּן = 3.m.sg. w-Impf. Q Wz. נתן.

Beispiele:

וְהָיָה בְּיוֹם זֶבַח יְהֹוָה   (Es wird sein:) Am Tag des Schlachtopfers
וּפָקַדְתִּי עַל־הַשָּׂרִים   Jahwes werde ich heimsuchen die Fürsten
וְעַל־בְּנֵי הַמֶּלֶךְ וְעַל כָּל־   und Söhne des Königs und alle, die fremde
הַלֹּבְשִׁים מַלְבּוּשׁ נָכְרִי: וּפָקַדְתִּי   Kleider anziehen, und werde heimsuchen al-
עַל כָּל־הַדּוֹלֵג עַל־הַמִּפְתָּן בַּיּוֹם   le, die über die Schwelle springen, an jenem
הַהוּא הַמְמַלְאִים בֵּית אֲדֹנֵיהֶם   Tage, alle die das Haus ihres Herrn mit
חָמָס וּמִרְמָה: וְהָיָה בַיּוֹם הַהוּא   Gewalt und Trug erfüllen. An jenem Tage,
נְאֻם־יְהֹוָה קוֹל צְעָקָה מִשַּׁעַר   spricht Jahwe, wird der Lärm von Geschrei
הַדָּגִים וִילָלָה מִן־הַמִּשְׁנֶה   vom Fischtor her sein und Geheul aus der
Zef 1,8-10a   Neustadt ...

וְאָנֹכִי אֶהְיֶה[1] עִם־פִּיךָ וְעִם־   Ich aber will mit deinem Munde und mit
פִּיהוּ וְדִבֶּר־[2]הוּא לְךָ אֶל־הָעָם   seinem Munde sein ... Und er wird für dich
וְהָיָה הוּא יִהְיֶה־לְּךָ לְפֶה וְאַתָּה   zum Volk reden und (es wird sein:) er wird
תִּהְיֶה־לּוֹ לֵאלֹהִים: für dich Mund sein, du aber wirst für ihn
Ex 4,15bα.16   Gott sein.

אָנֹכִי הֹלֵךְ בְּדֶרֶךְ כָּל־הָאָרֶץ   Ich gehe den Weg der ganzen Welt; du sei
1 Kön 2,2 :וְחָזַקְתָּ וְהָיִיתָ[3] לְאִישׁ   stark und erweise dich als Mann.
וְהָיָה כִּי־יֹאמְרוּ אֲלֵיכֶם   (Und es wird sein:) Wenn zu euch eure
בְּנֵיכֶם מָה הָעֲבֹדָה הַזֹּאת   Söhne sagen: Was bedeutet dieser Kult für
לָכֶם: וַאֲמַרְתֶּם זֶבַח־פֶּסַח   euch, dann werdet (sollt) ihr sagen: Das ist
Ex 12,25b.26   הוּא לַיהֹוָה   ein Pesach-Opfer für Jahwe ...
וְהָיָה בִּקְרָב־אִישׁ לְהִשְׁתַּחֲוֹת[4]   Jedesmal wenn ein Mann nahte, um vor ihm
לוֹ וְשָׁלַח אֶת־יָדוֹ וְהֶחֱזִיק[5] לוֹ   niederzufallen, streckte er seine Hand aus,
2 Sam 15,5   :וְנָשַׁק לוֹ   hob ihn auf und küßte ihn[6].

---

[1] Vgl. zu dieser und den übrigen Formen von der Wz. היה o. 7.3 A 4.
[2] וְדִבֶּר = 3.m.sg. w-Perf. Pi. Wz. דבר.
[3] וְהָיִיתָ = 2.m.sg. w-Perf. Q Wz. היה.
[4] לְהִשְׁתַּחֲוֹת = Inf.cs. Hišt. Wz. חוה (GBL[17]: שחה Hitp.) + Präp. לְ.
[5] וְהֶחֱזִיק = 3.m.sg. w-Perf. Hi. Wz. חזק.
[6] Eine vollständige Auflistung sämtlicher Belege für היה als Tempusmarker findet sich bei R. BARTELMUS, HYH. Bedeutung und Funktion eines hebräischen "Allerweltswortes" – zugleich ein Beitrag zur Frage des hebräischen Tempussystems, ATS 17, St. Ottilien 1982, 208-225.

10.3.3 Übungssätze zum Tempusmarker וְהָיָה

1 וְהָיָה ׀ עֵקֶב תִּשְׁמְעוּן אֵת הַמִּשְׁפָּטִים הָאֵלֶּה וּשְׁמַרְתֶּם ... אֹתָם וְשָׁמַר יְהוָה
Dtn 7,12   אֱלֹהֶיךָ לְךָ אֶת־הַבְּרִית וְאֶת־הַחֶסֶד ...

2 וְהָיָה כָעָם כַּכֹּהֵן וּפָקַדְתִּי עָלָיו דְּרָכָיו ... וְאָכְלוּ וְלֹא יִשְׂבָּעוּ ... כִּי־אֶת־יְהוָה
Hos 4,9.10   עָזְבוּ לִשְׁמֹר:

3 וְהָיָה כִּי־תָבוֹא אֶל־הָאָרֶץ אֲשֶׁר יְהוָה אֱלֹהֶיךָ נֹתֵן לְךָ נַחֲלָה ... וְיָשַׁבְתָּ בָּהּ:
וְלָקַחְתָּ מֵרֵאשִׁית ׀ כָּל־פְּרִי הָאֲדָמָה ... אֲשֶׁר יְהוָה אֱלֹהֶיךָ נֹתֵן לָךְ ...
Dtn 26,1.2   וְהָלַכְתָּ אֶל־הַמָּקוֹם אֲשֶׁר יִבְחַר יְהוָה אֱלֹהֶיךָ ...

4 וְהָיָה בַיּוֹם־הַהוּא נְאֻם־יְהוָה תִּקְרְאִי [לִי] אִישִׁי וְלֹא־תִקְרְאִי־לִי עוֹד בַּעְלִי:
... וְכָרַתִּי לָהֶם בְּרִית בַּיּוֹם הַהוּא עִם־חַיַּת הַשָּׂדֶה וְעִם־עוֹף הַשָּׁמַיִם וְרֶמֶשׂ
Hos 2,18.20   הָאֲדָמָה וְקֶשֶׁת וְחֶרֶב וּמִלְחָמָה אֶשְׁבּוֹר מִן־הָאָרֶץ ...

5 וְהָיָה הַגּוֹי וְהַמַּמְלָכָה אֲשֶׁר לֹא־יַעַבְדוּ אֹתוֹ אֶת־נְבוּכַדְנֶאצַּר מֶלֶךְ־בָּבֶל ...
Jer 27,8   בַחֶרֶב וּבָרָעָב וּבַדֶּבֶר אֶפְקֹד עַל־הַגּוֹי הַהוּא נְאֻם־יְהוָה ...

6 וְהָיָה כְּקָרָבְכֶם אֶל־הַמִּלְחָמָה ... וְאָמַר אֲלֵהֶם [הַכֹּהֵן] שְׁמַע יִשְׂרָאֵל אַתֶּם
קְרֵבִים הַיּוֹם לַמִּלְחָמָה עַל־אֹיְבֵיכֶם ... אַל־תִּירְאוּ וְאַל־תַּחְפְּזוּ וְאַל־תַּעַרְצוּ
Dtn 20,2.3   מִפְּנֵיהֶם:

7 וְהִנֵּה אָנֹכִי הוֹלֵךְ הַיּוֹם בְּדֶרֶךְ כָּל־הָאָרֶץ וִידַעְתֶּם בְּכָל־לְבַבְכֶם וּבְכָל־נַפְשְׁכֶם
כִּי לֹא־נָפַל דָּבָר אֶחָד מִכֹּל ׀ הַדְּבָרִים הַטּוֹבִים אֲשֶׁר דִּבֶּר יְהוָה אֱלֹהֵיכֶם
עֲלֵיכֶם ...וְהָיָה כַּאֲשֶׁר־בָּא³ עֲלֵיכֶם כָּל־הַדָּבָר הַטּוֹב אֲשֶׁר דִּבֶּר³ יְהוָה אֱלֹהֵיכֶם
Jos 23,14abαβ.15abα   אֲלֵיכֶם כֵּן יָבִיא² יְהוָה עֲלֵיכֶם אֵת כָּל־הַדָּבָר הָרָע

10.4 FORMENBILDUNG DER NOMINA IV (NACHTRÄGE)

10.4.1 Nomina ל"ה (III inf.)

Neben den bisher ausführlich verhandelten drei großen Gruppen von Nominalbildungen (*qatal*, *qatl*, *qall* bzw. *qatil*, *qitl* etc.) finden sich im Hebräischen noch zahlreiche weitere Bildungsweisen (z.B. *qatōl*, *qᵊtilīt*, *qᵊtal* etc.), die je

---

[1] תָּבוֹא = 2.m.sg. Impf. Q Wz. בוא.
[2] Inf.cs. Q von קרב mit Suffix 2.m.pl.
[3] בָּא = 3.m.sg. Perf. Q; יָבִיא = 3.m.sg. Impf. Hi. – beides Wz. בוא.
[4] דִּבֶּר ≈ אָמַר.

doch im Prinzip keiner ausführlichen Diskussion bedürfen, weil sie in den
Texten auch ohne genauere Kenntnis ihrer Bildungsweise anhand eines Lexikons unschwer identifiziert werden können – in Zweifelsfällen genügt ein
Rückgriff auf die Regeln von 4.1.2[1]. Eine Gruppe bedarf jedoch noch einer
kurzen Erwähnung, weil die ihr angehörenden Nomina bei der Flexion in den
Fällen, wo Endungen / Suffixe an das Lexem treten, ihre äußere Gestalt so
verändern, daß ihre lexikalische Gestalt nicht ohne weiteres zu erschließen ist.
Es handelt sich dabei um die Nomina ל"ה, also um Nomina, deren dritter
(scheinbarer) Radikal ein ה ist, das allerdings – wie aus der Transkription zu
ersehen ist – nur als Vokalbuchstabe zum Ausdruck des langen vokalischen
Auslauts -ǣ / -ē fungiert (z.B. שָׂדֶה / śāḏǣ bzw. שְׂדֵה / śəḏē). Treten nun an
Nomina dieses Typs Endungen wie -īm / -ē bzw. Suffixe, so verschwindet
nicht nur das orthographische Mittel zur Bezeichnung des langen vokalischen
Auslauts, sondern (in den meisten Fällen) auch dieser selbst, und die Endung
bzw. das Suffix tritt unmittelbar an den zweiten Radikal (שָׂדִים, auch שָׂדוֹת
und שָׂדֵי bzw. שָׂדַי etc.). M.a.W. die Plural- bzw. Suffixformen dieser Nomina
sehen so aus, als ob sie von echten zweiradikaligen Nomina wie z.B. שֵׁם gebildet wären; im Lexikon sind die Lexeme jedoch stets mit drei Radikalen
verzeichnet. Neben ursprünglichen Nomina wie שָׂדֶה ("Feld, Ebene") gehören
zu dieser Gruppe insbesondere Nomina, die von Verba ל"ה abgeleitet sind
(erstarrte Partizipien wie רֹעֶה ["Hirte"] oder Bildungen mit dem nomenbil-
denden Element -מ wie מַעֲשֶׂה ["Tat, Werk"]) und letztlich auch die beiden
einradikaligen Nomina פֶּה ("Mund") und שֶׂה ("Schaf"), die allerdings den
langen vokalischen Auslaut vor Suffixen in der Form eines ׳ beibehalten (vgl.
z.B. פִּיו [cs. פִּי!] bzw. שֵׂיהוּ). Auch die Partizipien der Verba ל"ה folgen dieser Bildungsweise[2].

10.4.2   Unregelmäßigkeiten bei der Suffixbildung

Zwei Nomina, die auch adverbiell gebraucht werden können – אַיִן / אֵין
("Nichtsein", "[...ist] nicht") und עוֹד ("Dauer", "noch") bilden die Suffixformen der 1.c. und 3.m. / f.sg. in formal ähnlicher Weise wie die Präposition מִן
(עוֹדֶנּוּ, אֵינֶנִּי). Anders als bei מִן ist dieser Vorgang jedoch so zu erklären, daß
hier ein verstärkendes Element *-an, das auch bei dem Fragepronomen אֵי /
אַיֵּה ("wo" – mit Suff. 2.m. sg.: אַיֶּכָּה) und v.a. bei der Suffixbildung der Ver-

---

[1] Vgl. dazu bereits die Beispiele am Ende von 4.3.2.2 bzw. 4.3.2.3.
[2] S.a. o. 5.3 A 2.

ben[1] eine Rolle spielt, eingefügt ist. Dessen Bezeichnung als "nun energicum" sollte allerdings nur im Zusammenhang mit Verbalformen verwendet werden, denn nur in diesem Kontext repräsentiert es die alte (gemeinsemitische) Verbalform des "Energicus", während es bei Nomina funktionslos scheint (vgl.a. יֶשְׁנוֹ ["er ist"]).

10.5 ÜBUNGSMATERIAL

10.5.1 Formanalysen[2]

חׇכְמׇה וְנׇחֲתׇה הׇאֵלֶּה בׇּהּ שׁוֹפְטׇה יׇמׇהּ וּשְׂדֹתֶיהׇ עוֹשֶׂה נִכְרׇתׇה תַּעֲבֹדֶנׇה שִׁפְטוּ־נׇא
אֵיכׇה עוֹדֶנׇּה כֻּלׇּנׇה אִתְּכׇה אִתְּכׇה מִמֶּנׇּה מַעֲשֶׂיהׇ מַלְכׇּה וִישׁוּעׇתׇה וְרׇעׇה אֹתׇכׇה

10.5.2 Übungssätze

1 וְעַתׇּה שְׁמַע יַעֲקֹב עַבְדִּי וְיִשְׂרׇאֵל בׇּחַרְתִּי בוֹ: כֹּה־אׇמַר יְהוׇה עֹשֶׂךׇ וְיֹצֶרְךׇ ...
אַל־תִּירׇא עַבְדִּי יַעֲקֹב וִישֻׁרוּן בׇּחַרְתִּי בוֹ:   Jes 44,1f

2 וַיֹּאמֶר אֵלׇיו כׇּלֵב בֶּן־יְפֻנֶּה הַקְּנִזִּי ... וְעַתׇּה הִנֵּה אׇנֹכִי הַיּוֹם בֶּן־חׇמֵשׁ וּשְׁמוֹנִים
שׇׁנׇה: עוֹדֶנִּי הַיּוֹם חׇזׇק כַּאֲשֶׁר בְּיוֹם שְׁלֹחַ אוֹתִי מֹשֶׁה כְּכֹחִי אׇז וּכְכֹחִי עׇתׇּה
Jos 14,6aβ.10b.11a

3 וְלֹא אִתְּכֶם לְבַדְּכֶם אׇנֹכִי כֹּרֵת אֶת־הַבְּרִית הַזֹּאת וְאֶת־הׇאׇלׇה הַזֹּאת: כִּי
אֶת־אֲשֶׁר יֶשְׁנוֹ פֹּה עִמׇּנוּ עֹמֵד הַיּוֹם לִפְנֵי יְהוׇה אֱלֹהֵינוּ וְאֵת אֲשֶׁר אֵינֶנּוּ פֹּה
עִמׇּנוּ הַיּוֹם: כִּי־אַתֶּם יְדַעְתֶּם אֵת אֲשֶׁר־יׇשַׁבְנוּ בְּאֶרֶץ מִצְרׇיִם וְאֵת אֲשֶׁר־
עׇבַרְנוּ בְּקֶרֶב הַגּוֹיִם אֲשֶׁר עֲבַרְתֶּם: Dtn 29,13-15

4 וַיִּשְׁאַל לׇהֶם לְשׇׁלוֹם וַיֹּאמֶר הֲשׇׁלוֹם אֲבִיכֶם הַזׇּקֵן אֲשֶׁר אֲמַרְתֶּם הַעוֹדֶנּוּ חׇי:
וַיֹּאמְרוּ שׇׁלוֹם לְעַבְדְּךׇ לְאׇבִינוּ עוֹדֶנּוּ חׇי   Gen 43,27.28a

5 וְיַעֲקֹב נׇסַע סֻכֹּתׇה וַיִּבֶן[3] לוֹ בׇּיִת וּלְמִקְנֵהוּ עׇשׇׂה סֻכֹּת עַל־כֵּן קׇרׇא שֵׁם־
הַמׇּקוֹם סֻכּוֹת: Gen 33,17

6 וַיְדַבֵּר[4] יְהוׇה אֲלֵיכֶם מִתּוֹךְ הׇאֵשׁ קוֹל דְּבׇרִים אַתֶּם שֹׁמְעִים וּתְמוּנׇה אֵינְכֶם
רֹאִים זוּלׇתִי קוֹל: Dtn 4,12

---

[1] S.u. 12.
[2] Vgl. u. 20.1. Die 2. Form weist am Ende eine Analogie zum Art. *han bzw. zu מִן auf!
[3] וַיִּבֶן = 3.m.sg. w-Impf. Q Wz. בנה.
[4] וַיֹּאמֶר ≈ וַיְדַבֵּר.

11 DAS VERBUM VII – DIE "ZUSAMMENGESETZTEN" TEMPORA III: DER TEMPUSMARKER וַיְהִי – TEMPORALSÄTZE

11.1 DER TEMPUSMARKER וַיְהִי – BILDUNGSWEISE

Wie schon angedeutet[1], findet auch die 3.m.sg. Impf. cons. Q der Wurzel היה
im hebräischen Tempussystem als Tempusmarker Verwendung. Sie wird –
היה gehört zu den sog. schwachen Verben der Gruppe ל"ה – unter Elision des
vokalischen Auslauts bzw. des ihn graphisch bezeichnenden ה gebildet und
lautet וַיְהִי; wenn der Kontext eine feminine Form erfordert, steht stattdessen
וַתְּהִי.

11.2 Der Tempusmarker וַיְהִי – Funktion

In Analogie zu der Weise, in der וְהָיָה als Tempusmarker Sätze mit dem Zeitbezug NZ / Iterativität etc. einleitet, steht וַיְהִי für das Präteritum. Neben der
aus der Bedeutung der Wurzel היה abzuleitenden Grundfunktion, NS zu "ver-
zeiten", also Sachverhalten wie Identifikation, Klassifikation, Qualifikation
oder Existenzaussage[2] die temporelle Konnotation "Vergangenheit" zu verleihen, weist וַיְהִי eine wichtige syntaktische Nebenfunktion auf: Es dient zur
Einleitung von Temporalsätzen der Vergangenheit. In ihnen erscheint וַיְהִי gefolgt von בְּ bzw. כְּ mit Infinitiv oder einem mit כִּי bzw. כַּאֲשֶׁר eingeleiteten
VS mit qatal, wobei die erstgenannte Fügung für Temporalsätze der Gleichzeitigkeit ("als ..." etc.)[3], die letztere für Temporalsätze der Vorzeitigkeit
("nachdem ..." etc.) steht. Darüber hinaus kann וַיְהִי vor (a-)syndetisch gefüg-
ten NS und VS stehen – ebenso vor beliebigen präpositionalen Gruppen (z.B.
בַּבֹּקֶר; מִקֵּץ) oder sonstigen Zeitangaben (z.B. אַחֲרֵי־כֵן); syntaktisch gesehen
werden derartige temporelle Umstandsbestimmungen damit zu selbständigen
Sätzen – in der deutschen Übersetzung bleibt dies jedoch in der Regel unberücksichtigt.

---

[1] S.o. 9.2.
[2] S.o. 3.2.2.
[3] In seltenen Fällen auch der NZ; vgl. 2 Kön 2,1: וַיְהִי בְּהַעֲלוֹת יְהוָה אֶת־אֵלִיָּהוּ בַּסְעָרָה הַשָּׁמָיִם
"Als Jahwe den Elia im Wettersturm in den Himmel holen wollte ...". Möglicherweise ist hier indes aber nur der Zeitraum der GZ stark ausgeweitet.

Beispiele:

וַיְהִי־הֶבֶל רֹעֵה צֹאן וְקַיִן	Und Abel war (wurde) ein Hirt, Kain
Gen 4,2b הָיָה עֹבֵד אֲדָמָה:	aber ein Ackerbauer[1].
וַתְּהִי־לּוֹ כְּבַת:	... und es (das Lamm) war ihm wie
2 Sam 12,3bβ	eine Tochter.
וַיְהִי בִּשְׁמוֹר יוֹאָב אֶל־הָעִיר וַיִּתֵּן[2]	Als Joab die Stadt belagerte, stellte er
אֶת־אוּרִיָּה אֶל־הַמָּקוֹם אֲשֶׁר יָדַע	den Uria an den Ort, von dem er wuß-
2 Sam 11,16 כִּי אַנְשֵׁי־חַיִל שָׁם:	te, daß dort kräftige Männer waren ...
וַיְהִי כִשְׁמֹעַ אֲדֹנָיו אֶת־דִּבְרֵי	Als sein Herr die Worte seiner
Gen 39,19 אִשְׁתּוֹ ... וַיִּחַר[3] אַפּוֹ:	Frau hörte, ... wurde er zornig.
וַיְהִי כִּי־בָא[4] יְרוּשָׁלַםִ לִקְרַאת	Als[5] er nach Jerusalem zur Begegnung
הַמֶּלֶךְ וַיֹּאמֶר לוֹ הַמֶּלֶךְ	mit dem König gekommen war, sagte
2 Sam 19,26	der König zu ihm ...
וַיְהִי כַּאֲשֶׁר־בָּא[4] חוּשַׁי הָאַרְכִּי	Nachdem Huschai, der Arkiter, der
רֵעֶה דָוִד אֶל־אַבְשָׁלוֹם וַיֹּאמֶר	Genosse des David, zu Abschalom ge-
חוּשַׁי אֶל־אַבְשָׁלֹם	kommen war, sagte Huschai zu Ab-
2 Sam 16,16abα	schalom ...
וַיְהִי הֵמָּה בַדֶּרֶךְ וְהַשְּׁמֻעָה בָאָה[6]	(Es war:) Als sie auf dem Weg waren,
אֶל־דָּוִד לֵאמֹר	war schon folgendes Gerücht zu David
2 Sam 13,30a	gelangt ...
וַיְהִי מִקֵּץ שָׁלֹשׁ שָׁנִים וַיִּבְרְחוּ	(Es war) nach drei Jahren (, da) flohen
1 Kön 2,39aαβ שְׁנֵי־עֲבָדִים לְשִׁמְעִי	zwei von den Knechten Schimi's ...
וַיְהִי בַּבֹּקֶר וַיִּכְתֹּב דָּוִד	Am Morgen (es war am Morgen, da)
2 Sam 11,14a סֵפֶר אֶל־יוֹאָב	schrieb David einen Brief an Joab.

---

[1] wᵊ-x-qatal steht hier zum Ausdruck des Adversativ-Verhältnisses.
[2] וַיִּתֵּן = 3.m.sg. w-Impf. Q Wz. נתן.
[3] וַיִּחַר = 3.m.sg. w-Impf. Q Wz. חרה.
[4] בָּא = 3.m.sg. Perf. Q Wz. בוא.
[5] Im Deutschen ist es möglich, auch Temporalsätze der Vorzeitigkeit mit "als" einzuleiten – die Vorzeitigkeit wird dann allein durch die Wahl des Tempus Plusquamperfekt ausgedrückt; nach Möglichkeit sollte indes eine Konjunktion eingesetzt werden, die den Sachverhalt der Vorzeitig-keit auch auf der Ebene des Lexikons kenntlich macht.
[6] בָּאָה = 3.f.sg. Perf. Q Wz. בוא.

11.3   ÜBUNGEN

11.3.1   Übungssätze zu וַיְהִי als Tempusmarker – Temporalsätze

Rut 1,1a
1   וַיְהִי בִּימֵי שְׁפֹט הַשֹּׁפְטִים וַיְהִי רָעָב בָּאָרֶץ

2   וּמוֹשַׁב בְּנֵי יִשְׂרָאֵל אֲשֶׁר יָשְׁבוּ בְּמִצְרָיִם שְׁלֹשִׁים שָׁנָה וְאַרְבַּע מֵאוֹת שָׁנָה:
    וַיְהִי מִקֵּץ שְׁלֹשִׁים שָׁנָה וְאַרְבַּע מֵאוֹת שָׁנָה וַיְהִי בְּעֶצֶם הַיּוֹם הַזֶּה יָצְאוּ
Ex 12,40.41   כָּל־צִבְאוֹת יְהוָה מֵאֶרֶץ מִצְרָיִם:

3   וַיְהִי כִּשְׁמֹעַ חִירָם אֶת־דִּבְרֵי שְׁלֹמֹה וַיִּשְׂמַח מְאֹד וַיֹּאמֶר בָּרוּךְ יְהוָה הַיּוֹם
    אֲשֶׁר נָתַן לְדָוִד בֵּן חָכָם עַל־הָעָם הָרָב הַזֶּה: וַיִּשְׁלַח חִירָם אֶל־שְׁלֹמֹה
    לֵאמֹר שָׁמַעְתִּי אֵת אֲשֶׁר־שָׁלַחְתָּ אֵלָי
1 Kön 5,21.22a

4   וַיְהִי כַּאֲשֶׁר יָלְדָה רָחֵל אֶת־יוֹסֵף וַיֹּאמֶר יַעֲקֹב אֶל־לָבָן ...   Gen 30,25abα

5   וַיְהִי מִקֵּץ שְׁנָתַיִם יָמִים וּפַרְעֹה חֹלֵם וְהִנֵּה עֹמֵד עַל־הַיְאֹר: וְהִנֵּה מִן־הַיְאֹר
    עֹלֹת שֶׁבַע פָּרוֹת יְפוֹת מַרְאֶה וּבְרִיאֹת בָּשָׂר
Gen 41,1.2a

6   וַיְהִי כִּי־זָעֲקוּ בְנֵי־יִשְׂרָאֵל אֶל־יְהוָה עַל אֹדוֹת מִדְיָן: וַיִּשְׁלַח יְהוָה אִישׁ נָבִיא
    אֶל־בְּנֵי יִשְׂרָאֵל וַיֹּאמֶר לָהֶם כֹּה־אָמַר יְהוָה | אֱלֹהֵי יִשְׂרָאֵל   Ri 6,7.8abα

7   וַיְהִי דְבַר־יְהוָה אֶל־יִרְמְיָהוּ שֵׁנִית וְהוּא עֹדֶנּוּ עָצוּר בַּחֲצַר הַמַּטָּרָה לֵאמֹר:
Jer 33,1

8   וַיְהִי בִּשְׁמֹנֶה עֶשְׂרֵה שָׁנָה לַמֶּלֶךְ יֹאשִׁיָּהוּ שָׁלַח הַמֶּלֶךְ אֶת־שָׁפָן בֶּן־אֲצַלְיָהוּ
    בֶּן־מְשֻׁלָּם הַסֹּפֵר בֵּית יְהוָה לֵאמֹר:
2 Kön 22,3

9   וַיְהִי שָׁאוּל עָוֶן [≈ ?עוֹיֵן?] אֶת־דָּוִד מֵהַיּוֹם הַהוּא וָהָלְאָה: וַיְהִי מִמָּחֳרָת
    וַתִּצְלַח רוּחַ אֱלֹהִים רָעָה אֶל־שָׁאוּל ...
1 Sam 18,9.10aα

10 וַיְהִי בַּשָּׁנָה הָרְבִיעִת לִיהוֹיָקִים בֶּן־יֹאשִׁיָּהוּ מֶלֶךְ יְהוּדָה הָיָה הַדָּבָר הַזֶּה
    אֶל־יִרְמְיָהוּ מֵאֵת יְהוָה לֵאמֹר:
Jer 36,1

11 וַיְהִי כָּל־הָאִישׁ אֲשֶׁר־יִהְיֶה־לּוֹ־רִיב לָבוֹא[1] אֶל־הַמֶּלֶךְ לַמִּשְׁפָּט וַיִּקְרָא
    אַבְשָׁלוֹם אֵלָיו וַיֹּאמֶר אֵי־מִזֶּה עִיר אַתָּה וַיֹּאמֶר מֵאַחַד שִׁבְטֵי־יִשְׂרָאֵל עַבְדֶּךָ:
    וַיֹּאמֶר אֵלָיו אַבְשָׁלוֹם רְאֵה[2] דְבָרֶיךָ טוֹבִים וּנְכֹחִים וְשֹׁמֵעַ אֵין־לְךָ מֵאֵת
2 Sam 15,2b.3   הַמֶּלֶךְ:

12 וַיִּקֶן[3] יוֹסֵף אֶת־כָּל־אַדְמַת מִצְרַיִם לְפַרְעֹה כִּי־מָכְרוּ מִצְרַיִם אִישׁ שָׂדֵהוּ
    כִּי־חָזַק עֲלֵהֶם הָרָעָב וַתְּהִי הָאָרֶץ לְפַרְעֹה:
Gen 47,20

---

[1] לָבוֹא = Inf.cs. Q Wz. בוא mit לְ (fin.).
[2] רְאֵה ≈ הִנֵּה.
[3] וַיִּקֶן = 3.m.sg. w-Impf. Q Wz. קנה.

11.3.2 Übungen zur Wiederholung[1]
Übungstexte in der Biblia Hebraica

11.3.2.1 Dtn 11,1-3[2]

11.3.2.2 Dtn 5,1-5abα[3]

11.3.2.3 Gen 39,7-9[4]

11.3.2.4 Jer 36,9a.10-13[5]

11.3.2.5 1 Sam 1,1-4a[6]

11.3.2.6 Num 3,39-43[7]

---

[1] Zusammenfassung des Lernstoffes von 1-11 in längeren Texteinheiten.
[2] רָאוּ = 3.c.pl. Perf. Q Wz. רָאה; נָטוּי = Ptz.pass. Q m.sg.Wz. נטה.
[3] לַעֲשֹׂתָם = Inf. cs. Q Wz. עשׂה mit Suff. 3.m.pl.+ Präp. לְ; דִּבֶּר ≈ אָמַר.
[4] וַתִּשָּׂא = 3.f.sg. w-Impf. Q Wz. נשׂא; וַיְמָאֵן = 3.m.sg. w-Impf. Pi. Wz. מאן.
[5] וַיֵּרֶד = 3.m.sg. w-Impf. Q Wz. ירד; וַיַּגֵּד = dto. Hi. Wz. נגד.
[6] לְהִשְׁתַּחֲוֹת = Inf.cs. Hišt. Wz. חוה (GBL[17] und KBL[2]: שׁחה Hitp.) + Präp. לְ.
[7] צִוָּה = 3.m.sg. Perf. Pi. Wz. צוה; וְשָׂא = Ipt. m.sg. Q Wz. נשׂא + וּ cop.

12 DAS VERBUM VIII – SUFFIXE AM VERBUM

12.1 ALLGEMEINES ZU DEN SUFFIXEN AM VERBUM

Mit Ausnahme des Suffixes der 1.c.sg. (יִ- statt יִ-) treten an die finiten Verbalformen die gleichen Suffixe wie an die Nomina[1]; sie bezeichnen hier das direkte Objekt (den Akkusativ) und können dementsprechend nur an transitive Verben (bzw. Verbalstämme[2]) treten. An Ptz.akt. und Inf.cs. dagegen können die Suffixe sowohl das Akkusativobjekt als auch das Genitivobjekt bezeichnen und erscheinen demzufolge auch an intransitiven Verb(form)en. Im Falle des Suff. 1.c.sg. werden dementsprechend unterschiedliche Formen gebildet (שָׁמְעִי "mein Hören" – *שָׁמְעֵנִי "das mich Hören"). Als Bindevokal erscheint in der Perfekt-Klasse ein kurzes *a*, in der Imperfekt-Klasse ein kurzes *i* (Veränderungen nach den Regeln von 4.1.2); an vokalische Endungen treten die Suffixe ohne Bindevokal.

ⓘ REFLEXIVBILDUNGEN KÖNNEN NICHT DURCH SUFFIXE AM VERBUM AUSGEDRÜCKT WERDEN!!!

12.2 FORMENBILDUNG BEI DEN SUFFIXEN AM VERBUM

12.2.1 Grundprobleme der Formenbildung bei den Suffixen am Verbum

Vor allem im Perfekt erscheinen in einigen Fällen vor Suffixen regelhaft andere (alte) Endungen als bei der einfachen Bildung, so v.a. im Falle der 3.f.sg. (-ַת statt ָה-), in der 2.f.sg. (-ְתִּי- statt ְתְּ-) und (selten) in der 2.(c.)pl. (-ְתּוּ- statt ְתֶּם-); in der Impf.-Klasse wird die Endung des f.pl. (נָה-) durch die des m.pl. (וּ-) ersetzt. In den afformativlosen Formen des Imperfekts kann – v.a. in Pausa – bei den Suffixen im sg. ein (assimiliertes) "Nun energicum"[3] dem Suffix vorausgehen (z.B. תִּשְׁמְרֶךָ). Kommt letzteres in Kontaktstellung zu einem Suff. 3.f.sg. zu stehen, wird das ה des Suff. (das nach Konsonant regelhaft in der Form ָהּ erscheinen müßte) assimiliert und das *ā* plene geschrieben (*-ǻnhā > -ǻnnā*: תִּלְכְּדֶנָּה).

---

[1] S.o. 5.4.
[2] S.u. 13.
[3] S.o. 10.4.2.

12.2.2   Einzelheiten zur Formenbildung bei den Suffixen am Verbum

Paradigma 1: Suffix im Singular

Suffix → ↓ Verbform	1.c.	2.m.	2.f.	3.m.	3.f.
Perf. 3.m.sg.	קְטָלַ֫נִי	קְטָלְךָ	קְטָלֵךְ	קְטָלָ֫הוּ קְטָלוֹ	קְטָלָהּ
3.f.sg.	קְטָלַ֫תְנִי	קְטָלָתְךָ	קְטָלָתֵךְ	קְטָלַ֫תְהוּ קְטָלָ֫תוּ	קְטָלָ֫תָה
2.m.sg.	קְטַלְתַּ֫נִי	-----	-----	קְטַלְתָּ֫הוּ קְטַלְתּוֹ	קְטַלְתָּהּ
2.f.sg.	קְטַלְתִּ֫ינִי	-----	-----	קְטַלְתִּ֫יהוּ	קְטַלְתִּיהָ
1.c.sg.	-----	קְטַלְתִּ֫יךָ	קְטַלְתִּיךְ	קְטַלְתִּיו קְטַלְתִּ֫יהוּ	קְטַלְתִּיהָ
3.c.pl.	קְטָל֫וּנִי	קְטָל֫וּךָ	קְטָל֫וּךְ	קְטָל֫וּהוּ	קְטָל֫וּהָ
2.c.pl.	קְטַלְתּ֫וּנִי	-----	-----	קְטַלְתּ֫וּהוּ	-----
1.c.pl.	-----	קְטַלְנ֫וּךָ	קְטַלְנ֫וּךְ	קְטַלְנ֫וּהוּ	קְטַלְנ֫וּהָ
Inf.cs.	קָטְלֵ֫נִי קָטְלִי	קָטְלְךָ קָטְלֶ֫ךָ	קָטְלֵךְ	קָטְלוֹ	קָטְלָהּ
Ipt. 2.m.sg.	קָטְלֵ֫נִי	-----	-----	קָטְלֵ֫הוּ	קָטְלָהּ קָטְלֵהָ
Impf. 3.m.sg.	יִקְטְלֵ֫נִי	יִקְטָלְךָ	יִקְטְלֵךְ	יִקְטְלֵ֫הוּ	יִקְטְלֶ֫הָ יִקְטְלֵהָ
	[יִלְבָּשֵׁ֫נִי][1]	[יִלְבָּשְׁךָ]	[יִלְבָּשֵׁךְ]	[יִלְבָּשֵׁ֫הוּ]	[יִלְבָּשֶׁהָ]
3.m.sg. (energ.)	יִקְטְלֶ֫נִּי	יִקְטְלֶ֫ךָּ	-----	יִקְטְלֶ֫נּוּ	יִקְטְלֶ֫נָּה
3.m.pl.	יִקְטְל֫וּנִי	יִקְטְל֫וּךָ	יִקְטְל֫וּךְ	יִקְטְל֫וּהוּ [יִלְבָּשׁ֫וּהוּ]	יִקְטְל֫וּהָ

---

[1] Die abweichenden Bildungen bei *i-a* - (und *a-i* -) Impf. erklären sich von 4.1.2; 2) b) her: Vortonlängung ist nur bei ursprünglichem *a* oder *i* möglich.

Paradigma 2: Suffix im Plural

Suffix → ↓ Verbform		1.c.	2.m.	2.f.	3.m.	3.f.
Perf.	3.m.sg.	קְטָלָנוּ	-----	-----	קְטָלָם	קְטָלָן
	3.f.sg.	קְטָלַתְנוּ	-----	-----	קְטָלָתַם	-----
	2.m.sg.	קְטַלְתָּנוּ	-----	-----	קְטַלְתָּם	-----
	2.f.sg.	קְטַלְתִּינוּ	-----	-----	קְטַלְתִּים	-----
	1.c.sg.	-----	קְטַלְתִּיכֶם	-----	קְטַלְתִּים	קְטַלְתִּין
	3.c.pl.	קְטָלוּנוּ	-----	-----	קְטָלוּם	קְטָלוּן
	2.c.pl.	קְטַלְתּוּנוּ	-----	-----	-----	-----
	1.c.pl.	-----	קְטַלְנוּכֶם	-----	קְטַלְנוּם	-----
Inf.cs.		קָטְלֵנוּ	קָטְלְכֶם	-----	קָטְלָם	קָטְלָן
			קָטְלְכֶם			
Ipt.	2.m.sg.	קָטְלֵנוּ	-----	-----	קָטְלֵם	-----
Impf.	3.m.sg.	יִקְטְלֵנוּ	יִקְטָלְכֶם	-----	יִקְטְלֵם	-----
		[וְיִלְבָּשֵׁנוּ]				
	3.m.sg. (energ.)	יִקְטְלֶנּוּ	-----	-----	-----	-----
	3.m.pl.	יִקְטְלוּנוּ	יִקְטְלוּכֶם	-----	יִקְטְלוּם	-----

12.3   ÜBUNGEN ZU DEN SUFFIXEN AM VERBUM

12.3.1   Formanalysen

שְׁפָטֵנִי שְׁפָטֵנוּ לִשְׁפְטֵנוּ וּשְׁפָטָנוּ וְשָׁפְטֵנוּ עֲבָרִים כְּעָבְרָם שְׁלָחְתָּם שְׁלָחְתַּנִי
וַיַּלְבִּשֵׁנִי שְׁמַעְתָּם שְׁמָעַתֶּם וּשְׁמָעָתִיו בְּכָתְבוֹ כְּתוּבָה אֶכְתֳּבֶנָּה אֲכַלְכֶם אֲכָלְתָךְ
וַאֲכָלָה בְּאָכְלָם גְּנָבְתַם וַיַּעַבְדֵנִי עַבְדִי וְנַעַבְדָה וְעָבְדֵהוּ וַעֲבָדֶיךָ וַיַּעַבְדֵהוּ וַיַּאַסְפָה
בְּאָסְפְּכֶם תִּבְחָנֵנוּ וּבְחָנוּנִי וּבְחַנְתִּים אֲחֻזָּתִיו אֲחֻזָּתָה חֲקַרְתַּנִי יַחְקְרֻנִי יֶאֱהָבֵנִי וָאֹהָבֵךְ
יְלָדַתְהוּ לְיוֹלַדְתָּהּ אֲבְחָרֵהוּ אֲהַבְתְהוּ עֲזָבְתַּנִי

12.3.2 Übungssätze

Ps 22,2   1   אֵלִי אֵלִי לָמָה עֲזַבְתָּנִי רָחוֹק מִישׁוּעָתִי דִּבְרֵי שַׁאֲגָתִי:

Ps 8,5   2   מָה־אֱנוֹשׁ כִּי־תִזְכְּרֶנּוּ וּבֶן־אָדָם כִּי תִפְקְדֶנּוּ:

Ps 9,14a   3   חָנְנֵנִי יְהוָה רְאֵה עָנְיִי מִשֹּׂנְאָי

4   שָׁפְטֵנִי יְהוָה כִּי־אֲנִי בְּתֻמִּי הָלַכְתִּי וּבַיהוָה בָּטַחְתִּי לֹא אֶמְעָד: בְּחָנֵנִי יְהוָה

Ps 26,1.2aα

5   וַתֹּאמֶר צִיּוֹן עֲזָבַנִי יְהוָה וַאדֹנָי שְׁכֵחָנִי: הֲתִשְׁכַּח אִשָּׁה עוּלָהּ מֵרַחֵם²

Jes 49,14.15   בֶּן־בִּטְנָהּ גַּם־אֵלֶּה תִשְׁכַּחְנָה וְאָנֹכִי לֹא אֶשְׁכָּחֵךְ:

6   וְעַתָּה כֹּה־אָמַר יְהוָה בֹּרַאֲךָ יַעֲקֹב וְיֹצֶרְךָ יִשְׂרָאֵל אַל־תִּירָא כִּי גְאַלְתִּיךָ

קָרָאתִי בְשִׁמְךָ לִי־אָתָּה: כִּי־תַעֲבֹר בַּמַּיִם אִתְּךָ־אָנִי וּבַנְּהָרוֹת לֹא יִשְׁטְפוּךָ

Jes 43,1.2a

7   אִם־הֲרַגְם וּדְרָשׁוּהוּ ... וַיִּזְכְּרוּ כִּי־אֱלֹהִים צוּרָם וְאֵל עֶלְיוֹן גֹּאֲלָם:

Ps 78,34a.35

8   וַיֹּאמְרוּ כָל־אַנְשֵׁי יָבֵישׁ אֶל־נָחָשׁ כְּרָת־לָנוּ בְרִית וְנַעַבְדֶךָ : וַיֹּאמֶר אֲלֵיהֶם

נָחָשׁ הָעַמּוֹנִי בְּזֹאת אֶכְרֹת לָכֶם בִּנְקוֹר לָכֶם כָּל־עֵין יָמִין   1 Sam 11,1b.2a

9   וַיֹּאמֶר שְׁמוּאֵל הֲלוֹא אִם־קָטֹן אַתָּה בְּעֵינֶיךָ רֹאשׁ שִׁבְטֵי יִשְׂרָאֵל אָתָּה

וַיִּמְשָׁחֲךָ יְהוָה לְמֶלֶךְ עַל־יִשְׂרָאֵל: וַיִּשְׁלָחֲךָ יְהוָה בְּדָרֶךְ   1 Sam 15,17.18a

10   וַיֹּאמֶר דָּוִד לַאֲבִיגַל בָּרוּךְ יְהוָה אֱלֹהֵי יִשְׂרָאֵל אֲשֶׁר שְׁלָחֵךְ הַיּוֹם הַזֶּה

לִקְרָאתִי: וּבָרוּךְ טַעְמֵךְ וּבְרוּכָה אָתְּ   1 Sam 25,32.33a

11   וַיְדַבֵּר³ יְהוָה אֶל־אַהֲרֹן וַאֲנִי הִנֵּה נָתַתִּי⁴ לְךָ אֶת־מִשְׁמֶרֶת תְּרוּמֹתָי

לְכָל־קָדְשֵׁי בְנֵי־יִשְׂרָאֵל לְךָ נְתַתִּים לְמָשְׁחָה וּלְבָנֶיךָ לְחָק־עוֹלָם: Num 18,8

12   וַיִּקְרְבוּ יְמֵי־יִשְׂרָאֵל לָמוּת⁵ וַיִּקְרָא | לִבְנוֹ לְיוֹסֵף וַיֹּאמֶר לוֹ אִם־נָא מָצָאתִי

חֵן בְּעֵינֶיךָ שִׂים־נָא⁶ יָדְךָ תַּחַת יְרֵכִי ... אַל־נָא תִקְבְּרֵנִי בְּמִצְרָיִם: וְשָׁכַבְתִּי

עִם־אֲבֹתַי וּנְשָׂאתַנִי מִמִּצְרַיִם וּקְבַרְתַּנִי בִּקְבֻרָתָם⁷ וַיֹּאמַר אָנֹכִי אֶעֱשֶׂה

Gen 47,29.30   כִּדְבָרֶךָ:

---

¹ הִנֵּה ≈ רְאֵה.
² מְרַחֵם = Gebärerin?
³ וַיֹּאמֶר ≈ וַיְדַבֵּר.
⁴ Zu dieser und der folgenden Form von נתן vgl. die Eigentümlichkeiten des Artikels bzw. der
   Praep. מִן (Assimilation des נ am Ende einer geschlossenen Silbe an den folgenden Konsonanten);
   s.o. 4.2.2.1, 5.1.2.6 und 5.4.2.
⁵ לָמוּת = Inf.cs. Q Wz. מות + Präp. לְ.
⁶ שִׂים = Ipt.m.sg. Q Wz. שִׂים.
⁷ Das Bezugswort, auf das das Suffix verweist, steht am Beginn der Zeile!

13 כִּי מִי־גוֹי גָּדוֹל אֲשֶׁר־לוֹ אֱלֹהִים קְרֹבִים אֵלָיו כַּיהוָה אֱלֹהֵינוּ בְּכָל־קָרְאֵנוּ
אֵלָיו: וּמִי גּוֹי גָּדוֹל אֲשֶׁר־לוֹ חֻקִּים וּמִשְׁפָּטִים צַדִּיקִם כְּכֹל הַתּוֹרָה הַזֹּאת
Dtn 4,7.8   אֲשֶׁר אָנֹכִי נֹתֵן לִפְנֵיכֶם הַיּוֹם:

14 וַיִּשְׁלַח אַבְשָׁלוֹם מְרַגְּלִים בְּכָל־שִׁבְטֵי יִשְׂרָאֵל לֵאמֹר כְּשָׁמְעֲכֶם אֶת־קוֹל
הַשֹּׁפָר וַאֲמַרְתֶּם מָלַךְ אַבְשָׁלוֹם בְּחֶבְרוֹן: וְאֶת־אַבְשָׁלוֹם הָלְכוּ מָאתַיִם אִישׁ
מִירוּשָׁלַם קְרֻאִים וְהֹלְכִים לְתֻמָּם וְלֹא יָדְעוּ כָּל־דָּבָר: וַיִּשְׁלַח אַבְשָׁלוֹם
אֶת־אֲחִיתֹפֶל הַגִּילֹנִי יוֹעֵץ דָּוִד מֵעִירוֹ מִגִּלֹה בְּזָבְחוֹ אֶת־הַזְּבָחִים וַיְהִי
2 Sam 15,10-12   הַקֶּשֶׁר אַמִּץ וְהָעָם הוֹלֵךְ וָרָב אֶת־אַבְשָׁלוֹם:

12.3.3   Übungstexte in der Biblia Hebraica

12.3.3.1   Gen 29,15-17[2]

12.3.3.2   Jer 28,12-13a.14-15bα

---

[1] מְרַגְּלִים = Ptz. m.pl.st.a. Pi. Wz. רגל.
[2] הַגִּידָה = Ipt.m.sg. Hi. Wz. נגד + ה adh.; הָיְתָה = 3.f.sg. Perf. Q Wz. היה.

13   DAS VERBUM IX: DIE ABGELEITETEN STÄMME

13.1   ALLGEMEINES

Wie bereits in 5.3.1 erwähnt, kennt das Hebräische neben den Formen des Qal (G-Stamm – Grundstamm – Q) noch eine Reihe weiterer Stämme – in manchen älteren Grammatiken auch "Konjugationen" genannt –, von denen sechs häufiger vorkommen. Sie unterscheiden sich durch Vokalisationsstruktur, zusätzliche Präformative und / oder innere Vermehrung von den jeweiligen Formen des Qal, nicht jedoch in den für die Formenbildung konstitutiven Grundelementen wie Afformativen oder Präformativen zur Bezeichnung von Tempus, Modus, Person, Numerus und Genus (bei Ptz. auch Status), die unabhängig von der jeweiligen Stammbildung sind. Unter ihnen lassen sich wiederum drei Untergruppen aussondern:

1) Das durch das Präformativ *n-* konstituierte Nifʿal (N-Stamm – Reflexiv/Passiv), das von der Formbildung her alleine steht, das aber semantisch in gewisser Weise mit dem Qal zusammengehört, weil sich die durch diese Bildungsweise bewirkte semantische Modifikation unmittelbar auf die Bedeutung des Verbs im Grundstamm bezieht und zu dieser in einer semantischen Opposition steht[1],

2) die Gruppe der Doppelungsstämme Piʿʿel, Puʿʿal und Hitpaʿʿel (D-Stamm akt. / pass. bzw. tD-Stamm – Intensivstämme), die durch das gemeinsame morphologische Kennzeichen der Verdoppelung des mittleren Radikals konstituiert wird und die semantisch gegenüber dem Qal dadurch ausgezeichnet ist, daß mit den nach diesem Muster gebildeten Formen Handlungen im engeren Sinne und keine Zustände oder Vorgänge ausgedrückt werden, und deren einzelne Formationen untereinander in der "klassischen" Verhältnisbestimmung aktiv – passiv – reflexiv (bzw. reziprok) stehen,

3) die durch das Präformativ *h-* konstituierte Gruppe Hifʿil und Hofʿal (H-Stamm akt. / pass. – Kausativstämme), deren semantische Funktion darin besteht, daß damit Handlungen oder Vorgänge ausgedrückt werden, in denen das jeweils genannte Subjekt nicht unmittelbar agiert, sondern ein Objekt da-

---

[1] So E. JENNI, Zur Funktion der reflexiv-passiven Stammformen im Biblisch-Hebräischen, Proceedings of the Fifth World Congress of Jewish Studies, Vol. IV, Jerusalem 1973, 61-70; anders P.A. SIEBESMA, The function of the niph'al in Biblical Hebrew in relationship to other passive-reflexive verbal stems and to the pu'al and hoph'al in particular, SSN 28, Assen 1991, 171, der annimmt, daß das Ni. auch auf das Pi. oder Hi. bezogen sein kann.

zu veranlaßt, die eigentliche Aktion zu vollziehen, und deren Glieder untereinander als aktiv und passiv zu differenzieren sind.

Unter den hier aufgelisteten verschiedenen Nomenklaturen sind für den
Anfänger die von formalen Kriterien her gebildeten "klassischen" Bezeichnungen vor den Klammern (Pi''el etc.), in denen die jeweils "einfachste"
Form – die 3.m.sg. Perf. – als "Name" des betreffenden Stamms erscheint,
den übrigen vorzuziehen. Denn bei der in den Klammern jeweils zuerst genannten alternativen – ebenfalls an formalen Kriterien orientierten – Nomenklatur bleibt um der Übertragbarkeit auf andere semitische Sprachen willen zu
vieles abstrakt, und im Falle der jeweils zuletzt erwähnten Nomenklatur liegt
das Problem ähnlich wie bei den inhaltsbezogenen Bezeichnungen der Tempora – die im "Namen" gegebene Funktionszuweisung stimmt mit neueren
Forschungsergebnissen nicht mehr überein und deckt bestenfalls einen Teil
der faktischen Funktionen ab. Zwar vermeiden auch die Bezeichnungen "G-,
N-, D-, tD-, H-Stamm" den bei den Bezeichnungen "Reflexiv / Passiv" bzw.
"Intensiv-" oder "Kausativstamm" implizierten vorschnellen Schluß vom
"Namen" der Stammform auf deren semantische Funktion, aber zu dem bereits oben erwähnten Nachteil der mangelnden Konkretion kommt hinzu, daß
sie weder in den Lexika noch in den "klassischen" Grammatiken zu finden
sind, und daß bei ihnen eine Vermischung von Kriterien vorliegt: So beziehen
sich die Siglen N- und H- auf die konstitutiven hebräischen Morpheme, während "G-" bzw. "D-" als Abkürzungen zu verstehen sind, die sich auf die
Langform der jeweiligen "Namen" beziehen, und von denen letztere – im Gegensatz zur erstgenannten – zugleich einen Hinweis auf den für die Formenbildung konstitutiven Vorgang der "Doppelung" enthält, während "tD-" gar
eine Kombination verschiedener Abstraktionsvorgänge repräsentiert (t als
Hinweis auf das konstitutive hebräische bzw. gemeinsemitische Morphem, D
für Doppelung).

**13.2   FORMENBILDUNG UND FUNKTION DER ABGELEITETEN STÄMME
          DER VERBEN**

13.2.1   Nif'al (Ni.) – Formenbildung und Funktion

Im Perf. und Ptz. bildet das konstitutive Element *n-* zusammen mit dem ersten
Radikal der Wurzel eine geschlossene Silbe; der von den beiden Konsonanten

der geschlossenen Silbe umschlossene Vokal ist in der Regel *i*, bei schwachen Verben gelegentlich auch *a*, was darauf hinweist, daß hier ein sekundär verdünntes *a* vorliegen dürfte[1]. In der Stammsilbe erscheint *a* (Perf.) bzw. *ā* (Ptz.) (*niqtal* / *niqtāl*).

In der Impf.-Klasse (Impf. / Juss. / Ipt. / Inf.) wird das konstitutive Element *n*- stets an den ersten Radikal assimiliert, wobei anderweitige Präformative vor das stammbildende Morphem zu stehen kommen; die Vokalfolge ist *i-ā-e* (*yinqātel > *yiqqātel*). Ipt. und Inf. weisen zusätzlich noch das Morphem *h*- vor dem stammbildenden *n*- auf (*hinqātel > *hiqqātel*).

Sofern sich durch die Anfügung von Afformativen Tonverschiebungen im Wort ergeben, erfolgt die Vokalisation nach den Regeln von 4.1.2. Das *ā* der Impf.-Klasse bleibt stets erhalten und erhält bei vokalischen Afformativen ein Mætæg (Nebenton; vgl. Perf. Qal).

Was die Funktion des Nif'al betrifft, ist ein Abstraktbegriff, der **alle** inhaltlichen Nuancen der mit dieser Stammform ausgedrückten Vorgänge synchron auf einen Nenner bringen würde, bis heute nicht gefunden worden. Am nächsten kommt dem Phänomen die von E. JENNI vorgeschlagene Abstraktion "Manifestativ", die zum Ausdruck bringen will, daß ein Vorgang oder eine "Handlung am Subjekt selber ohne Rücksicht auf die Art oder den Grad der Mitwirkung dieses Subjekts an diesem Geschehen" erfolgt[2]. Für die Übersetzungspraxis ist es jedoch angezeigt, diesen sehr abstrakten Begriff von geläufigen Phänomenen aus den indoeuropäischen Sprachen her inhaltlich zu füllen. Dafür bieten sich v.a. die Funktionsbestimmungen reflexiv und passiv an, die dann zumeist zureichend sind, wenn eine Verbalwurzel auch im Qal belegt ist (נִשְׁמַר "sich hüten" bzw. "behütet werden" – je nachdem ob im Kontext ein Sinnsubjekt erwähnt ist oder nicht). Ist eine Wurzel im Qal ungebräuchlich, muß man zur Funktionsbestimmung des Nif'al das für den arab. VI. Stamm geläufige "reziprok" heranziehen, eine Funktion, die in den indoeuropäischen Sprachen im Rahmen der Formenbildung der Verben keine unmittelbare Entsprechung hat (נִלְחַם "miteinander handgemein werden" → "kämpfen"; נִשְׁבַּע "mit der Gottheit betreffs einer Sache bindend übereinkommen" → "schwören").

---

[1] Vgl. o. 4.1.2; 2).

[2] E. JENNI, Zur Funktion der reflexiv-passiven Stammformen im Biblisch-Hebräischen, Proceedings of the Fifth World Congress of Jewish Studies, Vol. IV, Jerusalem 1973, 61-70; vgl. v.a. 63. Exegetisch-theologische Folgerungen aus dieser Erkenntnis können hier nicht ausführlich diskutiert werden; verwiesen sei immerhin auf die häufig bei Gotteserscheinungen verwendete Fügung וַיֵּרָא (ein w-Impf. Ni. von ראה). Sie besagt: Die Gottheit agiert nicht – sie ist/wird plötzlich einfach sichtbar.

Diachron betrachtet ist das Nifʿal wohl als ursprüngliche Reflexivbildung einzustufen, die im Verlauf der Sprachgeschichte das ursprünglich voll ausgebildete Passiv des Grundstamms verdrängt hat und die bei einigen Verbalwurzeln die Funktionen anderer – in den uns zugänglichen Sprachzeugnissen nicht mehr lebendiger – Stammbildungsweisen übernommen hat.

13.2.2   Piʿʿel, Puʿʿal und Hitpaʿʿel (Pi., Pu., Hitp.) Formenbildung und Funktion

13.2.2.1   Gemeinsame Kennzeichen in der Formenbildung

Gemeinsames Kennzeichen der drei Doppelungsstämme ist die Verdoppelung des mittleren Radikals der jeweiligen Wurzel durch Dageš forte; ist dieser ein Laryngal, erfolgt im masoretischen Hebräisch Ersatzdehnung oder virtuelle Verdoppelung[1]. Gemeinsam ist allen drei Stämmen außerdem die Partizipialbildung mit präfigiertem *m*.

Darüber hinaus sind Piʿʿel und Puʿʿal darin verbunden, daß die Vokale der Präformative des Impf. / Juss. und des Ptz. in offener Silbe stehen und daher zu Šəwa mobile reduziert werden.

13.2.2.2   Piʿʿel

Im Perf. Piʿʿel erscheint in der ersten (geschärften) Stammsilbe *i*, in der zweiten Stammsilbe zumeist *a* – Ausnahmen bei endungslosen Formen, bei denen häufig *ē*, gelegentlich *æ* verwendet ist, und bei vokalischen Afformativen, wo im Kontext – entsprechend der Vokalisation beim Qal – Reduktion zu Šəwa mobile erfolgt (*qittal / qittēl, qittəlā*).

In den übrigen Formen (Impf.-Klasse und Ptz.) erscheint in der geschärften Stammsilbe *a*, in der zweiten Stammsilbe *ē*, das bei Kontextformen mit vokalischen Afformativen zu Šəwa mobile reduziert wird (*yəqattēl, yəqattəlū, məqattēl*).

Auch beim Piʿʿel läßt sich kein Abstraktbegriff finden, der **alle** inhaltlichen Nuancen der mit dieser Stammform ausgedrückten Handlungen synchron auf einen Nenner bringen würde. Die in der älteren Literatur genannte Funktion der Verstärkung des Verbalbegriffs ("intensiv") bleibt problematisch, zumal

---

[1] S.o. 4.2.2.1.2-4.

sie eine Übertragung der Funktion des analog gebildeten II. Stammes des Klassischen Arabisch ins Hebräische darstellt. Auch hier stammt die beste Definition von E. JENNI[1]: Je nachdem, ob ein Pi''el von einer transitiven oder intransitiven Verbalwurzel gebildet wird, weist es resultative oder faktitive Funktion auf (wobei letztere gelegentlich kaum von der kausativen Funktion des Hif'il zu unterscheiden ist). Die letztgenannte Funktion ist auch bei denominalen Bildungen anzunehmen (דָּבָר = Wort; דִּבֶּר = Worte machen). Bei Zustandsverben (verba stativa) kann die faktitive Funktion des Pi''el gelegentlich deklarativ gemeint sein. Das ist z.B. der Fall, wenn eine Sache nicht real, sondern nur verbal "groß gemacht", also "für groß erklärt" wird.

13.2.2.3 Pu''al

Die Bildungsweise der Formen des Pu''al läßt sich – so weit keine Präformative zu berücksichtigen sind[2] und keine vokalischen Afformative vorliegen[3] – unmittelbar aus dem "Namen" der Form erschließen; Perf.- und Impf.-Klasse weisen in den Stammsilben keine Unterschiede auf. Im Ptz. wird entsprechend 4.1.2; Regel 2) der Vokal in der zweiten Stammsilbe gelängt (*quttal*, *yᵊquttal*, *mᵊquttāl*).

Das Pu''al bildet die passive Entsprechung zum Pi''el.

13.2.2.4 Hitpa''el

Auch beim Hitpa''el ergibt sich die Formenbildung – mit den in 13.2.2.3 genannten Einschränkungen – aus dem "Namen". In Formen mit Präformativen gerät das stammbildende *h-* in zwischenvokalische Position und fällt daher aus[4] (*hitqattēl*, *yitqattēl*, *mitqattēl*).

Das Hitpa''el bildet die reflexive Entsprechung zum Pi''el; in – seltenen – Fällen unmittelbar zum Qal.

Eine Besonderheit weist das Hitpa''el von Verben auf, die mit Zischlaut beginnen: Da nach (gemein-) semitischem Empfinden die Abfolge Dental-Zischlaut kaum artikulierbar ist bzw. als störend empfunden wird, erfolgt eine

---

1 E. JENNI, Das hebräische Pi'el. Syntaktisch-semasiologische Untersuchung einer Verbalform im Alten Testament, Zürich 1968.
2 Vgl. dazu 13.2.2.1.
3 Vgl. dazu 13.2.2.2.
4 Vgl. o. 4.2.2.3.2.

Umstellung (Metathesis) der betreffenden Laute; dieses Phänomen geht häufig einher mit partieller Assimilation[1] (*hiṯšammēr* > *hištammēr* – הִשְׁתַּמֵּר; *hiṯṣaddēq* > *hiṣṭaddēq* – הִצְטַדֵּק)[2]

13.2.3   Hifʿil und Hofʿal (Hi. und Ho.)
Formenbildung und Funktion

Im Perf. der beiden Stämme bildet das konstitutive Präformativ *h-* mit dem ersten Radikal der Wurzel eine geschlossene Präformativsilbe; der von diesen beiden Konsonanten umschlossene Vokal ist beim Hifʿil ein aus *a* sekundär verdünntes *i*, beim Hofʿal ein auf ursprüngliches *u* zurückgehendes *å*. In der Stammsilbe erscheint beim Hifʿil in den endungslosen Formen und bei vokalischen Afformativen *î*, bei konsonantischen Afformativen *a*; beim Hofʿal erscheint in den endungslosen Formen und bei konsonantischen Afformativen *a*, vor vokalischen Afformativen wird dort der Vokal zu Šᵊwa mobile reduziert (*hiqtîl, hiqtîlā, hiqtaltā* bzw. *håqtal, håqtᵊlā*).

In der Impf.-Klasse und beim Ptz., das wie bei den Doppelungsstämmen mit präfigiertem *m* gebildet wird, gerät das stammbildende *h* wie beim Hitpaʿʿel in zwischenvokalische Position und fällt daher aus; analog dem Vorgang bei der Kombination des Artikels mit proklitischen Präpositionen[3] bleibt indes der Themavokal *a* (beim Hifʿil) bzw. *å* (beim Hofʿal) erhalten und wird zum Vokal der geschlossenen Präformativsilbe. In der Stammsilbe erscheint beim Hifʿil zumeist *î*, vor konsonantischen Afformativen, im Inf. abs. und Ipt.m.sg. ein *ē*, beim Hofʿal erscheint in endungslosen Formen und bei konsonantischen Afformativen *a*, vor vokalischen Afformativen wird der Vokal zu Šᵊwa mobile reduziert (*yaqtîl, haqtēl, maqtîl* bzw. *yåqtal, yåqtᵊlū, måqtāl*).

Das Hifʿil stellt die kausative Entsprechung zum Qal dar, das Hofʿal bildet dazu das Passiv.

---

[1] S.o. 5.1.6.

[2] Dieses Phänomen wird hier nicht erwähnt, um die Studierenden mit "Geisterformen" das Fürchten zu lehren; vgl. W. SCHNEIDER, Geisterformen, BN 53 (1990) 26-29; 27. Es geht vielmehr um die Wahrnehmung eines Strukturprinzips der semitischen Sprachen. Die Frage, wie oft ein Phänomen in der Biblia Hebraica vorkommt, darf nicht zum Kriterium des Sprachunterrichts gemacht werden: Die Studierenden sollen durch die Einführung in das Biblische Hebräisch in die Lage versetzt werden, sich ohne allzu großen zusätzlichen Lernaufwand auch mit anderen exegetisch relevanten semitischen Texten (den aramäischen Partien des AT, Qumran-Texten, Targumen etc.) auseinandersetzen zu können (vgl. Kap. 22). Im Targum Pseudo-Jonathan finden sich etwa allein in Gen 18,1-5 vier Belege für Metathesis, zwei davon mit partieller Assimilation.

[3] Vgl. o. 4.2.2.3.2.

13.2.4   Seltene Stämme

Neben den erwähnten sieben gebräuchlichen weist das biblische Hebräisch noch eine Reihe weiterer Stämme auf, die jedoch auf einzelne – zumeist schwache – Wurzeln beschränkt sind, und deren Bildungsweise sich in der Regel aus dem "Namen" quasi von selbst erklärt. Dazu gehören das nur bei חוה belegte Hištaf'el[1] sowie mit Pōlel, Pōlal, Hitpōlel bzw. Pō'el, Pō'al, Hitpō'el und Pilpel, Polpal, Hitpalpel Stammformen, die fast ausschließlich von Verba ע"ו und ע"ע belegt sind[2].

13.2.5   Funktion und Formenbildung der abgeleiteten Stämme (Zusammenfassung)

13.2.5.1   Funktion

Name	Funktion	Bildungselemente	Vokale Perf. ‖ Impf.
Nif'al (Ni.)	Manifestativ - Reflexiv / Passiv zum Qal	Präformativ נ, in Impf.- Klasse assimiliert, im Ipt. / Inf. + Präformativ ה	$i - a \parallel i - \bar{a} - \bar{e}$
Pi''el (Pi.)	Faktitiv, Resultativ, "Intensiv"	Verdoppelung des mittleren Radikals – Ersatzdehnung / Virtuelle Verdoppelung	$i - \bar{e}\ (a) \parallel {}^{\partial} - a - \bar{e}$
Pu''al (Pu.)	Passiv zum Pi''el	dto.	$u - a \parallel {}^{\partial} - u - a$
Hitpa''el (Hitp.)	Reflexiv zum Pi''el	dto. + Präformativ ה(ה³)	$i - a - \bar{e} \parallel i - a - \bar{e}$
Hif'il (Hi.)	Kausativ	Präformativ ה, im Impf. elidiert³	$i - \hat{\imath}\ (a) \parallel a - \hat{\imath}\ (\bar{e})$
Hof'al (Ho.)	Passiv zum Hif'il	dto.	$\mathring{a} - a \parallel \mathring{a} - a$

---

[1] S.u. 14.2.7.2.
[2] Vgl. dazu u. 18 und 19.
[3] Vgl. dazu o. 4.2.2.3.2.

13.2.5.2　Einzelheiten zur Formenbildung der abgeleiteten Stämme (Eckformen)

↓ Form / Stamm→		Nif'al	Pi''el	Pu''al	Hitpa''el	Hif'il	Hof'al
Perf.	3.m.sg.	נִקְטַל	קִטֵּל	קֻטַּל	הִתְקַטֵּל	הִקְטִיל	הָקְטַל
vok. A. -	3.f.sg.	נִקְטְלָה	קִטְּלָה	קֻטְּלָה	הִתְקַטְּלָה	הִקְטִילָה	הָקְטְלָה
kons. A. -	2.m.sg.	נִקְטַ֫לְתָּ	קִטַּ֫לְתָּ	קֻטַּ֫לְתָּ	הִתְקַטַּ֫לְתָּ	הִקְטַ֫לְתָּ	הָקְטַ֫לְתָּ
Ptz.	m.sg.	נִקְטָל	מְקַטֵּל	מְקֻטָּל	מִתְקַטֵּל	מַקְטִיל	מָקְטָל
Impf.	3.m.sg.	יִקָּטֵל	יְקַטֵּל	יְקֻטַּל	יִתְקַטֵּל	יַקְטִיל	יָקְטַל
vok. A. -	3.m.pl.	יִקָּטְלוּ	יְקַטְּלוּ	יְקֻטְּלוּ	יִתְקַטְּלוּ	יַקְטִילוּ	יָקְטְלוּ
kons. A. -	3.f.pl.	תִּקָּטַ֫לְנָה	תְּקַטֵּ֫לְנָה	תְּקֻטַּ֫לְנָה	תִּתְקַטֵּ֫לְנָה	תַּקְטֵ֫לְנָה	תָּקְטַ֫לְנָה
Ipt.	2.m.sg.	הִקָּטֵל	קַטֵּל	-----	הִתְקַטֵּל	הַקְטֵל	-----
Inf.cs.		הִקָּטֵל	קַטֵּל	קֻטַּל	הִתְקַטֵּל	הַקְטִיל	-----

13.3　Übungen zu den abgeleiteten Stämmen der Verben

13.3.1　Formanalysen

נִשְׁבַּר הִנָּתֵן תִּנָּתֵן נִשְׁלוֹחַ נִשְׁמָר הֶנְמְצָא הַקֳּדָשׁי וַתִּלָּקַח נִשְׁמַעַת יִשָּׁמְעוּ נִלְחָמִים
הַנָּבִיא הִנָּבֵא יְהַלֵּכוּן דַּבֵּר דְּבָרֶךָ וָאֲדַבְּרָה וַיְקַדְּשֵׁם נְשַׁלְּחֶ֫נּוּ אֲשַׁלְּחֶ֫ךָ מְבָרְכָיו
יְדַבֵּ֫קוּ נָתַץ מְשַׁלֵּחַ לָקַ֫חַתְּ הַמִּתְנַבְּאוֹת וְהִתְנַבֵּאתִי הַמְטַהֵר הַמַּטַּ֫הֵר מְדַבֵּר מְדַבֵּר יִתְהַלֵּ֫לוּ
הִתְהַלֵּךְ אֶתְהַלְּכָה וְצִטַּדֵּ֫ק הִתְקַדְּשׁ֫תֶּם הִשְׁמַעֲתִּיךָ הִשְׁמִיעֵ֫נִי הַמַּקְדִּישִׁים הַצֵּדְ קֹתָיו
הִשָּׁבַ֫עְתָּ֫נוּ הַקֳּדֵשׁ הַמֶּ֫לֶךְ הֶמְלִיךְ הַמֶּ֫לֶךְ הָשְׁבַּ֫רְתִּי

13.3.2　Übungssätze[1]

1　וַתִּקְרָא לַנַּ֫עַר אִי־כָבוֹד לֵאמֹר גָּלָה כָבוֹד מִיִּשְׂרָאֵל אֶל־הִלָּקַח אֲרוֹן הָאֱלֹהִים
וְאֶל־חָמִיהָ וְאִישָׁהּ׃ וַתֹּ֫אמֶר גָּלָה כָבוֹד מִיִּשְׂרָאֵל כִּי נִלְקַח אֲרוֹן הָאֱלֹהִים׃

1 Sam 4,21.22

Koh 3,5b.6a

2　עֵת לַחֲבוֹק וְעֵת לִרְחֹק מֵחַבֵּק׃ עֵת לְבַקֵּשׁ וְעֵת לְאַבֵּד

---

[1] Es empfiehlt sich, ab hier **alle** vorkommenden Verbformen vor dem Übersetzen vollständig zu analysieren.

3 וַיִּקְרָא רָעָב עַל־הָאָרֶץ כָּל־מַטֵּה־לֶחֶם שָׁבָר: שָׁלַח לִפְנֵיהֶם אִישׁ לְעֶבֶד

↓ Neh 4,14 ‖ Ps 105,16.17 → נִמְכַּר יוֹסֵף:

4 בִּמְקוֹם אֲשֶׁר תִּשְׁמְעוּ אֶת־קוֹל הַשּׁוֹפָר שָׁמָּה תִּקָּבְצוּ אֵלֵינוּ אֱלֹהֵינוּ יִלָּחֶם לָנוּ:

5 וְהָיָה כִּי־יִנָּבֵא אִישׁ עוֹד וְאָמְרוּ אֵלָיו אָבִיו וְאִמּוֹ יֹלְדָיו לֹא תִחְיֶה כִּי שֶׁקֶר

Sach 13,3 דִּבַּרְתָּ בְּשֵׁם יְהוָה וּדְקָרֻהוּ אָבִיהוּ וְאִמּוֹ יֹלְדָיו בְּהִנָּבְאוֹ:

6 וַיֹּאמֶר פַּרְעֹה מִי יְהוָה אֲשֶׁר אֶשְׁמַע בְּקֹלוֹ לְשַׁלַּח אֶת־יִשְׂרָאֵל לֹא יָדַעְתִּי
אֶת־יְהוָה וְגַם אֶת־יִשְׂרָאֵל לֹא אֲשַׁלֵּחַ: וַיֹּאמְרוּ אֱלֹהֵי הָעִבְרִים נִקְרָא עָלֵינוּ

Ex 5,2.3a

7 וַיְהִי אֲרוֹן־יְהוָה בִּשְׂדֵה פְלִשְׁתִּים שִׁבְעָה חֳדָשִׁים: וַיִּקְרְאוּ פְלִשְׁתִּים לַכֹּהֲנִים
וְלַקֹּסְמִים לֵאמֹר מַה־נַּעֲשֶׂה[1] לַאֲרוֹן יְהוָה הוֹדִעֻנוּ[2] בַּמֶּה נְשַׁלְּחֶנּוּ לִמְקוֹמוֹ:
וַיֹּאמְרוּ אִם־מְשַׁלְּחִים אֶת־אֲרוֹן אֱלֹהֵי יִשְׂרָאֵל אַל־תְּשַׁלְּחוּ אֹתוֹ רֵיקָם

1 Sam 6,1-3aα

8 וְאֵלֶּה אֲשֶׁר־נָחֲלוּ בְנֵי־יִשְׂרָאֵל בְּאֶרֶץ כְּנָעַן אֲשֶׁר נִחֲלוּ אוֹתָם אֶלְעָזָר הַכֹּהֵן
וִיהוֹשֻׁעַ בִּן־נוּן וְרָאשֵׁי אֲבוֹת הַמַּטּוֹת לִבְנֵי יִשְׂרָאֵל: ... וַיֹּאמֶר אֵלָיו כָּלֵב בֶּן־
יְפֻנֶּה הַקְּנִזִּי אַתָּה יָדַעְתָּ אֶת־הַדָּבָר אֲשֶׁר־דִּבֶּר יְהוָה אֶל־מֹשֶׁה אִישׁ־הָאֱלֹהִים
עַל אֹדוֹתַי וְעַל אֹדוֹתֶיךָ בְּקָדֵשׁ בַּרְנֵעַ: בֶּן־אַרְבָּעִים שָׁנָה אָנֹכִי בִּשְׁלֹחַ מֹשֶׁה
עֶבֶד־יְהוָה אֹתִי מִקָּדֵשׁ בַּרְנֵעַ לְרַגֵּל אֶת־הָאָרֶץ ... וְאָנֹכִי מִלֵּאתִי אַחֲרֵי יְהוָה
אֱלֹהָי: וַיִּשָּׁבַע מֹשֶׁה בַּיּוֹם הַהוּא לֵאמֹר ... Jos 14,1.6aβ.7a.8b.9a

Gen 40,15a 9 כִּי־גֻנֹּב גֻּנַּבְתִּי מֵאֶרֶץ הָעִבְרִים

Gen 44,3 10 הַבֹּקֶר אוֹר וְהָאֲנָשִׁים שֻׁלְּחוּ הֵמָּה וַחֲמֹרֵיהֶם:

11 וַיֹּאמֶר עָרֹם יָצָאתִי מִבֶּטֶן אִמִּי וְעָרֹם אָשׁוּב[3] שָׁמָּה יְהוָה נָתַן וַיהוָה לָקָח
Ijob 1,21 יְהִי[4] שֵׁם יְהוָה מְבֹרָךְ:

Joel 1,10 12 שֻׁדַּד שָׂדֶה אָבְלָה אֲדָמָה כִּי שֻׁדַּד דָּגָן ... אֻמְלַל[5] יִצְהָר:

13 וַיִּקְבְּרוּ אֹתוֹ יִצְחָק וְיִשְׁמָעֵאל בָּנָיו אֶל־מְעָרַת הַמַּכְפֵּלָה אֶל־שְׂדֵה עֶפְרֹן
בֶּן־צֹחַר הַחִתִּי אֲשֶׁר עַל־פְּנֵי מַמְרֵא: הַשָּׂדֶה אֲשֶׁר־קָנָה אַבְרָהָם מֵאֵת
Gen 25,9.10 בְּנֵי־חֵת שָׁמָּה קֻבַּר אַבְרָהָם וְשָׂרָה אִשְׁתּוֹ:

14 וַיֹּאמֶר יְהוָה אֶל־שְׁמוּאֵל עַד־מָתַי אַתָּה מִתְאַבֵּל אֶל־שָׁאוּל וַאֲנִי מְאַסְתִּיו
1 Sam 16,1abα מִמְּלֹךְ עַל־יִשְׂרָאֵל מַלֵּא קַרְנְךָ שֶׁמֶן

---

[1] נַעֲשֶׂה = 1.c.pl. Impf. Q Wz. עשה.
[2] הוֹדִעֻנוּ = Ipt. m.pl. Hi. Wz. ידע + Suff. 1.c.pl.
[3] אָשׁוּב = 1.c.sg. Impf. Q Wz. שׁוב.
[4] יְהִי = 3.m.sg. Juss. Q Wz. היה.
[5] Pu'lal!

15 וַיְהִי מִמׇּחֳרָת וַתִּצְלַח רוּחַ אֱלֹהִים ׀ רָעָה ׀ אֶל־שָׁאוּל וַיִּתְנַבֵּא בְתוֹךְ־הַבַּיִת
1 Sam 18,10   וְדָוִד מְנַגֵּן בְּיָדוֹ כְּיוֹם ׀ בְּיוֹם וְהַחֲנִית בְּיַד־שָׁאוּל׃

17 וְהִשְׁאַרְתִּי בְיִשְׂרָאֵל שִׁבְעַת אֲלָפִים כָּל־הַבִּרְכַּיִם אֲשֶׁר לֹא־כָרְעוּ לַבַּעַל
↓ Gen 44,16 ‖ 1 Kön 19,18 →   וְכָל־הַפֶּה אֲשֶׁר לֹא־נָשַׁק לוֹ׃

16 וַיֹּאמֶר יְהוּדָה מַה־נֹּאמַר לַאדֹנִי מַה־נְּדַבֵּר¹ וּמַה־נִּצְטַדָּק הָאֱלֹהִים מָצָא
אֶת־עֲוֺן עֲבָדֶיךָ הִנֶּנּוּ עֲבָדִים לַאדֹנִי גַּם־אֲנַחְנוּ גַּם אֲשֶׁר־נִמְצָא הַגָּבִיעַ בְּיָדוֹ׃

18 וְהָיָה ׀ בַּיּוֹם הַהוּא נְאֻם אֲדֹנָי יְהוִה ... וְהַחֲשַׁכְתִּי לָאָרֶץ בְּיוֹם אוֹר׃ Am 8,9

19 וְהָיָה בַיּוֹם הַהוּא נְאֻם ׀ יְהוָה צְבָאוֹת אַכְרִית אֶת־שְׁמוֹת הָעֲצַבִּים מִן־הָאָרֶץ
וְלֹא יִזָּכְרוּ עוֹד וְגַם אֶת־הַנְּבִיאִים וְאֶת־רוּחַ הַטֻּמְאָה אַעֲבִיר מִן־הָאָרֶץ׃
Sach 13,2

20 וְהִשְׁלַכְתִּי אֶתְכֶם מֵעַל פָּנָי כַּאֲשֶׁר הִשְׁלַכְתִּי אֶת־כָּל־אֲחֵיכֶם אֵת כָּל־זֶרַע
Jer 7,15   אֶפְרָיִם׃

Joel 1,9   21 הָכְרַת מִנְחָה וָנֶסֶךְ מִבֵּית יְהוָה אָבְלוּ הַכֹּהֲנִים מְשָׁרְתֵי יְהוָה׃

22 וְהָאֲנָשִׁים טֹבִים לָנוּ מְאֹד וְלֹא הָכְלַמְנוּ וְלֹא־פָקַדְנוּ מְאוּמָה כָּל־יְמֵי
1 Sam 25,15abα   הִתְהַלַּכְנוּ אִתָּם׃

13.3.3   Übungstexte in der Biblia Hebraica

13.3.3.1   Gen 26,12-15²

13.3.3.2   Gen 39,2-6³

13.3.3.3   2 Chr 13,4-9a.10-11.12b⁴

13.3.3.4   Dtn 8,5-11 (ohne 6b.9)⁵

13.3.3.5   1 Chr 29,6-15⁶

13.3.3.6   Jes 40,1-5⁷

13.3.3.7   Jos 7,10.11.13abα.14-18⁸

13.3.3.8   1 Kön 8,22-26⁹

---

¹ נְדַבֵּר ≈ נֹאמַר.
² וַיֵּלֶךְ = 3.m.sg. w-Impf. Q Wz. הלך.
³ וַיֵּרָא = 3.m.sg. w-Impf. Q Wz. ראה.
⁴ וַיָּקָם = 3.m.sg. w-Impf. Q Wz. קום.
⁵ מֵבִיא = Ptz. m.sg. Hi. Wz. בוא; מְצַוְּךָ = Ptz. m.sg. Pi. Wz. צוה – beide Formen mit Suff. 2.m.sg.
⁶ וַיִּתְּנוּ = 3.m.pl. w-Impf. Q Wz. נתן; מוֹדִים = Ptz. m.pl.st.a. Hi. Wz. ידה.
⁷ פַּנּוּ = Ipt. m.pl. Pi. Wz. פנה; וּרְאוּ = dto. Q Wz. ראה + ו cop.
⁸ קֻם = auf! צִוִּיתִי = 1.c.sg. Perf. Pi. Wz. צוה; שָׂמוּ = 3.c.pl. Perf. Q Wz. שים.
⁹ לָלֶכֶת = Inf.cs. Q Wz. הלך + Praep. לְ.

14 Die schwachen Verben I - Verba לִ"ה (III inf.) Die Partikeln I – Die Konjunktion אִם

14.1 Allgemeines zu den "schwachen" Verben

14.1.1 Was sind "schwache" Verben?

Was die Verwendung der Adjektive "stark" und "schwach" im Zusammenhang mit der Formbildung der Verben betrifft, liegen die Verhältnisse in den semitischen Sprachen genau umgekehrt wie im Deutschen: Vom Deutschen her ist man gewohnt, daß die Verben, deren Bildungsweise so erfolgt, daß die Stammform verändert wird, und deren Formen daher eigens erlernt werden müssen, "starke" Verben heißen (z.B.: l*i*egen, l*a*g, gel*e*gen – Ablaut im Präteritum, Ptz. Perf. Pass. mit "-*en*"), die übrigen, bei denen die Stammform unverändert erhalten bleibt, dagegen "schwache" Verben (z.B.: lieben, lieb*te*, gelieb*t* – Bildung des Präteritum mit "-*te*", des Ptz. Perf. Pass. mit "-*t*"). Im Hebräischen dagegen heißen die Verben, deren Radikale unverändert in allen Formen erhalten bleiben, "starke" Verben, die Verben dagegen, bei denen in bestimmten Formen ein oder gar zwei von den im Lexikon vorfindlichen drei Konsonanten fehlen, "schwache" Verben. Zugrunde liegt das Theorem, daß die "Schwäche" dieser Verben auf die "Schwäche" der Konsonanten, die fehlen können, zurückzuführen ist. So geht man davon aus, daß ו, י und נ unter bestimmten Bedingungen ihre konsonantische Kraft verlieren und demzufolge in der Schrift – z.T ersatzlos – ausfallen können bzw. nur mehr als Vokalbuchstaben erscheinen.

Diachron betrachtet, stellen sich die Dinge jedoch nicht so einfach dar: In einigen Fällen erklären sich die "schwachen" Bildungen nämlich leichter, wenn man davon ausgeht, daß ursprünglich zweiradikalige Verbalwurzeln unter dem – allen semitischen Sprachen gemeinsamen – Systemdruck zur Trilitteralität sekundär um einen dritten Radikal erweitert wurden, wobei sich dieses sekundäre Element in bestimmten – vor allem in den durch häufigen Gebrauch vor Veränderungen geschützten – Formen nicht durchsetzte. Dies gilt insbesondere für eine Reihe von Ipt.-Bildungen und die sog. "hohlen" Wurzeln, in mancher Hinsicht jedoch auch für die Verba פ"ו und die zunächst zu diskutierenden Verba לִ"ה. Unabhängig von diesem theoretischen Streit um die Genese der hebräischen "schwachen" Verben empfiehlt es sich indes in den meisten Fällen, von dreiradikaligen Bildungen auszugehen und die bereits von der Nominalbildung bzw. der allgemeinen Lautlehre her bekannten Regeln über die Veränderung von "schwachen" Konsonanten auch hier anzuwenden[1].

☞ EINE LISTE, DIE DIE WICHTIGSTEN SCHWACHEN VERBEN ENTHÄLT, FINDET SICH UNTEN IN KAP. 23.1.

14.1.2   Allgemeines zu den Verba ל"ה (III inf.)

Die Bezeichnung Verba ל"ה basiert auf dem in 5.1.2 diskutierten System der Nomenklatur nach dem Paradigma פעל und ist so zu verstehen, daß die Verben dieser Gruppe – lexikalisch gesehen – in der dritten Position der Wurzel ein ה aufweisen. Was die Struktur dieser Verben betrifft, ist diese formale Klassifikation indes mißverständlich, denn das ה, das in den endungslosen Formen erscheint, ist in keinem Fall Radikal im engeren Sinne[2], sondern ist bloßes Graphem zur Bezeichnung eines langen auslautenden Vokals ("Vokalbuchstabe"), das für lange Vokale unterschiedlichster Qualität stehen kann. Es handelt sich also bei den Verben dieser Gruppe – strukturell gesehen – um zweiradikalige Verben, bei denen anstelle eines dritten Radikals im Auslaut ein langer Vokal erscheint – formalistisch ausgedrückt um Verben des Typs *qatā(-)*.

Die alternative Bezeichnung "Verba tertiae infirmae" (III inf.) vermeidet zwar das in der gebräuchlichen Bezeichnung angelegte Mißverständnis, hat jedoch die Bezeichnung Verba ל"ה nicht verdrängen können. Zum einen ist man dabei geblieben, weil man um der Einheitlichkeit der Darstellung willen an dem bei den übrigen Verbalgruppen bewährten – aus praktischen Gründen am Lexikon orientierten – Schema festhalten wollte, zum anderen, weil das dahinter stehende und schon von der Masora vorausgesetzte Theorem, bei dieser Verbalgruppe wäre in der dritten Position ursprünglich ein "schwacher" Konsonant (ו oder י) gestanden, der in den meisten Fällen durch Elision verdrängt bzw. durch Kontraktion umgelautet worden wäre, bestimmte Besonderheiten dieser Verbalgruppe zwar plausibel erklärt, in einigen Fällen jedoch auch an Grenzen stößt.

---

[1] Vgl. dazu etwa die in 4.2.2.1 und 3, sowie in 5.4.2 diskutierten Phänomene.

[2] Die wenigen Verben mit ה als echtem dritten Radikal gehören zu den Verba tertiae laryngalis und damit zu den starken Verben. Zur Unterscheidung von der hier verhandelten Gruppe hat die Masora das ה bei ihnen stets mit Mappiq versehen.

Die Form, auf die schon die Masoreten die Theorie stützten, daß die heutigen Verba ל"ה ursprünglich Verba ל"י gewesen sein könnten, ist das Ptz.pass. Q, in dem als Graphem am Wortende unmittelbar nach dem für das Ptz.pass Q konstitutiven $\bar{u}$ stets י erscheint – z.B. in עשׂוי. Da die tiberischen Masoreten die Existenz von Diphthongen im biblischen Hebräisch ausschlossen, wurde die Konsonantenfolge עשׂוי von ihnen als עָשׂוּי mit י als Konsonant vokalisiert, was von der Formalstruktur *qatūl* her nicht anders verstanden werden kann, als daß das י als dritter Radikal der Wurzel betrachtet wird. Zusätzlich gestützt wird diese bis heute vor allem von diachron orientierten Forschern[1] vertretene Theorie durch den Umstand, daß der konstitutive auslautende lange Vokal vor den konsonantischen Afformativen zumeist in Plene-Schreibung mit י erscheint. Daß indes, wie bereits angedeutet, auch der umgekehrte Weg denkbar ist, daß nämlich unter Systemdruck – ausgehend von den Formen, in denen der auslautende lange Vokal mit dem Vokalbuchstaben י geschrieben wurde – die Formen mit konsonantischem י sekundär entwickelt worden sein könnten, ist aus allgemein als "jung" betrachteten Bildungen wie z.B. יִשְׁלָיוּ (Ps 122,6) oder יֶאְתָיוּ (Ps 68,32) zu ersehen. Selbst eine Kombination beider Denkmodelle – also die Annahme, daß ursprüngliche Verba ל"י / ו im Verlauf der westsemitischen Sprachgeschichte im Althebräischen zu zweiradikaligen Basen mit langem Auslautvokal wurden, die dann später unter dem Systemdruck zur Trilitteralität wieder um ein "schwaches" Element erweitert worden wären – ist vorstellbar und wurde immer wieder diskutiert, ja sie hat sogar die – relativ – größte Wahrscheinlichkeit für sich.

14.2   VERBA ל"ה (III inf.) – FORMENBILDUNG

14.2.1   Grundprobleme der Formenbildung

Die Unterschiede zwischen den Formen der "starken" Verben und denen der Verba ל"ה beschränken sich auf die Silben vom zweiten Radikal an[2], was Vor- und Nachteile mit sich bringt. Der lerntheoretische Vorteil, daß man nur wenig neue formbildende Elemente erlernen muß, steht neben dem

---

[1] Vgl. dazu etwa R. MEYER, Hebräische Grammatik, Bd.II, Berlin 1969, § 82; dort weitere Literatur.

[2] Ausnahmen von dieser Regel finden sich lediglich bei den Kurzformen der Impf.-Klasse.

übersetzungstechnischen Nachteil mangelnder Eindeutigkeit der Formen. Denn das Hauptproblem im Umgang mit den Formen der Verba ל"ה liegt darin, daß bei ihnen die Unterscheidungsmerkmale zwischen den verschiedenen Stammformen stark reduziert sind, da die **auslautenden Stammsilben einheitlich gebildet bzw. vokalisiert** werden. Das gilt insbesondere für die endungslosen Formen und die Formen mit vokalisch anlautenden Afformativen, aber letztlich auch für die Formen mit konsonantisch anlautenden Afformativen, bei denen von der Masora lediglich im Perfekt ein minimaler Unterschied zwischen $\bar{\imath}$ und $\bar{e}$ als Themavokal bestimmter Stämme vor der konsonantisch anlautenden Endung gemacht wurde – und selbst das nicht konsequent.

14.2.2   Formenbildung bei afformativlosen Formen[1]

Der einheitliche Vokal in der auslautenden Stammsilbe lautet bei afformativlosen Formen:

Stamm→ ↓ Form	[Vok.]	Qal	Nif'al	Pi''el	Pu''el	Hitpa''el	Hif'il	Hof'al
Perf. 3.m.sg.	-$\bar{a}$	*gālā* גָּלָה	*niglā* נִגְלָה	*gillā* גִּלָּה	*gullā* גֻּלָּה	*hitgallā* הִתְגַּלָּה	*higlā* הִגְלָה	*håglā* הָגְלָה
Impf. 3.m.sg.[2]	-$\bar{æ}$ ↓	*yiglǣ* יִגְלֶה	*yiggālǣ* יִגָּלֶה	*yᵊgallǣ* יְגַלֶּה	*yᵊgullǣ* יְגֻלֶּה	*yitgallǣ* יִתְגַּלֶּה	*yaglǣ* יַגְלֶה	*yåglǣ* יָגְלֶה
Ptz.m. sg.abs.	↑	*gōlǣ* גֹּלֶה	*niglǣ* נִגְלֶה	*mᵊgallǣ* מְגַלֶּה	*mᵊgullǣ* מְגֻלֶּה	*mitgallǣ* מִתְגַּלֶּה	*maglǣ* מַגְלֶה	*måglǣ* מָגְלֶה
Ipt.m. sg.	-$\bar{e}$ ↓	*gᵊlē* גְּלֵה	*higgālē* הִגָּלֵה	*gallē* גַּלֵּה	*gullē* גֻּלֵּה	*hitgallē* הִתְגַּלֵּה	*haglē* הַגְלֵה	*håglē* הָגְלֵה
Ptz.m. sg.cs.	↑	*gōlē* גֹּלֵה	*niglē* נִגְלֵה	*mᵊgallē* מְגַלֵּה	*mᵊgullē* מְגֻלֵּה	*mitgallē* מִתְגַּלֵּה	*maglē* מַגְלֵה	*måglē* מָגְלֵה

---

[1] Als Paradigma dient das Verbum גָּלָה (*gālā*) – "entblößen". Es liegt nahe, daß im langen vokalischen Auslaut die ursprüngliche Endung -*a* von *qatala bzw. das -*u* von *yaqtulu mit enthalten ist – insofern ist der Ausdruck "afformativlos" cum grano salis zu verstehen.

[2] Entsprechend 3.f.sg. und alle weiteren endungslosen Formen des Impf.

14.2.3 Formenbildung bei vokalisch anlautenden Afformativen und bei Suffixen an afformativlosen Formen

Die vokalisch anlautenden Afformative werden unmittelbar an den zweiten Radikal der Wurzel gefügt. Analoges gilt für die Suffixe an afformativlosen Formen – dort erscheint jedoch zusätzlich noch der übliche Bindevokal:

Stamm →	Qal	Nifʿal	Piʿʿel	Puʿʿal	Hitpaʿʿel	Hifʿil	Hofʿal
↓ Form							
Perf. 3.c.pl.[1]	*gālū* גָּלוּ	*niglū* נִגְלוּ	*gillū* גִּלּוּ	*gullū* גֻּלּוּ	*hitgallū* הִתְגַּלּוּ	*higlū* הִגְלוּ	*håglū* הָגְלוּ
Perf. 3.m.sg. + Suff.[2]	*gālām* גָּלָם	----	*gillām* גִּלָּם	----	----	*higlām* הִגְלָם	----
Impf. 3.m.sg. + Suff.[3]	*yiglēhū* יִגְלֵהוּ	----	*yᵉgallēhū* יְגַלֵּהוּ	----	----	*yaglēhū* יַגְלֵהוּ	----

14.2.4 Formenbildung bei konsonantisch anlautenden Afformativen

Vor den konsonantisch anlautenden Afformativen erscheint der ursprüngliche lange vokalische Auslaut im Perf. in Form eines *ī* – in Puʿʿal, Nifʿal, Hifʿil und Hofʿal häufig zu *ē* gedehnt –, in der Impf.-Klasse in Form eines *æ*. Dementsprechend entfällt bei den mit *t* anlautenden Afformativen das Dageš lene:

Stamm →	Qal	Nifʿal	Piʿʿel	Puʿʿal	Hitpaʿʿel	Hifʿil	Hofʿal
↓ Form							
Perf. 1.c.sg.[4]	*gālītī* גָּלִיתִי	*niglētī* נִגְלֵיתִי	*gillītī* גִּלִּיתִי	*gullētī* גֻּלֵּיתִי	*hitgallītī* הִתְגַּלֵּיתִי	*higlētī* הִגְלֵיתִי	*håglētī* הָגְלֵיתִי
Impf. 3. / 2.f.pl.[5]	*tiglænā* תִּגְלֶינָה	*tiggālænā* תִּגָּלֶינָה	*tᵉgallænā* תְּגַלֶּינָה	*tᵉgullænā* תְּגֻלֶּינָה	*titgallænā* תִּתְגַּלֶּינָה	*taglænā* תַּגְלֶינָה	*tåglænā* תָּגְלֶינָה

---

[1] Entsprechend Ipt.m.pl. etc.
[2] Im Paradigma 3.m.pl.; entsprechend mit den übrigen Suffixen.
[3] Im Paradigma 3.m. sg.; entsprechend mit den übrigen Suffixen.
[4] Entsprechend 2.m.sg. etc.
[5] Entsprechend Ipt.f.pl.

14.2.5   Spezifische Sonderbildungen der Verba ל"ה

Der Inf.cs. erhält ein eigenes Afformativ -ōṯ, das unmittelbar an den zweiten Radikal gefügt wird, bei der 3.f.sg. Perf. wird (zur Unterscheidung von der 3.m.sg.) vor dem Afformativ -ā die alte Endung t eingeschoben, beim selten belegten Inf.abs. wechselt der lange vokalische Auslaut zwischen -ō und -ē:

Stamm →[Aff.]	Qal	Nif'al	Pi''el	Pu''al	Hitpa''el	Hif'il	Hof'al
↓ Form							
Inf.cs. -ōṯ	gᵊlōṯ	higgālōṯ	gallōṯ	gullōṯ	hitgallōṯ	haglōṯ	håglōṯ
	גְּלוֹת	הִגָּלוֹת	גַּלּוֹת	גֻּלּוֹת	הִתְגַּלּוֹת	הַגְלוֹת	הָגְלוֹת
Perf. 3.f.sg. -ṯā	gālᵊṯā	niglᵊṯā	gillᵊṯā	gullᵊṯā	hitgallᵊṯā	higlᵊṯā	håglᵊṯā
	גָּלְתָה	נִגְלְתָה	גִּלְּתָה	גֻּלְּתָה	הִתְגַּלְּתָה	הִגְלְתָה	הָגְלְתָה
Inf.abs. -ō /-ē	gālō	niglō	gallō /-ē	----	----	haglē	håglē
	גָּלֹה	נִגְלֹה	(גַּלֹה(-ֵה	----	----	הַגְלֵה	הָגְלֵה

14.2.6   Die Kurzformen der Imperfekt-Klasse

Anders als beim "starken" Verbum lassen sich bei den Verba ל"ה im Falle der Präformativkonjugation die Kurzformen von den Langformen unterscheiden – allerdings **nur** dort, wo es sich um **endungslose Formen** handelt. Sie finden nicht nur als Jussiv, sondern v.a. im Narrativ (w-Impf.) Verwendung, der nur im Falle der 1.c.sg. von der Langform abgeleitet wird – und auch das nicht konsequent. Darüber hinaus kann hier sogar die 2.m.sg. Ipt. gelegentlich als "Kurzform" erscheinen[1], allerdings ohne daß deshalb ein semantischer Unterschied zur Langform wahrnehmbar wäre.

Die Kurzformen werden unter Auslassung des langen vokalischen Auslauts der Wurzel gebildet, wodurch zumeist Formen mit Doppelkonsonanz im Auslaut entstehen. Anders als bei analogen Gegebenheiten im Bereich der Nomina hat die Masora die Doppelkonsonanz hier allerdings in vielen Fällen hingenommen und nur gelegentlich Segolatbildungen durchgeführt; auch die Regeln von 4.1.2 sind hier bei den Verba ל"ה nur inkonsequent angewendet. Offenbar war die alte Aussprachetradition bei diesen häufig vorkommenden

---

[1] Ganz selten sind "Kurzformen" des w-Perf. wie וְחַי (3.m.sg. w-Perf. Q Wz. חיה).

Formen noch so lebendig, daß die Masoreten bei bestimmten Formen auf eine Normierung im Sinne ihres Regelsystems verzichteten.

Im einzelnen ergeben sich die folgenden aufgelisteten Formbildungstypen – bei Verben mit Laryngalen und / oder ר sind zusätzlich noch die Eigentümlichkeiten der masoretischen Behandlung dieser Laute zu beachten[1]. Als Paradigma ist – außer beim Ipt. – die 3.m.sg. Juss. verwendet – die übrigen Formen können von daher leicht erschlossen werden:

Qal	LF *yiglǽ*	> KF	*yígl* ‖	*yégl* ‖	*yégæl* ‖	*yígæl*				
	LF יִגְלֶה	> KF	יִגְל ‖	יֵגֶל ‖	יֵגֶל ‖	יִגֶל				
Ni.	LF *yiggālǽ*	> KF	*yiggál*	//	Ipt.	LF *higgālé*	> KF	*higgál*		
	LF יִגָּלֶה	> KF	יִגָּל	//	Ipt.	LF הִגָּלֵה	> KF	הִגָּל		
Pi.	LF *yᵊgallǽ*	> KF	*yᵊgál*[2]	//	Ipt.	LF *gallé*	> KF	*gál*		
	LF יְגַלֶּה	> KF	יְגַל	//	Ipt.	LF גַּלֵּה	> KF	גַּל		
Pu.	LF *yᵊgullǽ*	> KF	*yᵊgúl*							
	LF יְגֻלֶּה	> KF	יְגֻל							
Hitp.	LF *yitgallǽ*	> KF	*yitgál*							
	LF יִתְגַּלֶּה	> KF	יִתְגַּל							
Hi.	LF *yaglǽ*	> KF	*yágl* ‖ *yǽgæl*	// Ipt.	LF *haglé*	> KF	*hágl* ‖ *hǽgæl*			
	LF יַגְלֶה	> KF	יַגְל יֶגֶל ‖ יֵגֶל	// Ipt.	LF הַגְלֵה	> KF	הַגְל ‖ הֶגֶל			
Ho.	LF *yåglǽ*	> KF	*yågl*							
	LF יָגְלֶה	> KF	יָגְל							

14.2.7 Verben mit zusätzlichen Besonderheiten: "Doppelt schwache" Verben

14.2.7.1 Die Verben היה und חיה

Da bei היה und חיה auch der mittlere Konsonant ein "schwacher" Konsonant ist, ergeben sich bei der Bildung der Kurzformen der Präformativkonjugation gewisse Probleme, denn Formen wie יְהְי / יְחְי lassen sich kaum aussprechen.

---

[1] Vgl. o. 2.2.2 und 3, sowie 4.1.2; 3).
[2] Vgl. o. 9.4!

Die Masora verfuhr hier – in Analogie zu Segolatbildungen des Typs *piry > pᵊrī[1] – so, daß sie die Doppelkonsonanz aus Konsonant (ה / ח) und Halbvokal (י) in die Abfolge Konsonant – Vokal umgewandelt und den damit in offene Silbe geratenen Präformativvokal reduziert hat[2].

Der Umstand, daß beide Wurzeln außerdem noch in der ersten Position einen Laryngal aufweisen, wurde von der Masora nicht konsequent berücksichtigt. Stark vereinfacht läßt sich die Frage, wann Šᵊwa simplex und wann Šᵊwa compositum erscheint, so beantworten: Wenn der Laryngal das Wort eröffnet[3], steht Šᵊwa compositum – zumeist Ḥate̱p Sᵊgōl –, steht er am Ende einer Präformativsilbe, erscheint Šᵊwa simplex[4].

14.2.7.2 Das Verbum חוה[5]

Einen weiteren Sonderfall innerhalb dieser Gruppe bildet das ausschließlich in der nur hier vorkommenden Stammform Hištafʿel belegte Verbum חוה ("sich platt auf den Boden werfen, die [kultische] Proskynese verrichten"). Es teilt alle Besonderheiten mit den Verba ל"ה, bietet jedoch zusätzlich noch das Problem der Form וַיִּשְׁתַּחוּ, die wie eine Pluralform aussieht, doch als 3.m.sg. w-Impf. Hišt. zu analysieren ist. Diese Form hat – in Kombination mit der oben diskutierten Annahme, die Verba ל"ה seien ursprüngliche Verba י / ל"ו – Gesenius-Buhl dazu veranlaßt, dieses Verbum als ein Hitp. von שׁחה zu klassifizieren. Doch die daneben belegte Pluralform וַיִּשְׁתַּחֲווּ macht hinreichend deutlich, daß der zweite Radikal der Wurzel ein ו ist, daß hier also eine dem in 14.2.7.1 diskutierten Verbaltyp entsprechende Bildungsweise vorliegen muß: Der Unterschied liegt nur darin, daß bei היה / יחה ein י und hier ein ו als zweiter Radikal erscheint. Auch im Falle von וַיִּשְׁתַּחוּ liegt also eine KF vor, in der die Masora – in diesem Fall nicht analog zu pᵊrī, sondern in einer gewissen Analogie zu den Segolatbildungen des Typs *mawt > mō̱t[6] – die Doppelkonsonanz aus Konsonant (ח) und Halbvokal (ו) in die Abfolge Konsonant – Vokal umgewandelt hat[7].

---

[1] S.o. 6.4.2.
[2] So z.B. יְחִי; vgl. dazu auch 11.1.
[3] Bei חיה im Hi. auch dann, wenn der Laryngal am Ende einer Präformativsilbe erscheint.
[4] Also etwa: הֱיֵה bzw. לִהְיוֹת.
[5] In GBL[17] und KBL[2]: שׁחה.
[6] S.o. 6.4.2.
[7] Bei diesem Analogieschluß darf indes ein entscheidender Unterschied gegenüber dem Bildungstyp *mawt > mō̱t nicht übersehen werden: Bei *mawt > mō̱t erscheint das ו vor dem anderen Konsonanten, hier dagegen nach ihm; deshalb kann hier auch nicht ein sekundär kontrahierter Diphtong (aw > ō) auftreten.

14.2.7.3 Das Verbum ראה

Rein äußerlich gesehen ähnlich – strukturell gesehen dagegen etwas anders gelagert – sind die Probleme bei den Kurzformen des Verbums ראה, bei denen das א entweder an das Ende einer doppelt geschlossenen Silbe gerät oder – bei Segolatbildung – ans Ende einer geschlossenen Silbe. In beiden Fällen "quiesziert" das א[1], was im erstgenannten Fall dazu führt, daß es kein Šᵊwa erhält (וַיַּרְא); im zweiten Fall beschränken sich die Folgen auf die phonetische Struktur (וַתֵּרֶא *wattḗræ*). Das *a* der Präformativsilbe im erstgenannten Fall geht darauf zurück, daß die Masora hier ר wie einen Laryngal behandelt hat; die Form kann als Qal und als Hif'il vorkommen!

14.3   ÜBUNGEN ZU DEN VERBA ל"ה (III inf.)

14.3.1   Formanalysen

בָּנָה בָּנָה בֹּנֶה בֹּנֶה בְּנֵי בֹּנֶה בְּנֵהוּ בָּנוּ בָּנוּ בְּנֵי בְּנֵי בְּנוֹתַי בְּנוֹתַי נִבְנֶה נִבְנָה נִבְנֶה
הַבָּנוֹת הַבָּנָה אֶבֶן אַבְנָה תִּהְיֶה הָיְתָה לִהְיוֹתְכֶם הֱיֵה חַיֶּה הֶחֱיִיתִי הָיִיתָ תְּחַיּוּן מָחֳיָה
הֱיֹתָם וּרְאִיתֶם וָאֶרְאֶה וַתֵּרֶא וַיַּרְא וַיִּרָא רְאֵם נִרְאָה גַּל יָגֵל הִגְלִית תִּגְלֶינָה נְטוּיָה
וַיִּפֶן פֶּן עֹשֵׂה הֶעָשׂוּי עָשׂוּ עָשׂוּ לַעֲשֹׂתְכֶם וַיַּעַשׂ וַיַּעֲשֵׂהוּ לִשְׁתּ שָׁתִית וַיֵּשְׁתְּ יִשְׁתָּיוּן
הִשְׁתַּחֲוֵה הִשְׁתַּחֲווּ וַיִּשְׁתַּחוּ מִשְׁתַּחֲווֹת יִשְׁתַּחֲווּ

14.3.2   Übungssätze bzw. -texte

1 יָעַצְתָּ בֹּשֶׁת לְבֵיתֶךָ ... כִּי־אֶבֶן מִקִּיר תִּזְעָק וְכָפִיס מֵעֵץ יַעֲנֶנָּה: הוֹי בֹּנֶה
   עִיר בְּדָמִים   Hab 2,10a.11.12a

2 יְהוָה אֱלֹהָי שִׁוַּעְתִּי אֵלֶיךָ וַתִּרְפָּאֵנִי: יְהוָה הֶעֱלִיתָ מִן־שְׁאוֹל נַפְשִׁי חִיִּיתַנִי
   מִיּוֹרְדִי[2] בוֹר: Ps 30,3.4

3 בֶּן־עֶשְׂרִים וְחָמֵשׁ שָׁנָה יְהוֹיָקִים בְּמָלְכוֹ וְאַחַת עֶשְׂרֵה שָׁנָה מָלַךְ בִּירוּשָׁלָ͏ם ...
   וַיַּעַשׂ הָרַע בְּעֵינֵי יְהוָה כְּכֹל אֲשֶׁר־עָשׂוּ אֲבֹתָיו: בְּיָמָיו עָלָה נְבֻכַדְנֶאצַּר
   מֶלֶךְ בָּבֶל וַיְהִי־לוֹ יְהוֹיָקִים עֶבֶד שָׁלֹשׁ שָׁנִים   2 Kön 23,36a.37; 24,1abα

---

[1] Vgl.o. 1.2 bzw. u. 15.1 bzw. 2.
[2] ק (mit. App.ᵃ BHK³).

4   וַיֹּאמֶר יְהוָה אֶל־מֹשֶׁה עַתָּה תִרְאֶה אֲשֶׁר אֶעֱשֶׂה לְפַרְעֹה כִּי בְיָד חֲזָקָה
יְשַׁלְּחֵם
Ex 6,1

5   לָכֵן אֱמֹר ׀ אֶל־בֵּית יִשְׂרָאֵל כֹּה אָמַר אֲדֹנָי יְהוִה הַבְּדֶרֶךְ אֲבוֹתֵיכֶם אַתֶּם
נִטְמְאִים וְאַחֲרֵי שִׁקּוּצֵיהֶם אַתֶּם זֹנִים: ... וַאֲנִי אִדָּרֵשׁ לָכֶם בֵּית יִשְׂרָאֵל
חַי־אָנִי נְאֻם אֲדֹנָי יְהוִה אִם־אִדָּרֵשׁ לָכֶם: וְהָעֹלָה עַל־רוּחֲכֶם הָיוֹ לֹא תִהְיֶה
אֲשֶׁר אַתֶּם אֹמְרִים נִהְיֶה כַגּוֹיִם כְּמִשְׁפְּחוֹת הָאֲרָצוֹת לְשָׁרֵת עֵץ וָאָבֶן: חַי־אָנִי
נְאֻם אֲדֹנָי יְהוִה אִם־לֹא בְּיָד חֲזָקָה וּבִזְרוֹעַ נְטוּיָה וּבְחֵמָה שְׁפוּכָה אֶמְלוֹךְ
עֲלֵיכֶם:
Ez 20,30.31aβb.32.33

6   וַיֹּאמֶר יְהוָה אֶל־מֹשֶׁה רְאֵה נְתַתִּיךָ אֱלֹהִים לְפַרְעֹה וְאַהֲרֹן אָחִיךָ יִהְיֶה
נְבִיאֶךָ: אַתָּה תְדַבֵּר אֵת כָּל־אֲשֶׁר אֲצַוֶּךָּ וְאַהֲרֹן אָחִיךָ יְדַבֵּר אֶל־פַּרְעֹה
וְשִׁלַּח אֶת־בְּנֵי־יִשְׂרָאֵל מֵאַרְצוֹ: וַאֲנִי אַקְשֶׁה אֶת־לֵב פַּרְעֹה וְהִרְבֵּיתִי
אֶת־אֹתֹתַי וְאֶת־מוֹפְתַי בְּאֶרֶץ מִצְרָיִם:
Ex 7,1-3

7   וּבַיּוֹם הָרִאשׁוֹן מִקְרָא־קֹדֶשׁ וּבַיּוֹם הַשְּׁבִיעִי מִקְרָא־קֹדֶשׁ יִהְיֶה לָכֶם כָּל־
מְלָאכָה לֹא־יֵעָשֶׂה בָהֶם אַךְ אֲשֶׁר יֵאָכֵל לְכָל־נֶפֶשׁ הוּא לְבַדּוֹ יֵעָשֶׂה לָכֶם:
Ex 12,16

8   וַיְהִי אִישׁ אֶחָד מִצָּרְעָה מִמִּשְׁפַּחַת הַדָּנִי וּשְׁמוֹ מָנוֹחַ וְאִשְׁתּוֹ עֲקָרָה וְלֹא יָלָדָה:
וַיֵּרָא מַלְאַךְ־יְהוָה אֶל־הָאִשָּׁה וַיֹּאמֶר אֵלֶיהָ הִנֵּה־נָא אַתְּ־עֲקָרָה וְלֹא יָלַדְתְּ
וְהָרִית וְיָלַדְתְּ בֵּן: וְעַתָּה הִשָּׁמְרִי נָא וְאַל־תִּשְׁתִּי יַיִן וְשֵׁכָר וְאַל־תֹּאכְלִי[1]
כָּל־טָמֵא: כִּי הִנָּךְ הָרָה וְיֹלַדְתְּ[2] בֵּן וּמוֹרָה לֹא־יַעֲלֶה עַל־רֹאשׁוֹ כִּי־נְזִיר
אֱלֹהִים יִהְיֶה הַנַּעַר מִן־הַבָּטֶן
Ri 13,2-5a

9   וַיִּשְׁתַּחֲווּ: ... וַיַּעֲשׂוּ בְּנֵי יִשְׂרָאֵל כַּאֲשֶׁר צִוָּה יְהוָה אֶת־מֹשֶׁה וְאַהֲרֹן כֵּן עָשׂוּ:
וַיְהִי בַּחֲצִי הַלַּיְלָה וַיהוָה הִכָּה[3] כָל־בְּכוֹר בְּאֶרֶץ מִצְרַיִם מִבְּכֹר פַּרְעֹה
הַיֹּשֵׁב עַל־כִּסְאוֹ עַד בְּכוֹר הַשְּׁבִי אֲשֶׁר בְּבֵית הַבּוֹר וְכֹל בְּכוֹר בְּהֵמָה:
Ex 12,27 (fin.).28.29

10   הִשָּׁמֶר לְךָ פֶּן־תִּכְרֹת בְּרִית לְיוֹשֵׁב הָאָרֶץ אֲשֶׁר אַתָּה בָּא[4] עָלֶיהָ פֶּן־יִהְיֶה
לְמוֹקֵשׁ בְּקִרְבֶּךָ: ... כִּי לֹא תִשְׁתַּחֲוֶה לְאֵל אַחֵר כִּי יְהוָה קַנָּא שְׁמוֹ אֵל קַנָּא
הוּא: פֶּן־תִּכְרֹת בְּרִית לְיוֹשֵׁב הָאָרֶץ וְזָנוּ ׀ אַחֲרֵי אֱלֹהֵיהֶם וְזָבְחוּ לֵאלֹהֵיהֶם
וְקָרָא לְךָ וְאָכַלְתָּ מִזִּבְחוֹ: וְלָקַחְתָּ מִבְּנֹתָיו לְבָנֶיךָ וְזָנוּ בְנֹתָיו אַחֲרֵי אֱלֹהֵיהֶן
וְהִזְנוּ אֶת־בָּנֶיךָ אַחֲרֵי אֱלֹהֵיהֶן: אֱלֹהֵי מַסֵּכָה לֹא תַעֲשֶׂה־לָּךְ:
Ex 34,12.14-17

---

[1] תֹּאכְלִי = 2.f.sg. Impf. Q Wz. אכל.
[2] Nach App.ᵃ BHK³ emendiert.
[3] הִכָּה ist von נכה abzuleiten.
[4] בָּא = Ptz.akt. m.sg.st.a. Q Wz. בוא.

Jes 55,6   11 דִּרְשׁוּ יְהוָה בְּהִמָּצְאוֹ קְרָאֻהוּ בִּהְיוֹתוֹ קָרוֹב:

12 וַיֹּאמֶר יְהוָה אֶל־מֹשֶׁה כֹּה תֹאמַר[1] אֶל־בְּנֵי יִשְׂרָאֵל אַתֶּם רְאִיתֶם כִּי

מִן־הַשָּׁמַיִם דִּבַּרְתִּי עִמָּכֶם: לֹא תַעֲשׂוּן אִתִּי אֱלֹהֵי כֶסֶף וֵאלֹהֵי זָהָב לֹא

תַעֲשׂוּ לָכֶם: מִזְבַּח אֲדָמָה תַּעֲשֶׂה־לִּי וְזָבַחְתָּ עָלָיו אֶת־עֹלֹתֶיךָ וְאֶת־שְׁלָמֶיךָ

אֶת־צֹאנְךָ וְאֶת־בְּקָרֶךָ בְּכָל־הַמָּקוֹם אֲשֶׁר אַזְכִּיר אֶת־שְׁמִי אָבוֹא[2] אֵלֶיךָ

וּבֵרַכְתִּיךָ: וְאִם־מִזְבַּח אֲבָנִים תַּעֲשֶׂה־לִּי לֹא־תִבְנֶה אֶתְהֶן גָּזִית ... וְלֹא־תַעֲלֶה

Ex 20,22-25a.26   בְמַעֲלֹת עַל־מִזְבְּחִי אֲשֶׁר לֹא־תִגָּלֶה עֶרְוָתְךָ עָלָיו:

14.3.3 Übungstexte in der Biblia Hebraica

14.3.3.1   Ex 6,28-7,7[3]

14.3.3.2   Gen 50,2-12[4]

14.3.3.3   Dtn 31,1-2aα.3-6[5]

14.3.3.4   Ri 6,25-29[6]

14.3.3.5   Gen 41,1-8

14.3.3.6   Gen 49,28-33 (V.28 App.[a])

14.4   DIE PARTIKELN I – DIE KONJUNKTION אִם

14.4.1   Allgemeines zu den Partikeln – Konjunktionen, Negationen, Interjektionen und Fragepartikel

Auch wenn es so scheinen mag, daß die Kenntnis der bisher in erster Linie
diskutierten Sprachelemente des biblischen Hebräisch (Nomina, Pronomina,
Verben und Präpositionen) für den durchschnittlichen exegetischen Bedarf
ausreicht[7] – um biblische **Texte** verstehen zu können, muß man sich noch mit
einer weiteren Gruppe von Wörtern intensiver auseinandersetzen, nämlich mit

---

[1] Vgl. וַיֹּאמֶר.

[2] אָבוֹא = 1.c.sg. Impf. Q Wz. בוא.

[3] וְהוֹצֵאתִי = 1.c.sg. w-Perf. Hi. Wz. יצא.

[4] מֵת = Ptz.akt. m.sg. Q Wz. מות; וְאָשׁוּבָה = 1.c.sg. Koh. Q Wz. שוב + ו cop.; וַיָּבֹאוּ = 3.m.pl. w-Impf. Q Wz. בוא.

[5] וַיֵּלֶךְ = 3.m.sg. w-Impf. Q Wz. הלך.

[6] קַח bzw. וַיִּקַּח = Ipt. m.sg. bzw. 3.m.sg. w-Impf. Q Wz. לקח.

[7] Für die Bildung bzw. für das Verstehen von Einzel-Sätzen trifft das ja durchaus zu.

den von der klassischen Grammatik etwas despektierlich als "Partikeln" bezeichneten Fügewörtern. Denn erst durch verbindende Partikeln ("Konjunktionen", "Interjektionen" etc.) wird eine Sprache überhaupt "textfähig", d.h.
lassen sich größere Text- und damit Sinnzusammenhänge herstellen. Mögen
die Partikeln auch für den "Grammatiker", für den die Gesetzmäßigkeiten bei
der Formenbildung im Zentrum des Interesses stehen, wenig bedeuten[1], für
das Verständnis des Sprachsystems – der (Text-) Syntax – sind sie wichtiger
als vieles andere. Dementsprechend muß auch und gerade in einer "Einführung" in das biblische Hebräisch die Frage der Funktion(en) zumindest der
wichtigsten Partikeln diskutiert werden. Dies gilt umso mehr, als das elemen-
tare textstrukturierende Grundprinzip der meisten indoeuropäischen Sprachen, die Unterscheidung von Parataxe und Hypotaxe, im hebräischen
Sprachsystem auf der Ausdrucksebene weitgehend unberücksichtigt bleibt[2],
fehlt doch u.a. im Verbalsystem der dafür einschlägige Modus "Konjunktiv"
(mit dem etwa im Deutschen, Lateinischen, Griechischen etc. "abhängige"
Sätze bezeichnet werden), und kennt doch das Hebräische auch auf der pro-
nominalen Ebene wenig Ausdrucksformen für "abhängige" Sätze. Wenn z.B.
die Eselin Bileams diesem den fragenden Vorwurf macht: הֲלוֹא אָנֹכִי אֲתֹנְךָ
אֲשֶׁר־רָכַבְתָּ עָלַי מֵעוֹדְךָ עַד־הַיּוֹם הַזֶּה – "Bin ich nicht deine Eselin, (אֲשֶׁר)
du bist auf **mir** geritten Zeit deines Lebens bis zum heutigen Tag" (Num
22,30), sind dabei – in bestem klassischem Hebräisch, nicht in einem "Esel-
Hebräisch"! – zwei Sätze aufeinander bezogen, die (jeder für sich) durchaus
selbständig verwendet sein könnten. Daß der zweite lediglich die Funktion
hat, ein Lexem des ersten Satzes – die Eselin – in attributivem Sinne näher zu
qualifizieren, ist allein dem אֲשֶׁר, nicht aber der Satzkonstruktion zu entnehmen. Ganz anders in einer korrekten deutschen Übersetzung: "Bin ich nicht
deine Eselin, **auf der** du Zeit deines Lebens bis zum heutigen Tag geritten
bist"? Hier steht nicht nur anstelle einer – nicht flektierbaren – Konjunktion
das flektierte Relativpronomen, der ganze zweite Satz ist vielmehr so formuliert, daß er in dieser Gestalt unter keinen Umständen als selbständiger

---

[1] Im hebräischen Sprachunterricht an den theologischen Fakultäten und kirchlichen Hochschulen
steht üblicherweise das Erlernen der Paradigmen der verschiedenen Verbalgruppen im Vordergrund – einer der Gründe, weshalb der Hebräischunterricht von vielen Studierenden nicht als integraler Bestandteil des Studiums begriffen wird: Man lernt auswendig, lernt aber nicht verstehen. Auch in "klassischen" Grammatiken wie z.B. der von R. Meyer erscheinen die Konjunktionen und Interjektionen übrigens als bloßer Appendix am Ende der Formenlehre; vgl. R. Meyer,
Hebräische Grammatik Bd. II, Berlin 1969, § 88; 89 (nicht ganz 2 Seiten!).

[2] Hypotaxe im engeren Sinne läßt sich auf der Ausdrucksebene eigentlich nur dort feststellen, wo
Konjunktionen wie בִּלְתִּי bzw. לְמַעַן (s.u. S. 145) oder Präpositionen wie לְ von Infinitiven gefolgt werden, d.h. wo an die Stelle von Sätzen Umstandsbestimmungen treten.

Satz erscheinen könnte[1]. Was oben im Blick auf die relative Formenarmut des hebräischen Verbalsystems gesagt wurde[2], gilt also auch hier: Angesichts der extrem "sparsamen" sprachlichen Mittel muß der mitteleuropäische Leser althebräischer Texte weit mehr "Verstehen aus dem Kontext" leisten, als er das aufgrund der Erfahrungen mit seinem eigenen (bzw. verwandten) Sprachsystem(en) gewohnt ist.

Infolge des Umstands, daß verbindende Partikeln für die Generierung von satzübergreifenden Einheiten notwendig sind, sind nun zwar viele von ihnen schon in den bisherigen Übungen begegnet (die ja zumeist aus längeren Texten entnommene Sätze enthalten) – bisher aber mehr als ein Problem des Lexikons und nicht der Syntax[3]. Unbeschadet dessen liegt es aus systematischen Gründen nahe, die wichtigsten von ihnen hier zunächst noch einmal überblicksweise zusammenzufassen: Zu den Partikeln zählen die üblicherweise als Konjunktionen klassifizierten Wörtchen אוֹ (oder), אִם (wenn), אַף (auch), אֲשֶׁר (relativer Anschluß; daß; weil), בִּלְתִּי (ohne daß; daß nicht), גַּם (auch), וְ (und; aber; da; dann), [בְּ]טֶרֶם (bevor; noch nicht), יַעַן (weil), כִּי (ja; wahrlich; fürwahr; denn; weil; daß; wenn), לוּ (wenn [doch]), לוּלֵא (wenn nicht; es sei denn, daß), לְמַעַן (damit), פֶּן (damit nicht), שֶׁ · (relativer Anschluß). Dazu kommen die Negationen אַל, בַּל und לֹא, die Fragepartikel הֲ und die Interjektion הֵן / הִנֵּה[4], sowie verschiedene Kombinationen von Konjunktionen wie גַּם ... גַּם (sowohl ... als auch) oder יַעַן אֲשֶׁר (weil) bzw. von Konjunktionen und Präpositionen wie כַּאֲשֶׁר (als; nachdem) oder עַד אֲשֶׁר (bis daß).

---

[1] Vgl. zur Sprache der ganzen Perikope R. BARTELMUS, Von Eselinnen mit Durchblick und blinden Sehern. Numeri 22,20-35 als Musterbeispiel narrativer Theologie im Alten Testament, in: ThZ 61 (2005) 27-43.

[2] S.o. 6.1 u.ö.

[3] Unter (text-) syntaktischen Gesichtspunkten verhandelt wurden bisher lediglich das untrennbar mit der Verbalsyntax verbundene Phänomen des וְ (einschließlich der durch וַיְהִי bzw. וְהָיָה eingeleiteten Satztypen; s.o. 10.2 und 11.2) sowie die – rein satzbezogenen – Negationen אַל und לֹא und die Fragepartikel הֲ (s.o. 3.2.1.1 bzw. 7.2).

[4] Daß die dabei – im Einklang mit älteren Grammatiken – vorgenommene Unterscheidung von Konjunktionen und Interjektionen ausgesprochen künstlich ist, ergibt schon allein ein Vergleich zwischen der "Konjunktion" כִּי und der "Interjektion" הִנֵּה: So häufig כִּי auch in einer Funktion auftaucht, die Grammatiker als konjunktional klassifizieren – es verbleibt ein Fundus an Belegen, in denen die (ursprüngliche) Funktion als Interjektion unübersehbar ist. Umgekehrt erscheint הִנֵּה zwar häufiger in Zusammenhängen, wo eine Übersetzung als Interjektion näher liegt, aber es gibt auch Fälle, wo die Annahme einer konjunktionalen Funktion unumgänglich scheint – so besonders im Falle der Kombination von וְ und הִנֵּה zu וְהִנֵּה, das i.S. von "wenn" verwendet sein kann; vgl. dazu die Belege in den wissenschaftlichen Lexika GBL[17] bzw. KBL[2.3]. Das Problem ist vermutlich diachron zu lösen: Das sprachgeschichtlich ältere Phänomen ist die Verwendung der Partikeln als Interjektionen (vgl. die Tatsache, daß die jeweils folgenden Sätze normalerweise wie selbständige Sätze konstruiert sind) – im Verlauf der Sprachgeschichte hat sich dann die konjunktionale Verwendung durchgesetzt, ohne allerdings die alte Verwendungsweise völlig zu verdrängen.

Da im Rahmen einer Einführung aus Raumgründen nicht alle Partikeln unter syntaktischen Gesichtspunkten verhandelt werden können, orientiert sich die Diskussion in den folgenden Kapiteln an der Häufigkeit der Belege – hier ragen die "polyvalenten" Partikeln אִם, אֲשֶׁר und כִּי heraus – bzw. an der "Fremdheit" der jeweiligen Fügungsweise (so bei בְּ[טֶרֶם] und לוּ / לוּלֵא).

14.4.2   Die Partikel אִם als Konjunktion, Negation und Fragewort

Mit dem Stichwort "polyvalent" ist das Problem, das die Partikel אִם bietet, nur oberflächlich bzw. nicht ganz exakt beschrieben. Bei ihr steht nämlich – anders etwa als bei כִּי – eine synchron zu bestimmende Grundfunktion, die noch hinter allen konkreten Verwendungsweisen wahrzunehmen ist, eindeutig fest: אִם dient zur Einleitung der Protasis in beliebigen konditionalen Fügungen[1]. Der Weg von dieser Grundfunktion zu den konkreten "Bedeutungen" ist indes für den Nicht-Orientalen nicht immer leicht nachzuvollziehen. Um etwa den Weg von der Bedeutung "wenn" zur Funktion als Negation in Schwursätzen nachvollziehen zu können, muß man sich zunächst einmal klar machen, was "schwören" – religionsgeschichtlich gesehen – bedeutet: Wer schwört, liefert sich vollständig an die Macht der jeweils zum Zeugen angerufenen Gottheit aus – er verflucht sich gewissermaßen im Vorgriff auf das im Schwurgeschehen für ausgeschlossen erklärte Faktum selbst: "So wahr XY lebt, ich will verflucht sein, **wenn** ich ... tue". Die Tatsache der Selbstverfluchung im Schwurgeschehen war für den antiken Orientalen so selbstverständlich, daß er hier elliptisch argumentieren konnte[2]: "So wahr XY lebt, ich werde ... **nicht** tun". Was sprachlich erhalten bleibt, ist allein die "Schwurformel" חַי (exakter: *ḥay* – x)[3] und der durch אִם "wenn" (bzw. bei positiven Inhalten durch אִם לֹא "wenn nicht") eingeleitete Inhalt des Schwurs; der Rest wird regelhaft ausgelassen. Analoges läßt sich auch im Blick auf die Verwendung von אִם in (Doppel-) Fragen – die dritte wichtige Funktion von אִם – und weitere vereinzelt vorkommende Verwendungsformen wie "vielmehr" bzw. "sondern" zeigen. Der Fragende / Sprechende unterdrückt gewissermaßen einen Konditionalsatz: "und wenn es nicht so ist, ist es dann ..." o.ä. und fragt nur noch: "Ist es so, oder (אִם) ist es so"? bzw. reduziert die Ellipse der

---

[1] Dies gilt unbeschadet der Tatsache, daß אִם ursprünglich ein Deiktikon bzw. eine Interjektion wie הִנֵּה / הֵן war – etwa im Sinne von "gesetzt den Fall" o.ä.

[2] Vgl. zum Phänomen der Ellipse W. BÜHLMANN – K. SCHERER, Stilfiguren der Bibel. Ein kleines Nachschlagewerk, BB 10, Fribourg 1973, 52.

[3] Oft fehlt sogar sie bzw. ist in Erzählungen durch das Verb שׁבע Ni. ersetzt.

Schwurformel noch einmal um ein Glied, daß nur mehr die bloße Affirmation
אִם לֹא erhalten bleibt.

Beispiele[1]:

וַיֹּאמֶר לוֹ דָּוִד אִם עָבַרְתָּ	Da sagte David zu ihm (Huschai): Wenn du
אִתִּי וְהָיִתָ עָלַי לְמַשָּׂא:	mit mir hinübergegangen sein wirst, wirst
וְאִם־הָעִיר תָּשׁוּב[2] וְאָמַרְתָּ	du mir (eher) eine Last sein. Wenn du aber
לְאַבְשָׁלוֹם עַבְדְּךָ אֲנִי הַמֶּלֶךְ	in die Stadt zurückkehrst und zu Abschalom
אֶהְיֶה[3] ... וְהֵפַרְתָּה לִי אֵת	sagst: Dein Knecht bin ich, o König – (nein:)
עֲצַת אֲחִיתֹפֶל:	will ich sein – ..., dann kannst du mir den
2 Sam 15,33.34	Plan Ahitofels verhindern.
וַיֹּאמֶר אֵלִיָּהוּ הַתִּשְׁבִּי ... אֶל־	Es sprach Elia, der Tisbiter, ... zu Ahab: So
אַחְאָב חַי־יְהוָה אֱלֹהֵי יִשְׂרָאֵל	wahr Jahwe, der Gott Israels lebt, vor dem
אֲשֶׁר עָמַדְתִּי לְפָנָיו אִם־יִהְיֶה	ich (dienend) stehe: Es wird diese Jahre we-
הַשָּׁנִים הָאֵלֶּה טַל וּמָטָר כִּי	der Tau noch Regen sein – es sei denn durch
אִם־לְפִי דְבָרִי:	mein Wort.
1 Kön 17,1	
וַיַּעַן כָּל־אִישׁ יְהוּדָה עַל־אִישׁ	Da antworteten alle Männer (אִישׁ koll.!) von
יִשְׂרָאֵל ... וְלָמָּה זֶּה חָרָה	Juda den Männern von Israel: ... und warum
לְךָ עַל־הַדָּבָר הַזֶּה הֶאָכֹל	denn ist euch heiß geworden (seid ihr er-
אָכַלְנוּ מִן־הַמֶּלֶךְ אִם־נִשֵּׂאת	zürnt) wegen dieser Sache? Haben wir etwa
נִשָּׂא[4] לָנוּ:	etwas vom König gegessen, oder ist er von
2 Sam 19,43	uns weggenommen worden?
וַיַּשְׁבִּעֵנִי אֲדֹנִי לֵאמֹר לֹא־	Da ließ mich mein Herr schwören: Du darfst
תִקַּח אִשָּׁה לִבְנִי מִבְּנוֹת	für meinen Sohn keine Frau von den Töch-
הַכְּנַעֲנִי אֲשֶׁר אָנֹכִי יֹשֵׁב	tern der Kanaaniter nehmen, in deren Land
בְּאַרְצוֹ: אִם־לֹא אֶל־בֵּית־אָבִי	ich wohne. Vielmehr wirst du zum Haus mei-
תֵּלֵךְ[5] וְאֶל־מִשְׁפַּחְתִּי וְלָקַחְתָּ	nes Vaters gehen und zu meiner Sippe und
אִשָּׁה לִבְנִי: Gen 24,37.38	(dort) eine Frau für meinen Sohn nehmen.

---

[1] Vgl. auch das 4. Beispiel in 10.2.
[2] תָּשׁוּב = 2.m.sg. Impf. Q Wz. שׁוב.
[3] Huschai soll offenbar vor Aufregung stottern! → וְהֵפַרְתָּה = 2.m.sg. w-Perf. Hi. Wz. פרר.
[4] נִשָּׂא נִשֵּׂאת = Figura etymologica: Inf.abs. + 3.m.sg. Perf. Ni. Wz. נשׂא.
[5] תֵּלֵךְ = 2.m.sg. Impf. Q Wz. הלך.

14.5   ÜBUNGSSÄTZE[1]

1 וַיֹּאמֶר אוּרִיָּה אֶל־דָּוִד הָאָרוֹן וְיִשְׂרָאֵל וִיהוּדָה יֹשְׁבִים בַּסֻּכּוֹת וַאדֹנִי יוֹאָב
   וְעַבְדֵי אֲדֹנִי עַל־פְּנֵי הַשָּׂדֶה חֹנִים וַאֲנִי אָבוֹא[2] אֶל־בֵּיתִי לֶאֱכֹל וְלִשְׁתּוֹת
   וְלִשְׁכַּב עִם־אִשְׁתִּי חַיֶּךָ וְחֵי נַפְשֶׁךָ אִם־אֶעֱשֶׂה אֶת־הַדָּבָר הַזֶּה: 2 Sam 11,11

2 וַיְצַו אֶת־הַמַּלְאָךְ לֵאמֹר כְּכַלּוֹתְךָ אֵת כָּל־דִּבְרֵי הַמִּלְחָמָה לְדַבֵּר אֶל־הַמֶּלֶךְ:
   וְהָיָה אִם־תַּעֲלֶה חֲמַת הַמֶּלֶךְ וְאָמַר לְךָ מַדּוּעַ נִגַּשְׁתֶּם אֶל־הָעִיר לְהִלָּחֵם
   הֲלוֹא יְדַעְתֶּם אֵת אֲשֶׁר־יֹרוּ[3] מֵעַל הַחוֹמָה: מִי־הִכָּה אֶת־אֲבִימֶלֶךְ בֶּן־יְרֻבֶּשֶׁת
   הֲלוֹא־אִשָּׁה הִשְׁלִיכָה עָלָיו פֶּלַח רֶכֶב מֵעַל הַחוֹמָה וַיָּמָת[4] בְּתֵבֵץ לָמָּה
   נִגַּשְׁתֶּם אֶל־הַחוֹמָה וְאָמַרְתָּ גַּם עַבְדְּךָ אוּרִיָּה הַחִתִּי מֵת[5]: 2 Sam 11,19-21

3 וַיֹּאמֶר בַּרְזִלַּי אֶל־הַמֶּלֶךְ כַּמָּה יְמֵי שְׁנֵי חַיַּי כִּי־אֶעֱלֶה אֶת־הַמֶּלֶךְ יְרוּשָׁלִָם:
   בֶּן־שְׁמֹנִים שָׁנָה אָנֹכִי הַיּוֹם הַאֵדַע ׀ בֵּין־טוֹב לְרָע אִם־יִטְעַם עַבְדְּךָ
   אֶת־אֲשֶׁר אֹכַל[6] וְאֶת־אֲשֶׁר אֶשְׁתֶּה אִם־אֶשְׁמַע עוֹד בְּקוֹל שָׁרִים וְשָׁרוֹת
   וְלָמָּה יִהְיֶה עַבְדְּךָ עוֹד לְמַשָּׂא אֶל־אֲדֹנִי הַמֶּלֶךְ: 2 Sam 19,35.36

4 וַיֹּאמֶר אֵלִיָּהוּ אֶל־אֱלִישָׁע שֵׁב־נָא פֹה כִּי יְהוָה שְׁלָחַנִי עַד־בֵּית־אֵל
   וַיֹּאמֶר אֱלִישָׁע חַי־יְהוָה וְחֵי־נַפְשְׁךָ אִם־אֶעֶזְבֶךָ 2 Kön 2,2a

5 וַיִּשְׁלַח אֹתָם מֹשֶׁה לָתוּר[8] אֶת־אֶרֶץ כְּנָעַן וַיֹּאמֶר אֲלֵהֶם עֲלוּ זֶה בַּנֶּגֶב
   וַעֲלִיתֶם אֶת־הָהָר: וּרְאִיתֶם אֶת־הָאָרֶץ מַה־הִוא וְאֶת־הָעָם הַיֹּשֵׁב עָלֶיהָ הֶחָזָק
   הוּא הֲרָפֶה הַמְעַט הוּא אִם־רָב: וּמָה הָאָרֶץ אֲשֶׁר־הוּא יֹשֵׁב בָּהּ הֲטוֹבָה
   הִוא אִם־רָעָה וּמָה הֶעָרִים אֲשֶׁר־הוּא יוֹשֵׁב בָּהֵנָּה הַבְּמַחֲנִים אִם בְּמִבְצָרִים:
   וּמָה הָאָרֶץ הַשְּׁמֵנָה הִוא אִם־רָזָה הֲיֵשׁ־בָּהּ עֵץ אִם־אַיִן וְהִתְחַזַּקְתֶּם
   וּלְקַחְתֶּם מִפְּרִי הָאָרֶץ וְהַיָּמִים יְמֵי בִּכּוּרֵי עֲנָבִים: Num 13,17-20

6 וַיִּחַר־אַף יְהוָה בַּיּוֹם הַהוּא וַיִּשָּׁבַע לֵאמֹר: אִם־יִרְאוּ הָאֲנָשִׁים הָעֹלִים
   מִמִּצְרַיִם מִבֶּן עֶשְׂרִים שָׁנָה וָמַעְלָה אֵת הָאֲדָמָה אֲשֶׁר נִשְׁבַּעְתִּי לְאַבְרָהָם
   לְיִצְחָק וּלְיַעֲקֹב כִּי לֹא־מִלְאוּ אַחֲרָי: בִּלְתִּי כָּלֵב בֶּן־יְפֻנֶּה הַקְּנִזִּי וִיהוֹשֻׁעַ
   בֶּן־נוּן   Num 32,10-12a

---

[1] Vgl. a. o. 14.3.2, Satz 5.
[2] אָבוֹא = 1.c.sg. Impf Q Wz. בוֹא.
[3] יֹרוּ = 3.m.pl. Impf. Hi. Wz. ירה.
[4] וַיָּמָת = 3.m.sg. w-Impf. Q Wz. מות.
[5] מֵת = 3.m.sg. Perf. Q Wz. מות.
[6] אֹכַל = 1.c.sg. Impf. Q Wz. אכל.
[7] שֵׁב = Ipt.m.sg. Q Wz. ישׁב.
[8] לָתוּר = Inf.cs. Q Wz. תור + לְ.

15 DIE SCHWACHEN VERBEN II – VERBA פ"נ (I n)
DIE PARTIKELN II – DIE KONJUNKTION אֲשֶׁר

15.1 ALLGEMEINES ZU DEN VERBA פ"נ (I n)

Anders als bei den Verba ל"ה sind sich hier die meisten Grammatiker darin einig, daß die "schwachen" Formen auf die Schwäche des ursprünglichen ersten Konsonanten נ – und nicht auf eine sekundäre Auffüllung einer ursprünglich zweiradikaligen Basis – zurückzuführen sind. Und was die Verba פ"נ mit a-u – Impf. betrifft, können daran wohl auch kaum vernünftige Zweifel bestehen – hier weisen die Belege eindeutig auf ursprüngliche Trilitteralität. Anders verhält es sich bei den Verba פ"נ mit i-a- bzw. a-i-Impf. Hier sind die Zweifel an der klassischen Theorie in zwei Phänomenen begründet – in der zweiradikaligen Bildung des Ipt. Q und v.a. in dem Umstand, daß das Verbum לקח ("nehmen") die gleichen Eigentümlichkeiten wie die Verba פ"נmit i-a-Impf. aufweist, obwohl ל im Hebräischen sonst nie als "schwacher" Radikal erscheint. Die übliche Erklärung für dieses erstaunliche Phänomen lautet, daß לקח ("nehmen") um seiner semantischen Affinität zum Verbum נתן ("geben") willen dessen "Schwächen" übernommen hätte. Naheliegender ist hier indes die Annahme einer sekundären Auffüllung ursprünglich zweiradikaliger Wurzeln, die sich in den besonders häufig gebrauchten Formen des Ipt. Q – und somit auch bei dem damit grammatikalisch eng verbundenen Inf. cs. – erhalten hat, während die übrigen Formen unter Systemdruck zur Trilitteralität an die "echten" Verben פ"נ angeglichen wurden[1].

15.2 VERBA פ"נ (I n) – FORMENBILDUNG

15.2.1 Grundprobleme der Formenbildung

Schwache Bildungen finden sich bei Verba פ"נ mit a-u-Impf. nur dort, wo das נ an das Ende einer geschlossenen Präformativsilbe zu stehen kommt, d.h. nur im Impf. Q, Perf. / Ptz. Ni., sowie im gesamten Hi. und Ho. Bei den Verben mit i-a- bzw. a-i-Impf. kommen noch die schwachen Bildungen des Ipt. und

---

[1] Daß im Ugaritischen und Phönikischen *ytn* statt *ntn* erscheint, bestätigt diese theoretische Annahme in gewisser Weise.

Inf.cs. Q hinzu. Die Grundregel lautet, daß das נ in den genannten Fällen –
entsprechend der Behandlung des נ beim Artikel bzw. bei der Präposition מִן[1]
– an den zweiten Radikal der Wurzel assimiliert wird, so daß dort ein Dageš
forte erscheint. Wo dieser ein Laryngal ist, unterbleibt der Assimilationsvor-
gang (Ausnahme: נחם). Wo aufgrund der Vokalverschiebungen im Rahmen
der Formbildung das Dageš forte mit einem Š°wa mobile zusammentreffen
würde, wird ersteres entsprechend der Regel 2.2.3.5 nicht geschrieben, sofern
der zweite Radikal nicht zu den B°gadk°p̱at-Lauten gehört.

(i) לקח WEIST DIE GLEICHEN EIGENTÜMLICHKEITEN WIE DIE VERBA פ"נ MIT *i-
a*-Impf. AUF!

15.2.2   Gemeinsamkeiten aller Verba פ"נ in der Formenbildung

Angesichts der relativen Regelmäßigkeit der Formenbildung der Verba פ"נ
genügt es, sich die "Eckformen" (3.m.sg. bei Perf. / Impf., 2.m.sg. bei Ipt.)
des Paradigmas einzuprägen – alle anderen Formen lassen sich von daher unter Einbeziehung des Paradigmas des starken Verbums ohne Schwierigkeiten
erschließen. Als Paradigma für die Verben פ"נ mit *i-a*-Impf. wird zumeist נגשׁ
("sich nähern") verwendet – für die (einfacheren) mit *a-u*-Impf. steht נפל
("fallen"); נתן ("geben") ist ganz eigenständig (*a-i*-Impf.!).

Qal Perf. **wie starkes Verbum**	Impf. יִפֹּל *yippṓl* < *yinpol < *yanpul
	יִגַּשׁ *yiggáš* < *yingaš
	יִתֵּן *yittḗn* < *yinten < *yantin
Ni. Perf. נִגַּשׁ *niggáš* < *ningaš Impf.	**wie starkes Verbum**
Hi. Perf. הִגִּישׁ *higgíš* < *hingīš Impf.	יַגִּישׁ *yaggíš* < *yangīš
	w-Impf. וַיַּגֵּשׁ *wayyagḗš* (וַיַּגֶּשׁ *wayyágæš*)
	Ipt.m.sg. הַגֵּשׁ *haggḗš*
Ho. Perf. הֻגַּשׁ *huggáš* < *hungaš[2] Impf.	יֻגַּשׁ *yuggáš* < *yungaš

---

[1] S.o. 4.2.2.1 bzw. 5.4.2.
[2] In der geschärften Silbe wird der ursprüngliche Vokal nicht zu *å* reduziert.

15.2.3   Besonderheiten der Verba פ"נ mit *i-a-* bzw. *a-i*-Impf.

Wie bereits erwähnt, bilden die Verba פ"נ mit *i-a-* bzw. *a-i*-Impf. den Ipt. und
Inf.cs. Q unter "Aphairesis" des נ bzw. – folgt man der neueren Theorie – von
der ursprünglich zweiradikaligen Basis aus. Im Inf.cs. erscheint zusätzlich die
Endung -*t*, die ohne Bindevokal an die Form des Ipt. gefügt wird, was bei suf-
fixlosen Formen zu Segolatbildungen führt.

ⓘ BEI נתן, DEM EINZIGEN VERB פ"נ MIT URSPRÜNGLICHEM *a-i*-Impf., IST ZU
BEACHTEN, DASS DORT AUCH DAS 2. נ DER WURZEL ANS ENDE EINER GE-
SCHLOSSENEN SILBE GERATEN UND SOMIT ASSIMILIERT WERDEN KANN. AUßER-
DEM KENNT ES AUCH BEI FINITEN FORMEN EIN ("INNERES") PASSIV Q (יֻתַּן)[1].

Beispiele:

Ipt.m.sg.: גַּשׁ	Inf.cs.: גֶּשֶׁת	Inf.cs.+ Suff. 1.c.sg.: גִּשְׁתִּי[2]	Inf.cs.+לְ: לָגֶשֶׁת
קַח	קַחַת	קַחְתִּי	לָקַחַת
תֵּן	תֵּת (< *titt < *tint)	תִּתִּי (< *tintī)	לָתֵת

15.2.4   Verben mit zusätzlichen Besonderheiten:
"Doppelt schwache" Verben

Neben נתן, das ein- und dieselbe "Schwäche" zweimal aufweist, finden sich
auch Verben, die sowohl zur Gruppe פ"נ als auch zur Gruppe ל"ה gehören.
Diese "doppelt schwachen" Verben sind: נטה ("eine vorgegebene Position /
Bewegung ändern"), נכה (nur Hi.; "schlagen") und נסה[3] ("versuchen")[4]. Das
besondere an diesen Verben besteht darin, daß bei ihnen in bestimmten Fällen
(endungslose Formen des w-Impf. und Juss. sowie Inf.cs.) nur mehr der mittlere Radikal als Hinweis auf die Wurzel erhalten bleibt, was ihre Identifikation in Texten gelegentlich erschwert. Es ist daher in diesem Fall einmal loh-
nend, einzelne Formen, d.h. wenigstens die wichtigsten doppelt schwachen
Formen wie וַיֵּט, הַטֹּת, וַיַּךְ, הַכּוֹת, הַךְ auswendig zu lernen.

---

[1] Die Form wird vom manchen Grammatikern als ein regulär gebildetes Ho. interpretiert.
[2] Das a wird zu i "verdünnt"; vgl. a.o. S. 49, 2) d).
[3] Die älteren Lexika verzeichnen im Falle von נסה nur Formen im Pi., kennen also keine doppelt
schwachen Formen, während KBL[3] auch ein Ni. aufführt.
[4] נקה ("unschuldig sein") würde zwar formal gesehen auch hierher gehören, doch von ihm sind
keine doppelt schwachen Formen belegt.

15.3   ÜBUNGEN ZU DEN VERBA פ"נ (I n)

15.3.1   Formanalysen

יִגַּשׁ גַּשׁ הַגִּישָׁה מַגִּישֵׁי תִּגַּשְׁנָה גְּשׁתוֹ הַנְּבִיאִים הַנִּבָּאִים נִבָּא תִּפְּלִי הַפַּלְתִּי תַּבֵּט הַבִּיטָה
אַבִּיטָה נִצָּבוֹת תַּסִּיעִי וַיִּסָּעֵם יְדֹוד מַגַּעַת הִגַּעַתְּ לָגַעַת יַגִּדָה מַגֶּדֶת תִּטֹּף הִטִּיפוּ נַחֵם
נֹחַם נִחָם אֶנָּחֵךְ וָאֶצַּל הַצֵּל אֶצָּרְךָ יִצְּרוּנִי קַח וַיִּקָּחֵם וַיִּלָּחֵם וְלֹקֵחַ לָקַחְתָּ לָקַחַת
לְקַחְתִּיו לְקַחְתּוֹ לְקַשְׁתִּי לְקָחִים קָחֶנָּה תֵּן נְתַתִּיו אֶתֵּן יִתְּנֶנּוּ יִתֵּן תִּתִּי נֹס אֲנַסֶּנּוּ הַךְ
הַכּוֹת וַיַּכֵּם יַכּוּ נִטֵּה יִטַּע יֵט נָטְתָה לְהַטּתָהּ

15.3.2   Übungssätze bzw. -texte

1 וַיִּגְדַּל הַיֶּלֶד וַיְהִי הַיּוֹם ... וַיֹּאמֶר אֶל־אָבִיו רֹאשִׁי ׀ רֹאשִׁי וַיֹּאמֶר אֶל־הַנַּעַר
   2 Kön 4,18abα.19.20a   שָׂאֵהוּ אֶל־אִמּוֹ: וַיִּשָּׂאֵהוּ ... אֶל־אִמּוֹ

2 וְאַחֲרָיו שַׁמָּא בֶן־אָגֵא הָרָרִי וַיֵּאָסְפוּ פְלִשְׁתִּים לַחַיָּה וַתְּהִי־שָׁם חֶלְקַת
   הַשָּׂדֶה מְלֵאָה עֲדָשִׁים ... וַיִּתְיַצֵּב בְּתוֹךְ־הַחֶלְקָה וַיַּצִּילֶהָ וַיַּךְ אֶת־פְּלִשְׁתִּים
   2 Sam 23,11abα.12   וַיַּעַשׂ יְהוָה תְּשׁוּעָה גְדוֹלָה:

3 מִיכָיָה² הַמּוֹרַשְׁתִּי הָיָה נִבָּא בִּימֵי חִזְקִיָּהוּ מֶלֶךְ־יְהוּדָה וַיֹּאמֶר אֶל־כָּל־עַם
   יְהוּדָה לֵאמֹר כֹּה־אָמַר ׀ יְהוָה צְבָאוֹת צִיּוֹן שָׂדֶה תֵחָרֵשׁ וִירוּשָׁלַםִ עִיִּים
   תִּהְיֶה וְהַר הַבַּיִת לְבָמוֹת יָעַר: ... הֶלֹא יָרֵא [חִזְקִיָּהוּ מֶלֶךְ־יְהוּדָה
   וְכָל־יְהוּדָה] אֶת־יְהוָה וַיְחַל אֶת־פְּנֵי יְהוָה וַיִּנָּחֶם יְהוָה אֶל־הָרָעָה אֲשֶׁר־דִּבֶּר
   עֲלֵיהֶם וַאֲנַחְנוּ עֹשִׂים רָעָה גְדוֹלָה עַל־נַפְשׁוֹתֵינוּ: וְגַם־אִישׁ הָיָה מִתְנַבֵּא
   בְּשֵׁם יְהוָה אוּרִיָּהוּ בֶּן־שְׁמַעְיָהוּ מִקִּרְיַת הַיְּעָרִים וַיִּנָּבֵא עַל־הָעִיר הַזֹּאת
   Jer 26,18.19 (leicht variiert).20   וְעַל־הָאָרֶץ הַזֹּאת כְּכֹל דִּבְרֵי יִרְמְיָהוּ:

4 וַיְהִי ׀ בַּיָּמִים הָהֵם וַיִּגְדַּל מֹשֶׁה וַיֵּצֵא אֶל־אֶחָיו וַיַּרְא בְּסִבְלֹתָם וַיַּרְא אִישׁ
   מִצְרִי מַכֶּה אִישׁ־עִבְרִי מֵאֶחָיו: וַיִּפֶן כֹּה וָכֹה וַיַּרְא כִּי אֵין אִישׁ וַיַּךְ אֶת־
   הַמִּצְרִי וַיִּטְמְנֵהוּ בַּחוֹל: וַיֵּצֵא³ בַּיּוֹם הַשֵּׁנִי וְהִנֵּה שְׁנֵי־אֲנָשִׁים עִבְרִים נִצִּים
   Ex 2,11-13   וַיֹּאמֶר לָרָשָׁע לָמָּה תַכֶּה רֵעֶךָ:

5 וַיֹּאמֶר לָבָן לְיַעֲקֹב הֲכִי־אָחִי אַתָּה וַעֲבַדְתַּנִי חִנָּם הַגִּידָה לִּי מַה־מַּשְׂכֻּרְתֶּךָ:
   וּלְלָבָן שְׁתֵּי בָנוֹת שֵׁם הַגְּדֹלָה לֵאָה וְשֵׁם הַקְּטַנָּה רָחֵל: וְעֵינֵי לֵאָה רַכּוֹת

---

[1] Nach App.c BHK³ emendiert.
[2] So K; Q: מִיכָה.
[3] וַיֵּצֵא = 3.m.sg. w-Impf. Q Wz. יצא.

וְרָחֵל הָיְתָה יְפַת־תֹּאַר וִיפַת מַרְאֶה׃ וַיֶּאֱהַב יַעֲקֹב אֶת־רָחֵל וַיֹּאמֶר אֶעֱבָדְךָ
שֶׁבַע שָׁנִים בְּרָחֵל בִּתְּךָ הַקְּטַנָּה׃ וַיֹּאמֶר לָבָן טוֹב תִּתִּי אֹתָהּ לָךְ מִתִּתִּי אֹתָהּ
לְאִישׁ אַחֵר שְׁבָה עִמָּדִי׃ וַיַּעֲבֹד יַעֲקֹב בְּרָחֵל שֶׁבַע שָׁנִים וַיִּהְיוּ בְעֵינָיו כְּיָמִים
אֲחָדִים בְּאַהֲבָתוֹ אֹתָהּ׃ וַיֹּאמֶר יַעֲקֹב אֶל־לָבָן הָבָה אֶת־אִשְׁתִּי כִּי מָלְאוּ יָמָי
Gen 29,15-21a

6   אַבְרָם יָשַׁב בְּאֶרֶץ־כְּנָעַן וְלוֹט יָשַׁב בְּעָרֵי הַכִּכָּר וַיֶּאֱהַל עַד־סְדֹם׃ וְאַנְשֵׁי
סְדֹם רָעִים וְחַטָּאִים לַיהוָה מְאֹד׃ וַיהוָה אָמַר אֶל־אַבְרָם אַחֲרֵי הִפָּרֶד־לוֹט
מֵעִמּוֹ שָׂא נָא עֵינֶיךָ וּרְאֵה מִן־הַמָּקוֹם אֲשֶׁר־אַתָּה שָׁם צָפֹנָה וָנֶגְבָּה וָקֵדְמָה
וָיָמָּה׃ כִּי אֶת־כָּל־הָאָרֶץ אֲשֶׁר־אַתָּה רֹאֶה לְךָ אֶתְּנֶנָּה וּלְזַרְעֲךָ עַד־עוֹלָם׃
Gen 13,12-15

7   וַיִּשָּׂא דָוִד וְהָעָם אֲשֶׁר־אִתּוֹ אֶת־קוֹלָם וַיִּבְכּוּ עַד אֲשֶׁר אֵין־בָּהֶם כֹּחַ לִבְכּוֹת׃
וּשְׁתֵּי נְשֵׁי־דָוִד נִשְׁבּוּ אֲחִינֹעַם הַיִּזְרְעֵלִית וַאֲבִיגַיִל אֵשֶׁת נָבָל הַכַּרְמְלִי׃ ...
וַיֹּאמֶר דָּוִד אֶל־אֶבְיָתָר הַכֹּהֵן בֶּן־אֲחִימֶלֶךְ הַגִּישָׁה־נָּא לִי הָאֵפֹד וַיַּגֵּשׁ אֶבְיָתָר
אֶת־הָאֵפֹד אֶל־דָּוִד׃ וַיִּשְׁאַל דָּוִד בַּיהוָה לֵאמֹר אֶרְדֹּף אַחֲרֵי הַגְּדוּד־הַזֶּה
הַאַשִּׂגֶנּוּ וַיֹּאמֶר לוֹ רְדֹף כִּי־הַשֵּׂג תַּשִּׂיג וְהַצֵּל תַּצִּיל׃ ... וַיִּרְדֹּף דָּוִד הוּא
וְאַרְבַּע־מֵאוֹת אִישׁ וַיַּעַמְדוּ מָאתַיִם אִישׁ אֲשֶׁר פִּגְּרוּ מֵעֲבֹר אֶת־נַחַל הַבְּשׂוֹר׃
וַיִּמְצְאוּ אִישׁ־מִצְרִי בַּשָּׂדֶה וַיִּקְחוּ אֹתוֹ אֶל־דָּוִד וַיִּתְּנוּ־לוֹ לֶחֶם וַיֹּאכַל
וַיַּשְׁקֻהוּ מָיִם׃   1 Sam 30,4.5 7.8.10.11

8   וַיֹּאמֶר יְהוָה אֶל־מֹשֶׁה אֱמֹר אֶל־אַהֲרֹן נְטֵה אֶת־מַטְּךָ וְהַךְ אֶת־עֲפַר הָאָרֶץ
וְהָיָה לְכִנִּם בְּכָל־אֶרֶץ מִצְרָיִם׃ וַיַּעֲשׂוּ־כֵן וַיֵּט אַהֲרֹן אֶת־יָדוֹ בְמַטֵּהוּ וַיַּךְ אֶת־
עֲפַר הָאָרֶץ וַתְּהִי הַכִּנָּם בָּאָדָם וּבַבְּהֵמָה כָּל־עֲפַר הָאָרֶץ הָיָה כִנִּים בְּכָל־
אֶרֶץ מִצְרָיִם׃ וַיַּעֲשׂוּ־כֵן הַחַרְטֻמִּים בְּלָטֵיהֶם לְהוֹצִיא[2] אֶת־הַכִּנִּים וְלֹא יָכֹלוּ
וַתְּהִי הַכִּנָּם בָּאָדָם וּבַבְּהֵמָה׃ וַיֹּאמְרוּ הַחַרְטֻמִּים אֶל־פַּרְעֹה אֶצְבַּע אֱלֹהִים
הִוא וַיֶּחֱזַק לֵב־פַּרְעֹה וְלֹא־שָׁמַע אֲלֵהֶם כַּאֲשֶׁר דִּבֶּר יְהוָה׃   Ex 8,12-15

9   יֶשׁ־הֶבֶל אֲשֶׁר נַעֲשָׂה עַל־הָאָרֶץ אֲשֶׁר ׀ יֵשׁ צַדִּיקִים אֲשֶׁר מַגִּיעַ אֲלֵהֶם
כְּמַעֲשֵׂה הָרְשָׁעִים וְיֵשׁ רְשָׁעִים שֶׁמַּגִּיעַ אֲלֵהֶם כְּמַעֲשֵׂה הַצַּדִּיקִים אָמַרְתִּי
שֶׁגַּם־זֶה הָבֶל׃   Koh 8,14

10   וַיְהִי בִּהְיוֹת יְהוֹשֻׁעַ בִּירִיחוֹ וַיִּשָּׂא עֵינָיו וַיַּרְא וְהִנֵּה־אִישׁ עֹמֵד לְנֶגְדּוֹ וְחַרְבּוֹ
שְׁלוּפָה בְּיָדוֹ וַיֵּלֶךְ[3] יְהוֹשֻׁעַ אֵלָיו וַיֹּאמֶר לוֹ הֲלָנוּ אַתָּה אִם־לְצָרֵינוּ׃ וַיֹּאמֶר ׀

---

[1] שְׁבָה = Ipt. m.sg. Q Wz. ישב + ה adhortativum.
[2] לְהוֹצִיא = Inf. cs. Hi. Wz. יצא + Präp. לְ.
[3] וַיֵּלֶךְ = 3.m.sg. w-Impf. Q Wz. הלך.

לֹא כִּי אֲנִי שַׂר־צְבָא־יְהוָה ... וַיִּפֹּל יְהוֹשֻׁעַ אֶל־פָּנָיו אַרְצָה וַיִּשְׁתָּחוּ וַיֹּאמֶר
לוֹ מָה אֲדֹנִי מְדַבֵּר אֶל־עַבְדּוֹ: וַיֹּאמֶר שַׂר־צְבָא יְהוָה אֶל־יְהוֹשֻׁעַ שַׁל־נַעַלְךָ
מֵעַל רַגְלֶךָ כִּי הַמָּקוֹם אֲשֶׁר אַתָּה עֹמֵד עָלָיו קֹדֶשׁ הוּא וַיַּעַשׂ יְהוֹשֻׁעַ כֵּן:
Jos 5,13-15

11 וַיַּכֵּם דָּוִד מֵהַנֶּשֶׁף וְעַד־הָעֶרֶב לְמָחֳרָתָם וְלֹא־נִמְלַט מֵהֶם אִישׁ כִּי אִם־אַרְבַּע
מֵאוֹת אִישׁ־נַעַר אֲשֶׁר־רָכְבוּ עַל־הַגְּמַלִּים ... וַיַּצֵּל דָּוִד אֵת כָּל־אֲשֶׁר לָקְחוּ
עֲמָלֵק וְאֶת־שְׁתֵּי נָשָׁיו הִצִּיל דָּוִד: וְלֹא נֶעְדַּר־לָהֶם מִן־הַקָּטֹן וְעַד־הַגָּדוֹל
וְעַד־בָּנִים וּבָנוֹת וּמִשָּׁלָל וְעַד כָּל־אֲשֶׁר לָקְחוּ לָהֶם הַכֹּל הֵשִׁיב דָּוִד: וַיִּקַּח
דָּוִד אֶת־כָּל־הַצֹּאן וְהַבָּקָר נָהֲגוּ לִפְנֵי הַמִּקְנֶה הַהוּא וַיֹּאמְרוּ זֶה שְׁלַל דָּוִד:
1 Sam 30,17-20

12 וַיְדַבֵּר יְהוָה אֶל־מֹשֶׁה לֵּאמֹר: קַח אֶת־הַלְוִיִּם מִתּוֹךְ בְּנֵי יִשְׂרָאֵל וְטִהַרְתָּ
אֹתָם: ... כִּי נְתֻנִים נְתֻנִים הֵמָּה לִי מִתּוֹךְ בְּנֵי יִשְׂרָאֵל תַּחַת פִּטְרַת כָּל־רֶחֶם
בְּכוֹר כֹּל מִבְּנֵי יִשְׂרָאֵל לָקַחְתִּי אֹתָם לִי: כִּי לִי כָל־בְּכוֹר בִּבְנֵי יִשְׂרָאֵל
בָּאָדָם וּבַבְּהֵמָה בְּיוֹם הַכֹּתִי כָל־בְּכוֹר בְּאֶרֶץ מִצְרַיִם הִקְדַּשְׁתִּי אֹתָם לִי:
וָאֶקַּח אֶת־הַלְוִיִּם תַּחַת כָּל־בְּכוֹר בִּבְנֵי יִשְׂרָאֵל: וָאֶתְּנָה אֶת־הַלְוִיִּם נְתֻנִים
לְאַהֲרֹן וּלְבָנָיו מִתּוֹךְ בְּנֵי יִשְׂרָאֵל לַעֲבֹד אֶת־עֲבֹדַת בְּנֵי־יִשְׂרָאֵל בְּאֹהֶל מוֹעֵד
וּלְכַפֵּר עַל־בְּנֵי יִשְׂרָאֵל וְלֹא יִהְיֶה בִּבְנֵי יִשְׂרָאֵל נֶגֶף בְּגֶשֶׁת בְּנֵי־יִשְׂרָאֵל
אֶל־הַקֹּדֶשׁ:   Num 8,5.6.16-19

15.3.3   Übungstexte in der Biblia Hebraica

15.3.3.1   Gen 21,26-32a
15.3.3.2   2 Sam 9,2-7aα.8-9[2]
15.3.3.3   Gen 26,23-31bα[3]
15.3.3.4   Ex 8,1-6bα[4]
15.3.3.5   Ex 9,22-28bα
15.3.3.6   Gen 40,1-10a.bβ.11-13[5]

---

[1] הֵשִׁיב = 3.m.sg. Perf. Hi. Wz. שׁוב.
[2] וַיָּבֹא = 3.m.sg. w-Impf. Q Wz. בוא.
[3] בָּאתֶם = 2.m.pl. Perf. Q Wz. בוא.
[4] וַיָּסַר = 3.m.sg. Impf. Hi. Wz. סור + ו cop.
[5] וַיָּבֹא = 3.m.sg. w-Impf. Q Wz. בוא; וְהֵשִׁיבֹךָ = 3.m.sg. w-Perf. Hi. Wz. שׁוב + Suff. 2.m.sg.

15.4   DIE PARTIKELN II – DIE KONJUNKTION אֲשֶׁר (שְׁ·)

15.4.1   Allgemeines

אֲשֶׁר ist – nach וְ – die Konjunktion mit dem breitesten Funktionsspektrum, auch wenn die Mehrzahl der Belege darauf hinzuweisen scheint, daß es sich bei diesem Fügewort um eine Art erstarrtes Relativpronomen handeln könnte[1]. Sprachgeschichtlich gesehen liegen die Dinge freilich vermutlich anders: Analog vielen Präpositionen, hinter denen ursprüngliche Nomina stehen[2], scheint auch אֲשֶׁר ursprünglich ein Nomen ("Ort"?) gewesen zu sein[3], das nunmehr – d.h. synchron gesehen – gewissermaßen als eine Art neutrales Signal zwischen zwei aufeinander zu beziehende Sätze tritt: Die Funktion von אֲשֶׁר ist somit "Verbindung" ("Konjunktion") im allgemeinsten Sinne[4] – die jeweilige Bedeutung ergibt sich allein aus dem Kontext.

Von daher empfiehlt es sich bei der Übersetzung von אֲשֶׁר, dieses Element zunächst **unübersetzt** zu lassen[5] und den auf אֲשֶׁר folgenden Satz als selbständigen Satz zu übersetzen. Hat man ihn verstanden, ergibt sich die Art des Bezuges in der Regel von selbst. Neben der "Standardfunktion" als a) Einleitung von Attributssätzen (Relativsätzen) kommen noch folgende Funktions-Möglichkeiten häufiger vor: b) Einleitung von Objektssätzen ("daß"), c) Einleitung von Kausalsätzen ("weil"), d) Einleitung von Konsekutivsätzen ("so daß"), e) Einleitung von Finalsätzen ("damit"), f) Einleitung von konditionalen Fügungen ("wenn"); daß sich die zuletzt gebrauchten Begriffe allein auf die semantischen Verhältnisse bzw. auf die deutsche Sprachwirklichkeit beziehen und nicht auf die Ausdrucksseite der hebräischen Sprachwirklichkeit, sei abschließend noch einmal betont.

Daß es neben אֲשֶׁר noch das Relativum שְׁ· gibt, ergibt sich aus der obigen Liste (14.4.1). Dieses Element kommt ungleich seltener als אֲשֶׁר vor (v.a. in

---

[1] So meint etwa C. BROCKELMANN, Hebräische Syntax, Neukirchen 1956 § 150c, daß sich אֲשֶׁר aus dem Relativum שְׁ· entwickelt habe; andere sprechen neutral von "Relativpartikel".

[2] Vgl. o. 7.4.

[3] Vgl. dazu KBL[2.3] unter אֲשֶׁר – dort weitere Literatur.

[4] Auch auf dieser Ebene besteht eine Analogie zu den Verhältnissen bei den Präpositionen: Wie dort לְ als allgemeinste Präposition gewisse Bedeutungsüberschneidungen mit anderen Präpositionen hat (vgl. dazu E. JENNI, Die hebräischen Präpositionen. Band 1: Die Präposition Beth, Stuttgart-Berlin-Köln 1992, 20ff; s.a. o. S. 40 A 2), weist auch אֲשֶׁר solche mit den übrigen, semantisch – nicht syntaktisch (!) – unterordnenden Konjunktionen auf (d.h. nicht mit dem gleichordnenden וְ).

[5] Der in vielen Lehrbüchern gegebene Übersetzungsvorschlag: "Wovon gilt, daß ...", führt in manchen Fällen in die Irre!

"jungen" Texten), teilt aber mit אֲשֶׁר die Eigentümlichkeit, daß es nicht auf den relativen Bezug festgelegt ist. Sprachgeschichtlich gesehen steht hinter ihm eine gemeinsemitische Relativpartikel *d / dî*, die im aramäischen Teil des AT in der Form דִּי redundant aufscheint – u.a. in einer Ersatzkonstruktion für die Cs.-Verbindung.

Beispiele:

וַיֹּאמֶר אַבְרָהָם אֶל־עַבְדּוֹ ...	Abraham sprach zu seinem Knecht ...
שִׂים־נָא יָדְךָ תַּחַת יְרֵכִי:	Lege doch deine Hand unter meine "Hüfte",
וְאַשְׁבִּיעֲךָ בַּיהוָה אֱלֹהֵי	so daß ich dich schwören lassen kann bei
הַשָּׁמַיִם וֵאלֹהֵי הָאָרֶץ	Jahwe, dem Gott des Himmels und dem Gott
אֲשֶׁר לֹא־תִקַּח אִשָּׁה	der Erde, daß[1] du für meinen Sohn keine
לִבְנִי מִבְּנוֹת הַכְּנַעֲנִי	Frau nimmst von den Töchtern der Kanaa-
אֲשֶׁר אָנֹכִי יוֹשֵׁב בְּקִרְבּוֹ:	niter (*koll.*!), in deren[2] (Bezug auf das *koll.*
Gen 24,2.3 (gek.)	הַכְּנַעֲנִי!) Mitte ich wohne.
וַתֹּאמֶר לֵאָה נָתַן אֱלֹהִים שְׂכָרִי	Lea sagte: Gott hat (mir) meinen Lohn gege-
אֲשֶׁר־נָתַתִּי שִׁפְחָתִי לְאִישִׁי	ben, weil[3] ich meine Magd meinem Mann
Gen 30,18a	gegeben habe.
הָבָה נֵרְדָה[4] וְנָבְלָה[4] שָׁם	Auf, wir wollen hinuntersteigen und dort
שְׂפָתָם אֲשֶׁר לֹא יִשְׁמְעוּ	ihre Sprache verwirren, so daß[5] keiner
Gen 11,7 אִישׁ שְׂפַת רֵעֵהוּ:	mehr die Sprache seines Genossen versteht.
רְאֵה אָנֹכִי נֹתֵן לִפְנֵיכֶם הַיּוֹם	Siehe, ich lege euch heute
בְּרָכָה וּקְלָלָה: אֶת־הַבְּרָכָה	Segen und Fluch vor: Den Segen,
אֲשֶׁר תִּשְׁמְעוּ אֶל־מִצְוֹת יְהוָה	wenn[6] ihr auf die Gebote Jahwes,
אֱלֹהֵיכֶם אֲשֶׁר אָנֹכִי מְצַוֶּה	eures Gottes, hört, die ich euch

---

[1] S.o. b)

[2] S.o. a); daß אֲשֶׁר-Sätze selbständig konstruiert sind, zeigt sich auch daran, daß pronominale Verweise niemals an אֲשֶׁר angeknüpft werden. "Wörtlich" formuliert steht da: ich wohne in **ihrer** (der Kanaaniter) bzw. ("ganz wörtlich") **seiner** (des Kanaaniters) Mitte; vgl. dazu auch den o. 14.4.1 zitierten Satz aus Num 22,30!

[3] S.o. c); möglich wäre auch: "... dafür daß ...".

[4] נֵרְדָה = 1.c.pl. Koh. Q Wz. יׁרד; → וְנָבְלָה = 1.c.pl. Koh. Q Wz. בלל + וְ cop.

[5] S.o. d).

[6] S.o. e); hier besonders klar zu belegen, weil der Parallelsatz mit אִם konstruiert ist.

אֶתְכֶם הַיּוֹם: וְהַקְּלָלָה   heute befehle, und den Fluch,

אִם־לֹא תִשְׁמְעוּ אֶל־מִצְוֹת   wenn ihr nicht hört auf die Gebote

יְהוָה אֱלֹהֵיכֶם   Jahwes, eures Gottes ...

Dtn 11,26-28aαβ

וַתֹּאמֶר לָהּ נָעֳמִי חֲמוֹתָהּ   Da sagte zu ihr ihre Schwiegermutter Noo-

בִּתִּי הֲלֹא אֲבַקֶּשׁ־לָךְ   mi: Meine Tochter, soll ich dir nicht eine

Rut 3,1   מָנוֹחַ אֲשֶׁר יִיטַב־לָךְ:   Ruhestätte suchen, damit[1] es dir gut geht?

[הַלְלוּ־יָהּ]   [Preist Jahwe ...,]

שֶׁהִכָּה בְּכוֹרֵי מִצְרָיִם   der geschlagen hat die Erstgeborenen Ägyp-

Ps 135,8   מֵאָדָם עַד־בְּהֵמָה: tens – vom Mensch bis zum Vieh.

15.4.2   Übungssätze

1   וּמַדּוּעַ לֹא שָׁמַרְתָּ אֵת שְׁבֻעַת יְהוָה וְאֶת־הַמִּצְוָה אֲשֶׁר־צִוִּיתִי עָלֶיךָ: וַיֹּאמֶר
הַמֶּלֶךְ אֶל־שִׁמְעִי אַתָּה יָדַעְתָּ אֵת כָּל־הָרָעָה אֲשֶׁר יָדַע לְבָבְךָ אֲשֶׁר עָשִׂיתָ
לְדָוִד אָבִי   1 Kön 2,43.44a

2   וַיֹּאמֶר הַמֶּלֶךְ אֶל־אִתַּי הַגִּתִּי ... וַאֲנִי הוֹלֵךְ עַל אֲשֶׁר־אֲנִי הוֹלֵךְ שׁוּב[2]
וְהָשֵׁב[3] אֶת־אַחֶיךָ עִמָּךְ חֶסֶד וֶאֱמֶת: וַיַּעַן אִתַּי אֶת־הַמֶּלֶךְ וַיֹּאמַר חַי־יְהוָה
וְחֵי אֲדֹנִי הַמֶּלֶךְ כִּי אִם־בִּמְקוֹם אֲשֶׁר יִהְיֶה־שָּׁם | אֲדֹנִי הַמֶּלֶךְ אִם־לְמָוֶת
אִם־לְחַיִּים כִּי־שָׁם יִהְיֶה עַבְדֶּךָ:   2 Sam 15,19aα.20aβ.21

3   וַיַּרְא אֲדֹנָיו כִּי יְהוָה אִתּוֹ וְכֹל אֲשֶׁר־הוּא עֹשֶׂה יְהוָה מַצְלִיחַ בְּיָדוֹ:
וַיִּמְצָא יוֹסֵף חֵן בְּעֵינָיו וַיְשָׁרֶת אֹתוֹ וַיַּפְקִדֵהוּ עַל־בֵּיתוֹ וְכָל־יֶשׁ־לוֹ נָתַן בְּיָדוֹ:
וַיְהִי מֵאָז הִפְקִיד אֹתוֹ בְּבֵיתוֹ וְעַל כָּל־אֲשֶׁר יֶשׁ־לוֹ וַיְבָרֶךְ יְהוָה אֶת־בֵּית
הַמִּצְרִי בִּגְלַל יוֹסֵף וַיְהִי בִּרְכַּת יְהוָה בְּכָל־אֲשֶׁר יֶשׁ־לוֹ בַּבַּיִת וּבַשָּׂדֶה:
וַיַּעֲזֹב כָּל־אֲשֶׁר־לוֹ בְּיַד־יוֹסֵף וְלֹא־יָדַע אִתּוֹ מְאוּמָה כִּי אִם־הַלֶּחֶם
אֲשֶׁר־הוּא אוֹכֵל   Gen 39,3-6a

4   וַיְהִי דָוִד לְכָל־דְּרָכָו[4] מַשְׂכִּיל וַיהוָה עִמּוֹ: וַיַּרְא שָׁאוּל אֲשֶׁר־הוּא מַשְׂכִּיל
מְאֹד   1 Sam 18,14.15a

---

[1] S.o. f).
[2] שׁוּב = Ipt. m.sg. Q Wz. שׁוּב.
[3] וְהָשֵׁב = Ipt. m.sg. Hi. Wz. שׁוּב + וְ cop.
[4] Qᵉre: דְּרָכָיו.

16 DIE SCHWACHEN VERBEN III – VERBA פ"א (I ') UND ל"א (III ') DIE PARTIKELN III – DIE KONJUNKTION כִּי

16.1 ALLGEMEINES ZU DEN VERBA פ"א (I ') UND ל"א (III ')

Anders als bei den übrigen Gruppen der schwachen Verben liegt das Problem bei diesen beiden Gruppen weniger darin, daß das א als "schwacher" Konsonant wie die (fakultativ zu setzenden) Vokalbuchstaben ו und י behandelt würde oder aber wie נ an einen anderen Konsonanten assimiliert und damit im Schriftbild u.U. vollständig ausfallen würde – was hier nur in seltenen Ausnahmefällen vorkommt –, es liegt vielmehr in der masoretischen Vokalisation der Silben, in denen das א am Silbenschluß "quiesziert"[1]. Diese Fälle von "Schwäche" sind bei den Verba פ"א so gut wie ausschließlich auf das Impf. Q beschränkt, bei den Verba ל"א auf die Fälle, wo das א am Wortende bzw. am Silbenschluß vor einer konsonantisch anlautenden Endung zu stehen kommt.

In den übrigen Fällen werden die Verba פ"א als Verba mit einem Laryngal in der ersten Silbe behandelt, während bei den Verba ל"א das א – sofern es vor vokalisch anlautenden Afformativen erscheint – stets als gewöhnlicher Konsonant behandelt wird.

16.2 VERBA פ"א (I ') UND ל"א (III ') – FORMENBILDUNG

16.2.1 Grundprobleme der Formenbildung der Verba פ"א

Um die Vokalisation der Verba פ"א zu verstehen, muß man sprachgeschichtlich vor die Zeit der Masoreten zurückgehen und sich vergegenwärtigen, daß schon im Altkanaanäischen alle gemeinsemitischen langen *â* zu *ô* geworden sind (vgl. hebr. *šālôm* mit arab. *salām*, in dem das ursprüngliche *â* noch erhalten geblieben ist). Dieses Phänomen hatte zweifellos schon in altisraelitischer Zeit dazu geführt, daß ein so häufig gebrauchtes Wort wie "er sprach" allmählich aus ursprünglichem *wayya'mur* über > *wayyā(')mur* zu > *wayyômur*

---

[1] Vgl. o. 1.2 und 14.2.7.3.

> *wayyômar (?) umgelautet wurde[1]. Da diese Lautung den Masoreten sicher vertraut war – immerhin ist ויאמר die am häufigsten gebrauchte Verbalform im AT –, hielten sie sich in diesem Fall ziemlich exakt an die überlieferte Lautung und paßten sie nur im Falle der Kontextformen des w-Impf. insoweit an ihr System an, als sie das *a* in der sekundär enttonten Silbe als *æ* auffaßten; im einfachen Impf. und bei Pausalbetonung beließen sie das *a*. Nach dem Vorbild dieser Lautung wurden dann auch einige weitere häufiger vorkommende Verba פ"א behandelt, wobei in der zweiten Silbe gelegentlich – v.a. bei Pausalbetonung und bei dem Verbum אכל – zu *ē* dissimiliert wurde.

Daneben finden sich jedoch auch Fälle, in denen die Masora ein א am Beginn einer Wurzel selbst im Q als Laryngal behandelt hat.

16.2.2   Grundprobleme der Formenbildung der Verba ל"א

Der phonetischen Struktur nach sind die endungslosen Formen der Verba ל"ה und ל"א nahezu identisch (vgl. etwa *'āśā* neben *māṣā*), so daß man leicht auf den Gedanken kommen könnte, daß es sich bei ihnen nur um orthographische Varianten ein- und derselben Bildungsweise handelt[2]. Doch morphologisch-strukturell gesehen liegen die Dinge anders: Das א der Verba ל"א ist ein echter Konsonant, der nur gelegentlich in Positionen gerät, an denen er "quiesziert", so daß der vorhergehende kurze Vokal sekundär gelängt werden muß. Das ה der Verba ל"ה dagegen ist bloßer Vokalbuchstabe zur Bezeichnung des langen auslautenden Vokals ohne jede konsonantische Qualität. Dementsprechend beschränken sich die "Schwächen" der Verba ל"א auf die endungslosen Formen und die Formen mit konsonantisch anlautenden Afformativen, in denen das א nicht mehr artikuliert, wohl aber – abgesehen von ganz seltenen Fällen einer Anpassung an die Verba ל"ה – weiterhin geschrieben wird; die "Schwächen" bestehen somit praktisch in nichts anderem als in einer Längung des sonst meist kurzen Vokals der (zweiten) Stammsilbe.

---

[1] Über die Aussprache der zweiten Silbe der Form in altisraelitischer Zeit kann man – anders als bei der ersten Silbe – nur spekulieren, doch wahrscheinlich geht in diesem Fall auch die von der Masora angenommene Dissimilation zu -a auf die alte Sprachwirklichkeit zurück.

[2] Daß dieser Gedanke kein Produkt modernen Denkens ist, sondern der alten Sprachstruktur zumindest nahe kommt, läßt sich daran erkennen, daß es Verben gibt, die einmal als Verba ל"א und einmal als Verba ל"ה erscheinen (z.B. רפה / רפא oder קרה II / קרא).

16.2.3   Einzelheiten zur Formbildung der Verba פ"א[1]

Neben dem Vokalisationstyp יֹאמַר findet sich auch יֹאכֵל – die übrigen Formen lassen sich von daher leicht erschließen, wenn man das Paradigma des
starken Verbums konsequent anwendet. Als einzelne Form zu lernen ist der
Inf.cs. Q der Wurzel אמר, sofern er mit לְ gefügt erscheint: לֵאמֹר. Haplo-
graphie des א – und damit Reduktion der identifizierbaren Elemente der Wurzel – findet sich nur bei der 1.c. sg. Impf. (אֹכַל), ganz selten auch bei (w-)
Impf.-Formen von אסף (z.B. וַיִּסֹף).

Zu beachten ist schließlich noch, daß es auch bei dieser Gruppe Verben
gibt, die "doppelt schwache" Bildungen aufweisen (אבה ["wollen"] und אפה
["backen"]). Da sie zum einen selten vorkommen, zum anderen den ersten
Radikal א nur phonetisch, nicht aber orthographisch verlieren, bedürfen sie
indes keiner eigenen Behandlung: Die Regeln von 14.2 und 16.2 sind nur
konsequent anzuwenden.

16.2.4   Einzelheiten zur Formbildung der Verba ל"א

Zur Konkretion der in 16.2.2 gemachten Anmerkungen bedarf es nur weniger
Beispiele. Im Perf. ist der jeweilige gelängte Vokal in endungslosen Formen
unter Anwendung der Regeln von 4.1.2 vom starken Verbum her ohne weiteres zu erschließen. Vor konsonantisch anlautenden Afformativen lautet er im
Q ā bzw. bei qatil-Bildungen ē, in den übrigen Stämmen ē (מָצָא – מָצָאתָ,
נִמְצָא – נִמְצֵאתָ, מָצֵא, מֵצֵא, הִתְמַצֵּא, הִמְצִיא, הִמְצָא bzw. מָלֵא – מָלֵאתָ etc.).
Im Impf. ist der lange Vokal vor konsonantisch anlautenden Afformativen
stets ǣ[2], in den endungslosen Formen des Q ā – es liegen i-a-Impf. vor – und
in den übrigen Stämmen entsprechend dem oben Gesagten zu erschließen
(יִמְצָא, תִּמְצֶאנָה – מָצָא etc.). Im Inf.cs. erscheint gelegentlich die von den
Verba פ"נ her bekannte Endung -t (קְרֹאת).

Besonderer Aufmerksamkeit bedarf bei dieser Gruppe das doppelt schwache Verbum נשא, das im wesentlichen zwar schon oben bei den Verba פ"נ
verhandelt wurde, dessen Inf.cs. Q jedoch deshalb einer eigenen Erwähnung
bedarf, weil er einmal doppelt schwach und einmal in formaler Analogie zur

---

[1] Die hier vornehmlich in Frage kommenden Verben אבד, אבה, אכל, אמר und אפה lassen sich
anhand eines – ihre Grundbedeutung paraphrasierenden – Merkspruchs leicht einprägen: "Er sagte, er wolle lieber zugrunde gehen, als das zu essen, was sie gebacken hatte".
[2] Dabei kann eine Anlehnung an die Vokalisation der Verba ל"ה vorliegen. Möglich ist jedoch
auch, daß die Masora hier die Affinität des א zu S°gol berücksichtigt hat; vgl. o. 4.1.2; 3).

Bildungsweise des Inf.cs. beim starken Verbum mit Šᵊwa in der ersten Silbe, jedoch ganz gegen die Regel mit *ē* in der zweiten Silbe gebildet wird: Die letztgenannte Bildungsweise ist שֵׂאת; in Verbindung mit der Präp. לְ erscheint dagegen לָשֵׂאת, wobei bei dieser regelhaft doppelt schwachen Bildung der Vokalwechsel von *a* zu *i* in der Stammsilbe auffällt. (Daß auch noch starke Bildungen des Inf.cs. und Ipt. erscheinen, sei nur am Rande erwähnt.) Ebenfalls doppelt schwach sind die Homonyme נשׁא I ("verleihen") und נשׁא II ("betrügen"), die allerdings nur selten vorkommen.

16.3 ÜBUNGEN ZU DEN VERBA פ"א (I ') UND ל"א (III ')

16.3.1 Formanalysen

וְהַאֲכַלְתִּיךָ נֹאבְדָה נֹאכַל תֹּאבֵדוּן אֹבְדִים וַיֹּסֶף וַיֵּאָסְפוּ וַיֹּאמֶר וְאָמְרָה וַתֹּאחֶז יֹאבֶה אוֹתָהּ אָנֶה תִּקְרֶאנָה נִקְרֵאתִי קְרָאתִיו לְמַלֹּאת תְּמַלֶּאנָה מִלֵּאתִיו מְלֵאתִי מָלְאוּ וַתִּשֶּׂאנָה וְלָשֵׂאת וּנְשָׂאתַנִי

16.3.2 Übungssätze bzw. -texte

1 וָאוֹצְרָה עַל־אוֹצָרוֹת שֶׁלֶמְיָה הַכֹּהֵן וְצָדוֹק הַסּוֹפֵר וּפְדָיָה מִן־הַלְוִיִּם וְעַל־יָדָם
חָנָן בֶּן־זַכּוּר בֶּן־מַתַּנְיָה כִּי נֶאֱמָנִים נֶחְשָׁבוּ וַעֲלֵיהֶם לַחֲלֹק לַאֲחֵיהֶם: Neh 13,13

2 וּלְאָדָם אָמַר כִּי־שָׁמַעְתָּ לְקוֹל אִשְׁתֶּךָ וַתֹּאכַל מִן־הָעֵץ אֲשֶׁר צִוִּיתִיךָ לֵאמֹר
לֹא תֹאכַל מִמֶּנּוּ אֲרוּרָה הָאֲדָמָה בַּעֲבוּרֶךָ בְּעִצָּבוֹן תֹּאכֲלֶנָּה כֹּל יְמֵי חַיֶּיךָ:
וְקוֹץ וְדַרְדַּר תַּצְמִיחַ לָךְ וְאָכַלְתָּ אֶת־עֵשֶׂב הַשָּׂדֶה: Gen 3,17.18

3 וַיַּחְתְּרוּ הָאֲנָשִׁים לְהָשִׁיב¹ אֶל־הַיַּבָּשָׁה וְלֹא יָכֹלוּ כִּי הַיָּם הוֹלֵךְ וְסֹעֵר עֲלֵיהֶם:
וַיִּקְרְאוּ אֶל־יְהוָה וַיֹּאמְרוּ אָנָּה יְהוָה אַל־נָא נֹאבְדָה בְּנֶפֶשׁ הָאִישׁ הַזֶּה
וְאַל־תִּתֵּן עָלֵינוּ דָּם נָקִיא כִּי־אַתָּה יְהוָה כַּאֲשֶׁר חָפַצְתָּ עָשִׂיתָ: Jon 1,13.14

4 וַתֹּאמֶר נָעֳמִי לִשְׁתֵּי כַלֹּתֶיהָ ... יַעֲשֶׂה [וְיַעַשׂ?] יְהוָה עִמָּכֶם חֶסֶד כַּאֲשֶׁר עֲשִׂיתֶם
עִם־הַמֵּתִים וְעִמָּדִי: יִתֵּן יְהוָה לָכֶם וּמְצֶאןָ מְנוּחָה אִשָּׁה בֵּית אִישָׁהּ וַתִּשַּׁק לָהֶן
וַתִּשֶּׂאנָה קוֹלָן וַתִּבְכֶּינָה: וַתֹּאמַרְנָה־לָּהּ כִּי־אִתָּךְ נָשׁוּב² לְעַמֵּךְ: Rut 1,8-10

5 אֵיךְ נָפְלוּ גִבּוֹרִים וַיֹּאבְדוּ כְּלֵי מִלְחָמָה: 2 Sam 1,27

---

¹ לְהָשִׁיב = Inf. cs. Hi. Wz. שׁוב + Präp. לְ.
² נָשׁוּב = 1.c.pl. Impf. Q Wz. שׁוב.

6   וַיַּעַשׂ דָּוִד כֵּן כַּאֲשֶׁר צִוָּהוּ יְהוָה וַיַּךְ אֶת־פְּלִשְׁתִּים מִגֶּבַע עַד־בֹּאֲךָ[1] גָזֶר:
    2 Sam 5,25-6,1   וַיֹּסֶף עוֹד דָּוִד אֶת־כָּל־בָּחוּר בְּיִשְׂרָאֵל שְׁלֹשִׁים אָלֶף:

7   וָאֶרְאֶה וְהִנֵּה־יָד שְׁלוּחָה אֵלָי וְהִנֵּה־בוֹ מְגִלַּת־סֵפֶר: וַיִּפְרֹשׂ אוֹתָהּ לְפָנַי וְהִיא כְתוּבָה פָּנִים וְאָחוֹר וְכָתוּב אֵלֶיהָ קִנִים וָהֶגֶה וָהִי: וַיֹּאמֶר אֵלַי בֶּן־אָדָם אֵת אֲשֶׁר־תִּמְצָא אֱכוֹל אֱכוֹל אֶת־הַמְּגִלָּה הַזֹּאת וְלֵךְ[2] דַּבֵּר אֶל־בֵּית יִשְׂרָאֵל: וָאֶפְתַּח אֶת־פִּי וַיַּאֲכִלֵנִי אֵת הַמְּגִלָּה הַזֹּאת: וַיֹּאמֶר אֵלַי בֶּן־אָדָם בִּטְנְךָ תַאֲכֵל וּמֵעֶיךָ תְמַלֵּא אֵת הַמְּגִלָּה הַזֹּאת אֲשֶׁר אֲנִי נֹתֵן אֵלֶיךָ וָאֹכְלָה וַתְּהִי בְּפִי
    Ez 2,9-10; 3,1-3   כִּדְבַשׁ לְמָתוֹק:

8   לֹא ׀ אֶל־עַמִּים רַבִּים עִמְקֵי שָׂפָה וְכִבְדֵי לָשׁוֹן אֲשֶׁר לֹא־תִשְׁמַע דִּבְרֵיהֶם [אַתָּה שָׁלוּחַ][3] אִם אֲלֵיהֶם שְׁלַחְתִּיךָ הֵמָּה יִשְׁמְעוּ אֵלֶיךָ: וּבֵית יִשְׂרָאֵל לֹא יֹאבוּ לִשְׁמֹעַ אֵלֶיךָ כִּי־אֵינָם אֹבִים לִשְׁמֹעַ אֵלָי כִּי־כָּל־בֵּית יִשְׂרָאֵל חִזְקֵי־מֵצַח וּקְשֵׁי־לֵב הֵמָּה: הִנֵּה נָתַתִּי אֶת־פָּנֶיךָ חֲזָקִים לְעֻמַּת פְּנֵיהֶם וְאֶת־מִצְחֲךָ חָזָק לְעֻמַּת מִצְחָם:
    Ez 3,[5].6-8

9   גַּם כָּל־הָאָדָם אֲשֶׁר נָתַן־לוֹ הָאֱלֹהִים עֹשֶׁר וּנְכָסִים וְהִשְׁלִיטוֹ לֶאֱכֹל מִמֶּנּוּ וְלָשֵׂאת אֶת־חֶלְקוֹ וְלִשְׂמֹחַ בַּעֲמָלוֹ זֹה מַתַּת אֱלֹהִים הִיא:
    Koh 5,18

10   וַיְהִי דְבַר־יְהוָה ׀ אֵלַי שֵׁנִית לֵאמֹר מָה אַתָּה רֹאֶה וָאֹמַר סִיר נָפוּחַ אֲנִי רֹאֶה וּפָנָיו מִפְּנֵי צָפוֹנָה: וַיֹּאמֶר יְהוָה אֵלָי מִצָּפוֹן תִּפָּתַח הָרָעָה עַל כָּל־יֹשְׁבֵי
    Jer 1,13-14   הָאָרֶץ:

16.3.3   Übungstexte in der Biblia Hebraica

16.3.3.1   Gen 3,1-13[4]

16.3.3.2   Ex 32,30-35[5]

16.3.3.3   2 Kön 9,21-25a[6]

---

[1] בֹּאֲךָ = Inf.cs. Q Wz. בוא + Suff. 2.m.sg.
[2] לֵךְ = 2.m.sg. Ipt. Q Wz. הלך.
[3] Nach App.[a] BHK[3] emendiert.
[4] תְּמֻתוּן = 2.m.pl. Impf. Q Wz. מות mit נ paragogicum; וַיֵּדְעוּ = 3.m.pl. w-Impf. Q Wz. ידע.
[5] וַיֵּשֶׁב = 3.m.sg. w-Impf. Q Wz. שוב; לֵךְ bzw. יֵלֵךְ = Ipt. m.sg. bzw. 3.m.sg. Impf. Q Wz. הלך.
[6] וַיֵּאָסֹ[ר] = 3.m.sg.[pl.] w-Impf. Q Wz. יצא; וַיָּנָס = 3.m.sg. w-Impf. Q Wz. נוס (i.P.); in V.22 ist App.[b] zu beachten.

16.4 DIE PARTIKELN III – DIE KONJUNKTION כִּי

16.4.1 Allgemeines

Ähnlich polyvalent wie אֲשֶׁר ist die Konjunktion כִּי, hinter der allerdings
vermutlich kein Nomen, sondern ein ursprüngliches Deiktikon analog הִנֵּה
steht, mit dem כִּי alternierend gebraucht werden kann; gewisse Überschnei-
dungen gibt es auch mit dem semantischen Feld von אִם. Infolge des erstgenannten Phänomens stimmen die Funktionsspektren von אֲשֶׁר und כִּי – nach וְ
die am häufigsten (und nahezu universell) gebrauchten Konjunktionen – zwar
zu einem großen Teil überein, aber infolge des anderen semantischen Hinter-
grunds kann כִּי nicht zur Einleitung von Attributs- bzw. Relativsätzen verwendet werden – der Hauptfunktion von אֲשֶׁר. Umgekehrt sind kaum Fälle
belegt, wo אֲשֶׁר in der Grundfunktion von כִּי – nämlich als Deiktikon bzw.
Aufmerksamkeitserreger – erscheint[1]. כִּי kann folgende Arten von Sätzen ein-
leiten: a) Semantisch selbständige Sätze ("wahrlich"; "fürwahr"; "ja"), b) adversativ auf andere bezogene selbständige Sätze – vor allem nach negierten
Sätzen ("doch"; "sondern"), c) Subjektsätze ("daß"), d) Objektsätze – vor allem nach Verben der geistig-sinnlichen Wahrnehmung ("daß"), e) Kausalsät-
ze – vor allem solche, die im Deutschen vorteilhaft als selbständige Sätze
konstruiert werden ("denn"; aber auch "weil"), f) Konditionalsätze ("gesetzt
den Fall, daß"; "wenn"), g) Temporalsätze ("wenn"; "als"). Dazu kommt noch
die bereits diskutierte Verwendung in mit וַיְהִי eingeleiteten Temporalsätzen[2].

Sofern כִּי in Kombination mit אִם erscheint, hat diese Fügung eine eigenständige Bedeutung – zumeist paßt eine Übersetzung mit "außer", es kann
aber auch ein "jedoch" bzw. "sondern" angezeigt sein.

Beispiele:

וַיֹּאמֶר אֶל־נָתָן	Da sagte er (David) zu Nathan: So wahr
חַי־יְהוָֹה כִּי בֶן־מָוֶת הָאִישׁ	Jahwe lebt! Wahrlich[3], ein Kind des Todes
2 Sam 12,5b הָעֹשֶׂה זֹאת:	ist der Mann, der das getan hat.

---

[1] Doch vgl. immerhin 1 Sam 15,20.
[2] Dazu s.o. 11.2; doch vgl. a. die mit וְהָיָה eingeleiteten Konditional- und Temporalsätze ("jedesmal, wenn") o. 10.3.2.
[3] S.o. a).

וַיֹּאמֶר הַנָּחָשׁ אֶל־הָאִשָּׁה   Da sagte die Schlange zur Frau: Ihr werdet

לֹא־מוֹת תְּמֻתוּן: כִּי יֹדֵעַ   sicher nicht sterben. Vielmehr[1] weiß Gott,

אֱלֹהִים כִּי בְּיוֹם אֲכָלְכֶם מִמֶּנּוּ   daß[2] an dem Tag, an dem ihr davon eßt,

וְנִפְקְחוּ עֵינֵיכֶם וִהְיִיתֶם   eure Augen geöffnet werden und ihr sein

כֵּאלֹהִים יֹדְעֵי טוֹב וָרָע: werdet wie Gott – wissend um gut und böse.

וַתֵּרֶא הָאִשָּׁה כִּי טוֹב הָעֵץ   Da sah die Frau, daß[1] von dem Baum gut zu

לְמַאֲכָל וְכִי תַאֲוָה־הוּא   essen war und daß[1] der Baum eine Lust für

לָעֵינַיִם וְנֶחְמָד הָעֵץ לְהַשְׂכִּיל   die Augen und begehrenswert war, zumal

Gen 3,4-6aα   er einsichtig machte ...

וַיֹּאמֶר אֲבִימֶלֶךְ אֶל־אַבְרָהָם   Da sagte Abimelech zu Abraham:

מֶה רָאִיתָ כִּי עָשִׂיתָ   Was hast du denn "anvisiert", daß[3] du diese

Gen 20,10   אֶת־הַדָּבָר הַזֶּה: Sache getan hast?

בְּזֵעַת אַפֶּיךָ תֹּאכַל לֶחֶם   Im Schweiß deines Gesichts wirst du Brot

עַד שׁוּבְךָ[4] אֶל־הָאֲדָמָה   essen bis du zurückkehrst zum Ackerboden,

כִּי מִמֶּנָּה לֻקָּחְתָּ   denn[5] von ihm bist du genommen,

כִּי־עָפָר אַתָּה   denn (wahrlich) Staub bist du,

Gen 3,19   וְאֶל־עָפָר תָּשׁוּב[6]:   und zum Staub wirst du zurückkehren.

כִּי תִקְנֶה עֶבֶד עִבְרִי   Wenn[7] du einen hebräischen Sklaven kaufst,

שֵׁשׁ שָׁנִים יַעֲבֹד וּבַשְּׁבִעָת   soll er sechs Jahre dienen, aber im siebenten

Ex 21,2   יֵצֵא לַחָפְשִׁי חִנָּם: soll er umsonst als Freigelassener gehen.

אַחֲרָיו ׀ יִשְׁאַג־קוֹל   Hinter ihm her brüllt der Donner; er

יַרְעֵם בְּקוֹל גְּאוֹנוֹ   donnert mit der Stimme (aus) seiner Höhe

וְלֹא יְעַקְּבֵם   und er hält sie (Blitz und Donner?) nicht

Ijob 37,4   כִּי־יִשָּׁמַע קוֹלוֹ:   zurück, wenn[8] seine Stimme gehört wird.

---

[1] S.o. b).

[2] S.o. d).

[3] S.o. c).

[4] שׁוּבְךָ = Inf.cs. Q Wz. שׁוב.

[5] S.o. e). Daß alle diesbezüglichen Sätze auch selbständig mit "wahrlich" etc. übersetzt werden können, zeigt der Folgesatz, den man wohl besser als eigenständige Aussage auffaßt.

[6] תָּשׁוּב = 2.m.sg. Impf. Q Wz. שׁוב.

[7] S.o. f).

[8] S.o. g); es handelt sich in solchen Fällen oft um generelle SV – daher erscheint *yiqtol*.

16.4.2 Übungssätze

1 וַיְהִי רָעָב בָּאָרֶץ וַיֵּרֶד¹ אַבְרָם מִצְרַיְמָה לָגוּר² שָׁם כִּי־כָבֵד הָרָעָב בָּאָרֶץ:
וַיְהִי כַּאֲשֶׁר הִקְרִיב לָבוֹא³ מִצְרַיְמָה וַיֹּאמֶר אֶל־שָׂרַי אִשְׁתּוֹ הִנֵּה־נָא יָדַעְתִּי
כִּי אִשָּׁה יְפַת־מַרְאֶה אָתְּ: וְהָיָה כִּי־יִרְאוּ אֹתָךְ הַמִּצְרִים וְאָמְרוּ אִשְׁתּוֹ זֹאת
וְהָרְגוּ אֹתִי וְאֹתָךְ יְחַיּוּ:   Gen 12,10-12

2 וַיֹּאמֶר אַל־תִּשְׁלַח יָדְךָ אֶל־הַנַּעַר וְאַל־תַּעַשׂ לוֹ מְאוּמָה כִּי | עַתָּה יָדַעְתִּי
כִּי־יְרֵא אֱלֹהִים אַתָּה וְלֹא חָשַׂכְתָּ אֶת־בִּנְךָ אֶת־יְחִידְךָ מִמֶּנִּי: Gen 22,12

3 דַּבֵּר אֶל־בְּנֵי יִשְׂרָאֵל וְאָמַרְתָּ אֲלֵהֶם אָדָם כִּי־יַקְרִיב מִכֶּם קָרְבָּן לַיהוָה
מִן־הַבְּהֵמָה מִן־הַבָּקָר וּמִן־הַצֹּאן תַּקְרִיבוּ אֶת־קָרְבַּנְכֶם: אִם־עֹלָה קָרְבָּנוֹ
מִן־הַבָּקָר זָכָר תָּמִים יַקְרִיבֶנּוּ אֶל־פֶּתַח אֹהֶל מוֹעֵד יַקְרִיב אֹתוֹ לִרְצֹנוֹ
לִפְנֵי יְהוָה:
Lev 1,2-4

4 כִּי אַתֶּם עֹבְרִים אֶת־הַיַּרְדֵּן לָבֹא⁴ לָרֶשֶׁת⁵ אֶת־הָאָרֶץ אֲשֶׁר־יְהוָה אֱלֹהֵיכֶם
נֹתֵן לָכֶם וִירִשְׁתֶּם אֹתָהּ וִישַׁבְתֶּם־בָּהּ: וּשְׁמַרְתֶּם לַעֲשׂוֹת אֶת כָּל־הַחֻקִּים
וְאֶת־הַמִּשְׁפָּטִים אֲשֶׁר אָנֹכִי נֹתֵן לִפְנֵיכֶם הַיּוֹם: Dtn 11,31.32

5 וַיֹּאמְרוּ רָאוֹ רָאִינוּ כִּי־הָיָה יְהוָה | עִמָּךְ וַנֹּאמֶר תְּהִי נָא אָלָה בֵּינוֹתֵינוּ
בֵּינֵינוּ וּבֵינֶךָ וְנִכְרְתָה בְרִית עִמָּךְ: אִם־תַּעֲשֵׂה עִמָּנוּ רָעָה כַּאֲשֶׁר לֹא נְגַעֲנוּךָ
וְכַאֲשֶׁר עָשִׂינוּ עִמְּךָ רַק־טוֹב וַנְּשַׁלֵּחֲךָ בְּשָׁלוֹם   Gen 26,28.29a

6 וַתַּחֲבֹשׁ הָאָתוֹן וַתֹּאמֶר אֶל־נַעֲרָהּ נְהַג וָלֵךְ⁶ אַל־תַּעֲצָר־לִי לִרְכֹּב כִּי אִם־
אָמַרְתִּי לָךְ:
2 Kön 4,24

---

¹ וַיֵּרֶד = 3.m.sg. w-Impf. Q Wz. ירד.
² לָגוּר = Inf.cs. Q Wz. גור + Präp. לְ.
³ לָבוֹא = Inf.cs. Q Wz. בוא + Präp. לְ.
⁴ לָבֹא = Inf.cs. Q Wz. בוא + Präp. לְ.
⁵ לָרֶשֶׁת = Inf.cs. Q Wz. ירש + Präp. לְ.
⁶ וָלֵךְ = Ipt. m.sg. Q Wz. הלך.

17 DIE SCHWACHEN VERBEN IV – VERBA פ"ו UND פ"י (I j / *ē*- und *a*-Impf.)
DIE PARTIKELN IV – DIE KONJUNKTION טֶרֶם (בְּ)

17.1 ALLGEMEINES ZU DEN VERBA פ"ו UND פ"י (I j / *ē*- und *a*-Impf.)

Wie schon aus der Überschrift dieses Kapitels zu ersehen ist, ist die formale Klassifikation bei dieser bzw. bei diesen beiden Verbalgruppe(n) besonders schwierig, und zwar nicht nur aus den schon in 14.1 diskutierten Gründen. Das Hauptproblem liegt hier darin, daß bei der in Klammern notierten, streng formal allein am Lexikon orientierten Klassifikationsweise (wie sie z.B. im Lehrbuch von E. JENNI erscheint) zwei Phänotypen aus der Welt der hebräischen Verben zusammengespannt werden, die sachlich weit weniger miteinander verbindet als die der Nomenklatur zugrunde gelegte Vokalfolge im Impf. Q, was im Blick auf die Formbildungslehre nicht wünschenswert sein kann[1]. Dazu kommt, daß bei dieser Klassifikationsweise eine ganze Gruppe von Verben, die im Lexikon mit י als erstem Radikal erscheint, außer Betracht bleibt, weil sie das Impf. analog zu den Verba פ"נ mit *a-u*-Impf. bildet, also weder unter *ē*- noch unter *a*-Impf. subsumiert werden kann. Umgekehrt hat die andere Klassifikationsweise den Nachteil, daß man in keinem Lexikon unter dem Buchstaben w auch nur ein einziges Verbum finden kann, da es außer dem ו copulativum kein genuin hebräisches Lexem פ"ו gibt und die zu diesem Bildungstyp gehörigen Verben im Qal – der Nennform der Lexika – mit י erscheinen. Wenn man die verschiedenen Bildungsweisen unter dem Dach einer gemeinsamen Bezeichnung vereinen wollte, müßte man also entweder neutral – und damit wenig präzise – von "Verba primae semivocalis" sprechen oder aber von Verba פ"י bzw. I j (y) mit ו- bzw. י- Stämmen, denn an den Stammformen lassen sich wenigstens die Unterschiede der beiden erstgenannten Gruppen eindeutig festmachen. Die dritte Gruppe, die im Vergleich mit den beiden anderen allerdings nur eine Randgruppe darstellt, wäre auch damit nicht zureichend beschrieben. – So lange sich hier kein breiterer Konsens hinsichtlich einer neuen Nomenklatur abzeichnet, muß man indes mit den bereits

---

[1] Bei Verben wie ירא oder יעץ führt diese Nomenklatur vollends in die Irre, da sie zwar ein (*i*-) *a*-Impf. aufweisen, aber in allen anderen Belangen mit den in diesem Klassifikationssystem als *ē*-Impf. bezeichneten Verben פ"ו zusammengehen.

eingeführten Bezeichnungen auskommen; und unter diesen erscheint die alte Differenzierung zwischen Verba י"פ und ו"פ immer noch als die – relativ – klarste.

Was das in all diesen Nomenklaturen implizit vorausgesetzte Theorem der sekundären Schwächung des ersten Radikals betrifft, fallen auf den ersten Blick gewisse Parallelen zu den Verba נ"פ mit *i-a-* und *a-i*-Impf. ins Auge[1]: Auch hier tritt zu den im Lexikon unter י verzeichneten Wurzeln ו"פ mit הלך ("gehen") eine Wurzel mit ganz anderem Anfangskonsonanten[2], und auch hier werden bei der letztgenannten Untergruppe Ipt. und Inf.cs. Q ohne den ersten "Radikal" gebildet. – Zu diesen (beiden Verbalgruppen gemeinsamen und gegen die Plausibilität des Theorems sprechenden) Phänomenen kommt hier indes noch die Tatsache, daß es neben den Verben, die Ipt. und Inf.cs. defektiv bilden, nicht nur (wie bei den Verba נ"פ) andere gibt, die diese Formen "stark" bilden, sondern auch noch Verben mit י als erstem Konsonaten, deren "schwache" Formen in keinem Zusammenhang mit der halbvokalischen Qualität des ersten Konsonanten stehen; sie orientieren sich in der Bildungsweise an den Verba נ"פ. Auch der Umstand, daß in verwandten Sprachen wie dem Arabischen oder dem Ugaritischen die den hebräischen Verba ו"פ entsprechenden Wurzeln selbst im Grundstamm mit ו erscheinen (vgl. arab. *walad* neben hebr. *yælæd*), ist auffällig. Doch nicht genug damit – im Falle der Verba י"פ, die sich an der Bildungsweise der Verba נ"פ orientieren, gibt es sogar einen ziemlich eindeutigen innerhebräischen Hinweis darauf, daß unter dem breiten Dach der Sammelkategorie י"פ ursprünglich zweiradikalige Basen ihren Platz gefunden haben müssen: Die "Wurzel" צב erscheint sowohl mit י als auch mit נ als erstem "Radikal", was wohl nur so erklärt werden kann, daß hier ein relativ willkürlicher Prozeß der "Auffüllung" einer zweiradikaligen Basis – ohne Anlehnung an eventuell ursprünglich vorhandene "schwache" Elemente – stattgefunden hat.

Insofern verdichtet sich hier die Vermutung nahezu zur Gewißheit, daß für die heute im hebräischen Lexikon unter י verzeichneten Verben die übliche Erklärung der schwachen Bildungen nicht ausreicht – zu unterschiedliche Verbaltypen sind hier unter dem gemeinsemitischen Systemdruck zur Trilitteralität im Verlauf der Sprachgeschichte zusammengefallen: Auf der einen Seite sind "echte" Verba י"פ zu identifizieren, die das י auch in den abgeleiteten Stämmen und in Ipt. und Inf.cs. Q beibehalten (und bei denen somit die

---

[1] Vgl.o. 15.1.
[2] Vgl. bei den Verba נ"פ לקח.

übliche Erklärung der schwachen Formen von der "Schwäche" des Anfangskonsonanten her plausibel erscheint), auf der anderen Seite stehen ursprünglich zweiradikalige Basen, die in unterschiedlicher Weise auf drei Radikale
erweitert wurden. Die eine Gruppe von ihnen bilden die häufig vorkommenden Verben, die im Qal (sowie zumeist in den Doppelungsstämmen) mit einem י, in den übrigen abgeleiteten Stämmen dagegen mit einem ו aufgefüllt
wurden, das dann als der eigentliche erste Radikal empfunden wurde (vgl. die
Verdoppelung des ו im Impf. Ni.: יִוָּלֵד). Die andere Gruppe stellen die relativ
seltenen Verben dar, die zwar zumeist mit י aufgefüllt erscheinen, aber in der
Regel (wie die Verba פ"ו im Biblisch-Aramäischen) im Q nach dem Vorbild
der Verba פ"נ weiter behandelt werden, ja manchmal das Impf. sogar ohne
jeden Hinweis auf einen fehlenden Konsonanten bilden (z.B. יִצֹּק), und zu
denen insbesondere die Wurzeln פ"י mit צ als ursprünglichem ersten Radikal
gehören (Ausnahme: יצא, das nach פ"ו gebildet wird).

(i) הלך WEIST DIE GLEICHEN EIGENTÜMLICHKEITEN WIE DIE VERBA פ"ו AUF!

17.2   VERBA פ"ו UND פ"י (I j / ē- und a-Impf.) – FORMENBILDUNG

17.2.1   Grundprobleme der Formenbildung der Verba פ"ו

Unbeschadet der oben vorausgeschickten diachronen Erwägungen lassen sich
die masoretischen Bildungen des Ni., Hi. und Ho. der Verba פ"ו am leichte-
sten verstehen und damit erlernen, wenn man der Theorie folgt, daß der erste
Radikal der Wurzel ein ו ist, was aus der bereits erwähnten Bildungsweise des
Impf. Ni. mit dageširtem w (יִוָּלֵד) zweifelsfrei zu entnehmen ist und durch
gelegentliche Hitp.-Bildungen mit w zusätzlich gestützt wird (הִתְוַדַּע). Das im
Hi. und im Perf. Ni. erscheinende $ō$ und das im Ho. belegte $ū$ erklären sich
von daher leicht als Kontraktion der bei Vorgehen nach dem Paradigma des
starken Verbums entstehenden "Diphthonge" aw bzw. uw (*$hawšī\underline{b}$ > $hōšī\underline{b}$
ה[ו]שִׁיב[1], *$yawšī\underline{b}$ > $yōšī\underline{b}$ י[ו]שִׁיב, *$nawša\underline{b}$ > $nōša\underline{b}$ נ[ו]שַׁב bzw. *$huwša\underline{b}$ >
$hūša\underline{b}$ ה[ו]שַׁב, $yuwša\underline{b}$ >$yūša\underline{b}$ י[ו]שַׁב). Das w-Impf. wird bei schwachen
Formen unter Zurückziehung des Tons auf die vorletzte Silbe gebildet, so daß
dort im Hi. ein $æ$ statt des $ē$ des Jussivs erscheint (וַיֹּישֶׁב, aber יוֹשֵׁב).

---

[1] Das übliche Paradigma ist hier ישב ("sich niederlassen, wohnen").

Anders liegen die Dinge im Falle der Impf.-Klasse im Qal, wo man sinn-vollerweise davon ausgeht, daß sekundär aufgefüllte zweiradikalige Basen entsprechend den Verba פ"נ mit *i-a-* bzw. *a-i*-Impf. vorliegen, die hier jedoch – genau umgekehrt wie dort – in der Mehrzahl der Fälle ein *a-i*-Impf. aufwei-sen. Von daher erklären sich die Bildungen von Ipt. **šib* > *šēb* שֵׁב bzw. Inf.cs. **šibt* > *šæbæt* (*šibtī*) שֶׁבֶת (שִׁבְתִּי) – bei Laryngal **da ʿ* דַּע bzw. *daʿat* דַּעַת – unschwer qua Analogie. In Impf. und Juss. findet sich vor der Stamm-silbe im Präformativ ein langes *ē*, das sich am besten als Kontraktion des durch Einfügung des "Radikals" *y* entstandenen Diphthongs *ay* in der Präfor-mativsilbe erklärt (**yayšib* > *yēšēb* יֵשֵׁב).

Von allen gängigen Regeln her unerklärlich – und daher eigens zu lernen – ist demgegenüber das Impf. Q der Wurzel יָכֹל ("können"), das יוּכַל lautet.

Die Wurzeln dieser Gruppe, die im Q *i-a –* Impf. aufweisen (v.a. יֵעַ, יָרֵא, ירשׁ, seltener יָבֵשׁ, יגע, יעד, יקר), folgen dort der Bildungsweise der "echten" Verba פ"י (s.u. – Ausnahme: ירשׁ, das den Inf.cs. רֶשֶׁת bildet); beim doppelt schwachen Verbum ירא sind dazu neben den regelhaft doppelt schwachen Bildungen (z.B. Ipt. m.sg. יְרָא) die auffälligen Bildungen יִראוּ (Ipt. m.pl.) und יִרְאָה (Inf.cs.-Bildung mit der "Fem."-Endung *-ā*; dazu einmal יִרָא) zu beachten.

17.2.2   Einzelheiten der Formenbildung der Verba פ"ו

↓ Form / Stamm →		Qal			Nifʿal	Hifʿil	Hofʿal	Hitpaʿʿel
Perf.	3.m.sg.	יָלַד	יָבֵשׁ	יָכֹל	נוֹלַד	הוֹלִיד	הוּלַד	הוֹלַד
vok. A.	3.f.sg.	יָלְדָה	יָבְשָׁה	יָכְלָה	נוֹלְדָה	הוֹלִידָה	הוּלְדָה	הוֹלְדָה
kons. A.	2.m.sg.	יָלַדְתָּ	יָבַשְׁתָּ	יָכֹלְתָּ	נוֹלַדְתָּ	הוֹלַדְתָּ	הוּלַדְתָּ	הוֹלַדְתָּ
Ptz.akt.	m.sg.	יוֹלֵד	יָבֵשׁ	---	נוֹלָד	מוֹלִיד	מוּלָד	מוֹלָד
Impf.	3.m.sg.	יֵלֵד	יִיבַשׁ	יוּכַל	יִוָּלֵד	יוֹלִיד	יוּלַד	יִוָּלֵד [אֶתְוַדַּע]
vok. A.	3.m.pl.	יֵלְדוּ	יִיבְשׁוּ	יוּכְלוּ	יִוָּלְדוּ	יוֹלִידוּ	יוּלְדוּ	יִוָּלְדוּ
kons. A.	3.f.pl.	תֵּלַדְנָה	---	---	תִּוָּלַדְנָה	תּוֹלֵדְנָה	תּוּלַדְנָה	תִּוָּלַדְנָה
w-Impf.	3.m.sg.	וַיֵּלֶד	וַיִּיבַשׁ	וַיּוּכַל	---	וַיּוֹלֶד	וַיּוּלַד	וַיִּוָּלֵד
Ipt.	2.m.sg.	לֵד	---	---	הִוָּלֵד	הוֹלֵד	---	
Inf.cs.		לֶדֶת	יְבֹשׁ	יְכֹלֶת	הִוָּלֵד	הוֹלִיד	הוּלִד [הוֹלְדוֹ]	[הִתְוַדֵּעַ]

---

[1] Belegt ist bei ילד nur die um ein *-t* erweiterte Form הוֹלֶדֶת. Wie alle Paradigmen enthält auch diese Liste noch weitere nicht belegte Formen.

17.2.3 Verben mit zusätzlichen Besonderheiten: "Doppelt schwache" Verben

Neben יר׳א (*i-a*-Impf.) finden sich in dieser Gruppe noch drei weitere doppelt schwache Wurzeln: יצ׳א ("hinausgehen" – dabei besonders zu beachten: Inf.cs. Q צֵאת; mit Suff. צֵאתִי), ידה (belegt nur Hi. und Hitp. [הִתְוָדָה!]; "preisen" bzw. "gestehen"), ירה I und II (belegt nur Hi.; "werfen" bzw. "lehren").

17.2.4 Grundprobleme der Formenbildung der "echten" Verba פ"י

Die Formenbildungen der "echten" Verba פ"י lassen sich ohne weiteres als konsequente Anwendungen der Regeln von 4.2.2.3.1 bzw. 6.4.2 und 17.2.1 begreifen: Geht dem י – sofern es am Ende einer geschlossenen Silbe zu stehen kommt – ein homophoner Vokal voraus, dann erfolgt im Falle von *i* Kontraktion zu langem *ī* (* *yiyṭab* > *yīṭab* יֵטַב[י׳]). Geht dem י dagegen ein *a* voraus, wird der "unzulässige" Diphthong *ay* von der Masora zu *ē* kontrahiert (**yayṭīb* >*yēṭīb* יֵיטִיב). Doppelt schwache Formen bzw. ganz unregelmäßige Formen weist das sehr selten vorkommende Verbum יפה ("schön sein") auf (z.B. Impf. יִיִף – analog zu יְהִי).

17.2.5 Grundprobleme der Formenbildung der Verba פ"י mit צ als zweitem Radikal, die in der Imperfekt-Klasse Formen analog den Verba פ"נ aufweisen

Das Grundprinzip dieser Bildungen ergibt sich aus 15.2.1 / 2 bzw. 17.1[1]. Zu beachten bleibt indes, daß sich auch Formen entsprechend den Verba פ"נ mit *i-a*-Impf. finden (so Ipt. m.sg. צָק bzw. Inf.cs. צֶקֶת) sowie Impf.-Formen ohne jeden Hinweis auf einen ausgefallenen Konsonanten, d.h. ohne Dageš forte im ersten Radikal bzw. ohne erkennbare Längung des Vokals in der Präformativsilbe (יִצָק)[2].

---

[1] Aufschlußreich ist aber auch ein Blick auf das entsprechende Phänomen im Biblisch-Aramäischen; s.u. 22.3.5.6.
[2] Möglicherweise handelt es sich hierbei nur um Fälle mit einer fehlerhaften Vokalisation.

17.3 ÜBUNGEN ZU DEN VERBA פ"ו und פ"י
(I j / ē- und a-Impf.)

17.3.1 Formanalysen

תּוֹשִׁיבֵנִי וְיוֹשֵׁב הוֹשִׁיבוּ שְׁבוּ שֶׁבְנָה וַיֵּשְׁבוּ וַיֵּשֶׁב וַיְשִׁבוּהוּ בְּשִׁבְתִּי שִׁבְתְּךָ וְהוֹרַדְתָּ
הוֹרִדֻהוּ רֵד וַיֹּרֶד הוֹרַדְתֶּם נוֹתְרָה יָתַר וְהוֹתַרְתִּי צֵאת הַמּוֹצִיאֵנוּ וַיּוֹצִיאֵנוּ וָאֵצֵא
תֵּצֶאנָה צֵאתִי דַּע לָדַעַת הוֹדַעְתַּנִי לְכָה לָלֶכֶת הִתְוַדָּע לְדַעְתּוֹ הוֹדִעֵי הוֹדַע דָּעֵהוּ נוֹשַׁע
יוֹשִׁעֵנוּ וַתֵּלֶד לָלֶדֶת הֵלֵד וְהוֹלִידָה מוֹסִיפִים וַיֹּסֶף נוֹסָפוֹת וִירִשְׁתָּהּ לְרִשְׁתָּם
הוֹרַשְׁתָּנוּ נִירַשׁ אִיעָצְךָ הַנּוֹעָצִים וְנִוְעָצָה נוֹרָא יְרֵאוּ יִרְאוּ וַיִּרְאוּ וַיִּרָא וַיִּרָא וַיִּרָא נוֹשָׁעָה
וַתֵּצֶק אֲצָרְךָ הֵיטִיב תִּיסְרוּ תּוּכַל וַיּוֹר יוֹרֶה וְהוֹרֵיתִי הוֹדוּ

17.3.2 Übungssätze bzw. -texte

1 לָכֵן הִנָּבֵא בֶן־אָדָם וְאָמַרְתָּ לְגוֹג כֹּה אָמַר אֲדֹנָי יְהוִה הֲלוֹא ׀ בַּיּוֹם הַהוּא
Ez 38,14   בְּשֶׁבֶת עַמִּי יִשְׂרָאֵל לָבֶטַח תֵּדָע:

2 וְהָאָדָם יָדַע אֶת־חַוָּה אִשְׁתּוֹ וַתַּהַר וַתֵּלֶד אֶת־קַיִן וַתֹּאמֶר קָנִיתִי אִישׁ
אֶת־יְהוָה: וַתֹּסֶף לָלֶדֶת אֶת־אָחִיו אֶת־הָבֶל וַיְהִי־הֶבֶל רֹעֵה צֹאן וְקַיִן הָיָה
Gen 4,1.2   עֹבֵד אֲדָמָה:

3 אִם־עֲוֹנוֹת תִּשְׁמָר־יָהּ אֲדֹנָי מִי יַעֲמֹד: כִּי־עִמְּךָ הַסְּלִיחָה לְמַעַן תִּוָּרֵא:
Ps 130,3-5   קִוִּיתִי [לַ]יְהוָה קִוְּתָה נַפְשִׁי וְלִדְבָרוֹ הוֹחָלְתִּי:

4 וַיהוָה פָּקַד אֶת־שָׂרָה כַּאֲשֶׁר אָמָר וַיַּעַשׂ יְהוָה לְשָׂרָה כַּאֲשֶׁר דִּבֵּר: וַתַּהַר
וַתֵּלֶד שָׂרָה לְאַבְרָהָם בֵּן לִזְקֻנָיו לַמּוֹעֵד אֲשֶׁר־דִּבֶּר אֹתוֹ אֱלֹהִים: וַיִּקְרָא
אַבְרָהָם אֶת־שֶׁם־בְּנוֹ הַנּוֹלַד־לוֹ אֲשֶׁר־יָלְדָה־לּוֹ שָׂרָה יִצְחָק: ... וְאַבְרָהָם
Gen 21,1-3.5   בֶּן־מְאַת שָׁנָה בְּהִוָּלֶד לוֹ אֵת יִצְחָק בְּנוֹ:

5 וַתֹּאמֶר [שָׂרָה] מִי מִלֵּל לְאַבְרָהָם הֵינִיקָה בָנִים שָׂרָה כִּי־יָלַדְתִּי בֵן לִזְקֻנָיו:
Gen 21,7

6 וַיַּעֲנוּ בְּהַלֵּל וּבְהוֹדֹת לַיהוָה כִּי טוֹב כִּי־לְעוֹלָם חַסְדּוֹ עַל־יִשְׂרָאֵל וְכָל־
הָעָם הֵרִיעוּ[1] תְרוּעָה גְדוֹלָה בְהַלֵּל לַיהוָה עַל הוּסַד בֵּית־יְהוָה: Esr 3,11

7 מוּסַר יְהוָה בְּנִי אַל־תִּמְאָס וְאַל־תָּקֹץ[2] בְּתוֹכַחְתּוֹ:
Prov 3,11-12   כִּי אֶת אֲשֶׁר יֶאֱהַב יְהוָה יוֹכִיחַ וּכְאָב אֶת־בֵּן יִרְצֶה:

---

[1] הֵרִיעוּ = 3.c.pl. Perf. Hi Wz. רוע.
[2] תָּקֹץ = 2.m.sg. Juss. Q Wz. קוץ.

8   וַיְדַבֵּ֥ר אֱלֹהִ֖ים אֶל־נֹ֥חַ לֵאמֹֽר׃ צֵ֚א מִן־הַתֵּבָ֔ה אַתָּ֕ה וְאִשְׁתְּךָ֛ וּבָנֶ֥יךָ וּנְשֵֽׁי־בָנֶ֖יךָ אִתָּֽךְ׃ כָּל־הַחַיָּ֣ה אֲשֶֽׁר־אִתְּךָ֡ מִכָּל־בָּשָׂ֡ר בָּע֧וֹף וּבַבְּהֵמָ֛ה וּבְכָל־הָרֶ֥מֶשׂ הָרֹמֵ֖שׂ עַל־הָאָ֑רֶץ הוֹצֵ֣א [הַיְצֵ֣א] אִתָּ֔ךְ וְשָֽׁרְצ֣וּ בָאָ֔רֶץ וּפָר֥וּ וְרָב֖וּ עַל־הָאָֽרֶץ׃ וַיֵּ֖צֵא־נֹ֑חַ וּבָנָ֛יו וְאִשְׁתּ֥וֹ וּנְשֵֽׁי־בָנָ֖יו אִתּֽוֹ׃   Gen 8,15-19

9   כִּי־כֹ֣ה ׀ אָמַ֣ר יְהוָ֗ה גַּם־שְׁבִ֤י גִבּוֹר֙ יֻקָּ֔ח וּמַלְק֥וֹחַ עָרִ֖יץ יִמָּלֵ֑ט וְאֶת־יְרִיבֵךְ֙ אָנֹכִ֣י אָרִ֔יב[1] וְאֶת־בָּנַ֖יִךְ אָנֹכִ֥י אוֹשִֽׁיעַ׃ וְהַאֲכַלְתִּ֤י אֶת־מוֹנַ֙יִךְ֙ אֶת־בְּשָׂרָ֔ם וְכֶעָסִ֖יס דָּמָ֣ם יִשְׁכָּר֑וּן וְיָדְע֣וּ כָל־בָּשָׂ֗ר כִּ֣י אֲנִ֤י יְהוָה֙ מֽוֹשִׁיעֵ֔ךְ וְגֹאֲלֵ֖ךְ אֲבִ֥יר יַעֲקֹֽב׃   Jes 49,25.26

10   וַיֹּ֨אמֶר יְהוָ֜ה אֶל־גִּדְע֗וֹן ע֣וֹד הָעָ֣ם רָ֔ב הוֹרֵ֤ד אוֹתָם֙ אֶל־הַמַּ֔יִם וְאֶצְרְפֶ֥נּוּ לְךָ֖ שָׁ֑ם וְהָיָ֡ה אֲשֶׁר֩ אֹמַ֨ר אֵלֶ֜יךָ זֶ֣ה ׀ יֵלֵ֣ךְ אִתָּ֗ךְ ה֚וּא יֵלֵ֣ךְ אִתָּ֔ךְ וְכֹ֨ל אֲשֶׁר־אֹמַ֜ר אֵלֶ֗יךָ זֶ֚ה לֹא־יֵלֵ֣ךְ עִמָּ֔ךְ ה֖וּא לֹ֥א יֵלֵֽךְ׃ וַיּ֥וֹרֶד אֶת־הָעָ֖ם אֶל־הַמָּ֑יִם   Ri 7,4-5a

11   וַיִּגַּ֨שׁ אֵלָ֜יו יְהוּדָ֗ה וַיֹּאמֶר֮ בִּ֣י אֲדֹנִי֒ יְדַבֶּר־נָ֨א עַבְדְּךָ֤ דָבָר֙ בְּאָזְנֵ֣י אֲדֹנִ֔י וְאַל־יִ֥חַר אַפְּךָ֖ בְּעַבְדֶּ֑ךָ כִּ֥י כָמ֖וֹךָ כְּפַרְעֹֽה׃ אֲדֹנִ֣י שָׁאַ֔ל אֶת־עֲבָדָ֖יו לֵאמֹ֑ר הֲיֵשׁ־לָכֶ֥ם אָ֖ב אוֹ־אָֽח׃ וַנֹּ֙אמֶר֙ אֶל־אֲדֹנִ֔י יֶשׁ־לָ֙נוּ֙ אָ֣ב זָקֵ֔ן וְיֶ֥לֶד זְקֻנִ֖ים קָטָ֑ן וְאָחִ֣יו מֵ֗ת[2] וַיִּוָּתֵ֨ר ה֤וּא לְבַדּוֹ֙ לְאִמּ֔וֹ וְאָבִ֖יו אֲהֵבֽוֹ׃ וַתֹּ֙אמֶר֙ אֶל־עֲבָדֶ֔יךָ הוֹרִדֻ֖הוּ אֵלָ֑י ... וַנֹּ֙אמֶר֙ אֶל־אֲדֹנִ֔י לֹא־יוּכַ֥ל הַנַּ֖עַר לַעֲזֹ֣ב אֶת־אָבִ֑יו ... וַתֹּ֙אמֶר֙ אֶל־עֲבָדֶ֔יךָ אִם־לֹ֥א יֵרֵ֛ד אֲחִיכֶ֥ם הַקָּטֹ֖ן אִתְּכֶ֑ם לֹ֥א תֹסִפ֖וּן לִרְא֥וֹת פָּנָֽי׃ וַיְהִי֙ כִּ֣י עָלִ֔ינוּ אֶל־עַבְדְּךָ֖ אָבִ֑י וַנַּ֨גֶּד־ל֔וֹ אֵ֖ת דִּבְרֵ֥י אֲדֹנִֽי׃ וַיֹּ֖אמֶר אָבִ֑ינוּ שֻׁ֖בוּ[3] שִׁבְרוּ־לָ֥נוּ מְעַט־אֹֽכֶל׃ וַנֹּ֕אמֶר לֹ֥א נוּכַ֖ל לָרֶ֑דֶת אִם־יֵ֩שׁ אָחִ֨ינוּ הַקָּטֹ֤ן אִתָּ֙נוּ֙ וְיָרַ֔דְנוּ כִּי־לֹ֣א נוּכַ֗ל לִרְאוֹת֙ פְּנֵ֣י הָאִ֔ישׁ וְאָחִ֥ינוּ הַקָּטֹ֖ן אֵינֶ֥נּוּ אִתָּֽנוּ׃   Gen 44,18-21a.22a.23-26

12   וְאַתֶּ֞ם הָרֵ֤י יִשְׂרָאֵל֙ עַנְפְּכֶ֣ם תִּתֵּ֔נוּ וּפֶרְיְכֶ֥ם תִּשְׂא֖וּ לְעַמִּ֣י יִשְׂרָאֵ֑ל ... כִּ֚י הִנְנִ֣י אֲלֵיכֶ֔ם וּפָנִ֖יתִי אֲלֵיכֶ֑ם וְנֶעֱבַדְתֶּ֖ם וְנִזְרַעְתֶּֽם׃ וְהִרְבֵּיתִ֤י עֲלֵיכֶם֙ אָדָ֔ם כָּל־בֵּ֖ית יִשְׂרָאֵ֣ל כֻּלֹּ֑ה וְנֹֽשְׁבוּ֙ הֶֽעָרִ֔ים וְהֶחֳרָב֖וֹת תִּבָּנֶֽינָה׃ וְהִרְבֵּיתִ֧י עֲלֵיכֶ֛ם אָדָ֥ם וּבְהֵמָ֖ה וְרָב֣וּ וּפָר֑וּ וְהוֹשַׁבְתִּ֨י אֶתְכֶ֜ם כְּקַדְמֽוֹתֵיכֶ֗ם וְהֵטִֽבֹתִי֙ מֵרִאשֹׁ֣תֵיכֶ֔ם וִֽידַעְתֶּ֖ם כִּֽי־אֲנִ֥י יְהוָֽה׃ וְהוֹלַכְתִּ֨י עֲלֵיכֶ֤ם אָדָם֙ אֶת־עַמִּ֣י יִשְׂרָאֵ֔ל וִֽירֵשׁ֖וּךָ וְהָיִ֣יתָ לָהֶ֣ם לְנַחֲלָ֑ה וְלֹא־תוֹסִ֥ף ע֖וֹד לְשַׁכְּלָֽם׃   Ez 36,8a.9-12

13   אֲסַפְּרָ֗ה אֶ֫ל חֹ֥ק יְֽהוָ֗ה אָמַ֘ר אֵלַ֥י בְּנִ֥י אַ֑תָּה אֲ֝נִ֗י הַיּ֥וֹם יְלִדְתִּֽיךָ׃ שְׁאַ֤ל מִמֶּ֗נִּי וְאֶתְּנָ֣ה ג֭וֹיִם נַחֲלָתֶ֑ךָ וַ֝אֲחֻזָּתְךָ֗ אַפְסֵי־אָֽרֶץ׃ תְּ֭רֹעֵם בְּשֵׁ֣בֶט בַּרְזֶ֑ל כִּכְלִ֖י יוֹצֵ֣ר תְּנַפְּצֵֽם׃ וְ֭עַתָּה מְלָכִ֣ים הַשְׂכִּ֑ילוּ הִ֝וָּסְר֗וּ שֹׁ֣פְטֵי אָֽרֶץ׃ עִבְד֖וּ אֶת־יְהוָ֥ה

---

[1] אָרִיב = 1.c.sg. Impf. Q Wz. ריב.
[2] מֵת = 3.m.sg. Perf. Q Wz. מות.
[3] שֻׁבוּ = Ipt. m.pl. Q Wz. שוב.

בִּירְאָה ׀ בִּרְעָדָה נַשְּׁקוּ־בַר־גְּלָיו: פֶּן־יֶאֱנַף וְתֹאבְדוּ דֶרֶךְ כִּי־יִבְעַר כִּמְעַט אַפּוֹ
אַשְׁרֵי כָּל־חוֹסֵי בוֹ:
Ps 2,7-12[1]

17.3.3 Übungstexte in der Biblia Hebraica

17.3.3.1   Gen 13,1-11[2]

17.3.3.2   Ri 9,1-6[3]

17.3.3.3   Jer 29,1-7

17.3.3.4   Gen 45,1-7[4]

17.3.3.5   Gen 15,1-2a.3-11.13-14[5]

17.3.3.6   Gen 24,11-16[6]

17.4   DIE PARTIKELN IV – DIE KONJUNKTION טֶרֶם (בְּ)

17.4.1   Allgemeines

Im Falle von טֶרֶם (בְּ) geht es nicht um eine häufig vorkommende Konjunktion, sondern um eine Konjunktion bzw. um eine adverbielle Fügung mit wichtigen noetischen Implikationen, die indes in der Exegese oft übersehen werden: Der "*bevor*-Sachverhalt" (bzw. *noch nicht*-Sachverhalt) impliziert nämlich – wie A. DENZ in seiner Aspektlehre aufgezeigt hat[7] – Imperfektivität. Von daher stellen die Fälle, in denen im AT nach טֶרֶם (בְּ) Perfekt folgt, sachlich Ausnahmen dar, und die Belege, in denen nach טֶרֶם (בְּ) gewissermaßen regelhaft Imperfekt folgt, dürfen von daher nicht dazu mißbraucht werden, dem Impf. generell präteritalen Charakter zuzuweisen bzw. gar zur Stützung der These verwendet werden, daß die konkrete Zeit im hebräischen Sprachsystem keine größere Rolle spiele, d.h. daß Verbformen allein nach dem subjektiven Empfinden der Autoren verwendet werden können. Ein ausgesprochen

---

[1] V.9 mit App.ᵃ BHS nach LXX; V.11 / 12 nach App.ᵇ BHS.
[2] בֹּאֲכָה: Derivat von der Wz. בוא.
[3] וַיָּבֹא = 3.m.sg. w-Impf. Q Wz. בוא.
[4] לָשׂוּם = Inf.cs. Q Wz. שׂים / שׂום + Präp. לְ.
[5] דָּן = Ptz.akt. m.sg.st.a. Q Wz. דין.
[6] וַיַּקְם = 3.m.sg. w-Impf. Q Wz. קום.
[7] A. DENZ, Die Verbalsyntax des neuarabischen Dialektes von Kwayriš (Irak). Mit einer einleitenden allgemeinen Tempus- und Aspektlehre, Wiesbaden 1971, 28f.

aufschlußreiches Beispiel für Gesichtspunkte, die dazu führen können, daß טֶרֶם (בְּ) gelegentlich gegen die immanente Noetik des Lexems – was noch nicht ist, ist naturgemäß nicht abgeschlossen – mit Perf. gebraucht wird, findet sich in Gen 24,15 bzw. 45: Dort wird der gleiche Sachverhalt – der Knecht Abrahams trifft Rebekka am Brunnen – zweimal erzählt, einmal unmittelbar mit den Worten des Erzählers und einmal als Rede des Knechts. Während der Knecht seine Rede nach טֶרֶם regelhaft mit Impf. fortsetzt, ist in der Erzählung 30 Verse vorher Perf. verwendet:

15 [1] וַיְהִי־הוּא טֶרֶם כִּלָּה לְדַבֵּר וְהִנֵּה רִבְקָה יֹצֵאת ... וְכַדָּהּ עַל־שִׁכְמָהּ׃

45 [2] אֲנִי טֶרֶם אֲכַלֶּה לְדַבֵּר אֶל־לִבִּי וְהִנֵּה רִבְקָה יֹצֵאת וְכַדָּהּ עַל־שִׁכְמָהּ

Der Grund für den scheinbar willkürlichen Wechsel liegt schlicht darin, daß in der durch וַיְהִי eingeleiteten Periode das Strukturmuster des Temporalsatzes der Vorzeitigkeit vorliegt[3], und diese Konstruktion erfordert nach der Konjunktion ein *qatal*. Dort, wo der Erzähler das gleiche Geschehen noch einmal vom Knecht in lebendiger Rede erzählen läßt, fehlt die entsprechende Konstruktion, und dementsprechend steht nach טֶרֶם das noetisch bedingte *yiqtol*.

17.4.2   Übungssätze

1   בְּיוֹם עֲשׂוֹת יְהוָה אֱלֹהִים אֶרֶץ וְשָׁמָיִם׃ וְכֹל ׀ שִׂיחַ הַשָּׂדֶה טֶרֶם יִהְיֶה
בָאָרֶץ וְכָל־עֵשֶׂב הַשָּׂדֶה טֶרֶם יִצְמָח כִּי לֹא הִמְטִיר יְהוָה אֱלֹהִים עַל־הָאָרֶץ
וְאָדָם אַיִן לַעֲבֹד אֶת־הָאֲדָמָה׃ וְאֵד יַעֲלֶה מִן־הָאָרֶץ וְהִשְׁקָה אֶת־כָּל־
פְּנֵי־הָאֲדָמָה׃ וַיִּיצֶר יְהוָה אֱלֹהִים אֶת־הָאָדָם עָפָר מִן־הָאֲדָמָה וַיִּפַּח בְּאַפָּיו
Gen 2,4b-7a   נִשְׁמַת חַיִּים

2   וַיֹּאמֶר יִשְׂרָאֵל רַב עוֹד־יוֹסֵף בְּנִי חָי אֵלְכָה וְאֶרְאֶנּוּ בְּטֶרֶם אָמוּת׃
Gen 45,28

---

[1] Als **er** noch nicht zu sprechen aufgehört hatte, da kam schon Rebekka heraus [die dem Betuel, dem Sohn der Milka, der Frau des Nahor, des Bruders des Abraham geboren worden war], wobei ihr Krug auf ihrer Schulter war.

[2] "**Ich** hatte noch nicht zu mir selbst zu sprechen aufgehört, da kam schon Rebekka heraus, wobei ihr Krug auf ihrer Schulter war".

[3] S.o. 11.2.

18 DIE SCHWACHEN VERBEN V – VERBA ו"ע UND י"ע (II ū / ī [ō])
DIE PARTIKELN V – DIE KONJUNKTIONEN לוּ / לוּלֵא

18.1 ALLGEMEINES ZU DEN VERBA ו"ע UND י"ע (II ū / ī [ō])

Daß die Verba ו"ע und י"ע zweiradikalige Bildungen mit langem Vokal in der
Stammsilbe darstellen (formalistisch gesprochen: *qāl*-, *qīl*- und *qūl*-Bildun-
gen), ist in der grammatischen Diskussion so gut wie unbestritten – man nennt
sie deshalb auch "hohle" Wurzeln. Daß sie ungeachtet dessen üblicherweise
als Verba ו"ע und י"ע bezeichnet werden, obwohl es durchaus Verben mit ו
bzw. י als echtem zweiten Radikal gibt, die ganz anderen Bildungsgesetzen
folgen, ist nicht die einzige mangelnde Konsequenz der Grammatiker im
Umgang mit dieser Verbalgruppe. Die zweite Inkonsequenz besteht darin,
daß sie die einzige Verbalgruppe darstellen, deren lexikalische Nennform der
Inf.cs. (bzw. Ipt. m.sg.) und nicht die üblicherweise verwendete 3.m.sg. Perf.
des Q ist. Der Grund für dic Inkonsequenz dürfte in beiden Fällen darin liegen, daß man durch die Nennung des vokalischen Elements die Bildungsweise der Impf. gleich im Lexikon festschreiben wollte[1], womit man allerdings
eine weitere Inkonsequenz geschaffen hat, denn bci den übrigen Verben ist
das weder üblich, noch wäre es angesichts des kurzen *a* bei *i-a*-Impf. möglich. Von daher erscheint jedoch immerhin die in Klammern genannte Bezeichnung II ū / ī [ō] hier als die konsequentere und damit sachgemäßere,
zumal in ihr die in der Sammelkategorie ו"ע verwischte Differenzierung zwischen *a-u*- und *i-a*-Impf. berücksichtigt ist[2]. – Wenn im folgenden trotzdem
die konventionelle Nomenklatur beibehalten ist, liegt dies vor allem darin begründet, daß sie den Umgang mit den Lexika erleichtert und die größere
Verbreitung aufweist. Den gravierenden Nachteil, daß gegen ein Grundprinzip der Semitistik verstoßen wird, wenn ein Vokal gewissermaßen als Radikal

---

[1] Daß damit das Problem entsteht, daß Wurzeln wie *שׂם, die sowohl mit *a-i*- als auch mit *a-u*-
Impf. erscheinen, im Lexikon zweimal aufgelistet werden müssen (als שׂים und שׂום), ist die be-
merkenswerteste Folge dieser Inkonsequenz.

[2] Das Problem rührt daher, daß bereits im Altkanaanäischen – wie oben 16.2.1 erwähnt – alle langen *ā* zu *ō* geworden sind und deshalb zumeist in Plene-Schreibung mit Ḥolæm magnum (וֹ) erscheinen, was bei vokalloser Schreibweise notwendig dazu führt, daß nur noch von ו"ע die Rede
ist. Als Beleg für ein *i-a*-Impf. in dieser Gruppe kann das יֵבוֹשׁ des masoretischen Hebräisch genannt werden. Seine "Genese" wäre aufgrund der Struktur der Gruppe (*yiqāl* anstelle von *yiqtal*)
so zu erklären: *yibāš > *yibōš > mas. *yēḇōš*.

gezählt wird, teilen ohnehin beide Bezeichnungen; er ist nur bei der beschreibenden Kategorie "hohle Wurzel" vermieden, die jedoch im Blick auf die Vergleichbarkeit mit den bei den übrigen Gruppen angewendeten Kategorien zu wenig spezifisch ist.

18.2   VERBA ו"ע UND י"ע (II ū / ī [ō]) – FORMENBILDUNG

18.2.1   Grundprobleme der Formenbildung der Verba ו"ע und י"ע

Da hier die Analogien zu den starken Verben nicht so klar wie etwa bei Verba פ"נ erkennbar sind, müssen die "Eckformen" einzeln aufgelistet werden. Ungeachtet dessen kann als Grundprinzip der Formenbildung der Satz aufgestellt werden, daß sich die Formen der Verba ע"ו/י – mit Ausnahme der Formen des Ho. und der sekundär gebildeten Doppelungsstämme – in der Weise aus den Formen der starken Verben ableiten lassen, daß man den mittleren Radikal ausläßt und an die Stelle des jeweiligen kurzen Themavokals einen langen aus dem gleichen Klangspektrum setzt (Ausnahmen von letzterer Regel im Perf. bei konsonantisch anlautenden Afformativen). Der Vokal in der Stammsilbe behält auch vor vokalischen Afformativen den Ton, sofern nicht – wie im w-Impf. bei afformativlosen Formen mit Ausnahme der 1.c.sg. – der Ton auf die Präformativsilbe rückt und die Stammsilbe sekundär enttont wird. Da nur mehr zwei Radikale vorhanden sind, finden sich dort, wo sonst geschlossene bzw. geschärfte Präformativsilben auftauchen, nur offene Silben, in denen – je nach Tonposition – Vortonlängung oder Kürzung zu Šᵊwa erfolgt.

Beispiele für den Strukturwandel:

Perf.   *qatala > *qa(ta)la > *qāl bzw. *qataltā > *qa(ta)ltā > *qaltā

Impf. / Ipt.   *(ya)qtulu > *(ya)q(t)ulu > *(ya)qūl > *(yā)qūl.

Das Ptz.akt. Q entspricht der 3.m.sg. Perf. – treten daran Endungen, erhalten sie den Ton; das Ptz.pass. Q ist – sofern vorhanden – mit dem Inf.cs. identisch. Im Hi. übernimmt das Ptz. den Präformativvokal des Perf.

Als absolutes Novum (gegenüber den bisher diskutierten Phänomenen bei der Formenbildung der Verben) muß im Falle der Verba ע"ו/י darüberhinaus das Phänomen der Infix- oder Trennungsvokale zur Kenntnis genommen werden, die hier in nahezu allen Tempora und Stämmen (Ausnahmen: das Perf. Q bei Verba ע"ו sowie die sekundär gebildeten Doppelungsstämme und das Ho.) vor konsonantisch anlautenden Afformativen auftreten können. Als Infixvokale tauchen $\bar{o}$ (im Perf.) und $\bar{æ}$ (im Impf. und Ipt.) auf; sie erscheinen sowohl in Plene- als auch in Defektiv-Schreibung und ziehen den Ton – gegen die sonst vorherrschende Norm – auf sich! Strukturell gesehen scheint es sich dabei um eine Art innersprachliche "Ausgleichsmaßnahme" zu handeln, mit der der "Mangel" der Zweiradikalität dieser Wurzeln ausgeglichen wurde.

Was die abgeleiteten Stammformen betrifft, muß zusätzlich noch folgendes beachtet werden: Im Nif'al erscheint als Vokal in der Stammsilbe ein langes $\bar{o}$ – masoretisch gelegentlich als $\bar{u}$ vokalisiert –, das angesichts einiger bereits in Plene-Schreibung überlieferter Formen wohl nicht als masoretische Bildung (Kontraktion eines *aw zu $\bar{o}$ aufgrund der Annahme, das w sei Teil der Wurzel), sondern als ursprüngliches a aufzufassen ist, das aufgrund der Grundstruktur der Wurzeln als $\bar{a}$ artikuliert wurde und deshalb – wie alle gemeinsemitischen $\bar{a}$ – schon in altkanaanäischer Zeit zu $\bar{o}$ wurde. Demgegenüber stellen die Formen des Hof'al hier reine Analogiebildungen zum Hof'al der Verba פ"ו dar und lassen das typische Strukturelement des langen Vokals in der Stammsilbe nicht mehr erkennen.

Schließlich muß noch darauf hingewiesen werden, daß bei "hohlen" Wurzeln das Grundelement zur Bildung der Doppelungsstämme – der mittlere Radikal – fehlt. Als Ersatz finden sich die bereits in 13.2.4 erwähnten Sekundär-Bildungen Pōlel, Pōlal und Hitpōlel (auch Pilpel etc.) mit realer – d.h. in der Konsonantenschrift erkennbarer – Verdoppelung des dritten Radikals (bzw. bei Pilpel etc. der ganzen Wurzel).

18.2.2   Einzelheiten der Formenbildung der Verba ו"ע (II ū)[1]

Stamm → ↓ Form		Qal	Nif'al	Hif'il	Hof'al	Pōlel[2]	Pōlal
Perf.	3.m.sg.	מֵת קָם	נָקוֹם	הֵקִים	הוּקַם	קוֹמֵם	קוֹמַם
vok. A.	3.f.sg.	מֵּתָה קָמָה	נָקוֹמָה	הֵקִימָה	הוּקְמָה	קוֹמְמָה	
kons. A.	2.m.sg.	קַמְתָּ מַּתָּה			הוּקַמְתָּ	קוֹמַמְתָּ	
+Infixv.			נְקוּמוֹתָ	הֲקִימוֹתָ			
Ptz.akt.	m.sg.	מֵת קָם	[נָקוֹם]	מֵקִים		מְקוֹמֵם	
	f.sg.	קָמָה מֵתָה		מְקִימָה			
Ptz.pass.	m.sg.	קוּם	נָקוֹם		מוּקָם		מְקוֹמָם
	f.sg.	קוּמָה					
Impf.	3.m.sg.	יָקוּם יָמוּת	יִקּוֹם	יָקִים	יוּקַם	יְקוֹמֵם	יְקוֹמַם
vok. A.	2.f.sg.	תָּקוּמִי	תִּקּוֹמִי	תָּקִימִי	תּוּקְמִי	תְּקוֹמְמִי	
kons. A.	3.f.pl.	תָּקֹמְנָה		תָּקֵמְנָה	תּוּקַמְנָה	תְּקוֹמֵמְנָה	
+Infixv.		תְּקוּמֶינָה		תְּקִימֶינָה			
Juss.	3.m.sg.	יָקֹם		יָקֵם			
w-Impf.	3.m.sg.	וַיָּקָם וַיָּמָת	וַיִּקּוֹם	וַיָּקֶם	וַיּוּקַם	וַיְקוֹמֵם	וַיְקוֹמַם
	1.c.sg.	וָאָקוּם		וָאָקִים			
Ipt.	2.m.sg.	קוּם	הִקּוֹם	הָקֵם [הָקִים]		קוֹמֵם	
Inf.cs.		קוּם	הִקּוֹם	הָקִים		קוֹמֵם	

---

[1] Das übliche Paradigma ist hier קוּם ("aufstehen"), d.h. ein intransitives Verbum; insofern sind Ptz.pass. und Ni. nur als Paradigma gebildet – real kommen solche objektsbezogenen Formen nur bei transitiven Wurzeln dieser Gruppe (wie z.B. כון) vor. Als Paradigma für die abweichenden *qatil* – Bildungen dient מות ("sterben").

[2] Die – seltenen – Formen des Hitpōlel lassen sich unmittelbar vom Pōlel ableiten und müssen daher hier nicht eigens genannt werden. Da derartige Formen bei dem Bildungstyp *qīl* (בין; "verstehen") zum einen häufiger belegt sind, und zum anderen bei beiden Bildungstypen gleich strukturiert sind, werden sie aus drucktechnischen Gründen nur dort anstelle der Pōlel- bzw. Pōlal-Formen aufgelistet. Daß es unbeschadet dessen zum Wesen von Paradigmen gehört, daß in ihnen immer auch nicht belegte Formen enthalten sind, sei in diesem Zusammenhang noch einmal in Erinnerung gerufen; vgl. dazu das o. 5.1.2.2 zum Basisparadigma *qatal* Gesagte.

18.2.3 Einzelheiten der Formenbildung der Verba ע"י (II ī)

Stamm → ↓ Form		Qal	Nif'al	Hif'il	Hof'al	Hitpōlel[1]
Perf.	3.m.sg.	בָּן	נָבוֹן	הֵבִין	הוּבַן	(i.p.) הִתְבּוֹנֵן
vok. A.	3.f.sg.	בָּנָה	נָבוֹנָה	הֵבִינָה	הוּבְנָה	הִתְבּוֹנְנָה
kons. A.	2.m.sg.	בַּנְתָּ			הוּבַנְתָּ	הִתְבּוֹנַנְתָּ
+Infixv.		בִּינוֹת	וְבוּנוֹת	הֲבִינוֹת		
Ptz.akt.	m.sg.	בָּן		מֵבִין		מִתְבּוֹנֵן
	f.sg.	בָּנָה		מְבִינָה		מִתְבּוֹנְנָה
Ptz.pass.	m.sg.	בִּין [בוּן]	נָבוֹן		מוּבָן	
	f.sg.	בִּינָה	נְבוֹנָה		מוּבָנָה	
Impf.	3.m.sg.	יָבִין	יִבּוֹן	יָבִין	יוּבַן	יִתְבּוֹנֵן
vok. A.	2.f.sg.	תָּבִינִי	תִּבּוֹנִי	תָּבִינִי	תּוּבְנִי	תִּתְבּוֹנְנִי
kons. A.	3.f.pl.	תָּבֵנָּה		תָּבֵנָּה	תּוּבַנָּה	
+Infixv.		תְּבִינֶינָה		תְּבִינֶינָה		
Juss.	3.m.sg.	יָבֵן		יָבֵן		
w-Impf.	3.m.sg.	וַיָּבֶן	וַיִּבּוֹן	וַיָּבֶן	וַיּוּבַן	וַיִּתְבּוֹנֵן
	1.c.sg.	וָאָבִין		וָאָבֵן		
Ipt.	2.m.sg.	בִּין	הִבּוֹן [הָבִין]	הָבֵן [הָבִין]		הִתְבּוֹנֵן
Inf.cs.		בִּין	הִבּוֹן	הָבִין		הִתְבּוֹנֵן

18.2.4 Einzelheiten der Formenbildung der Verba ע"ו (II ō)

Angesichts der wenigen Abweichungen vom Schema der Verba ע"ו (II ū) bedarf es im Falle dieser kleinen Gruppe keiner eigenen Liste der Eckformen. Sie ergcbcn sich von selbst, wenn man beachtet, daß der Vokal der Stammsilbe in der Impf.-Klasse ō statt ū ist, daß dieser auch im Impf. cons. nicht reduziert wird und daß der Vokal der Stammsilbe in Perf. und Ptz. akt. (außer bei der doppelt schwachen Wurzel בוא, die hier mit den qīl- und qūl-Bildungen geht) ebenfalls ō ist. Beim Präformativvokal des Impf. geht בוא wiederum

---

[1] S.o. 18.2.2 A 2.

mit den übrigen Verba ע"ו/י konform (יָבוֹא), die restlichen Wurzeln haben ē
statt ā (יָאוֹר).

18.2.5   Aramaisierende Bildungen

Gelegentlich findet sich im Hi. der Verba ע"ו/י eine Bildungsweise, die ansonsten eher für die Verba ע"ע[1] typisch ist und die ihrer Struktur nach das
(künstliche) Vokalisationssystem der Schule Ben Ascher mit seinen langen
Vortonvokalen zugunsten ursprünglicher semitischer Sprachwirklichkeit relativiert – die sog. aramaisierende Bildung. In ihr erscheint der erste Radikal
der Wurzel nach Präformativen, die sonst mit langem Vortonvokal vokalisiert werden, dageschiert. Die Wirkung ist eine ähnliche wie im Falle der Vor-
tonbildungen: Der ursprüngliche kurze Vokal wird nicht zu Šᵊwa reduziert,
sondern bleibt in der nunmehr geschärften Silbe als Vollvokal erhalten, behält
hier jedoch seine ursprüngliche Quantität. Unter dem Aspekt der Silbenlänge[2]
bewirken Vorton- und aramaisierende Bildungen den gleichen Effekt: Die ursprünglich kurze Silbe wird zu einer langen Silbe.

Beim Verbum נוח ("ruhen") hat diese andere Bildungsweise sogar semantische Folgen. So bedeutet die Wurzel im einfachen Hi. הֵנִיחַ "zur Ruhe bringen", während die aramaisierende Form הִנִּיחַ dort erscheint, wo der Kontext
"stellen, setzen, legen" erwarten läßt.

18.3   ÜBUNGEN ZU DEN VERBA ע"ו UND ע"י (II ū / ī [ō])

18.3.1   Formanalysen

בָּנָה בָּנָה בְּנֵה בָּנְתָה בְּנוֹת בִּינוֹת בַּנְתָ בָּנִיתָ בָּנִית בְּנוֹתֵי בְּנוֹתַי וַיִּבֶן וַיָּבֶן וַיְבִינֵהוּ בֵּינִי בֵּינֶיךָ
בֵּינוּ תְּבִינֶינָה בָּנִים הִתְבּוֹנַנְתָּ שָׁב שָׁב שֵׁב שָׁבֵי יוֹשֵׁב יָשַׁב וַיֵּשֶׁב וַיֵּשֶׁב וַיֵּשְׁבוּ וַיֵּשְׁבוּ
וַיָּשׁוּבוּ שָׁבוּ שָׁבוּ וְהַחֲשָׁבוֹת מְשִׁיבִים מוֹשָׁב שְׁבוּיִם וְשׁוֹבַבְתִּיךָ תַּחְשֶׁבְנָה תָּבֹאנָה וַהֲבֵיאֵךְ
בּוֹאוּ בָּאִי הֲבִיאֹתַנִי מוּבָאוֹת בּוֹאֶךָ וַיִּרְבּוּ יְרִיבוּן וַיֶּרֶב רִיבָה וַתְּקִימֵנִי וַהֲפִיצוֹתָ
תָּגֵלְנָה תִּגֹּלֶינָה וַיָּגֶל וְאָגֵל וְאָגֵל נָגִילָה גִּילִי יוּמַת מֵתִי מֵתָה מְמִתִים מֵתִים
מֵתִים יְמִיתֻנּוּ וּמֵשַׂתִּי תָּמֵשׁ הֲבִישׁוֹתָה אֲבַשֵּׁה בְּשֵׁת הֵנִיחַ יַנִּיחַ הַנִּיחוּ

---

[1] S.u. 19.
[2] S.o. 4.1.1.

18.3.2 Übungssätze bzw. -texte

1 כִּי זָרִים ׀ קָמוּ עָלַי וְעָרִיצִים בִּקְשׁוּ נַפְשִׁי לֹא שָׂמוּ אֱלֹהִים לְנֶגְדָּם סֶלָה:
הִנֵּה אֱלֹהִים עֹזֵר לִי אֲדֹנָי בְּסֹמְכֵי נַפְשִׁי: יָשׁוֹב [וָשִׁיב] הָרַע לְשֹׁרְרָי
בַּאֲמִתְּךָ הַצְמִיתֵם:
Ps 54,5-7

2 וַיְהִי דְבַר־יהוה אֵלַי לֵאמֹר: בֶּן־אָדָם שִׂים פָּנֶיךָ אֶל־הָרֵי יִשְׂרָאֵל וְהִנָּבֵא
אֲלֵיהֶם: וְאָמַרְתָּ הָרֵי יִשְׂרָאֵל שִׁמְעוּ דְּבַר־אֲדֹנָי יהוה כֹּה־אָמַר אֲדֹנָי יהוה
לֶהָרִים וְלַגְּבָעוֹת ... הִנְנִי אֲנִי מֵבִיא עֲלֵיכֶם חֶרֶב וְאִבַּדְתִּי בָּמוֹתֵיכֶם:
Ez 6,1-3 (gek.)

3 יהוה אֱלֹהֵינוּ כֹּל הֶהָמוֹן הַזֶּה אֲשֶׁר הֲכִינוֹנוּ לִבְנוֹת־לְךָ בַיִת לְשֵׁם קָדְשֶׁךָ
מִיָּדְךָ הוּא וּלְךָ הַכֹּל: ... יהוה אֱלֹהֵי אַבְרָהָם יִצְחָק וְיִשְׂרָאֵל אֲבֹתֵינוּ
שָׁמְרָה־זֹּאת לְעוֹלָם לְיֵצֶר מַחְשְׁבוֹת לְבַב עַמֶּךָ וְהָכֵן לְבָבָם אֵלֶיךָ: וְלִשְׁלֹמֹה
בְנִי תֵּן לֵבָב שָׁלֵם לִשְׁמוֹר מִצְוֹתֶיךָ עֵדְוֹתֶיךָ וְחֻקֶּיךָ וְלַעֲשׂוֹת הַכֹּל וְלִבְנוֹת
הַבִּירָה אֲשֶׁר־הֲכִינוֹתִי:
1 Chr 29,16.18.19

4 וַיִּרְא דָּוִד כִּי עֲבָדָיו מִתְלַחֲשִׁים וַיָּבֶן דָּוִד כִּי מֵת הַיָּלֶד וַיֹּאמֶר דָּוִד
אֶל־עֲבָדָיו הֲמֵת הַיֶּלֶד וַיֹּאמְרוּ מֵת: וַיָּקָם דָּוִד מֵהָאָרֶץ וַיִּרְחַץ וַיָּסֶךְ וַיְחַלֵּף
שִׂמְלֹתָיו וַיָּבֹא בֵית־יהוה וַיִּשְׁתָּחוּ וַיָּבֹא אֶל־בֵּיתוֹ וַיִּשְׁאַל וַיָּשִׂימוּ לוֹ לֶחֶם
וַיֹּאכַל: וַיֹּאמְרוּ עֲבָדָיו אֵלָיו מָה־הַדָּבָר הַזֶּה אֲשֶׁר עָשִׂיתָה בַּעֲבוּר הַיֶּלֶד חַי
צַמְתָּ וַתֵּבְךְּ וְכַאֲשֶׁר מֵת הַיֶּלֶד קַמְתָּ וַתֹּאכַל לָחֶם:
2 Sam 12,19-21

5 וַיְהִי כְּהַיּוֹם הַזֶּה וַיָּבֹא [יוֹסֵף] הַבַּיְתָה לַעֲשׂוֹת מְלַאכְתּוֹ וְאֵין אִישׁ מֵאַנְשֵׁי הַבַּיִת
שָׁם בַּבָּיִת: וַתִּתְפְּשֵׂהוּ בְּבִגְדוֹ לֵאמֹר שִׁכְבָה עִמִּי וַיַּעֲזֹב בִּגְדוֹ בְּיָדָהּ וַיָּנָס וַיֵּצֵא
הַחוּצָה: וַיְהִי כִּרְאוֹתָהּ כִּי־עָזַב בִּגְדוֹ בְּיָדָהּ וַיָּנָס הַחוּצָה: וַתִּקְרָא לְאַנְשֵׁי בֵיתָהּ
וַתֹּאמֶר לָהֶם לֵאמֹר רְאוּ הֵבִיא לָנוּ אִישׁ עִבְרִי לְצַחֶק בָּנוּ בָּא אֵלַי לִשְׁכַּב עִמִּי
וָאֶקְרָא בְּקוֹל גָּדוֹל: וַיְהִי כְשָׁמְעוֹ כִּי־הֲרִימֹתִי קוֹלִי וָאֶקְרָא וַיַּעֲזֹב בִּגְדוֹ אֶצְלִי
וַיָּנָס וַיֵּצֵא הַחוּצָה: וַתַּנַּח בִּגְדוֹ אֶצְלָהּ עַד־בּוֹא אֲדֹנָיו אֶל־בֵּיתוֹ:Gen 39,11-16

6 וַיֹּאמֶר מֹשֶׁה אָסֻרָה־נָּא וְאֶרְאֶה אֶת־הַמַּרְאֶה הַגָּדֹל הַזֶּה מַדּוּעַ לֹא־יִבְעַר הַסְּנֶה:
וַיַּרְא יהוה כִּי סָר לִרְאוֹת וַיִּקְרָא אֵלָיו אֱלֹהִים מִתּוֹךְ הַסְּנֶה וַיֹּאמֶר מֹשֶׁה מֹשֶׁה
וַיֹּאמֶר הִנֵּנִי: וַיֹּאמֶר אַל־תִּקְרַב הֲלֹם שַׁל־נְעָלֶיךָ מֵעַל רַגְלֶיךָ כִּי הַמָּקוֹם
אֲשֶׁר אַתָּה עוֹמֵד עָלָיו אַדְמַת־קֹדֶשׁ הוּא:
Ex 3,3-5

7 [וַיֹּאמֶר יוֹסֵף אֶל־אֶחָיו] וְעַתָּה לֹא־אַתֶּם שְׁלַחְתֶּם אֹתִי הֵנָּה כִּי הָאֱלֹהִים
וַיְשִׂימֵנִי לְאָב לְפַרְעֹה וּלְאָדוֹן לְכָל־בֵּיתוֹ וּמֹשֵׁל בְּכָל־אֶרֶץ מִצְרָיִם: מַהֲרוּ וַעֲלוּ
אֶל־אָבִי וַאֲמַרְתֶּם אֵלָיו כֹּה אָמַר בִּנְךָ יוֹסֵף שָׂמַנִי אֱלֹהִים לְאָדוֹן לְכָל־מִצְרָיִם

רְדָ֥ה אֵלַ֖י אַֽל־תַּעֲמֹֽד: וְיָשַׁבְתָּ֣ בְאֶֽרֶץ־גֹּ֗שֶׁן וְהָיִ֤יתָ קָרוֹב֙ אֵלַ֔י אַתָּ֕ה וּבָנֶ֖יךָ וּבְנֵ֣י
בָנֶ֑יךָ וְצֹאנְךָ֥ וּבְקָרְךָ֖ וְכָל־אֲשֶׁר־לָֽךְ: וְכִלְכַּלְתִּ֤י אֹֽתְךָ֙ שָׁ֔ם כִּי־ע֛וֹד חָמֵ֥שׁ שָׁנִ֖ים
רָעָ֑ב פֶּן־תִּוָּרֵ֛שׁ אַתָּ֥ה וּבֵֽיתְךָ֖ וְכָל־אֲשֶׁר־לָֽךְ:   Gen 45,8-11

8 וַיֹּ֩אמֶר֩ יְהוָ֨ה אֱלֹהִ֥ים ׀ אֶֽל־הַנָּחָשׁ֮ כִּ֣י עָשִׂ֣יתָ זֹּאת֒ אָר֤וּר אַתָּה֙ מִכָּל־הַבְּהֵמָ֔ה
וּמִכֹּ֖ל חַיַּ֣ת הַשָּׂדֶ֑ה עַל־גְּחֹנְךָ֣ תֵלֵ֔ךְ וְעָפָ֥ר תֹּאכַ֖ל כָּל־יְמֵ֥י חַיֶּֽיךָ: וְאֵיבָ֣ה ׀ אָשִׁ֗ית
בֵּֽינְךָ֙ וּבֵ֣ין הָֽאִשָּׁ֔ה וּבֵ֥ין זַרְעֲךָ֖ וּבֵ֣ין זַרְעָ֑הּ ה֚וּא יְשׁוּפְךָ֣ רֹ֔אשׁ וְאַתָּ֖ה תְּשׁוּפֶ֥נּוּ
עָקֵֽב: Gen 3,14-15

9 וַעֲתַלְיָ֙הוּ֙ אֵ֣ם אֲחַזְיָ֔הוּ רָֽאֲתָ֖ה כִּ֣י מֵ֣ת בְּנָ֑הּ וַתָּ֗קָם וַתְּדַבֵּר֙ אֶת־כָּל־זֶ֣רַע
הַמַּמְלָכָ֖ה לְבֵ֥ית יְהוּדָֽה: וַתִּקַּ֣ח יְהוֹשַׁבְעַ֣ת בַּת־הַמֶּ֡לֶךְ אֶת־יוֹאָ֣שׁ בֶּן־אֲחַזְיָ֙הוּ֙
וַתִּגְנֹ֤ב אֹתוֹ֙ מִתּ֣וֹךְ בְּנֵֽי־הַמֶּ֙לֶךְ֙ הַמּ֣וּמָתִ֔ים וַתִּתֵּ֥ן אֹת֛וֹ וְאֶת־מֵֽינִקְתּ֖וֹ בַּחֲדַ֣ר הַמִּטּ֑וֹת
וַתַּסְתִּירֵ֜הוּ יְהוֹשַׁבְעַ֣ת בַּת־הַמֶּ֣לֶךְ יְהוֹרָ֡ם אֵ֣שֶׁת יְהוֹיָדָ֪ע הַכֹּהֵ֟ן כִּ֣י הִיא֩ הָיְתָ֨ה
אֲח֤וֹת אֲחַזְיָ֙הוּ֙ מִפְּנֵ֣י עֲתַלְיָ֔הוּ וְלֹ֥א הֱמִיתָֽתְהוּ:   2 Chr 22,10.11

10 וָאֵֽדְעָ֕ה כִּֽי־מְנָי֥וֹת הַלְוִיִּ֖ם לֹ֣א נִתָּ֑נָה וַיִּבְרְח֧וּ אִישׁ־לְשָׂדֵ֛הוּ הַלְוִיִּ֥ם וְהַמְשֹׁרְרִ֖ים עֹשֵׂ֥י
הַמְּלָאכָֽה: וָאָרִ֙יבָה֙ אֶת־הַסְּגָנִ֔ים וָאֹ֣מְרָ֔ה מַדּ֖וּעַ נֶעֱזַ֣ב בֵּית־הָאֱלֹהִ֑ים וָֽאֶ֨קְבְּצֵ֔ם
וָאַֽעֲמִדֵ֖ם עַל־עָמְדָֽם: וְכָל־יְהוּדָ֗ה הֵבִ֤יאוּ מַעְשַׂ֤ר הַדָּגָן֙ וְהַתִּיר֣וֹשׁ וְהַיִּצְהָ֔ר
לָאוֹצָר֑וֹת: ... בַּיָּמִ֣ים הָהֵ֡מָּה רָאִ֣יתִי בִֽיהוּדָ֣ה ׀ דֹּרְכִֽים־גִּתּ֣וֹת ׀ בַּשַּׁבָּ֡ת וּמְבִיאִ֣ים
הָעֲרֵמ֣וֹת וְעֹמְסִ֣ים עַל־הַחֲמֹרִ֡ים וְאַף־יַ֜יִן עֲנָבִ֤ים וּתְאֵנִים֙ וְכָל־מַשָּׂ֔א וּמְבִיאִ֥ים
יְרוּשָׁלַ֖͏ִם בְּי֣וֹם הַשַּׁבָּ֑ת וָאָעִ֕יד בְּי֖וֹם מִכְרָ֥ם צָֽיִד: וְהַצֹּרִים֙ יָ֣שְׁבוּ בָ֔הּ מְבִיאִ֥ים דָּ֣אג
וְכָל־מֶ֑כֶר וּמֹכְרִ֧ים בַּשַּׁבָּ֛ת לִבְנֵ֥י יְהוּדָ֖ה וּבִירוּשָׁלָֽ͏ִם: וָאָרִ֕יבָה אֵ֖ת חֹרֵ֣י יְהוּדָ֑ה
וָאֹמְרָ֣ה לָהֶ֗ם מָֽה־הַדָּבָ֤ר הָרָע֙ הַזֶּ֣ה אֲשֶׁ֣ר אַתֶּ֣ם עֹשִׂ֔ים וּֽמְחַלְּלִ֖ים אֶת־י֥וֹם הַשַּׁבָּֽת:
הֲל֨וֹא כֹ֤ה עָשׂוּ֙ אֲבֹ֣תֵיכֶ֔ם וַיָּבֵ֧א אֱלֹהֵ֛ינוּ עָלֵ֗ינוּ אֵ֚ת כָּל־הָרָעָ֣ה הַזֹּ֔את וְעַ֖ל הָעִ֣יר
הַזֹּ֑את וְאַתֶּ֞ם מוֹסִיפִ֤ים חָרוֹן֙ עַל־יִשְׂרָאֵ֔ל לְחַלֵּ֖ל אֶת־הַשַּׁבָּֽת: וַיְהִ֡י כַּאֲשֶׁ֣ר
צָֽלֲל֡וּ שַׁעֲרֵי֩ יְרוּשָׁלַ֨͏ִם לִפְנֵ֣י הַשַּׁבָּ֗ת וָאֹֽמְרָה֙ וַיִּסָּגְר֣וּ הַדְּלָת֔וֹת וָאֹ֣מְרָ֔ה[2] אֲשֶׁר֙
לֹ֣א יִפְתָּח֔וּם עַ֖ד אַחַ֣ר הַשַּׁבָּ֑ת וּמִנְּעָרַ֗י הֶֽעֱמַ֙דְתִּי֙ עַל־הַשְּׁעָרִ֔ים לֹא־יָב֥וֹא מַשָּׂ֖א
בְּי֥וֹם הַשַּׁבָּֽת: וַיָּלִ֨ינוּ הָרֹכְלִ֜ים וּמֹכְרֵ֧י כָל־מִמְכָּ֛ר מִח֥וּץ לִירוּשָׁלַ֖͏ִם פַּ֥עַם
וּשְׁתָּֽיִם: וָאָעִ֣ידָה בָהֶ֗ם וָאֹמְרָ֤ה אֲלֵיהֶם֙ מַדּ֜וּעַ אַתֶּ֤ם לֵנִים֙ נֶ֣גֶד הַחוֹמָ֔ה אִם־תִּשְׁנ֕וּ
יָ֖ד אֶשְׁלַ֣ח בָּכֶ֑ם מִן־הָעֵ֣ת הַהִ֔יא לֹא־בָ֖אוּ בַּשַּׁבָּֽת: וָאֹמְרָ֣ה לַלְוִיִּ֗ם אֲשֶׁ֨ר יִֽהְי֤וּ
מִֽטַּהֲרִים֙ וּבָאִ֔ים שֹׁמְרִ֖ים הַשְּׁעָרִ֑ים לְקַדֵּ֖שׁ אֶת־י֣וֹם הַשַּׁבָּ֑ת גַּם־זֹ֙את֙ זָכְרָה־לִּ֣י
אֱלֹהַ֔י וְח֥וּסָה עָלַ֖י כְּרֹ֥ב חַסְדֶּֽךָ:   Neh 13,10-12.15-22

---

[1] Nach App.ᵃ BHK³ emendiert – vgl. 2 Kön 11,1.
[2] Nach App.ᵇ BHK³ emendiert.

18.3.3 Übungstexte in der Biblia Hebraica

18.3.3.1   Ex 6,2-8

18.3.3.2   Ri 9,7-21

18.3.3.3   Gen 11,1-9[1]

18.3.3.4   Jer 23,1-8[2]

18.3.3.5   Gen 27,1-14.30-38[3]

18.3.3.6   1 Kön 8,44-54

18.4   DIE PARTIKELN V – DIE KONJUNKTIONEN לֹוּ / לוּלֵא

18.4.1   Allgemeines

Anders als אִם und אֲשֶׁר zählt die Konjunktion לֹוּ bzw. ihre verneinte Form
(לֹא + לוּ > לוּלֵא; auch לוּלֵי) weder zu den polyvalenten Konjunktionen,
noch kommt sie allzu häufig vor. Der Grund, weshalb sie hier dennoch außerhalb des Lexikons diskutiert wird, liegt im noetischen Bereich: Es gibt nur
wenige Elemente im Biblischen Hebräisch, anhand derer man einfacher und
sinnenfälliger aufzeigen kann, daß die alten Hebräer sich zwar anderer
sprachlicher Kategorien bedient – aber nicht anders gedacht haben als die
Menschen der Gegenwart: Die Basis-Kategorien Raum und Zeit, die Grund-
befindlichkeiten menschlichen Daseins wie Leben und Tod, Liebe und Haß,
Essen und Trinken, Macht und Ohnmacht etc., auf die der Mensch denkend
reagiert, sind ja unverändert geblieben, seit es Menschen gibt – und damit
auch das "Set" der potentiell möglichen Noeme. Demgegenüber sind die Aus-
drucksmittel, mit denen die entsprechenden Gedanken geäußert werden, in
den verschiedenen Sprachkulturen durchaus unterschiedlich strukturiert – und
dieses Phänomen läßt sich anhand von לֹוּ und seiner Verwendung in den Texten besonders schön belegen.[4]

---

[1] הַחְלָם = Inf.cs. Hi. Wz. חלל + Suff. 3.m.pl.
[2] יֵחַתּוּ = 3.m.pl. Impf. Ni. Wz. חתת.
[3] כִּמְתַעְתֵּעַ = Ptz. m.sg.st.a. Pilpel Wz. תעע + Präp. כְּ.
[4] Vgl. zur Methode des noetisch orientierten Umgangs mit Sprache die Zusammenfassung u. 21.

Auch hier kann – wie schon in 14.4.1 – ein Satz aus der Erzählung von Bi-
leams Eselin zur Illustration dienen – diesmal aber ein Satz aus dem Munde
Bileams. Im Zorn über die vermeintliche Unbotmäßigkeit seiner Eselin läßt
sich Bileam zu der – im situativen Kontext reichlich makaber wirkenden[1] –
Aussage hinreißen: לוּ יֶשׁ־חֶרֶב בְּיָדִי כִּי עַתָּה הֲרַגְתִּיךְ: – "O wenn jetzt ein
Schwert in meiner Hand **ist**: Wahrlich, auf der Stelle **habe** ich dich totgeschlagen!"[2] Was Bileam sagen will, ist klar: "Wenn ich jetzt ein Schwert zur
Hand hätte, hätte ich dich schon längst totgeschlagen!" – und dies ist auch die
richtige Übersetzung der Passage –, aber wie kommt man von dem hebräischen "Wortlaut" zu der Übersetzung in ein angemessenes Deutsch?

Einmal mehr geht es darum, daß man die Formenarmut des hebräischen
Sprachsystems in Rechnung stellen muß: Wo der Deutsche oder der Lateiner
durch die Wahl einer Konjunktion / Interjektion **und** die – im hebräischen
Verbalsystem nicht ausgebildete – Kategorie "Konjunktiv" das hier in Rede
stehende Phänomen des nicht erfüllbaren / erfüllten Wunsches (Irrealis) ausdrückt, bleibt der Hebräer auf das Lexikon beschränkt, das pauschal לוּ zur
Einleitung von Wunschsätzen vorsieht – sei der Wunsch nun realisierbar oder
nicht. Diese "sparsame" Ausdrucksweise hindert den Leser aber letztlich nicht
am Verstehen, denn daß der Wunsch Bileams irreal (ja angesichts dessen, daß
sein eigentlicher – nur noch nicht wahrgenommener – Gegner, der seinerseits
ihm zürnt, den für den Totschlag notwendigen Gegenstand in der Hand hält,
geradezu absurd ist) ergibt sich mit hinreichender Deutlichkeit aus dem Kontext. – Umgekehrt bekommen durch die spezifisch hebräische Ausdrucksweise Teilaspekte der auszudrückenden innerpsychischen Wirklichkeit des Sprechers letztlich eine größere Prägnanz, während sie durch die Verwendung des
Konjunktivs im Deutschen eher verdunkelt werden: Bileam hat die Eselin
zum Zeitpunkt seiner Rede mental längst totgeschlagen (daher Perf.!); dieses
für ihn feststehende Faktum ist nur noch nicht realisiert, weil der dazu benö-
tigte Gegenstand nicht zur Hand ist. – Abstrakt zusammengefaßt: Während in
der deutschen Ausdrucksweise die Irrealität des eigentlich gewollten Vorgangs durch den Konjunktiv in den Vordergrund gerückt wird, wird im Hebräischen das beabsichtigte (und nur noch nicht realisierte) Faktum betont –
gemeint ist der gleiche Sachverhalt.

---

[1] Vor Bileam steht der Engel Jahwes mit gezücktem Schwert, was aber bis zu diesem Zeitpunkt nur
die Eselin sieht!

[2] Num 22,29. So könnte man den Text in einer die Frage des Gemeinten aussparenden – vermeint-
lich "wörtlichen" – Übersetzung wiedergeben.

Beispiele:

וַיֹּאמֶר אַבְרָהָם אֶל־הָאֱלֹהִים	Da sagte Abraham zu Gott:
לוּ יִשְׁמָעֵאל יִחְיֶה לְפָנֶיךָ:	Wenn doch (wenigstens) Ismael vor dir am
Gen 17,18	Leben bliebe!
וַיֹּאמַר אַחַי	Da sagte er (Gideon): Es sind meine Brüder,
בְּנֵי־אִמִּי הֵם חַי־יְהוָה	die Söhne meiner Mutter. So wahr Jahwe
	lebt:
לוּ הַחֲיִתֶם אוֹתָם	Wenn ihr sie am Leben gelassen hättet,
Ri 8,19 לֹא הָרַגְתִּי אֶתְכֶם:	würde ich euch (jetzt) nicht töten[1].
לוּלֵי אֱלֹהֵי אָבִי אֱלֹהֵי אַבְרָהָם	Wenn nicht der Gott meines Vaters, der
וּפַחַד יִצְחָק הָיָה לִי כִּי עַתָּה	Gott Abrahams, und der Schrecken Isaaks
רֵיקָם שִׁלַּחְתָּנִי אֶת־עָנְיִי	für mich gewesen wäre, dann hättest du
וְאֶת־יְגִיעַ כַּפַּי רָאָה אֱלֹהִים	mich "leer" gehen lassen: Mein Elend und
Gen 31,42abα	die Mühe meiner Hände hat Gott gesehen.

18.4.2   Übungssätze

וְאוּלָם חַי־יְהוָה אֱלֹהֵי יִשְׂרָאֵל אֲשֶׁר מְנָעַנִי מֵהָרַע[2] אֹתָךְ כִּי ׀ לוּלֵי מִהַרְתְּ   1
וַתָּבֹאתִי לִקְרָאתִי כִּי אִם־נוֹתַר לְנָבָל עַד־אוֹר הַבֹּקֶר מַשְׁתִּין בְּקִיר: וַיִּקַּח
דָּוִד מִיָּדָהּ[3] אֵת אֲשֶׁר־הֵבִיאָה לוֹ
1 Sam 25,34.35a

Gen 30,34
וַיֹּאמֶר לָבָן הֵן לוּ יְהִי כִדְבָרֶךָ:   2

וַתֹּאמֶר לוֹ אִשְׁתּוֹ לוּ חָפֵץ יְהוָה לַהֲמִיתֵנוּ לֹא־לָקַח מִיָּדֵנוּ עֹלָה וּמִנְחָה וְלֹא   3
Ri 13,23   הֶרְאָנוּ אֶת־כָּל־אֵלֶּה וְכָעֵת לֹא הִשְׁמִיעָנוּ כָּזֹאת:

וַיִּלֹּנוּ עַל־מֹשֶׁה וְעַל־אַהֲרֹן כֹּל בְּנֵי יִשְׂרָאֵל וַיֹּאמְרוּ אֲלֵהֶם כָּל־הָעֵדָה לוּ־מַתְנוּ   4
Num 14,2   בְּאֶרֶץ מִצְרַיִם אוֹ בַּמִּדְבָּר הַזֶּה לוּ־מָתְנוּ:

לוּלֵי יְהוָה עֶזְרָתָה לִּי כִּמְעַט ׀ שָׁכְנָה דוּמָה נַפְשִׁי: 5
Ps 94,17.18   אִם־אָמַרְתִּי מָטָה רַגְלִי חַסְדְּךָ יְהוָה יִסְעָדֵנִי:

---

[1] Das Perf. kann hier von zwei Aspekten her begründet werden: Zum einen von der oben diskutierten inneren Struktur der לוּ-Konstruktion her – zum anderen, weil eine Art Koinzidenzfall vorliegt: Die Angesprochenen werden quasi im gleichen Moment niedergehauen.
[2] מֵהָרַע = Inf.cs. Hi. Wz. רעע + Präp. מִן.
[3] So das ק; vgl. BHS.

19 DIE SCHWACHEN VERBEN VI – VERBA ע"ע (II gem.)

19.1 ALLGEMEINES ZU DEN VERBA ע"ע (II gem.)

Besonders schön läßt sich die innerhebräische Wirksamkeit des schon öfters erwähnten gemeinsemitischen Systemdrucks zur Trilitteralität an den Verba ע"ע (II gem[inatae]) beobachten, die strukturell den oben in 9.4 diskutierten Nomina ע"ע entsprechen. Während die Mehrzahl der Formen dieser Gruppe schwach, d.h. mit dagešiertem zweiten Radikal gebildet wird, hat sich hier in den Nominalformen des Q die starke Bildungsweise weitgehend durchgesetzt (häufige Ausnahmen beim Inf.cs.). Stark gebildete Formen neben schwachen finden sich in den Formen der 3.Pers. des Perf. Q sowie in den Doppelungsstämmen, die sowohl in der Gestalt von Piʿʿel, Puʿʿal, Hitpaʿʿel als auch als Pōʿel, Pōʿal und Hitpōʿel erscheinen[1]. Im Falle der letztgenannten Bildungen läßt sich zugleich eine weitere – letztlich in die gleiche Richtung weisende – Eigentümlichkeit des hebräischen Verbalsystems erneut bestätigen. Die Grenzen zwischen den verschiedenen Gruppen der schwachen Verben sind alles andere als eindeutig festgelegt[2], was für die Grenzen zwischen den Verba ע"ע und ע"ו/י in besonderem Maße gilt: Die Bildungen Pōʿel, Pōʿal und Hitpōʿel sind ja strukturell nichts anderes als Analogiebildungen zum Pōlel, Pōlal und Hitpōlel der hohlen Wurzeln, die hier indes angesichts der starken Bildungsmöglichkeit überflüssig wären; daß sie vorhanden sind, liegt aller Wahrscheinlichkeit nach darin begründet, daß die dreiradikaligen Formen sekundär entstanden sind, allerdings ohne die schwachen Bildungen vollständig verdrängen zu können.

Die übrigen Formen, die durchwegs schwach gebildet werden, lassen erkennen, daß es sich bei den Verba ע"ע (II gem.) um ursprüngliche zweiradikalige Wurzeln mit kurzem Vokal in der geschärften Stammsilbe handelt.

---

[1] Bei צרר I läßt sich sogar ein semantischer Unterschied zwischen den starken und schwachen Bildungen des Perf. ausmachen – in KBL[2] als qal I und II unterschieden (ähnlich in GBL[17] bzw. ThWAT VI, 1113). Der starken Bildungsweise wird die transitive Bedeutung "zusammenbinden, einschnüren" zugeordnet, der schwachen dagegen die intransitive Bedeutung "eng sein".

[2] Vgl. dazu 15.1 bzw. v.a. 17.1.

19.2   VERBA ע"ע (II gem.) – FORMENBILDUNG

19.2.1   Grundprobleme der Formenbildung der Verba ע"ע

Die Grundstruktur der Formenbildung der Verba ע"ע läßt sich unmittelbar von der Struktur der Nomina gleichen Typs herleiten: In afformativlosen Formen läßt sich die Schärfung der Stammsilbe nicht mehr erkennen, da die Masora Dageš forte im Auslaut nicht geschrieben hat; in Formen mit Afformativ dagegen wird – sofern der zweite Radikal nicht ein Laryngal oder ein ר ist – ein Dageš forte eingesetzt. Der Vokal, der in dieser Silbe erscheint, entspricht strukturell dem Vokal in der letzten Stammsilbe des starken Verbums. Was die masoretische Behandlung dieses ursprünglich kurzen Vokals in der Stammsilbe betrifft, sind die Regeln von 4.1.2 bzw. 4.2.2.1 und 9.4 zu beachten.

Alle weiteren wichtigen Elemente in der Formenbildung dieser Gruppe lassen sich aufgrund der engen Verwandtschaft zwischen Verba ע"ע und ע"ו/י von dort her erschließen, wobei gilt: Spezielle Elemente wie Infixvokale oder die aramaisierende Bildungsweise, die bei den Verba ע"ו/י als gelegentlich realisierte Möglichkeit erscheinen, sind hier weitaus konsequenter als dort angewendet – die Setzung des Infixvokals vor konsonantisch anlautenden Afformativen ist sogar, da sonst Tripel-Konsonanz gegeben wäre, praktisch verbindlich. (Ausnahmen nur dort, wo reine Analogiebildungen zu Verba ע"ו/י vorkommen, also auch das Dageš forte ausfällt). Einzelheiten sind der folgenden Liste der schwachen "Eckformen" zu entnehmen[1]; starke Bildungen sind nicht eigens aufgeführt, ebensowenig Formen, denen ein anderer Vokalismus als *a-a* im Perf. bzw. *a-u* im Impf. zugrundeliegt[2].

---

[1] Das übliche Paradigma ist hier סבב ("umgeben"; *a-u* – Impf.). Es kommen auch Verben mit *i-a*-Impf. vor – unter ihnen ist am häufigsten ist רעע ("schlecht sein"). Dieses Verb bietet dem Anfänger insofern noch zusätzliche Probleme, als hier der zweite Radikal ein Laryngal ist, so daß das wichtigste Kennzeichen der Gruppe – das Dageš forte im 2. Radikal – entfällt.

[2] Sie sind qua Analogie unschwer zu erschließen.

19.2.2   Einzelheiten der Formenbildung der Verba ע"ע

↓ Form/Stamm →	Qal	aram.	Nifʿal	Hifʿil	aram.	Hofʿal	Pōʿēl	Pōʿal
Perf. 3.m.sg.	סַב		נָסַב	הֵסֵב		הוּסַב	סוֹבֵב	סוֹבַב
vok. A. 3.f.sg.	סַֿבָּה		נָסֵֿבָּה	הֵסֵֿבָּה		הוּסַֿבָּה		סוֹבְבָה
kons. A. 2.m.sg.	סַבֹּותָ		נְסַבֹּותָ	הֲסִבֹּותָ		הוּסַבֹּתָ		סוֹבַבְתָּ
Impf. 3.m.sg.	יְסוֹבֵב יָסֹב	יִסֹּב	יִסַּב	יָסֵב	יָסֵב	יַסֵב	יוּסַב	
vok. A. 2.f.sg.	תְּסוֹבְבִי	תִּסֹּבִי	תִּסַּבִּי	תָּסֵֿבִּי	יַֿסֵבִּי	תּוּסַבִּי		
kons. A. 3.f.pl.	תְּסֻבֶּֿינָה		תִּסַּבֶּֿינָה	תְּסֻבֶּֿינָה	תָּסֵבֶּֿינָה	תּוּסַבֶּֿינָה		
w-Impf. 3.m.sg.	וַיְּסֹב		וַיִּסַּב	וַיָּֿסֶב		וַיְסוֹבֵב וַיּוּסַב		
Ipt.[Inf.cs.] 2.m.sg.	סֹב		הָסֵב הִסַּב [הִסֵּב]				סוֹבֵב	

19.3   ÜBUNGEN ZU DEN VERBA ע"ע (II gem.)

19.3.1   Formanalysen

רַצֹּותֵנוּ רְצֹצֹות רַצֹּותִ רַצֹּתֵי רְצֹותִי הָאָרֶץ וָאָרֶץ וְאָרֶץ וַתָּֿרֶץ וַתֵּֿרֶץ נָרֹוץ נָרוּץ
רָצוּ רַצֵּץ רָץ תְּרָצֵי תָּרוּצוּ תְּרֹוצוּ תָּרֹצוּ אָרֹוצָה אַרְצָה אַרְצֵם אֶרֶצֵם גָּלֹו גְּלוּ
גָּלִיתִ גָּלִיתִי גָּלֹותִי גִּיל גַּלִּים וַיָּֿגֶל גָּלֹו גַּל גֹּל סֹבִי נָסֵֿבָּה הֲסַבֹּת רֹעוּ הֲרֵעֹותִי וַיֵּֿרַע
יֵתַֿמּוּ תֹּם הֲקִלֹּתַֿנִי הֵקַֿלּוּ נְקַלֹּותִי וַיֵּקַֿלּוּ

19.3.2   Übungssätze bzw. -texte

1   כִּי־הֹלֵךְ הָאָדָם אֶל־בֵּית עֹולָמֹו וְסָבְבוּ בַשּׁוּק הַסֹּפְדִים: עַד אֲשֶׁר לֹא־יֵרָחֵק
חֶֿבֶל הַכֶּֿסֶף וְתָרֻץ[1] גֻּלַּת הַזָּהָב וְתִשָּׁבֶר כַּד עַל־הַמַּבּוּעַ וְנָרֹץ הַגַּלְגַּל אֶל־הַבֹּור:
וְיָשֹׁב הֶעָפָר עַל־הָאָֿרֶץ כְּשֶׁהָיָה וְהָרֹוחַ תָּשׁוּב אֶל־הָאֱלֹהִים אֲשֶׁר נְתָנָהּ:
Koh 12,5b.6.7

2   לָכֵן כֹּה אָמַר אֲדֹנָי יְהוִֹה אֹוי עִיר הַדָּמִים גַּם־אֲנִי אַגְדִּיל הַמְּדוּרָה: הַרְבֵּה
הָעֵצִים הַדְלֵק הָאֵשׁ הָתֵם הַבָּשָׂר וְהַרְקַח הַמֶּרְקָחָה וְהָעֲצָמֹות יֵחָרוּ:
וְהַעֲמִידֶֿהָ עַל־גֶּחָלֶֿיהָ רֵקָה לְמַעַן תֵּחַם וְחָֿרָה נְחֻשְׁתָּהּ וְנִתְּכָה בְתֹוכָהּ טֻמְאָתָהּ
תִּתֻּם חֶלְאָתָהּ:
Ez 24,9-11

---

[1] Nach App.b BHK3.

3 וַיָּשָׁב מֹשֶׁה אֶל־יְהוָה וַיֹּאמַר אֲדֹנָי לָמָה הֲרֵעֹתָה לָעָם הַזֶּה לָמָּה זֶּה שְׁלַחְתָּנִי׃
וּמֵאָז בָּאתִי אֶל־פַּרְעֹה לְדַבֵּר בִּשְׁמֶךָ הֵרַע לָעָם הַזֶּה וְהַצֵּל לֹא־הִצַּלְתָּ אֶת־
עַמֶּךָ׃ Ex 5,22.23

4 כִּי עַם קָדוֹשׁ אַתָּה לַיהוָה אֱלֹהֶיךָ בְּךָ בָּחַר ׀ יְהוָה אֱלֹהֶיךָ לִהְיוֹת לוֹ לְעַם
סְגֻלָּה מִכֹּל הָעַמִּים אֲשֶׁר עַל־פְּנֵי הָאֲדָמָה׃ לֹא מֵרֻבְּכֶם מִכָּל־הָעַמִּים חָשַׁק
יְהוָה בָּכֶם וַיִּבְחַר בָּכֶם כִּי־אַתֶּם הַמְעַט מִכָּל־הָעַמִּים׃ כִּי מֵאַהֲבַת יְהוָה
אֶתְכֶם Dtn 7,6-8aα

5 הוֹי שׁוֹדֵד וְאַתָּה לֹא שָׁדוּד וּבוֹגֵד וְלֹא־בָגְדוּ בוֹ כַּהֲתִמְךָ שׁוֹדֵד תּוּשַּׁד כַּנְּלֹתְךָ[1]
לִבְגֹּד יִבְגְּדוּ־בָךְ׃ יְהוָה חָנֵּנוּ לְךָ קִוִּינוּ הֱיֵה זְרֹעָם לַבְּקָרִים אַף־יְשׁוּעָתֵנוּ
בְּעֵת צָרָה׃ מִקּוֹל הָמוֹן נָדְדוּ עַמִּים מֵרוֹמְמֻתֶךָ נָפְצוּ גּוֹיִם׃ Jes 33,1-3

6 רָאִיתִי הֶהָרִים וְהִנֵּה רֹעֲשִׁים וְכָל־הַגְּבָעוֹת הִתְקַלְקָלוּ׃ רָאִיתִי וְהִנֵּה אֵין
הָאָדָם וְכָל־עוֹף הַשָּׁמַיִם נָדָדוּ׃ Jer 4,24.25

7 יֵבֹשׁוּ וְיַחְפְּרוּ ׀ יַחַד מְבַקְשֵׁי נַפְשִׁי לִסְפּוֹתָהּ יִסֹּגוּ אָחוֹר וְיִכָּלְמוּ חֲפֵצֵי רָעָתִי׃
יָשֹׁמּוּ עַל־עֵקֶב בָּשְׁתָּם הָאֹמְרִים לִי הֶאָח ׀ הֶאָח׃ יָשִׂישׂוּ וְיִשְׂמְחוּ ׀ בְּךָ
כָּל־מְבַקְשֶׁיךָ Ps 40,15-17aα

8 כִּי ׀ אַרְבָּעִים שָׁנָה הָלְכוּ בְנֵי־יִשְׂרָאֵל בַּמִּדְבָּר עַד־תֹּם כָּל־הַגּוֹי אַנְשֵׁי
הַמִּלְחָמָה הַיֹּצְאִים מִמִּצְרַיִם אֲשֶׁר לֹא־שָׁמְעוּ בְּקוֹל יְהוָה אֲשֶׁר נִשְׁבַּע יְהוָה
לָהֶם לְבִלְתִּי הַרְאוֹתָם אֶת־הָאָרֶץ אֲשֶׁר נִשְׁבַּע יְהוָה לַאֲבוֹתָם לָתֶת לָנוּ אֶרֶץ
זָבַת חָלָב וּדְבָשׁ׃ וְאֶת־בְּנֵיהֶם הֵקִים תַּחְתָּם אֹתָם מָל יְהוֹשֻׁעַ כִּי־עֲרֵלִים הָיוּ
כִּי לֹא־מָלוּ אוֹתָם בַּדָּרֶךְ׃ וַיְהִי כַּאֲשֶׁר־תַּמּוּ כָל־הַגּוֹי לְהִמּוֹל וַיֵּשְׁבוּ תַחְתָּם
בַּמַּחֲנֶה עַד חֲיוֹתָם׃ וַיֹּאמֶר יְהוָה אֶל־יְהוֹשֻׁעַ הַיּוֹם גַּלּוֹתִי אֶת־חֶרְפַּת מִצְרַיִם
מֵעֲלֵיכֶם וַיִּקְרָא שֵׁם הַמָּקוֹם הַהוּא גִּלְגָּל עַד הַיּוֹם הַזֶּה׃ Jos 5,6-9

9 וַיֹּאמֶר יְהוָה אֶל־מֹשֶׁה גַּם אֶת־הַדָּבָר הַזֶּה אֲשֶׁר דִּבַּרְתָּ אֶעֱשֶׂה כִּי־מָצָאתָ חֵן
בְּעֵינַי וָאֵדָעֲךָ בְּשֵׁם׃ וַיֹּאמַר הַרְאֵנִי נָא אֶת־כְּבֹדֶךָ׃ וַיֹּאמֶר אֲנִי אַעֲבִיר כָּל־טוּבִי
עַל־פָּנֶיךָ וְקָרָאתִי בְשֵׁם יְהוָה לְפָנֶיךָ וְחַנֹּתִי אֶת־אֲשֶׁר אָחֹן וְרִחַמְתִּי אֶת־אֲשֶׁר
אֲרַחֵם׃ וַיֹּאמֶר לֹא תוּכַל לִרְאֹת אֶת־פָּנָי כִּי לֹא־יִרְאַנִי הָאָדָם וָחָי׃ וַיֹּאמֶר יְהוָה
הִנֵּה מָקוֹם אִתִּי וְנִצַּבְתָּ עַל־הַצּוּר׃ וְהָיָה בַּעֲבֹר כְּבֹדִי וְשַׂמְתִּיךָ בְּנִקְרַת הַצּוּר
וְשַׂכֹּתִי כַפִּי עָלֶיךָ עַד־עָבְרִי׃ וַהֲסִרֹתִי אֶת־כַּפִּי וְרָאִיתָ אֶת־אֲחֹרָי וּפָנַי לֹא
יֵרָאוּ׃ Ex 33,17-23

---

[1] Nach ℚ[a]; vgl. App.[b] BHS.

10 וַיַּסֵּבּוּ אֶת־יְהוָה אֶת־הָעִיר הַקֵּף פַּעַם אֶחָת וַיָּבֹאוּ הַמַּחֲנֶה וַיָּלִינוּ בַּמַּחֲנֶה:
וַיַּשְׁכֵּם יְהוֹשֻׁעַ בַּבֹּקֶר וַיִּשְׂאוּ הַכֹּהֲנִים אֶת־אֲרוֹן יְהוָה: ... וַיָּסֹבּוּ אֶת־הָעִיר
בַּיּוֹם הַשֵּׁנִי פַּעַם אַחַת וַיָּשֻׁבוּ הַמַּחֲנֶה כֹּה עָשׂוּ שֵׁשֶׁת יָמִים: וַיְהִי ׀ בַּיּוֹם הַשְּׁבִיעִי
וַיַּשְׁכִּמוּ כַּעֲלוֹת הַשַּׁחַר וַיָּסֹבּוּ אֶת־הָעִיר כַּמִּשְׁפָּט הַזֶּה שֶׁבַע פְּעָמִים רַק בַּיּוֹם
הַהוּא סָבְבוּ אֶת־הָעִיר שֶׁבַע פְּעָמִים: וַיְהִי בַּפַּעַם הַשְּׁבִיעִית תָּקְעוּ הַכֹּהֲנִים
בַּשּׁוֹפָרוֹת וַיֹּאמֶר יְהוֹשֻׁעַ אֶל־הָעָם הָרִיעוּ כִּי־נָתַן יְהוָה לָכֶם אֶת־הָעִיר:
וְהָיְתָה הָעִיר חֵרֶם הִיא וְכָל־אֲשֶׁר־בָּהּ לַיהוָה   Jos 6,11.12.14-17a

19.3.3 Übungstexte in der Biblia Hebraica

19.3.3.1   Gen 19,1-11

19.3.3.2   Jos 6,2-7

19.3.3.3   Gen 43,26-34

19.3.3.4   Dtn 31,16-21

19.4 ÜBUNGSTEXT OHNE MASORETISCHE ZEICHEN

ויאמרו שאול שאל־האיש לנו ולמולדתנו לאמר העוד אביכם חי היש לכם אח
ונגד־לו על־פי הדברים האלה הידוע נדע כי יאמר הורידו את־אחיכם ויאמר
יהודה אל־ישראל אביו שלחה הנער אתי ונקומה ונלכה ונחיה ולא נמות גם־
אנחנו גם־אתה גם־טפנו אנכי אערבנו מידי תבקשנו אם־לא הביאתיו אליך
והצגתיו לפניך וחטאתי לך כל־הימים כי לולא התמהמהנו כי־עתה שבנו זה
פעמים ויאמר אלהם ישראל אביהם אם־כן אפוא זאת עשו קחו מזמרת
הארץ בכליכם והורידו לאיש מנחה מעט צרי ומעט דבש נכאת ולט בטנים
ושקדים   Gen 43,7-11

☞ WEITERE ÜBUNGSTEXTE FINDEN SICH U.A. IN DER BIBLIA HEBRAICA (BHS /
BHK³), IN DEN SCHRIFTEN AUS QUMRAN (DJD) UND BEI K. JAROŠ, HUNDERT
INSCHRIFTEN AUS KANAAN UND ISRAEL, FRIBOURG 1982

---

[1] Nach App.ᵃ BHK³ emendiert.

20 FORMENLEHRE IM ÜBERBLICK

20.1 DIE ZWEI WICHTIGSTEN FORMBILDENDEN ELEMENTE

20.1.1 ה als formatives Element

20.1.1.1 Im Anlaut:

1) Artikel am Nomen und Partizip – Vokalisation mit Qamæṣ, Sᵊgol, Pataḥ
   (mit folgendem Dageš forte)   הַמֶּ֫לֶךְ / הַהוּא / הֶעָרִים / הָעִיר
2) Fragepartikel zur Einleitung der Satzfrage – Vokalisation mit Ḥatep-Pataḥ,
   Sᵊgol, Pataḥ   הַמְאֹד / הֶחָזָק / הֲשָׁמַר
3) Präformativ am Verbum
   a) Hifʿil   Perf.[1] // Ipt. und Inf.   הִכְתִּיב / הַכְתֵּב // הֶעֱלָה // הִכְתִּיב
   b) Hofʿal   Perf. // Inf.abs.   הָכְתֵּב // הָכְתַּב
   c) Nifʿal   Ipt. // Inf.cs.   הֵעָלֵה // הִכָּתֵב
   d) Hitpaʿʿel   Perf. // Ipt. und Inf.   הִתַּמֵּם // הִתְכַּתֵּב
4) Nomenbildendes Element   הַצְּלָה

20.1.1.2 Im Auslaut:

1) An Nomen und Partizip
   a) Endung f.sg.st.a.   מַלְכָּה
   b) ה locale   אַ֫רְצָה
2) Am Verbum
   a) ה adhortativum // cohortativum   אֶכְתְּבָה // כָּתְבָה
   b) Endung 3.f.sg. Perf. (3.m.sg. bei ל"ה)   (עָשָׂה) כָּתְבָה
   c) "Feminine" Inf.-Endung an schwachen Verben   אַהֲבָה
   d) Plene-Schreibung der Endung 2.m.sg. Perf.   נָתַ֫תָּה
3) An Nomen, Verbum und Präpositionen
   a) Suffix 3.f.sg.   עוֹדֶ֫נָּה / אַרְצָהּ / סוּסֶ֫יהָ
   b) Plene-Schreibung des Suffix 2.m.sg.   אֹתְכָה

---

[1] Genannt sind jeweils nur die "Eckformen".

20.1.2   ת als formatives Element

20.1.2.1   Im Anlaut:

1) Präformativ am Verbum
a) 2.m. und 3.f.sg. // 2.m.pl. Impf.   תִּכְתְּבוּ // תָּקוּם / תַּעֲבֹד / תִּכְתֹּב
b) 2.f.sg. // 2. und 3.f.pl. Impf.   תִּכְתֹּבְנָה // תִּכְתְּבִי
2) Nomenbildendes Element   תְּפִלָּה

20.1.2.2   Im Auslaut:

1) An Nomen und Partizip
a) Endung f.sg.st.cs. (bei Ptz.akt. auch st.a.)   (מֹלֶכֶת) מַלְכַּת
b) Endung f.pl.st.a. und cs.   מְלָכוֹת / מַלְכֹת
c) Nomenbildendes Teilelement bei Nomina abstracta   מַלְכוּת / רֵאשִׁית
2) Am Verbum
a) Endung 2.m. // 2.f.sg. Perf.   כָּתַבְתְּ // כָּתַבְתָּ
b) Endung des Inf.cs. einiger schwachen Verba   גַּעַת / גְּלוֹת / שֶׁבֶת
c) Endung 3.f.sg. Perf. vor Suffixen   כְּתָבַתְנִי

20.2   WEITERE WICHTIGE FORMBILDENDE ELEMENTE

20.2.1   מ als formatives Element

20.2.1.1   Im Anlaut:

1) Präposition מִן – mit folgendem Dageš forte, Ersatzdehnung oder virtuel-
ler Verdoppelung   מֵחוּץ (!) / מִירוּשָׁלַם / מֵרָחוֹק / מִקֶּדֶם
2) Am Verbum: Bildungselement des Partizips
a) Pi''el / Pu''al   מְקַטֵּל / מְקֻטָּל
b) Hitpa''el   מִדַּבֵּר / מִתְקַטֵּל
c) Hif'il / Hof'al   מָקְטָל / מַקְטִיל
3) Als nomenbildendes Element:
Nomina instrumenti, loci und abstracta   מִשְׁפָּט / מִדְבָּר / מִזְבֵּחַ

20.2.1.2 Im Auslaut:

1) Suffix 3.m.pl. an Nomen / Verbum / Präpositionen   בָּם / קְטָלָם / סוּסָם
2) Zur Bildung adverbialer Ausdrücke   חִנָּם (umsonst) / יוֹמָם (bei Tage)
3) Teilelement der Nominalendungen m.pl. // du.   שְׂפָתַיִם // סוּסִים
4) Teilelement der Endung 2.m.pl. Perf.   עֲשִׂיתֶם / קְטַלְתֶּם
5) Teilelement der Suffixe 2.m.pl. // 3.m.pl.   דִּבְרֵיהֶם // מַלְכֵיכֶם
6) Nomenbildendes Teilelement   אוּלָם // עֵירֹם

20.2.2 נ als formatives Element

20.2.2.1 Im Anlaut:

Präformativ am Verbum
a) 1.c.pl. Impf.   נֹאבַד / נָקוּם / נַעֲשֶׂה / נְקַטֵּל / נִקְטֹל
b) Stammbildendes Morphem des Nif'al
(Perf. / Ptz.)   נֶאֱסַף / נֶעֱלָה / נִקְטָל / נִקְטַל

20.2.2.2 Im Auslaut:

1) ן-paragogicum   תִּקְטְלִין / יֹאמְרוּן
2) Suffix 3.f.pl. an Nomen, Verbum und n.a.   אֹתָן / קְטָלָן / סוּסָן
3) Teilelement der Endung 2.f.pl. Perf.   עֲשִׂיתֶן / קְטַלְתֶּן
4) Teilelement der Suffixe 2.f.pl. // 3.f.pl.   סוּסוֹתֵיהֶן // מַלְכֵיכֶן
5) Nomenbildendes Teilelement   קַדְמוֹן (östlich) / זִכָּרוֹן (Gedächtnis)

20.2.2.3 Im Wort:

נ energicum
(in der Suffixbildung des Impf.)   יִקְטְלֵנִי / יִקְטְלֶךָ / יִקְטְלֶנּוּ / יִקְטְלֶנָּה

21 GRUNDELEMENTE EINER BIBLISCH-HEBRÄI-SCHEN SYNTAX AUF NOETISCHER GRUNDLAGE – UNTER BESONDERER BERÜCKSICHTIGUNG DER FRAGE DER HEBRÄISCHEN "TEMPORA"[1]

21.1 VORBEMERKUNG

Bei der Untersuchung eines Sprachsystems auf seine syntaktischen Strukturen hin ist es unabdingbar, methodisch so strikt als möglich zwischen der **Ausdrucksebene** (resp. der Syntax), d.h. den vorgegebenen sprachlichen Elementen, und der **Inhaltsebene** (resp. der Semantik) zu unterscheiden, wie dies W. RICHTER in seinen "Grundlagen einer althebräischen Grammatik"[2] beispielhaft durchgeführt hat – auch wenn sich dieser methodische Anspruch nicht lupenrein durchhalten läßt: Ganz ohne ein allgemeines Inhaltswissen kann man syntaktische Phänomene nun einmal nicht erfassen.

Daß in diesem Zusammenhang die dritte Ebene sprachwissenschaftlich verantworteter Textanalyse, die "Pragmatik" – also die Frage nach dem kommunikativen Zweck von Sätzen bzw. Texten – nur am Rande gestreift werden kann, ergibt sich aus der Abzweckung dieses Buches. Nur dort, wo syntaktische Phänomene unmittelbare pragmatische Implikationen aufweisen, wie das etwa in den mit הוֹי eingeleiteten Weherufen der Fall ist (vgl. z.B. Jes 5,8.11.18 u.ö.) – die Verwendung von Elementen der Totenklage im Munde des Propheten impliziert einen massiven Hinweis auf die Abzweckung dieser Nominalsätze –, muß natürlich auch dieser Aspekt unmittelbar mit bedacht werden[3].

Was die konkrete Anwendung der erstgenannten prinzipiellen Differenzierung betrifft, muß man sich darüber klar sein, daß die sprachliche Zuordnung von Zeichen / Bezeichnetem und Gemeintem in den verschiedenen Sprachen je unterschiedlich und mehr oder minder zufällig erfolgt – man darf also nicht erwarten, daß sich unmittelbare lineare Korrelationen von Phänomenen zwischen dem Hebräischen und dem Deutschen herstellen lassen. Zwei Beispiele mögen das verdeutlichen – eines aus dem Bereich des Lexikons und eines aus dem Bereich der Verbalsyntax:

---

[1] Diskursive Darstellung ohne unmittelbare Bezugnahme auf Kap. 3-11.
[2] W. RICHTER, Grundlagen einer althebräischen Grammatik, 3 Bde., ATS 8 / 10 / 13, St. Ottilien 1978 / 79 / 80.
[3] Vgl. dazu den programmatischen Entwurf von H. SCHWEIZER, Metaphorische Grammatik. Wege zur Integration von Grammatik und Textinterpretation in der Exegese, ATS 15, St. Ottilien 1981.

1) Das hebräische (Verbal-) Adjektiv כָּבֵד und das deutsche Adjektiv "schwer" treffen sich durchaus in einem wesentlichen Bereich, und so könnte man versucht sein, hier eine unmittelbare Bedeutungsidentität anzunehmen. Aber in bestimmten Kontexten eignet dem deutschen "schwer" eine Konnotation, die vom hebräischen כָּבֵד nicht abgedeckt werden könnte (etwa in dem Satz: "Diese Bergtour ist schwer"), wie umgekehrt כָּבֵד in Zusammenhängen auftauchen kann, wo das deutsche "schwer" fehl am Platze wäre (so in Ex 7,14). D.h. die Wortfelder der beiden Begriffe überschneiden sich zwar im wesentlichen, aber sind nicht deckungsgleich: Das mit den unterschiedlichen sprachlichen Zeichen כָּבֵד / "schwer" Bezeichnete ist zwar ähnlich, aber auf der Ebene des Gemeinten besteht keine unmittelbare Korrelation.

2) Das deutsche Perfekt ist in seinem Zeitbezug eindeutig festgelegt, und bei der ersten Begegnung mit dem hebräischen Perfekt könnte man den Eindruck gewinnen, daß es eine exakt entsprechende Funktion hat[1]. Bei näherem Hinsehen wird jedoch sehr schnell klar, daß nur eine partielle Funktionsidentität besteht – im relativ formenarmen Verbalsystem des Hebräischen ist eine so einseitige Funktionszuweisung schon allein aus Gründen der sprachlichen "Ökonomie" nicht angezeigt: Auf der Ebene des Gemeinten **kann** das hebräische Perfekt zwar das gleiche bezeichnen wie das deutsche, aber es kann noch weit mehr als das letztere. Das Hebräische hat die Menge der Noeme anders verteilt als das Deutsche und fordert vom Leser mehr Aufmerksamkeit im Blick auf den Kontextbezug.

21.2   REDE UND ERZÄHLUNG – BESPROCHENE UND ERZÄHLTE WELT

21.2.1   Allgemeines

Schon die antiken Grammatiker wußten, daß man in der menschlichen sprachlichen Kommunikation prinzipiell zwischen zwei verschiedenen "Sorten" von Sprechformen / Texten mit je eigenen sprachlichen Strukturen unterscheiden kann – der (direkten) "Rede" und der "Erzählung", wobei in der direkten mündlichen Kommunikation praktisch nur die Sprechform "Rede" verwendet wird. Auf der literarischen Ebene finden sich Konkretionen des

---

[1] Vgl. die vier ersten Beispielsätze in 6.3. In diesen Beispielen geht es durchwegs um die Feststellung von Tatsachen, die eingetreten sind bzw. die von einem Protagonisten ausgeführt worden sind; man spricht in diesem Zusammenhang vom "konstatierenden Perfekt".

letztgenannten Phänomens nicht nur in Form von (schriftlich fixierten) realen Reden, auch zwei der drei wichtigsten literarischen "Großgattungen" – Lyrik und Dramatik – verwenden in erster Linie die Mittel der Sprechform "Rede". Nur im Bereich der dritten "Großgattung" – in der Epik – dominieren die Mittel der Sprechform "Erzählung", wobei allerdings durchaus auch hier immer wieder Wechsel in die direkte Rede vorkommen, damit der Text nicht eintönig wirkt. Entsprechende Strukturen sind ohne Zweifel auch für die Texte des AT vorauszusetzen, die anerkanntermaßen hochstehende Literatur repräsentieren — unklar ist nur, an welchen äußeren Kennzeichen (außer an Redeeinleitungsformeln wie וַיֹּאמֶר, כֹּה אָמַר) man die diesbezügliche Unterscheidung festmachen kann.

Der bekannte – zuletzt in München am Institut für Germanistik lehrende – Linguist H. WEINRICH hat diese Grundunterscheidung nun dahingehend weitergedacht, daß er als Voraussetzung dafür zwei grundverschiedene "Sprechhaltungen" des Menschen angenommen hat: das gespannte und das entspannte Reden, das beim Hörer die jeweils entsprechenden Reaktionen hervorrufen will[1]. Davon ausgehend hat er an die Stelle der alten Begrifflichkeit die Unterscheidung von "besprochener" und "erzählter Welt" gesetzt. Die erwähnten Sprechhaltungen sind nach WEINRICH ihrerseits so elementar wirksam, daß sie den eigentlichen Grund für die Ausbildung der zahlreichen "Tempus"-Formen in den indoeuropäischen Sprachen darstellen. Wie WEINRICH gezeigt hat, lassen sich nämlich im Deutschen, Französischen, Italienischen etc. die im jeweiligen Sprachsystem vorhandenen "Tempora" tatsächlich den beiden erwähnten Grundkategorien zuordnen: So bilden etwa Präsens, Perfekt, Futur und Futur II in den erwähnten Sprachen die Gruppe der Tempora der "besprochenen Welt", während Präteritum, Plusquamperfekt, Konditional und Konditional II die Tempora der "erzählten Welt" darstellen[2].

Bei dieser unschwer nachvollziehbaren Funktionsbestimmung der beiden – der Sache nach auch in der lateinischen Syntax im Rahmen der Lehre von der "consecutio temporum" begegnenden – Gruppen läßt es WEINRICH indes nicht bewenden. Nach ihm haben die unterschiedlichen Tempus-Formen innerhalb der beiden Gruppen nichts mit "Zeit" im engeren Sinne zu tun, verweisen also nicht auf außersprachliche Sachverhalte; sie dienen vielmehr allein der Fest-

---

[1] H. WEINRICH, Tempus. Besprochene und Erzählte Welt, Stuttgart ²1971 (⁶2001), 32ff u.ö. WEINRICH nimmt in diesem Buch Fragestellungen auf, die schon der Psychologe K. BÜHLER in seiner Sprachtheorie im Anschluß an Apollonios Dyskolos u.a. griechische Grammatiker diskutiert hat (K. BÜHLER, Sprachtheorie, Stuttgart ²1965 = ¹1934).
[2] Ebd. 18 u.ö.

legung der jeweiligen "Sprechperspektive" bzw. der "Reliefgebung" von Erzählungen – dies alles unbeschadet der Tatsache, daß natürlich auch WEIN-
RICH darum weiß, daß das Phänomen der physikalisch meßbaren Zeit eine
Grundkonstante menschlichen Daseins darstellt und dementsprechend in
sprachlichen Äußerungen diskutierbar sein muß. Das seit der Antike diskutierte Problem von Zeitbezug und Sprache ist für WEINRICH damit auf einer
rein binnensprachlichen Ebene gelöst, gewissermaßen durch eine Lösung "2.
Ordnung" à la P. WATZLAWICK: Es geht gar nicht um Zeit, auch nicht um
Faktizität oder gar Wahrheit, es geht bei der Anwendung der Verbformen nur
um in sich stimmige Textstrukturen – eine bestechend einfache Lösung, die
einen Hebraisten, der sich mit vielen widersprüchlichen Theorien zur Funktionsbestimmung der hebräischen Tempora herumschlagen muß, durchaus fas-
zinieren kann.

Diese aufgrund von sprachlichen Beobachtungen an Texten aus dem indoeuropäischen Sprachraum entwickelte Tempustheorie läßt sich nun aber
nicht so ohne weiteres auf das Biblische Hebräisch übertragen, wie das etwa
W. SCHNEIDER in seinem 1974 erstmals erschienenen Unterrichtswerk versucht hat[1]. Denn zum einen fehlt in einer semitischen Sprache wie dem Hebräischen die Formenvielfalt der bei WEINRICH angesprochenen Sprachen
(und damit die Basisvoraussetzung für das Theorem), zum anderen erscheint
es alles andere als wahrscheinlich, daß man mit den Mitteln einer Sprache, die
keine Zeitbezüge ausdrücken kann "Geschichtsschreibung" schaffen kann –
knapp die Hälfte des AT wird gemeinhin dieser Spezies von Literatur zugeordnet –, und schließlich ist es keineswegs ausgemacht, daß sich die elemen-
tare Unterscheidung von "Rede" und "Erzählung" im semitischen Kulturkreis
in gleicher Weise auf die innersprachlichen Systembildungen ausgewirkt haben muß wie im indoeuropäischen Kulturkreis: Mit welchen Mitteln eine
Sprache auf grundlegende Phänomene in der für den Menschen wahrnehmba-
ren Weltwirklichkeit reagiert, ist in keiner Weise interlingual festgelegt und
läßt sich auch nicht prognostizieren. Von daher erscheint die implizite Annahme SCHNEIDERs, daß die (in ihrer interlingualen Bedeutung in keiner Weise zu bestreitende) Unterscheidung von "Rede" und "Erzählung" im **Verbalsystem** des Biblischen Hebräisch Spuren hinterlassen haben müsse, (genauer:
daß sie nur auf der Ebene der **Verbformen** möglich sei), zunächst ebenso als
eine durch nichts gerechtfertigte petitio principii wie die damit verbundene

---

[1] Vgl. zum folgenden W. SCHNEIDER, Grammatik des Biblischen Hebräisch, München [5]1982,
182ff.

explizite Behauptung, daß die hebräischen Verbformen mit "Zeit" so gut wie nichts zu tun hätten[1] – zumal die letztere These frommen Theologen, die den Bibeltext gerne als zeitlose Wahrheit lesen, in so auffälliger Weise entgegenkommt, daß Ideologieverdacht besteht. Wo in einem Sprachsystem auf welche Weltwirklichkeit wie reagiert wird, läßt sich nur anhand von empirischen Untersuchungen an Texten eruieren: Zur Verfügung stehen in jedem Fall zumindest drei Ebenen: Lexikon, Grammatik (**u.a.** Verbformen) und Syntax.

Die Annahme, daß ein Text durch die Wahl von Verbformen als "besprechend" oder "erzählend" charakterisiert wird, die sich im Bereich der indoeuropäischen Sprachen bewährt hat, wird nun im Hebräischen – über die obigen Gesichtspunkte hinaus – dadurch klar falsifiziert, als praktisch alle "Tempora" – in besonders auffälliger Weise das Perfekt – sowohl in "Rede" als auch in "Erzählung" Verwendung finden können. Unbeschadet der Tatsache, daß das Hebräische in Gestalt des "Narrativs" *wayyiqtol* eine Form entwickelt hat, die vor allem in Erzählungen verwendet wird – was SCHNEIDER zu seinen weitreichenden Schlüssen veranlaßt hat –, läßt sich die Tempustheorie WEINRICHS somit nicht unmittelbar auf das Hebräische übertragen. Von daher ergibt sich jedoch im Blick auf die hier diskutierte Problemstellung die Frage, mit welchen sprachlichen Mitteln das Hebräische dann die Unterscheidung von "Rede" und "Erzählung" vollzieht; und ebenso ist damit die Frage nach der Funktion der Verbformen im biblisch-hebräischen (bh) Sprachsystem gestellt.

Im Rahmen dieses Überblicks lassen sich diese Fragen nicht erschöpfend behandeln, doch liegt immerhin die Folgerung nahe, daß die Unterscheidung von "Rede" und "Erzählung", von "besprochener" und "erzählter Welt", im Hebräischen offenbar mehr der Syntax bzw. dem Lexikon überlassen geblieben ist – und diese Vermutung läßt sich auch tatsächlich verifizieren, wie sich im folgenden zeigen wird. Was darüber hinaus noch zu beachten ist, ist der Umstand, daß Autoren von Erzählungen bei der Verwendung des literarischen Stilmittels der direkten Rede Personen gelegentlich anders sprechen lassen, als es die Regeln der jeweiligen Sprache erlauben[2], um sie so z.B. als einfache Leute vom Land, als Angehörige eines bestimmten Stammes, als Ausländer etc. zu charakterisieren: Von daher lassen sich nicht nur viele vermeintliche

---

[1] Ebd. 185 A 5. Obwohl auch hierin an WEINRICH orientiert, geht SCHNEIDER doch erheblich über WEINRICH hinaus, wenn er in seinen Übersetzungsbeispielen (z.B. 187-190) notorisch das Futur vermeidet, obwohl der Text eindeutig auf Zukunft zielt.

[2] Am bekanntesten ist wohl die Stelle Ri 12,6, wo die fliehenden Ephraimiten dadurch charakterisiert werden, daß sie das Wort שִׁבֹּלֶת nicht korrekt aussprechen können. Aus dem Bereich der deutschen Literatur sei in diesem Zusammenhang etwa die häufige Verwendung des jeweils zur Erzählsituation passenden Dialekts bei G. HAUPTMANN oder B. BRECHT erwähnt.

Textfehler etwa in den Samuel-Büchern[1] ganz ohne Rückgriff auf Emenda-
tionen erklären – im Blick auf das hier diskutierte Problem ist v.a. deutlich,
daß die Entwicklung einer bh Syntax nach den Kriterien "Rede" und "Erzählung" angesichts fehlender diesbezüglicher Einzelanalysen quasi zwangsläu-
fig an Grenzen stoßen muß.

Im Blick auf die Funktionsbestimmung der Verbformen ist damit jedoch
vollends klar, daß man sich – anders als SCHNEIDER, der hier zu schnell auf
eine neue "attraktive" Theorie reagiert hat – wohl sinnvollerweise nach wie
vor an dem orientieren wird, was die Semitistik – in Zusammenarbeit mit der
allgemeinen Sprachwissenschaft u.a. Fächern – an Ergebnissen erbracht hat,
und nicht an Erwägungen, die von den Gegebenheiten in den indoeuropäischen Sprachen ausgehen.

21.2.2   Syndese und Asyndese

Geht die Unterscheidung von "Rede" und "Erzählung" zunächst mehr von
der **Inhaltsseite** aus, also von einem Problem, das mehr im Bereich der interlingualen Noetik beheimatet ist (Fragestellung: "Wie sagt man, wenn man ...
reden / erzählen möchte"? – Fragerichtung: vom inhaltlichen Problem zum
ausdrucksformalen Phänomen), beschreibt die Opposition Syndese vs. Asyndese einen Sachverhalt, den jeder aufmerksame Leser hebräischer Texte zunächst unabhängig von inhaltlichen Erwägungen als ein Grundproblem hebräischer (Text-) Syntax auf der **Ausdrucksseite** wahrnimmt (Fragestellung:
"Welche Funktion hat / was bedeutet ... "? – Fragerichtung: vom ausdrucksformalen Phänomen zum inhaltlichen Problem): Das übliche Mittel zur Konstruktion in sich kohärenter Texte scheint die Syndese zu sein – sei es in Form
der für Mitteleuropäer so "primitiv" wirkenden stereotypen ו-Verbindung von
Sätzen, sei es in Form von Konjunktionen wie אִם, כַּאֲשֶׁר ,אֲשֶׁר ,כִּי, לְמַעַן etc.,
ungleich weniger häufig tritt Asyndese auf. – Betrachtet man die Texte unter
diesem Gesichtspunkt genauer, so zeigt sich, daß Asyndese redundant praktisch nur in poetischen Texten – also in "Rede" – vorkommt (vgl. z.B. Ps
113), wenn dort Syndese auch nicht ausgeschlossen ist (vgl. Ps 9,8-11 neben
Ps 9,2b-4.12). In den wenigen Fällen, wo Asyndese in erzählenden Kontexten
vorkommt, liegt entweder ein absoluter Textanfang (so Ijob 1,1; Gen 6,9)

---

[1] Um nur ein Beispiel zu erwähnen: In 2 Sam 15,34aβγ empfiehlt David (in Wirklichkeit natürlich
der Autor) Huschai, dem Arkiter – einem der vielen Söldner im Dienste Davids –, gegen alle hebräische Syntax so zu stammeln, daß Absalom ihn für glaubwürdig hält.

oder Textverderbnis vor, oder aber der Erzähler begibt sich außerhalb der Erzählebene und kommentiert das erzählte Geschehen aus dem Blickwinkel seiner Gegenwart bzw. seiner Leser (so Gen 13,12; Jos 8,35); im letztgenannten Fall spricht man von "explikativer Asyndese", einem Phänomen, das strukturell der Apposition auf der Wortebene entspricht. M.a.W. das – relativ – zuverlässigste Mittel zur Unterscheidung von "Rede" und "Erzählung" stellt die Untersuchung von Texten nach den Kriterien Syndese und Asyndese dar. Die Vermutung, daß im Hebräischen die Unterscheidung von "Rede" und "Erzählung" mehr der Syntax bzw. dem Lexikon überlassen geblieben ist (und so gut wie nichts mit den Tempusformen zu tun hat), hat sich somit in gewisser Weise bewahrheitet.

Daß damit allerdings noch kein Kriterium gefunden ist, etwa den Redecharakter des Dtn zu bestimmen, liegt auf der Hand. Dort ist der "Predigt"charakter tatsächlich durch Verbformen, allerdings durch die redundante Verwendung von "auslösenden" Verbformen (Ipt., Juss.) bzw. von Verbformen mit futurischer Konnotation bestimmt, die schon allein aus semantischen Gründen in der "erzählten Welt" keinen Platz haben. Ein weiteres Phänomen, anhand dessen man im Hebräischen "Rede" und "Erzählung" unterscheiden kann, ist der Spezialfall, daß die **nicht** "zusammengesetzten" Verbformen *qatal* und *yiqtol*, die – wie oben 6.2; 7.2 erwähnt – in erzählenden Texten nicht in Erststellung im Satz erscheinen können, in Reden dagegen an erster Position im Satz verwendet werden dürfen (vgl. 2 Sam 15,10bβ; Ps 9,2a). Dieses Phänomen hat allerdings wieder entfernt etwas mit dem Phänomen der Asyndese zu tun, denn die **nicht** "zusammengesetzten" Verbformen sind in sich nicht syndese-fähig.

21.3 DIE BIBLISCH-HEBRÄISCHEN "TEMPORA"

21.3.1 Allgemeines zu den biblisch-hebräischen "Tempora"

Bei der Beschäftigung mit dem biblisch-hebräischen Tempussystem empfiehlt es sich nach dem eben Gesagten, die Begriffe bzw. Sachverhalte **Tempus** (engl. tense; grammatische Bezeichnung bestimmter Flexionsklassen des
Verbums) und **Zeit** (engl. time; philosophisch-physikalischer Begriff, der einen Sachverhalt außerhalb der grammatischen Ebene meint) als "Bezeichne-
tes" und "Gemeintes" deutlich zu unterscheiden, sofern man es nicht mit W.
RICHTER und seinen Schülern vorzieht, auf den Begriff "Tempus" im obigen
Sinn ganz zu verzichten und stattdessen die Flexionsklassen des Verbums nur
formalistisch umschreibt (*yiqtol* bzw. Präfix- / Präformativkonjugation statt
Imperfekt, *qatal* bzw. Suffix- / Afformativkonjugation statt Perfekt etc.).

Eine zweite – auf K. BÜHLER zurückgehende – Differenzierung ist unbedingt zu beachten: **Tempus** ist eine Kategorie, die sich allein auf Verbformen
in "darstellender" Funktion bezieht. "Auslösende" Verbformen, d.h. **Modi**
wie Imperativ, Jussiv oder Kohortativ, bilden eine eigene Untergruppe, zumal
sie eo ipso futurische Konnotation haben; sie können also am Rande bleiben,
wenn es um die Bestimmung des Zeitbezugs der biblisch-hebräischen "Tempora" geht.

Eine dritte Differenzierung ist zwingend angezeigt: Klar bestimmbare Zeitbezüge können nur "individuelle" Sachverhalte haben, bei "iterativen" und
"generellen" Sachverhalten[1] spielt der Zeitbezug schon eine weniger gewich-
tige bzw. eindeutige Rolle und allgemeingültige Sachverhalte[2] stehen außerhalb des gängigen zeitlichen Bezugssystems.

Die eingangs erwähnte prinzipielle Differenzierung gilt zwar für alle Sprachen, doch im Falle der indoeuropäischen Sprachen (wie Latein, Deutsch oder
Englisch) wird diese Differenzierung leicht übersehen, weil dort – das ist gegen WEINRICHs rein ästhetisch orientierten Ansatz mit den alten Grammatikern aufrechtzuerhalten – durch die Wahl bestimmter Tempora u.a. auch unmittelbar Aussagen über die gemeinte Zeitstufe gemacht werden können – das

---

[1] Individuelle Sachverhalte (SV) sind Sachverhalte, die (nach Auffassung des Sprechers / Schreibers) nur einmal stattgefunden haben, iterative und generelle Sachverhalte solche, die mehrfach
bzw. einem gewissen Erfahrungswert nach immer wieder eintreten oder eingetreten sind: Indivi-
dueller SV: Der Hund Karo hat gebellt – Iterativer SV: Der Hund Karo hat x-mal gebellt – Genereller SV: Hunde bellen = Hunde haben schon immer gebellt = Hunde werden immer bellen.
[2] Z.B.: "Eins und eins ist zwei".

"Bezeichnete" weist unmittelbar auf das "Gemeinte". Verwenden wir z.B. im Deutschen in der "Rede" die grammatische Form "Perfekt", dann meinen wir damit u.a., daß der artikulierte Sachverhalt von unserem Standpunkt in der Gegenwart aus gesehen der "objektiven" Zeitstufe Vergangenheit zuzuordnen ist: Das "Tempus" Perfekt steht in unmittelbarem Bezug zur Zeitstufe Vergangenheit. Und Analoges gilt im Deutschen auch für die Tempora Präsens und Futur, die – sofern sie nicht in Nebenfunktionen (z.B. Futurum instans beim Präsens, intensive Aufforderung beim Futur) verwendet sind – unmittelbar auf die Zeitstufen Gegenwart und Zukunft bezogen sind.

Man nennt diese vielen indoeuropäischen Sprachen eigentümliche Betrachtungsweise von Zeit den Zeitstufenbezug[1].

Anders liegen die Verhältnisse im Biblisch-Hebräischen. Dort finden sich nur zwei – nimmt man die "zusammengesetzten" Tempora dazu: vier – finite Verbformen als "Tempora", so daß schon von daher klar ist, daß keine direkte Korrelation von Tempus und Zeitstufe bestehen kann: Die Trias Vergangenheit / Gegenwart / Zukunft kann nicht durch zwei bzw. vier Tempusformen ausgedrückt sein.

21.3.2   Die Funktion der biblisch-hebräischen "einfachen Tempora" nach der älteren Aspektlehre

Die bh Tempora bezeichnen nach einer verbreiteten Theorie für sich genommen einen anderen Zeitbezug als den Verweis auf Zeitstufen, sie bezeichnen den subjektiven Aspekt, unter dem ein Sprecher / Schreiber ein Geschehen betrachtet. In einem reinen Aspektsystem wird – unabhängig von der Zeitstufe – nur unterschieden, ob ein Sachverhalt als im Verlauf befindlich betrachtet wird (kursiver / fientischer oder imperfektiver Aspekt) oder aber als abgeschlossen (konstativer oder perfektiver Aspekt).

---

[1] Vgl. E. KOSCHMIEDER, Zeitbezug und Sprache, Leipzig-Berlin 1929. Daneben kennt das Deutsche noch einen relativen Zeitbezug (Plusquamperfekt!) – ebenso wie viele andere indoeuropäische Sprachen. Er kann hier zunächst außer Betracht bleiben.

Andere Zeitbezüge wie Zeitstufen- bzw. relative Zeitstufenbezüge können nur indirekt – "synthetisch"[1] – ausgedrückt werden; unmittelbar wird in reinen Aspektsystemen durch die Wahl einer bestimmten Verbform nur artikuliert, wie der Sprecher / Schreiber den Zeitablauf sieht – ob vom Endpunkt des betrachteten Sachverhalts her oder aber auf ihn hin.

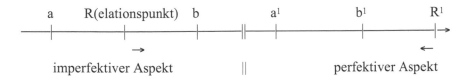

Man nennt diese Betrachtungsweise von Zeit das Zeitablaufsverhältnis[2]. Demgemäß kann man die alten grammatischen Funktionsbezeichnungen "Imperfekt" und "Perfekt" im Rahmen der Frage nach den Grundfunktionen der bh Tempora in ihrem Wortsinne verstehen: Das Imperfekt (*yiqtol*-LF) steht für Sachverhalte, die sich dem Sprecher / Schreiber zu einem beliebigen Zeitpunkt R, der **nicht** mit dem Gegenwartspunkt des Betreffenden zusammenfallen muß, als noch andauernd oder im Vollzug befindlich darstellen, das Perfekt (*qatal*) steht demgegenüber für Sachverhalte, die sich dem Sprecher / Schreiber als abgeschlossenes Faktum darstellen[3].

21.3.3 Die Funktion aller biblisch-hebräischen "Tempora" im Überblick – das relative Tempussystem des "klassischen" Hebräisch[4]

Die Mängel eines reinen Aspektsystems ergeben sich aus der obigen Darstellung ohne weiteres. Will man präzise Angaben über die Zeitbezüge der darzustellenden Sachverhalte machen, muß man zu "synthetischen" Mitteln (Tempusmarker, Formationsregeln, Zeitadverbien etc.) greifen. Wie das im einzelnen aussieht, kann man an den ältesten bh Texten (Mirjamlied, Teile

---

[1] Vgl. dazu E. KOSCHMIEDER, Die noetischen Grundlagen der Syntax, Sitzungsberichte d. Bayer. Akad. d. Wiss., Phil.-Hist. Klasse, München 1951.

[2] Vgl. dazu A. DENZ, Die Verbalsyntax des neuarabischen Dialektes von Kwayriš (Irak). Mit einer einleitenden allgemeinen Tempus- und Aspektlehre, Wiesbaden 1971.

[3] *yiqtol*-Kurzform ist kein Tempus, sondern ein Modus mit perfektivem Aspekt.

[4] Vgl. dazu R. BARTELMUS, *HYH*. Bedeutung und Funktion eines hebräischen "Allerweltswortes" – zugleich ein Beitrag zur Frage des hebräischen Tempussystems, ATS 17, St. Ottilien 1982, 40-79.

des Deboralieds, des Schilfmeerlieds [?], einige Psalmen) studieren. Im Blick auf solche Texte hat die ältere "Aspekttheorie" nach wie vor einen gewissen Erklärungswert. Im Israel der staatlichen Zeit (ca. 1000-586 v.Chr.) und auch noch in frühnachexilischer Zeit hat sich ein demgegenüber präziseres Tempussystem durchgesetzt, das es ermöglicht – ausgehend von relativen Zeitbezügen – auch komplexe zeitliche Sachverhalte eindeutig zu artikulieren. In ihm sind die meisten Texte der hebräischen Bibel abgefaßt. Die Betrachtungsweise "Zeitablaufsverhältnis" (Aspekt) ist darin nicht aufgegeben, sondern um weitere Gesichtspunkte ergänzt.

Betrachtet man aus methodischen Gründen zunächst nur die Grundfunktion der Verbformen in diesem "relativen" Tempussystem, gilt bei individuellen Sachverhalten im Rahmen der "Darstellung":

Das Perfekt (*qatal*)	steht zum Ausdruck der Vorzeitigkeit (VZ),
das Partizip (*qōtel*)	steht zum Ausdruck der Gleichzeitigkeit (GZ) – es ersetzt gewissermaßen die sonst für ein relatives Tempussystem fehlende dritte finite Konjugationsform des Verbums,
das Imperfekt (*yiqtol*)	steht zum Ausdruck der Nachzeitigkeit (NZ).

Bei generellen / iterativen Sachverhalten erscheint (unabhängig vom Zeitbezug) das Imperfekt, bei allgemeingültigen Sachverhalten das Partizip aktiv.

Ihrer Grundfunktion nach werden mit den "einfachen Tempora" also keine Zeitstufen, sondern nur Zeitrelationen bzw. Zeitlageverhältnisse[1] artikuliert, wobei in Rechnung zu stellen ist, daß der Sprecher / Schreiber frei darüber entscheiden kann, aus welchem Blickwinkel er die Sachverhalte darstellen will. Die einzelnen Sachverhalte werden von einem beliebigen Relationspunkt aus, der **nicht** mit dem Gegenwartspunkt identisch sein muß, einander zugeordnet, wobei der Sprecher / Schreiber je und je die Richtung neu festlegen kann, in die er die Wahrnehmung des Hörers / Lesers lenken will[2]:

---

[1] Vgl. dazu A. DENZ, Die Verbalsyntax des neuarabischen Dialektes von Kwayriš (Irak), Wiesbaden 1971.

[2] R. BARTELMUS, *HYH*. Bedeutung und Funktion eines hebräischen "Allerweltswortes" – zugleich ein Beitrag zur Frage des hebräischen Tempussystems, ATS 17, St. Ottilien 1982, 51ff, hat im Blick auf die Tatsache, daß der Sprecher / Autor sich den darzustellenden Sachverhalten gewissermaßen "ex ante", "ex aequo" oder "ex post" zuwenden kann, den Begriff "Richtungskoeffizient" zur Kategorisierung dieser vierten noetischen Konnotation der bh Verbformen eingeführt; H. WEINRICH, Tempus. Besprochene und Erzählte Welt, Stuttgart [2]1971 ([6]2001), spricht in diesem Zusammenhang von "Sprechperspektive" bzw. "Reliefgebung".

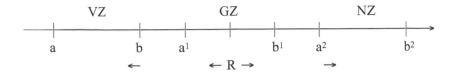

Welche "objektive" Zeitstufe gemeint ist, ergibt sich aus dem Kontext. Dabei spielen Faktoren wie die Textart (besprochene oder erzählte Welt[1]), Textebene (Vordergrund-Hintergrund) und Textaufbau (Einleitung-Hauptteil-Schluß) ebenso eine Rolle wie syntaktische Faktoren (Wortstellung im Satz, Syndese-Asyndese, unabhängiger-abhängiger Satz) und sonstige Textelemente (Zeitadverbien etc.). Als primärer Relationspunkt in allen Arten von Texten ist – sofern nicht eindeutig anderes angemerkt ist – jeweils der Gegenwartspunkt des Sprechers / Schreibers anzunehmen.

Ergänzt wird dieses relative Bezugssystem durch die beiden "zusammengesetzten" Verbformen *wayyiqtol* und *wᵊqatal*, die die Funktion haben, die einmal durch eine "einfache" Verbform erreichte Zeitstufe gewissermaßen "festzuschreiben". *wayyiqtol* dient dabei nahezu ausschließlich zum Ausdruck des Progresses in der Vergangenheit, *wᵊqatal* zum Ausdruck des Progresses in der Zukunft oder zum Ausdruck des Progresses bei generellen / iterativen Sachverhalten (auch wenn vorher kein *yiqtol*-LF steht!): Das relative Tempussystem nähert sich so einem Zeitstufensystem. – Daß *wᵊqatal* außerhalb der "Darstellung" nach auslösenden Verbformen wie *yiqtol*-KF, *qᵊtol* den Wunsch / Befehl fortführen kann, bleibt davon unberührt.

Syntaktisch gesehen ist zu beachten, daß die "zusammengesetzten" Verbformen stets in Erststellung im Satz erscheinen (Ausnahme: Pendenskonstruktion), die "einfachen" dagegen nach einem beliebigen Glied x. Ausnahmen von der letztgenannten Regel finden sich praktisch nur in direkter Rede.

---

[1] So kann etwa *qatal* in Reden die Nebenfunktion der Bezeichnung des Koinzidenzfalles haben, der in der erzählten Welt keine Rolle spielt; Analoges gilt in Bezug auf die Verwendung des Ptz.akt. zur Bezeichnung des "futurum instans".

21.4   GRAPHISCHE ZUSAMMENFASSUNG DER GRUNDFUNKTIONEN DER "TEMPORA" IM RELATIVEN TEMPUSSYSTEM DES BIBLISCHEN HEBRÄISCH – LEISTUNGSEBENE: "DARSTELLUNG" VON INDIVIDUELLEN SACHVERHALTEN[1]

↓   Rede- bzw. Text-Anfang: R=G   ↓

VF[2]	*qatal*	*qōtel*	*yiqtol*-LF	VF
ZLV	Vergangenheit	Gegenwart	Zukunft	ZLV
ZAV[3]	perfektiv	imperfektiv	imperfektiv	ZAV
AA	punktuell	durativ	punktuell	AA
RK	retrospektiv	Ø	prospektiv	RK

← ← ↓ → →

(a)   b   (a¹)   **R**   (b¹)   a²   (b²)

⊢———————————⊦———————————⊦———————————⊦————————————→

↓   ↓

↑   ↑
R'   **R"**

(a')   b' (a¹')   (b¹') a²' (b²')   (a") b" (a¹") (b¹") a²" (b²")

⊢————⊦————⊦————————→   ⊢————⊦————⊦————————→

← ←↑→   →   ← ←↑→   →

RK	retrospektiv	Ø	prospektiv	retrospektiv	Ø	prospektiv	RK
AA	punktuell	durativ	punktuell	punktuell	durativ	punktuell	AA
ZAV	perfektiv	imperf.	perfektiv	perfektiv	imperf.	imperfektiv	ZAV
ZLV	VZ	GZ	Progress	VZ	GZ	Progress	ZLV
VF	*qatal*	*qōtel*	*wayyiqtol**	*qatal*	*qōtel*	*wᵊqatal*[4]	VF

↑   Rede- bzw. Text-Verlauf: R≠G   ↑

---

[1] S.o. Kap. 5-7, 9-11 und 21.3. Vgl. dazu auch die ältere Fassung der graphischen Darstellung bei R. BARTELMUS, *HYH*. Bedeutung und Funktion eines hebräischen "Allerweltswortes" – zugleich ein Beitrag zur Frage des hebräischen Tempussystems, ATS 17, St. Ottilien 1982, 79. **Sonderfälle** wie resultative Verben oder Zustandsverben sind nicht berücksichtigt, ebensowenig nicht-individuelle Sachverhalte; dazu **siehe nächste Seite**.

[2] Abkürzungen: VF = Verbform; ZLV = Zeitlageverhältnis; ZAV = Zeitablaufsverhältnis; AA = Aktions- (Ablaufs-) art; RK = Richtungskoeffizient.

[3] Nach anderer Terminologie "Aspekt".

[4] Gelegentlich auch *wᵊ-x-yiqtol*, v.a. wenn Subjektswechsel vorliegt oder das Subjekt hervorgehoben werden soll; zu weiteren Sonderfällen (*) **siehe nächste Seite**.

Anmerkungen bzw. Ergänzungen zur graphischen Zusammenfassung der Grundfunktionen der Tempora im relativen Tempussystem des Biblischen Hebräisch

*Wenn in Erzählungen nach *wayyiqtol wə-x-qatal* erscheint, ist der angesprochene Sachverhalt gelegentlich ebenfalls nach R' anzusetzen. Es handelt sich dann allerdings unbeschadet dieser Tatsache nie um einen Progreß, sondern um eine geprägte Wendung zum Ausdruck des relativen Neueinsatzes; die Fügung ist in solchen Fällen somit als Rückbezug auf R zu werten: Der Erzähler holt gewissermaßen tief Luft und setzt neu mit der nächsten Szene ein.

Liegt der angesprochene Sachverhalt dagegen vor R', was von den Grundfunktionen her als Regelfall zu erwarten ist, liegt eine Hintergrundinformation (Plusquamperfekt) vor. – Einen Sonderfall stellt daneben die Verwendung von *wə-x-qatal* zum Ausdruck von Adversativ-Verhältnissen dar (so z.B. mehrfach in Gen 4,2-5): Es geht dann gewissermaßen um "punktuelle Gleichzeitigkeit", d.h. beide Sachverhalte waren zum gleichen Zeitpunkt abgeschlossen.

Im Blick auf die Leistungsebene "Auslösung" bedarf es keiner eigenen graphischen Darstellung der Funktion der Verbformen – eignet doch jedem "Appell" quasi von selbst der Zeitbezug NZ. (Daß die Formen *yiqtol*-LF und *wəqatal* "polyvalent" gebraucht sein können, d.h. in darstellenden wie appellativen Zusammenhängen vorkommen, steht auf einem anderen Blatt). Eine Einbeziehung des Problems der Darstellung von generellen / iterativen bzw. allgemeingültigen Sachverhalten erscheint aus anderen Gründen wenig sinnvoll: Wenn *yiqtol*-LF bzw. *wəqatal* in der erstgenannten Funktion verwendet sind, ergibt sich der Zeitbezug – sofern er bei Generalität überhaupt von Interesse ist[1] – stets aus dem Kontext; bezeichnet ist mit der Verbform nur die Generalität bzw. Iterativität des jeweils angesprochenen Sachverhalts. Allgemeingültige Sachverhalte sind per definitionem zeitlos.

---

[1] Vgl. o. 21.3 A 1.

21.5   SYNTAKTISCHE MITTEL DES BIBLISCHEN HEBRÄISCH ZUR STRUKTURIERUNG VON NARRATIVEN TEXTEN – DARGESTELLT AM BEISPIEL VON JOS 8,30-35

1   אָז יִבְנֶה יְהוֹשֻׁעַ מִזְבֵּחַ לַיהוָה אֱלֹהֵי יִשְׂרָאֵל בְּהַר עֵיבָל:

2   כַּאֲשֶׁר צִוָּה מֹשֶׁה עֶבֶד־יְהוָה אֶת־בְּנֵי יִשְׂרָאֵל

3   כַּכָּתוּב בְּסֵפֶר תּוֹרַת מֹשֶׁה

4   מִזְבַּח אֲבָנִים שְׁלֵמוֹת

5   אֲשֶׁר לֹא־הֵנִיף עֲלֵיהֶן בַּרְזֶל

6   וַיַּעֲלוּ עָלָיו עֹלוֹת לַיהוָה

7   וַיִּזְבְּחוּ שְׁלָמִים:

8   וַיִּכְתָּב־שָׁם עַל־הָאֲבָנִים אֵת מִשְׁנֵה תּוֹרַת מֹשֶׁה

9   אֲשֶׁר כָּתַב לִפְנֵי בְּנֵי יִשְׂרָאֵל:

10   וְכָל־יִשְׂרָאֵל וּזְקֵנָיו וְשֹׁטְרִים ׀ וְשֹׁפְטָיו עֹמְדִים מִזֶּה ׀ וּמִזֶּה ׀ לָאָרֹון נֶגֶד הַכֹּהֲנִים הַלְוִיִּם נֹשְׂאֵי ׀ אֲרוֹן בְּרִית־יְהוָה

11   כַּגֵּר כָּאֶזְרָח

12   חֶצְיוֹ אֶל־מוּל הַר־גְּרִזִים וְהַחֶצְיוֹ אֶל־מוּל הַר־עֵיבָל

13   כַּאֲשֶׁר צִוָּה מֹשֶׁה עֶבֶד־יְהוָה

14   לְבָרֵךְ אֶת־הָעָם יִשְׂרָאֵל בָּרִאשֹׁנָה:

15   וְאַחֲרֵי־כֵן קָרָא אֶת־כָּל־דִּבְרֵי הַתּוֹרָה הַבְּרָכָה וְהַקְּלָלָה

16   כְּכָל־הַכָּתוּב בְּסֵפֶר הַתּוֹרָה:

17   לֹא־הָיָה דָּבָר מִכֹּל

18   אֲשֶׁר־צִוָּה מֹשֶׁה

19   אֲשֶׁר לֹא־קָרָא יְהוֹשֻׁעַ נֶגֶד כָּל־קְהַל יִשְׂרָאֵל וְהַנָּשִׁים וְהַטַּף וְהַגֵּר הַהֹלֵךְ בְּקִרְבָּם:

---

[1] Nach App.[b] BHK[3] emendiert.

GRAPHISCHE DARSTELLUNG DER TEXTSTRUKTUR[1]

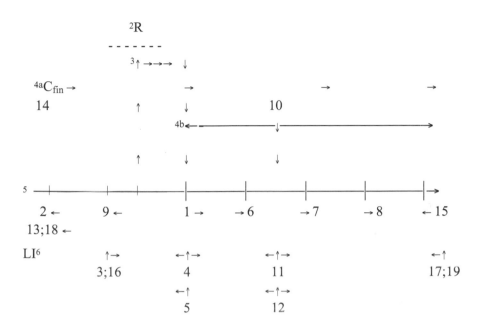

---

[1] Die Zahlen in Normalschrift beziehen sich auf die auf der vorhergehenden Seite vorgenommene Gliederung des Textes; die vertikalen Pfeile deuten den Wechsel zwischen den Informationsebenen an, die horizontalen Pfeile den Pro- bzw. Regreß bzw. – im Falle von ←→ – das Fehlen eines Richtungsbezugs (∅).

[2] Der Relations"punkt" R für alles Folgende ist die Eroberung von Ai, die außerhalb des SV-Ablaufs der erzählten Szene liegt, aber im weiteren narrativen Kontext erwähnt wird.

[3] Temporaldeiktikon אָז (nimmt unbestimmt auf R Bezug).

[4] Begleitumstände: a) Hinter dem SV-Ablauf stehende (auf Mose zurückgehende) Absicht (C = Circumstant; fin = final; zielgerichtet) außerhalb der Ebene der (bloßen) Darstellung; b) Neben dem Hauptstrang des SV-Ablaufs zu beachtendes Faktum auf der Ebene der Darstellung.

[5] SV-Ablauf (Hauptstrang der Erzählung).

[6] Leserinformation **außerhalb** der zeitlich strukturierten Darstellung der historischen Ereignisse, aber bezogen auf die Ebene der Darstellung – im Falle von 17;19 Resümee.

EXEGETISCHE ERLÄUTERUNGEN ZUR GRAPHISCHEN DARSTELLUNG DES TEXTES[1]

1 VGA Texteröffnung mit Temporal-Deiktikon *'āz*, das hier durch Verweis auf den vorhergehenden Text – die Erzählung von der Eroberung von Ai – die präteritale Dimension des Textes sicherstellt, und mit *yiqtol*-LF zum Ausdruck der NZ gegenüber dem vorhergehenden Text.

Die aspektuelle Konnotation der Verbform (Imperfektivität) ist vom Autor vernachlässigt – daß der Vorgang des Altarbaus abgeschlossen wurde, ergibt sich aus dem folgenden Text.

2 HG Regress mit *ka'ašær qatal* auf den Anlaß für den ganzen Vorgang: Es geht um die Ausführung eines früheren Befehls des Mose.

3 LI Nominaler Verweis mit *kaqqatūl* auf die Quelle, in der der Befehl zu finden ist.

4 LI Explikative Asyndese: Die Art des Altars wird näher erklärt – es ist ein Altar aus unversehrten Steinen.

5 LI Um jedes Mißverständnis auszuschließen, wird das Adjektiv der explikativen Asyndese durch einen Relativsatz mit *'ašær lō' qatal* noch genauer erklärt: Es geht um Steine, die nie mit Eisen behauen worden sind.

6 VG *wayyiqtol* zum Ausdruck des Sachverhalts-Progresses: Man brachte Brandopfer dar.

7 VG *wayyiqtol* zum Ausdruck des Sachverhalts-Progresses: Man brachte "Heilsopfer" dar.

8 VG *wayyiqtol* zum Ausdruck des Sachverhalts-Progresses: Josua schrieb auf die Steine eine Abschrift des Gesetzes des Mose.

9 HG Regress mit *'ašær qatal* auf die Herkunft des Gesetzes des Mose.

---

[1] Auflösung der Abkürzungen:
VG   = Vordergrund der Erzählung
VGA = Text-Anfang im VG (üblich wäre HGA!)
VGS = Text-Schluß im VG
HG   = Hintergrund der Erzählung
LI   = Leserinformation außerhalb der zeitlich strukturierten Darstellung der historischen Ereignisse
RE   = Resümee, d.h. betonte LI außerhalb der zeitlich strukturierten Darstellung der historischen Ereignisse.

10 HG   Umstandssatz der GZ (*wᵊ-x-qōtel*): Die Position der am Vorgang Beteiligten wird geschildert.

11 LI   Explikative Asyndese: Die am Vorgang Beteiligten werden näher bestimmt[1].

12 LI   Explikative Asyndese: Die Position der am Vorgang Beteiligten wird noch genauer bestimmt.

13 HG   Regreß mit *ka'ašær qatal*: Der Autor hält fest, daß der ganze Vorgang exakt einem früher ergangenen Befehl des Mose entspricht.

14 HG   *liqtol* als Circumstant des Ziels (C_{fin}): Der Zweck des Befehls des Mose wird genannt.

15 VGS   Relativer Neueinsatz durch Rückbezug auf den zuletzt erreichten Sachverhalt als Bezugspunkt R. Mit dem als Temporaldeiktikon verwendeten *wᵊ'aḥᵃrē kēn* und *qatal* eröffnet der Autor die abschließende Szene, auf die hin der Text angelegt ist: Es geht um die für das religiöse Selbstverständnis Israels im Kulturland eminent wichtige Verlesung der Tora durch Josua.

16 LI   Nominaler Verweis mit *kᵊ̱kål-haqqatūl* auf den Anlaß für die Handlung.

17 RE   Explikative Asyndese, die dem Leser den Sinn des ganzen Vorgangs deutlich machen will: Es wird festgehalten, daß es kein Wort gab aus dem Gesamt der Worte,

18 HG   die Mose befohlen hatte (*'ašær qatal* zur Erklärung des indeterminierten *dābār* von 17).

19 RE   Inhaltliche Füllung der explikativen Asyndese durch einen Objekts-Satz mit *'ašær lō' qatal*: Josua hat keinen einzigen Satz der Tora bei der Verlesung übergangen – die Tora ist Israel also ungekürzt und unverändert überliefert worden.

---

[1] Daß hier aller Wahrscheinlichkeit nach ein sekundärer Einschub vorliegt, dessen (dtr.?) Urheber am Vorgang auch *gērim* beteiligt sehen will, was sachlich an dieser Stelle des Landnahmeberichts keinen Sinn gibt, kann hier außer Betracht bleiben: Der Interpolator hat sich keinen Verstoß gegen die Syntax zuschulden kommen lassen.

22 BIBLISCHES ARAMÄISCH FÜR KENNER UND KÖNNER DES BIBLISCHEN HEBRÄISCH – EINE VERGLEICHENDE ZUSAMMENSTELLUNG DER WICHTIGSTEN GRAMMATISCHEN PHÄNOMENE

22.1 DAS BIBLISCHE ARAMÄISCH IM RAHMEN DER ÄLTEREN ARAMÄISCHEN DIALEKTE UND IM VERHÄLTNIS ZUM BIBLISCHEN HEBRÄISCH

Aus dem Blickwinkel der Sprachwissenschaft gesehen, ist das Aramäische eine ungleich bedeutendere Sprache als das Hebräische, gibt es doch eine ununterbrochene aramäische Sprachtradition vom 10. Jh.v.Chr. bis in unsere Tage – mit Textdenkmälern aus nahezu dem gesamten Vorderen Orient und Ägypten. Aber selbst wenn man den Vergleichsrahmen enger zieht und nur die Dialekt-Variante "Biblisches Aramäisch" (BA) dem "Biblischen Hebräisch" (BH) gegenüberstellt, kommt dem BA eine weitaus größere Bedeutung zu, stellt es doch eine Spielform des vom 7. bis 3. Jh.v.Chr. im Vorderen Orient verbreiteten "Reichsaramäisch" dar, das u.a. die offizielle Sprache im Perserreich war[1], während das BH auf den kanaanäischen Raum (genauer: auf Israel und Juda) beschränkt blieb und schon bald nach dem Verlust der jüdischen Eigenstaatlichkeit vom Reichsaramäischen bzw. in der Folge vom Griechischen verdrängt wurde[2]. Wenn in diesem Buch das BA unbeschadet dessen vor dem Hintergrund des BH dargestellt wird, geschieht das aus rein pragmatischen, didaktischen Gründen – die sprachgeschichtlichen Tatsachen sollen damit nicht auf den Kopf gestellt werden.

Innerhalb der semitischen Sprachen gehört das BA zusammen mit dem BH zum nordwestsemitischen Zweig, dem auch das Ugaritische, das Kanaanäische und das Phönizische zuzurechnen sind; innerhalb der aramäischen Dialekte ist es ein Vertreter des westaramäischen Zweigs[3], dem neben anderen

---

[1] Es wurde vermutlich schon in assyrischer Zeit als "lingua franca" des Nahen Ostens verwendet; vgl. dazu R. DEGEN, Aramäisch, TRE 3 (1978), 599-613; 600.

[2] Daß sich dieser Verdrängungsprozeß auch auf den Bereich der Schrift erstreckte, wurde bereits erwähnt (s.o. S. 19 u.ö.).

[3] Den besten Überblick bietet noch immer E.Y. KUTSCHER, Art.: Aramaic, EJ 3, Jerusalem 1971, 259-287, doch vgl. auch C. BROCKELMANN, Das Aramäische, in: Handbuch der Orientalistik I/3: Semitistik, Leiden-Köln 1964, 135-168.

die altaramäischen Dialekte der Inschriften von Zincirli, Sfire, Hama etc.[1], das Ägyptisch-Aramäische[2], das Jüdisch-Palästinische Aramäisch[3], das syropalästinische christliche Aramäisch[4], das Palmyrenische und das Nabatäische[5] angehören. Auch der bis heute verwendete aramäische Dialekt von Ma'alula ist westaramäischen Ursprungs.

Daß das BA und das BH zwei deutlich unterschiedene Sprachen sind, wird schon im AT bezeugt. Dort wird ein Gespräch zwischen dem assyrischen Feldherrn Rabsake und dem Palastvorsteher Eljakim geschildert, in dem Eljakim den Rabsake auffordert, mit ihm aramäisch zu verhandeln, damit das Volk auf den Mauern Jerusalems nichts von dem versteht, was Rabsake zu sagen hat[6]. Dennoch ist die Verwandtschaft der beiden Sprachen etwa so groß wie die zwischen dem Spanischen und dem Italienischen, so daß man schriftlich vorliegende Texte verstehen bzw. analysieren kann, wenn man sich nur einige wenige Gesetzmäßigkeiten im Bereich von Phonetik, Grammatik und Syntax klarmacht, nach denen das BA anders strukturiert ist als das BH. Nur um derartige Gesetzmäßigkeiten soll es im folgenden gehen – eine biblisch-aramäische (ba) Grammatik kann nicht geboten werden[7].

22.2   DIE PHONEME DES BIBLISCHEN ARAMÄISCH

Was die Schrift- und Lautlehre betrifft, ist dem oben in Kap. 1 und 2 Gesagten nichts hinzuzufügen: Letztlich ist ja das ganze System der Quadratschrift

---

[1] Vgl. dazu u.a. R. DEGEN, Altaramäische Grammatik der Inschriften des 10.-8. Jh.v.Chr., Wiesbaden 1969, 1-5. Textbasis sind hier ausschließlich Inschriften.

[2] Vgl. P. LEANDER, Laut- und Formenlehre des Ägyptisch-Aramäischen, Göteborg 1928 = Hildesheim 1966. Textbasis sind hier v.a. die für die jüdische Religionsgeschichte wichtigen Papyri von Elephantine.

[3] Vgl. G. DALMAN, Grammatik des Jüdisch-Palästinischen Aramäisch nach den Idiomen des Palästinischen Talmud, des Onkelostargum und Prophetentargum und der Jerusalemischen Targume, Leipzig ²1905 = Darmstadt 1960 (beigegeben: DERS., Aramäische Dialektproben, Leipzig ²1927). Die Textbasis läßt sich hier dem obigen Titel entnehmen; zu nennen wären aber auch einzelne nicht-griechische Zitate aus dem NT: Dieser aramäische Dialekt war (in einer galiläischen Spielform) die Sprache Jesu.

[4] Vgl. F. SCHULTHESS, Grammatik des christlich-palästinischen Aramäisch, Tübingen 1924. Als Textbasis hat S. verschiedene Manuskripte aus christlichen Klöstern und aus der Geniza in Kairo verwendet.

[5] J. CANTINEAU, Le nabatéen, 2 Vol., Paris 1930 / 1932; DERS., Grammaire du palmyrénien épigraphique, Kairo 1935. Textbasis sind hier Inschriften, v.a. aus Palmyra und Petra.

[6] 2 Kön 18,19-36 (bes. 26) par. Jes 36,4-21 (bes. 11).

[7] Von den vielen älteren Grammatiken des BA seien als Nachschlagewerke zum vertieften Studium genannt: E. KAUTZSCH, Grammatik des Biblisch-Aramäischen, Leipzig 1884; H. BAUER – P. LEANDER, Grammatik des Biblisch-Aramäischen, Halle 1927 = Hildesheim 1969; F. ROSENTHAL, A Grammar of Biblical Aramaic, PLO 5, Wiesbaden ⁴1974.

ursprünglich für das Aramäische entwickelt worden, und was die Vokalisation
betrifft, hat die Masora der Schule Ben Ascher den ganzen Tena<u>k</u> mit einer
weitgehend einheitlichen Punktation versehen. Obwohl nun das gleiche Al-
phabet und der gleiche Vokalbestand zugrundeliegen, gibt es doch markante
Unterschiede. Im Konsonantismus laufen sie nach folgenden Gesetzmäßigkeiten ab: a) "Proto"semitisches $\underline{d}$, das im BH zu ז geworden ist, wird ba zu ד,
d.h. an die Stelle des stimmhaften Spiranten tritt im BA der entsprechende
Explosivlaut. b) Analoges gilt vom stimmlosen Spiranten $\underline{t}$, der im BH zum
stimmlosen Spiranten שׁ geworden ist, während er im BA als Explosivlaut ת
auftritt. c) Das "proto"semitische $\underline{t}$ ($\not z$) – im BH durch צ repräsentiert – behält
zwar auch im BA die Velarisierung bei, wird aber als Explosivlaut ט und
nicht als Spirant artikuliert. d) "Proto"semitisches $\d{d}$, das im BH ebenfalls als
צ erscheint, wird im BA zum Laryngal ע, gelegentlich auch zu ק. Aus diesen
Regeln darf nun aber nicht der pauschale Schluß gezogen werden, daß etwa
jedes שׁ des BH im BA als ת, jedes ז als ד erscheinen würde: Dort, wo die
entsprechenden Laute auf den jeweils identischen "proto"semitischen Laut
zurückgehen, tritt keine Änderung ein. Die folgende Liste mit den einschlägi-
gen Lauten (und anderen, die im BA genauso artikuliert werden wie im BH)
soll das Identifizieren von ba Lexemen erleichtern.

"Proto"semitisch	Hebräisch	Aramäisch	Arabisch[1]
d	ד	ד	د (d)
$\underline{d}$	ז	ד	ذ $(\underline{d})$
z	ז	ז	ز (z)
t	ת	ת	ت (t)
$\underline{t}$	שׁ	ת	ث $(\underline{t})$
$š$	שׁ	שׁ	س (s)
$\d{t}$	ט	ט	ط $(\d{t})$
$\not z$ $(\underline{t})$	צ	ט	ظ $(\not z)$
$\d{s}$	צ	צ	ص $(\d{s})$
ʿ	ע	ע	ع $(ʿ)$
$\d{d}$	צ	ע (ק)	ض $(\d{d})$
$\dot{g}$	ע	ע	غ $(\dot{g})$

---

[1] Daß hier eine arabische Kolumne erscheint, hat damit zu tun, daß das Arabische die "proto"semitischen Konsonanten beibehalten hat, die im BH bzw. BA geschwunden sind.

Beispiele für a) – d):

	Ugaritisch[1]	Hebräisch	Aramäisch	Arabisch	Bedeutung[2]
a)	_ḏrʿ_	זְרוֹעַ (אֶזְרֹעַ[3])	אֶדְרָע	_ḏirāʿun_	Arm
	dbḥ	זֶבַח	דְּבַח	_dabaḥa_	opfern
	_d (ḏ)_	זֶה	דִּי / דָּא (fem.)	_ḏī_	Deiktikon
	---	[אָז]	אֱדַיִן	_īḏan_	dann
b)	_ṯlṯ_	שָׁלוֹשׁ	תְּלָת	_ṯalāṯun_	drei
	_ṯm_	שָׁם (שָׁמָּה)	תַּמָּה	_ṯamma_	dort
	_ṯr_	שׁוֹר	תּוֹר	_ṯaurun_	Stier
	_ṯr_	שַׁעַר	תְּרַע[4]	[_ṯaġrun_]	Tor; Tür
c)	_ẓl_	צֵל	[טלל]	_ẓillun_	Schatten
	---	צוּר	טוּר	---	Fels; Berg
	---	עֵצָה	עֵטָה	_ʿiẓatun_	Rat
	_qẓ_	קַיִץ	קַיט	_qaiẓun_	Sommer
d)	_ʾrṣ_	אֶרֶץ	אֲרַע [ארק]	_ʾarḍun_	Erde
	_ʿṣ_	עֵץ	אָע [> עע]	---	Holz
	ṣrt	צַר	עָר	[_ḍarra_]	eng; Feind

Was die Vokalisation betrifft[5], liegt der wichtigste Unterschied zwischen dem BH und dem BA in dem Umstand, daß im BA Vorton- und Tondrucklängung weitestgehend entfallen; als Ausgleich für letzteres Phänomen können kurze Vokale auch in betonter offener Silbe stehen. Segolatbildungen kommen weitaus seltener vor als im BH. Das gemeinsemitische alte _â_ ist erhalten geblieben und nicht wie im BH zu _ô_ geworden. Von daher klingen selbst bei identischem Konsonantenbestand viele im BH und BA bedeutungsgleiche Worte im BA anders als vom BH her gewohnt – ist auch ein Wechsel im Konsonantismus gegeben, erfordert die Identifizierung noch mehr Spürsinn. Liegt demgegenüber bei identischem Konsonantenbestand, aber unterschiedlicher Vokalisation im BA gelegentlich eine andere Bedeutung vor als

---

[1] Ugaritisch tritt hier an die Stelle von "Proto"semitisch, weil Sprachbeispiele besser aus realen Sprachen gewählt werden können: "Proto"semitisch ist eine Abstraktion, keine Sprache. Überdies läßt sich am Ugaritischen zeigen, daß es auch innersprachliche Varianten gibt (_d_/_ḏ_).

[2] Die Angaben in dieser Kolumne geben das gemeinsame Sinnspektrum der zitierten Worte an; absolute Identität der Bedeutungen ist wohl nirgends anzunehmen.

[3] Im BH wie im Aramäischen tritt hier ein Alep protheticum auf.

[4] Hier liegt außerdem eine Metathesis vor.

[5] S.o. 4.1 bzw. – im Blick auf den **vor**masoretischen Wandel _â_ > _ô_ – 16.2.1.

im BH, hat das oft nichts mit dem Wechsel im Vokalismus zu tun, sondern
mit der unterschiedlichen semantischen Entwicklung in beiden Sprachen[1].

Beispiele:

BH	BA	Bedeutung	BH	BA	Bedeutung
בָּשָׂר	בְּשַׂר	Fleisch	זָהָב	דְּהַב	Gold
כָּתַב	כְּתַב	er hat geschrieben	כָּזַב	כְּדַב	er hat gelogen
כָּתְבוּ	כְּתַבוּ	sie haben geschrieben	שָׁלוֹם	שְׁלָם	Wohlergehen
רֶגֶל	רְגַל	Fuß (*qatl* > *qᵊtal*)	סֵפֶר	סְפַר	Buch (*qitl* > *qᵊtal*)

aber:

BH	עָבַד	er hat gearbeitet	BA	עֲבַד	er hat getan
BH	בִּקְּרוּ	sie haben sich gekümmert	BA	בַּקַּרוּ	sie haben gesucht

22.3 FLEKTIERBARE LEXEME: FORMENBILDUNG / FUNKTION

22.3.1 Pronomina

22.3.1.1 Vorbemerkung

Das BA weist weitgehend die gleichen Arten von Pronomina auf wie das BH.
In einigen Fällen haben die ba Pronomina sogar die gleiche äußere Gestalt
wie die bh; sprachgeschichtlich bedingte Ähnlichkeiten lassen sich in allen
Fällen feststellen. Insofern genügt hier eine tabellarische Übersicht. Ein ba
Proprium stellt lediglich das nicht flektierbare, redundant als Ersatz für ein
Relativpronomen gebrauchte (und deshalb hier eingeordnete) Deiktikon דִּי
dar, das aber immerhin sprachgeschichtlich mit der bh Relativpartikel · שַׁ zu-
sammenhängt[2] und z.T. auch analog gebraucht wird[3].

---

[1] Vgl. zu diesem Phänomen etwa das Homonym "burro", das im Italienischen "Butter" und im
Spanischen "Esel" bedeutet.
[2] S.o. S. 156.
[3] Vgl. dazu aber auch u. S. 219.

22.3.1.2 Selbständige Personalpronomina

	Hebräisch	Aramäisch¹	Hebräisch	Aramäisch
		Singular		Plural
1.c.	אֲנִי / אָנֹכִי	אֲנָה	(אֲ)נַחְנוּ	אֲנַחְנָה / אֲנַחְנָא²
2.m.	אַתָּה	אַנְתָּ(ה)³	אַתֶּם	אַנְתּוּן³
2.f.	אַתְּ	[אַנְתִּי³]	אַתֵּנָה	---
3.m.	הוּא	☆ הוּא	הֵמָּה / הֵם	הִמּוֹ / הִמּוֹן / אִנּוּן²
3.f.	הִיא	☆ הִיא	הֵנָּה	אִנִּין²

22.3.1.3 Unselbständige Personalpronomina (Suffixe)

	Hebräisch	Aramäisch	Hebräisch	Aramäisch
1.c.	־ִי / ־ִי	☆ ־ִי / ־ִי⁴	־נוּ	־נָא
2.m.	־ְךָ	־ָךְ	־כֶם	־כֹם / ־כוֹן
2.f.	־ֵךְ	[־כִי]	־כֶן	[־כֵן]
3.m.	־הוּ / ־וֹ	־ֵהּ / ־הִי⁵	־הֶם / ־ָם	־הֹם / ־הוֹן
3.f.	־ָהּ / ־ֶהָ	־ַהּ	־הֶן / ־ָן	־הֵן(הֹן)

22.3.1.3 Demonstrativpronomina

	Hebräisch	Aramäisch	Hebräisch	Aramäisch
m.⁶	זֶה	דְּנָה	אֵלֶּה	[☆] [אֵלֶּה] / אִלֵּין
f.	זֹאת	דָּא	אֵלֶּה	אִלֵּין
m.⁷	[הוּא]	דֵּךְ / דִּכֵּן⁸	[הֵמָּה / הֵם]	אִלֵּךְ / אִנּוּן
f.	[הִיא]	דָּךְ / דִּכֵּן	[הֵנָּה]	[אִלֵּךְ]

22.3.1.4 Interrogativpronomina

	Hebräisch	Aramäisch	Hebräisch	Aramäisch
wer? / was?	מִי	מַן	מָה	☆ מָה / [מָא]

---

¹ ☆ weist hier und im folgenden darauf hin, daß die bh und die ba Form identisch sind.
² Daß ה und א im BA oft austauschbar sind, wird sich im folgenden noch häufiger zeigen.
³ Die im BH erfolgte Assimilation des נ hat im BA nicht stattgefunden.
⁴ Wie im BH wird ־נִי bei Verben und ־ִי bei Nomina und Präpositionen verwendet.
⁵ Beim m.pl. tritt davor der Bindevokal וֹ auf: אֱלָהוֹהִי ("seine Götter").
⁶ Nähere Deixis.
⁷ Fernere Deixis.
⁸ Einmal auch הוּא.

22.3.2   Nomina

22.3.2.1   Vorbemerkung

Im Blick auf die Arten bzw. Bildungstypen der Nomina besteht zwischen dem BA und dem BH kein bzw. nur ein geringer Unterschied; Substantive, Adjektive und Zahlwörter werden auch hier nach gemeinsamen Prinzipien, wenn auch mit charakteristischen Unterschieden in der Vokalisation[1] flektiert. Die Genera und die Numeri sind die gleichen wie im BH (auch wenn der Dual nur selten vorkommt[2]). Im Bereich der Status weist das BA dagegen eine Besonderheit auf: Neben dem st.a. und dem st.cs.[3] kennt es noch einen "Status determinatus" (st.det.), der in den Fällen verwendet wird, in denen das BH den bestimmten Artikel einsetzt. Er wird nicht durch ein präfigiertes Element ausgedrückt, sondern durch die Endung -$\bar{a}$[4].

22.3.2.2   Die Morpheme zur Flexion der Nomina

	Singular: st.a.	st.cs.	(st.) det.	Plural: st.a.	st.cs.	(st.) det.
BH m.	-	-	[-ֶ ֵה]	־ים	־ֵי	[-ֶ ֵה]
BA m.	-	-	אָ־	־ִין	־ֵי	־ַיָּא[5]
BH f.	־ָה	־ַת	[-ַ ֶה]	-וֹת	-וֹת	[-ַ ֶה]
BA f.	־ָה	־ַת	־ָתָא	־ָן	־ָת	־ָתָא

22.3.2.3   Paradigma: Das Adjektiv טָב / טוֹב ("gut")

	Singular: st.a.	st.cs.	(st.) det.	Plural: st.a.	st.cs.	(st.) det.
BH m.	טוֹב	טוֹב	הַטּוֹב	טוֹבִים	טוֹבֵי	הַטּוֹבִים
BA m.	טָב	טָב	טָבָא	טָבִין	טָבֵי	טָבַיָּא
BH f.	טוֹבָה	טוֹבַת	הַטּוֹבָה	טוֹבוֹת	טוֹבוֹת	הַטּוֹבוֹת
BA f.	טָבָה	טָבַת	טָבְתָא	טָבָן	טָבָת	טָבָתָא

---

[1] Vgl. dazu o. S. 215f bzw. u. S. 219.

[2] Er ist deshalb in den folgenden Tabellen nicht berücksichtigt, kann aber unschwer erkannt werden, weil er sich vom pl. (wie der du. im BH) nur durch die Vokalisation -ayi- statt -ī- unterscheidet.

[3] Er wird im BA nicht so häufig wie im BH verwendet; vgl. dazu u. 22.3.2.4.

[4] Schreibweise: In der Regel mit א als Vokalbuchstabe, gelegentlich aber auch mit ה!

[5] Bei Nomina gentilicia wie כַּשְׂדָּי ("Chaldäer") und Ordinalzahlen erscheint stattdessen אָ־.

Nomina, die im Lexikon als $q^{ə}tal$-, $q^{ə}tel$- oder $q^{ə}tol$-Bildungen erscheinen (z.B. כְּסַף "Silber", עֲבַד "Knecht; Sklave", סְפַר "Buch", שְׁרֹשׁ "Wurzel", רְגַז "Zorn"), aber aus dem BH als Segolata bekannt sind (z.B. כֶּסֶף, עֶבֶד, סֵפֶר, שֹׁרֶשׁ, רֹגֶז), gehören im BA zumeist nur in den endungslosen Formen zur erstgenannten Gruppe. Tritt an sie eine Endung, erscheint – wie bei den bh / ba Segolata – wieder die ursprüngliche $qatl$-, $qitl$- oder $qutl$-Bildungsweise (z.B. כַּסְפָּא ,עַבְדּוֹהִי ,סִפְרַיָּא ,שָׁרְשׁוֹהִי ,רֻגְזָא bzw. מַלְכָּא [von מֶלֶךְ "König"]).

Bei den Nomina (abstracta), die im st.a. auf $-ū$ bzw. $-ī$ enden (z.B. מַלְכוּ "Königreich"; "Königsherrschaft"), wird das ת in den übrigen Status des sg. unmittelbar an diese Endung gefügt (st.cs. מַלְכוּת, st.det. מַלְכוּתָא). Sofern von ihnen ein Plural gebildet wird, erscheint statt des Vokals der entsprechende Halbvokal in konsonantischer Gestalt (st.cs. מַלְכְוָת; st.det. מַלְכְוָתָא).

Für den vom BH Herkommenden ist schließlich noch auffällig, daß das Wort für "Sohn" im sg. בַּר lautet, aber im pl. die gleichen Konsonanten aufweist wie im BH (st.cs. בְּנֵי; st.a.*בְּנַיִן), und daß אַב den st.cs. אֲבוּ (und nicht אֲבִי) bildet. Daß אַב im pl. die Endungen des f. annimmt (*אֲבָהָן), überrascht dagegen nicht, wohl aber das infigierte ה vor der Endung, das indes z.B. auch im pl. von שֵׁם ("Name") vor der f. Endung auftaucht (st.cs. שְׁמָהָת).

22.3.2.4 Syntax des Nomens

Die Fügungsmöglichkeiten der ba Nomina entsprechen weitgehend denen der bh Nomina und folgen auch zumeist den gleichen Regeln[1]. Die wichtigste Besonderheit des BA stellen die "Ersatzkonstruktionen" für die Cs.-Verb. dar, in denen das Deiktikon דִּי verwendet wird. Im BA gibt es also nicht nur eine, sondern drei Möglichkeit(en), zwei (oder mehrere) Nomina in ein Genitiv-Verhältnis im Sinne der indoeuropäischen Sprachen zu bringen[2]:

Beispiele:	die Namen der Männer	das Haus Gottes
Cs.-Verb.:	שְׁמָהָת גֻּבְרַיָּא	בֵּית אֱלָהָא
Einfache Konstruktion mit דִּי:	שְׁמָהָתָא דִּי גֻבְרַיָּא	בַּיְתָא דִּי אֱלָהָא
Doppelter Rückbezug mit דִּי[3]:	שְׁמָהָתְהוֹן דִּי גֻבְרַיָּא	בַּיְתֵהּ דִּי אֱלָהָא

---

[1] Das gilt insbesondere für die Möglichkeit, Nominalsätze zu bilden.
[2] Wenn das erste Element indeterminiert bleiben soll, erfolgt wie im BH eine Umschreibung mit לְ: מֶלֶךְ לְיִשְׂרָאֵל רַב ("ein großer König von Israel").
[3] Vgl. etwa die altbayerische Umschreibung des Genitivs: "dem Huberbauern sein Haus".

Als ein – nur auf den ersten Blick überraschendes – Phänomen sei darüber hinaus noch die Tatsache erwähnt, daß die Demonstrativpronomina bei attributivem Gebrauch (anders als im BH) nicht den "Artikel" annehmen (z.B. בֵּית אֱלָהָא דְנָה "dieses Gotteshaus") und auch nicht immer nachgestellt werden (z.B. דְנָה חֶלְמָא "dieser Traum"; הוּא צַלְמָא "jenes Bild"). Ersteres Phänomen hat natürlich damit zu tun, daß das BA keinen Artikel (im engeren Sinn) kennt; Demonstrativpronomina weisen quasi automatisch den st.det. auf: Zwischen den Gliedern der Fügung besteht auch hier volle Kongruenz.

22.3.2.5 Zahlwörter

Außer den Kardinalzahlen für "eins" und "zwei" lassen sich alle ba Kardinalzahlen leicht aus dem BH ableiten, sofern man die oben diskutierten Gesetzmäßigkeiten für Änderungen in der Lautgestalt beachtet. Bei "eins" fehlt im BA das Alep protheticum: חַד; חֲדָה; "zwei" ist nur in der femininen Form belegt: תַּרְתֵּין, die masculine Form kann aber aus anderen aramäischen Dialekten erschlossen werden: *תְּרֵין.

Die Ordinalzahlen haben die Endung -āy ('ַ-) anstelle des bh -ī ('ִ-). Auch hier finden sich nur bei den beiden ersten Zahlen auffallende Formen: "Erster" wird von קְדָם ("vor"; "Vorderseite") abgeleitet (vgl. bh רֵאשִׁית von רֹאשׁ "Kopf"; "Spitze") und lautet m. *קַדְמָי (belegt nur im st.det. קַדְמָיָא); "zweiter" wird nicht unmittelbar von *תְּרֵין abgeleitet, sondern von der gemeinsemitischen Wurzel *ṯin (vgl. bh שֵׁנִי) und lautet m. *תִּנְיָן; f. תִּנְיָנָה.

22.3.3   Das Verbum I: Tempora und Modi (Grundstamm)

22.3.3.1 Vorbemerkung

Strukturell gesehen unterscheiden sich das BH und das BA im Blick auf die Möglichkeiten bei der Formenbildung der Verben nur wenig: Mit Ausnahme der "zusammengesetzten Verbformen" und des Inf.abs. erscheinen im BA die gleichen Formbildungstypen wie im BH. Was beim Grundstamm (Pəʿal) auffällt, ist der Umstand, daß das im BH redundant nur als Ptz. vorkommende ("innere") Passiv des Grundstamms hier häufiger auch bei finiten Verbformen belegt ist (Pəʿīl) und daß es eine eigene Reflexivbildung zum Grundstamm gibt (Hitpəʿēl)[1]. Dementsprechend fehlt im BA das Nifʿal.

---

[1] Dazu s.u. 22.3.4.2.

22.3.3.2 Partizip (aktiv und passiv)

Die Formen des ba Ptz.akt. entsprechen – sofern man den unterbliebenen Lautwechsel $\hat{a} > \hat{o}$ in Rechnung stellt und die bh Nominalendungen durch die entsprechenden ba Endungen ersetzt – strukturell völlig denen des bh Ptz.akt.: Es hat somit die Form $q\hat{a}t\bar{e}l$ (und nicht $q\hat{o}t\bar{e}l$); das $\hat{a}$ ist unveränderlich (wie das bh $\hat{o}$), das $\bar{e}$ dagegen veränderlich. Das Ptz.pass. hat demgegenüber dort, wo im BH $\bar{u}$ erscheint, ein langes $\bar{\iota}$, in der ersten Silbe steht – da die Vortonregel nicht gilt – stets ein Šᵊwa[1].

Ptz.akt. כָּתְבָן - כָּתְבִין - כָּתְבָה - כָּתֵב ‖ Ptz.pass. כְּתִיבָן - כְּתִיבִין - כְּתִיבָה - כְּתִיב

Was die Verwendung des Ptz.akt. in den Texten betrifft, tauchen die meisten Funktionen, die im BH vorkommen, auch im BA auf. An einem Punkt weicht die Verwendung des Ptz.akt. im BA allerdings deutlich von der des Ptz.akt. im bh Tempussystem ab: Es kann in Erzählungen auch als eine Art "Präsens historicum" verwendet werden, was der Klarheit der Zeitstruktur der ba Texte nicht immer förderlich ist[2]. F. ROSENTHAL qualifiziert das Ptz.akt. insofern zu Recht als ein "multi-purpose tense"[3].

Das Ptz.pass. entspricht funktionell dem Ptz.pass. des BH.

22.3.3.3 Perfekt

Die Tempusmorpheme des Perf. lassen sich der folgenden Tabelle entnehmen; es sind – wie im BH – ausschließlich Afformative, so daß man theoretisch auch im BA von der Afformativkonjugation sprechen könnte (was aber in den "klassischen" Grammatiken nicht vorkommt). Neben dem Vokalisationstyp $qatal$ kommt auch $qatil$ vor; $qatul$ ist nicht belegt. Da im BA Vorton- und Tondrucklängung weitestgehend entfallen, wird daraus $q\partial tal$ bzw. $q\partial til$

---

[1] Die entsprechende Form כְּתִיב ist oben (2.2.5) schon als masoretischer Fachterminus erwähnt worden: Die Masoreten sprachen Aramäisch!

[2] Möglicherweise ist dieser Umstand darauf zurückzuführen, daß das "Reichsaramäische" (von dem das BA einen Zweig bildet) als Verwaltungssprache fungierte: In diesem Sprachtypus dominiert häufig das "Präsens" (im weiteren Sinne). Zum Ausgleich für diesen "Mangel" im Verbalsystem werden im BA redundant Temporaldeiktika wie אֱדַיִן / בֵּאדַיִן ("dann"; vgl. bh אָז) gebraucht: Während das BH zur Darstellung von Zeitbezügen eigene Formen entwickelt hat, verwendet das BA dafür vornehmlich "synthetische" Mittel (s.o. S. 203 A 1) – die Sache "Zeit" ist von der unterschiedlichen Ausdrucksform nicht berührt.

[3] F. ROSENTHAL, A Grammar of Biblical Aramaic, PLO 5, Wiesbaden ⁴1974, 42.

(Ausnahmen bei *qatil*, das gelegentlich zu *qᵊtel* wird[1]). Weitere Einzelheiten können den Paradigmen entnommen bzw. – für *qatil* – unschwer aus ihnen erschlossen werden; im Einklang mit den "klassischen" Grammatiken wird hier als Paradigma die Wurzel כתב ("schreiben") verwendet.

Die Tempusmorpheme des Perfekts:

	BH		BA		BH		BH	BA
3.m.sg.	-xxx	✶	-xxx	‖	3.c.pl.	וxxx	✶ 3.m.pl.	וxxx
3.f.sg.	הַ̱xxx	תַxxx	‖		----	3.f.pl.	הַ̱xxx
2.m.sg.	תָּ̱xxx	(✶)	(תָּ)תְּxxx	‖	2.m.pl.	תֶּםxxx	תוּןxxx
2.f.sg.	תְּxxx	(✶)	[2]תְּxxx	‖	2.f.pl.	תֶּןxxx	תֶּןxxx
1.c.sg.	תִּ̱xxx	תֵxxx	‖	1.c.pl.	נוּxxx	נָאxxx

Paradigma: Pᵊʿal

	BH	BA		BH		BH	BA
3.m.sg.	כְּתַב	כְּתַב	‖	3.c.pl.	כְּתַ̱בוּ	3.m.pl.	כְּתַ̱בוּ
3.f.sg.	כָּתְבָה	כִּתְבַת	‖		----	3.f.pl.	כְּתַ̱בָה
2.m.sg.	כָּתַ̱בְתָּ	כְּתַבְתְּ (כְּתַ̱בְתָּ)	‖	2.m.pl.	כְּתַבְתֶּם	כְּתַבְתּוּן
2.f.sg.	כָּתַבְתְּ	כְּתַ̱בְתִּי	‖	2.f.pl.	כְּתַבְתֶּן	כְּתַבְתֵּן
1.c.sg.	כָּתַ̱בְתִּי	כִּתְבֵת	‖	1.c.pl.	כָּתַ̱בְנוּ	כְּתַ̱בְנָא

Paradigma: Pᵊʿīl

	BH	BA		BH	BA
3.m.sg.	----	כְּתִיב	‖ 3.m.pl.	----	כְּתִ̱יבוּ
3.f.sg.	----	כְּתִיבַת	‖ 3.f.pl.	----	כְּתִ̱יבָה
2.m.sg.	----	כְּתִ̱יבְתָּ(ה)	‖ 2.m.pl.	----	כְּתִיבְתּוּן
2.f.sg.	----	כְּתִ̱יבְתִּי	‖ 2.f.pl.	----	כְּתִיבְתֵּן
1.c.sg.	----	כְּתִיבֵת	‖ 1.c.pl.	----	כְּתִ̱יבְנָא

---

[1] Warum die Masoreten bei ursprünglichem *i* einmal *i* und einmal *e* (*ē* ?) vokalisiert haben, ist unklar; vielleicht liegen Dialektvarianten vor. Ein analoges Schwanken zwischen *i* und *e* läßt sich übrigens auch bei den abgeleiteten Stämmen beobachten (vgl. u.a. u. 22.3.4.2).

[2] Die dem BA unmittelbar entsprechende Endung kommt im BH nur vor Suffixen vor.

Wie im BH steht das Perfekt für abgeschlossene Sachverhalte[1]. Auch der relative Zeitbezug "Vorzeitigkeit" läßt sich nachweisen. Auffallend ist für den vom BH Herkommenden, daß im BA die Möglichkeit besteht, das Perf. mit ‫ו‬ copulativum zu fügen und damit den Progreß in der Vergangenheit auszudrücken[2]. Die Wortstellung in Verbalsätzen ist im BA nicht festgelegt.

22.3.3.4 Imperfekt – Jussiv

Wie im BH fallen auch im BA Imperfekt und Jussiv weitgehend zusammen: Als Unterscheidungsmerkmal im Bereich der Formenbildung läßt sich im BA nur der Umstand benennen, daß das finale $-n$ der 3.m.pl. beim Jussiv fehlt[3]. Daß beim Juss. eine andere Negation gebraucht wird als beim Impf., gilt indes auch für das BA; auch die als Negation verwendeten Lexeme sind – sieht man von der regelhaften Abweichung im Vokalismus ab (gemeinsemitisches $â$ bleibt erhalten) – identisch: Beim Impf. steht ‫לָא‬, beim Juss. ‫אַל‬.

Die Tempus- (Modus-) morpheme des Impf. / Juss. lassen sich der folgenden Tabelle entnehmen. Es sind – mit einer Ausnahme – die gleichen Präformative wie im BH[4], bei den Afformativen liegen allerdings größere Abweichungen vor: Charakteristisch für das BA ist die Pluralbildung mit $-n$. Man könnte Impf. / Juss. somit auch als Präformativkonjugation (analog der bh PK) klassifizieren; üblich ist diese Terminologie hier ebensowenig wie "Afformativkonjugation" als Bezeichnung für das ba Perfekt[5]. Neben dem Standard-Vokalisationstyp $yaqtul$ kommt auch $yiqtal$ (v.a. bei Verben mit a-i-Perf.) vor; $yaqtil$ ist (wie im BH) nur bei schwachen Verben belegt. Da im BA Vorton- und Tondrucklängung weitestgehend entfallen, wohl aber die "Verdünnung" $a > i$ in geschlossenen Silben vorkommt, wird aus ersterem $yiqtul$; $yiqtal$ bleibt unverändert. Einzelheiten können dem Paradigma entnommen bzw. – für $yiqtal$ – unschwer aus ihm erschlossen werden.

Passivbildungen des Impf. / Juss. sind nicht belegt; dies bedeutet jedoch nicht, daß sie nicht bildbar wären, sondern ist allein auf den beschränkten Textbestand zurückzuführen: Andere aramäische Dialekte kennen durchaus auch im Impf. Passivbildungen des Grundstamms.

---

[1] Das gilt insbesondere für passivische Perfekte. Von daher erklärt sich die Verwendung in Dan 7,27, wo der Kontext futurisch ist.
[2] S.o. S. 97 bzw. S. 106 A 1.
[3] Belege dafür finden sich nur bei "schwachen" Verben.
[4] Ausnahme: Beim schwachen Verbum ‫הוה‬ findet sich das Präformativ ‫ל‬ für die 3. Person.
[5] Vgl. o. 22.3.3.3.

Die Tempusmorpheme des Imperfekts / Jussivs:

	BH		BA			BH	BA
3.m.sg.	xxx יְ	✶	xxx יְ	‖	3.m.pl.	יְxxxוּ	(וֹ) יְxxxוּן
3.f.sg.	xxxתְּ	✶	xxxתְּ	‖	3.f.pl.	תְּxxxנָה	יְxxxָן
2.m.sg.	xxxתְּ	✶	xxxתְּ	‖	2.m.pl.	תְּxxxוּ	תְּxxxוּן
2.f.sg.	תְּxxxִי		*תְּxxxִין	‖	2.f.pl.	תְּxxxנָה	*תְּxxxָן
1.c.sg.	xxxאֶ	✶	xxxאֶ	‖	1.c.pl.	נִ xxx	✶	נִ xxx

Paradigma: Pᵊ'al

	BH	BA			BH	BA
3.m.sg.	יִכְתֹּב	יִכְתֻּב	‖	3.m.pl.	יִכְתְּבוּ	יִכְתְּבוּן
3.f.sg.	תִּכְתֹּב	תִּכְתֻּב	‖	3.f.pl.	תִּכְתֹּבְנָה	יִכְתְּבָן
2.m.sg.	תִּכְתֹּב	תִּכְתֻּב	‖	2.m.pl.	תִּכְתְּבוּ	תִּכְתְּבוּן
2.f.sg.	תִּכְתְּבִי	תִּכְתְּבִין	‖	2.f.pl.	תִּכְתֹּבְנָה	תִּכְתְּבָן
1.c.sg.	אֶכְתֹּב	אֶכְתֻּב	‖	1.c.pl.	נִכְתֹּב	נִכְתֻּב

Was die Funktion des Impf. / Juss. Betrifft, unterscheiden sich BH und BA
kaum. Die gelegentlich als Belege für den Gebrauch des Impf. zur Bezeichnung der GZ genannten Beispiele (z.B. Dan 4,31) können als Inzidenz- bzw.
Ingreßfälle gedeutet werden; Analoges gilt für den Gebrauch nach der Konjunktion עַד ("bis"; so z.B. Esr 5,5). Wird Impf. in Erzählungen verwendet,
bezeichnet es wie im BH nicht das Präteritum, sondern den generellen bzw.
iterativen Sachverhalt – der Tempusbezug ergibt sich aus dem Kontext.

22.3.3.5 Imperativ – Infinitiv

Anders als im BH sind Ipt. (2.m.sg.) und Inf.cs. im BA nicht identisch. Ersterer wird im wesentlichen wie im BH gebildet: Die vier Formen der 2. Person
Impf. erscheinen wie dort jeweils ohne das Präformativ תְּ; darüber hinaus
entfällt hier allerdings noch das (im BH von Haus aus nicht vorhandene) -n
des Afformativs in der 2.f.sg. bzw. im pl., und der kurze Vokal der Stammsilbe bleibt auch unter Tondruck erhalten. – Der Infinitiv wird nach dem Bildungstyp *maf'al* gebildet, d.h. unter Präfigierung eines *m-* an die Wurzel.

Ipt.: *כְּתָבָה - כְּתֻבוּ - כְּתֻבִי - כְּתֻב   –   Inf.: מִכְתַּב

Unter syntaktischen Gesichtspunkten unterscheiden sich Ipt. und Inf. im BA in keiner Weise von dem, was für Ipt. und Inf.cs. des BH gilt – einen Inf.abs. kennt das BA (wie schon einleitend gesagt) nicht.

22.3.3.6   Formen mit Suffixen

Gegenüber dem, was für die Suffixbildung bei den bh Verben gilt, ergeben sich im Blick auf das ba Verbalsystem kaum Unterschiede. Einzig der Umstand, daß im Impf. (nicht im Juss.!) konsequent das נ energicum verwendet wird, verdient Erwähnung. Es erscheint zumeist in reduplizierter Form, doch – da es anders als im BH zusätzlich um den Vokal *a* erweitert wird – ohne Assimilation an das Suffix (z.B. וִידַחֲלִנַּנִי "und der begann mich zu ängstigen"; יִשְׁאֲלֶנְכוֹן "er wird von euch verlangen"). Die übrigen Formen lassen sich leicht vom bh System her erschließen.

22.3.4   Das Verbum II: Die abgeleiteten Stämme

22.3.4.1   Vorbemerkung

Sieht man vom Fehlen des Nifʿal einmal ab, dessen Funktionen im ba System von Pəʿīl und Hitpəʿel wahrgenommen werden, verwendet das BA im wesentlichen die gleichen Stammbildungen wie das BH[1], in der Vokalisation der Formen liegen jedoch kleine Unterschiede vor. Neben den vom BH her bekannten Stämmen spielt das im BH fehlende und im BA nur rudimentär belegte Šafʿel – ein sonst v.a. im Akkadischen gebräuchlicher Stamm – eine (wenn auch völlig untergeordnete) Rolle. Aufgrund von Parallelen in anderen aramäischen Dialekten erwähnen manche Grammatiken auch das Hithafʿal (Hittafʿal) als Reflexiv zum Hafʿel[2] – Belege fehlen hier allerdings.

Bei allen Stämmen, die in der formalistischen Beschreibung ein präfigiertes ה aufweisen, kann anstelle des ה gelegentlich ein א auftauchen (in anderen

---

[1] Dazu gehören auch einige von den oben erwähnten seltenen Stämmen wie Hištafʿel, Pōlel, Pōʿel, Hitpōʿel; s.o. 13.2.4.

[2] So F. ROSENTHAL, A Grammar of Biblical Aramaic, PLO 5, Wiesbaden ⁴1974, 42 bzw. K. MARTI, Kurzgefaßte Grammatik der Biblisch-Aramäischen Sprache, PLO 18, Berlin ³1925, 27.30.

aramäischen Dialekten ist die Verwendung des א der Normalfall). Bei den Stämmen, in denen das ה mit Ḥiræq vokalisiert erscheint, bekommt das א in solchen Fällen ein Sᵊgol; ansonsten bleibt der Vokal des mit א gebildeten Präformativs der gleiche wie bei der Stammbildung mit ה.

Im Infinitiv der abgeleiteten Stämme taucht im BA bei starken Verben regelhaft die Endung הָ auf, ein Kennzeichen des Inf., das auch im BH vorkommt, dort aber nur vereinzelt belegt ist (z.B. אַהֲבָה). Im Ptz. erscheint in allen abgeleiteten Stämmen das aus dem BH bekannte nomenbildende Element מ.

22.3.4.2 Hiṯpᵊ'el

Im Blick auf die Formenbildung unterscheidet sich das ba Hiṯpᵊ'el (Hiṯpᵊ. – oft auch Hiṯpe.) nur minimal vom bh Hiṯpa''el: Eine Verdoppelung des 2. Radikals unterbleibt – ansonsten sind die Formen nahezu identisch: Unterschiede finden sich nur im Bereich der Tempus-/Modusmorpheme.

Das Hiṯpe. stellt die Reflexiv- (nach manchen Grammatiken auch Passiv-) Bildung zum Pᵊ'al dar. Insofern gehört es semantisch zum Grundstamm. Da es indes vom Pᵊ'al nicht nur im Vokalismus unterschieden ist, sondern das – allen Reflexiv-Stämmen eigene – Präformativ hiṯ- aufweist und das Ptz. mit מ bildet (מִתְכְּתֵב; auch מִתְכְּתַב[1]), ist es hier eingeordnet.

22.3.4.3 Doppelungsstämme (Pa''el; *Pu''al; Hiṯpa''al)

Die Doppelungsstämme des BA unterscheiden sich lediglich im Blick auf die Vokalisation (und die im BA gebräuchlichen Tempus-/Modusmorpheme) von denen des BH; in der Funktion bestehen dagegen keine Unterschiede. Belege für das (allerdings auch im bh Teil des AT selten belegte) Pu''al fehlen – seine Existenz kann aber aufgrund von Analogien in verwandten aramäischen Dialekten erschlossen werden. Der Hauptunterschied zwischen dem Perf. des bh Pi''el und dem des ba Pa''el (gelegentlich auch Pa''il[2]) ergibt sich schon aus der formalistischen Nomenklatur, die die Vokalisation der 3.m.sg. Perf. wiedergibt; in Impf., Ipt. und Ptz. weisen Pi''el und Pa''el (Pa.) – abgesehen von betonungsbedingten kleineren Abweichungen – keinerlei Unterschiede im Vokalismus auf.

---

[1] Vgl. dazu o. 22.3.3 A 1.
[2] Vgl. dazu o. 22.3.3 A 1.

Für das Hitpaʿʿal (Hitpa.) gilt das oben Gesagte analog, sofern man statt des Piʿʿel das Hitpaʿʿel zum Vergleich heranzieht und in Rechnung stellt, daß das zweite *a* auch in der Impf.-Klasse beibehalten wird (z.B. יִתְכַּתַּב).

22.3.4.3 Kausativstämme (Hafʿel; Hu/ofʿal – Šafʿel; Hištafʿal)

Was die erstgenannten Stämme betrifft, gelten auch hier die oben gemachten Bemerkungen mutatis mutandis, wobei zu beachten ist, daß vom Hu/ofʿal (Hu.) kein Impf. belegt ist und beim Hafʿel (Ha.) im Impf. und Ptz. die Assimilation des ה häufig unterbleibt. Das Ha. stellt eine strikte Analogiebildung zum bh Hi. dar, wobei unter morphologischen Aspekten auffällt, daß es im Ptz. ein eigenes Passiv kennt (מְהֻכְתַּב). Funktional gesehen bestehen keine Unterschiede zwischen Hi. und Ha.

Das Šafʿel (Ša.) kommt ausschließlich bei "schwachen" Verben vor und spielt dort auch nur eine Nebenrolle; belegt ist es bei כלל (שַׁכְלִלוּ; "sie vollendeten"), יצא יציא (שֵׁיצִיא; "er hat vollendet") und v.a. bei עזב (שֵׁיזִב; "retten"[1]).

Das dem bh Hištafʿel entsprechende Hištafʿal (Hišt.) – gewissermaßen der "Manifestativ"[2] zum Šafʿel –, ist nur bei כלל belegt (2x: יִשְׁתַּכְלִלוּן; "sie werden vollendet werden").

22.3.4.4 Einzelheiten zur Formenbildung der abgeleiteten Stämme im BA (Eckformen)

↓ Form / Stamm →		Hitpᵉel	Paʿʿel	Puʿʿal	Hitpaʿʿal	Hafʿel	Hu/ofʿal
Perf.	3.m.sg.	הִתְכְּתֵב	כַּתֵּב	כֻּתַּב	הִתְכַּתַּב	הַכְתֵּב	הֻכְתַּב
vok. A. -	3.m.pl.	הִתְכְּתִבוּ	כַּתִּבוּ	כֻּתַּבוּ	הִתְכַּתַּבוּ	הַכְתִּבוּ	הֻכְתַּבוּ
kons. A. -	2.m.sg.	הִתְכְּתֵבְתְּ	כַּתֵּבְתְּ	כֻּתַּבְתְּ	הִתְכַּתַּבְתְּ	הַכְתֵּבְתְּ	הֻכְתַּבְתְּ
Ptz.	m.sg.	מִתְכְּתֵב	מְכַתֵּב	-----	מִתְכַּתַּב	מְהַכְתֵּב	[מְהֻכְתַּב]
Impf.	3.m.sg.	יִתְכְּתֵב	יְכַתֵּב	-----	יִתְכַּתַּב	יְהַכְתֵּב	-----
vok. A. -	3.m.pl.	יִתְכְּתְבוּן	יְכַתְּבוּן	-----	יִתְכַּתְּבוּן	יְהַכְתְּבוּן	-----
Ipt.	2.m.sg.	-----	כַּתֵּב	-----	-----	הַכְתֵּב	-----
Inf.		הִתְכְּתָבָה	כַּתָּבָה	-----	הִתְכַּתָּבָה	הַכְתָּבָה	-----

---

[1] Hiervon sind mehrere Formen belegt; vgl. die Lexika.
[2] Vgl. dazu o. 13.2.1.

22.3.5   Das Verbum III: Die "schwachen" Verben

22.3.5.1   Vorbemerkung

Wie im bh Teil werden hier nur die Verben behandelt, bei denen im Rahmen der Formenbildung das Prinzip der Trilitteralität im Bereich der Wurzel relativiert wird – Verben mit Laryngalen werden ebensowenig eigens behandelt[1] wie Verben, die mit einem Dental oder Zischlaut beginnen und deshalb in den Reflexivstämmen dem Prinzip der Metathesis unterliegen[2].

22.3.5.2   Verba ל"ה (ל"י/ל"א)

In dieser Gruppe sind die Verben vereint, die im BH als Verba ל"ה und ל"א aufscheinen, wobei sich zumeist die morphologische Struktur der Verba ל"ה durchgesetzt hat – wenn auch der lange vokalische Auslaut in den (für die Lexikographen maßgebenden) endungslosen Formen des Perf. Pᵊ‘al alternierend mit ה oder א geschrieben erscheint[3]. Anders liegen die Dinge im Perf. der abgeleiteten Stämme, im Pᵊ‘īl und generell im Ipt.: Dort findet sich als Vokalbuchstabe in den endungslosen Formen das (ursprüngliche) י (בַּנִי; גְּלִי; בְּנִי). Letzteres erscheint ebenso – hier exakt wie im BH – vor konsonantisch anlautenden Afformativen im Perf. als Vokalbuchstabe (בְּנִיתוּן; בְּנִיתָ; בַּנִית), doch sind im sg. des Perf. Pᵊ‘al, im pl. des Impf., im Inf. der abgeleiteten Stämme und generell im Ptz. auch Fälle belegt, in denen die Masora dissimilierend das י als Konsonant vokalisiert hat (בְּנָיָת; יִבְנוֹן; הַתְבְּנְיָה; בְּנָיִן)[4]. Im Ipt. und Impf. finden sich vor vokalisch anlautenden Afformativen auch Bildungen, in denen der lange vokalische Auslaut der Wurzel (hier als ו aufgefaßt) und die Endung kontrahiert erscheinen (תִּבְנוֹן; בְּנוֹ). Die endungslosen Formen des Impf. weisen als auslautenden Vokal einheitlich ē auf; als Vokalbuchstabe wird dabei vorzugsweise א verwendet (יִתְבְּנֵא; יִבְנֵא).

Einen Sonderfall bildet das Verbum שתה ("trinken"), das im BA ein *a-i*-Perf. aufweist[5] und im Perf. Pᵊ‘al mit Alep protheticum gebildet wird, so daß eine Form wie אֶשְׁתִּיו ("sie tranken") entstehen konnte.

---

[1] Vgl. dazu o. S. 54.
[2] Vgl. dazu o. S. 127f.
[3] Wie im BH erscheinen hier als Paradigma die Wurzeln בנה ("bauen") und גלה ("enthüllen").
[4] S.o. S. 135.
[5] Auch צבה ("wollen; begehren") weist ein *a-i*-Perf. auf.

22.3.5.3 Verba פ"נ

Anders als im BH unterbleibt bei Verba פ"נ häufig die Assimilation des vo-
kallosen נ an den folgenden Konsonanten (vgl. [ה]אַנְתְּ), vor allem in suffixlo-
sen Formen. Der Ipt. wird wie im BH unter Aphairesis des נ gebildet. Das
Verbum נתן ("geben") fällt auch hier aus dem System, aber aus anderen
Gründen als im BH: Im Perf. und Ipt. erscheint statt der Wurzel נתן die Wurzel יהב. Im Impf. hat נתן – wie im BH – in der Stammsilbe ein e (a-i-Impf.);
im BA teilt auch das Verbum נפל ("fallen") diese Eigentümlichkeit.

22.3.5.4 Verba פ"א

Hier sind die strukturellen Ähnlichkeiten zu den entsprechenden Verben im
BH deutlicher ausgeprägt als bei den Verba פ"נ: Das א quiesziert am Silbenschluß und kann gelegentlich sogar als Graphem ausfallen (z.B. Inf. מֵמַר neben מֵאמַר "[zu] sagen"). Da das BA den kanaanäischen Lautwandel â > ô
nicht mitgemacht hat, ist der Vokal in der offenen Silbe im Grundstamm ê
und nicht ô (die meisten Verba פ"א haben im BA i-a-Impf.). Anders liegen
die Dinge im Ha., wo die ba Verba פ"א analog den bh Verba פ"ו behandelt
werden (z.B. לְהוֹבָדָה "um zu zerstören").

22.3.5.5 Verba ל"א

Die Verba ל"א sind im BA weitgehend in der Gruppe der Verba ל"ה (ל"י/ה)
aufgegangen. Wo das א erhalten geblieben ist, wird es als Konsonant behandelt.

22.3.5.6 Verba פ"ו/י

Ähnlich wie im BH lassen sich die Verba פ"ו/י im BA am besten in den Kau-
sativstämmen (das Ni. fehlt ja im BA!) voneinander unterscheiden: Die ursprünglichen Verba פ"ו haben dort – wie im BH – im Präformativ ô/û (הוֹדַע
"er hat mitgeteilt"; הוּסְפַת "sie wurde hinzugefügt"), die Verba פ"י ê (הֵיבֵל
"er hat gebracht"). Ganz andere (morphologische) Wege sind die Verba פ"ו
dagegen im Pᵉ‘al gegangen: Dort erscheint im Impf. anstelle des ו ein (häufig

nicht assimiliertes!) נ[1], so daß Formen wie תִּנְדַּע, יִנְדְּעוּן ("du wirst / sie werden wissen") oder יִתֵּב ("er wird sitzen") entstanden sind. Die Ipt. dieser Wurzeln werden demgegenüber wieder wie im BH – d.h. unter "Aphairesis" des schwachen Konsonanten – gebildet (דַּע "wisse"; הַב "gib").

Die "echten" Verba פ"[י] behalten dagegen auch im BA – wie im BH – das י als Vokalbuchstabe bei (יִיטַב "es wird gefallen").

יכל ("können") – im Perf יְכֵל vokalisiert –, fällt auch im BA aus dem Rahmen des gewöhnlichen Paradigmas und bildet im Impf. יִכֻל (auch יוּכַל).

22.3.5.7   Verba ע"[ו/י]

Im wesentlichen folgen die Verba ע"[ו/י] dem entsprechenden Paradigma des BH[2] – natürlich unter Anwendung der ba Tempus- / Modusmorpheme, Vokalisationseigentümlichkeiten etc. Drei Punkte, an denen das BA auffällig vom BH abweicht, müssen indes eigens angesprochen werden:

a) Das Ptz.akt. Pᵊ'al wird dreiradikalig gebildet – als mittlerer Radikal erscheint א (קָאֵם). Wo dieses א in Formen mit Endungen (z.B. קָאֲמִין) mit Šᵊwa simplex (!) vokalisiert auftaucht, scheint die Masora durch diese ungewöhnliche Schreibweise eine Lesung als *y* vorgesehen zu haben (also: *qāyᵊmīn*)[3].

b) Verba ע"[ו/י] können im BA ein Pa''el bilden; der Halbvokal in der Mitte der Wurzel wird dann zum Konsonanten (לְקַיָּמָה).

c) Im Hitpᵊ'el wird das ת des Präformativs redupliziert.

22.3.5.8   Verba ע"ע

Auch hier läßt sich eine weitgehende Strukturanalogie zur entsprechenden Gruppe im BH feststellen. Was auffällt, ist allein der Umstand, daß es nicht nur einfache Entsprechungen zu den "aramaisierenden" Bildungen des BH gibt, sondern – im Haf'el – auch Bildungen unter Einfügung eines (nicht assimilierten) נ (הַנְעֵל "er brachte herein").

---

[1] Vgl. im BH die Verba פ"[י/ו] mit צ als 2. Radikal (s.o. 17.2.5): Dort erfolgt die Assimilation allerdings zwingend!
[2] Paradigma ist auch im BA קוּם ("aufstehen").
[3] Vgl. etwa Dan 3,3.

22.3.5.9 Ganz unregelmäßige Verben

a) Das häufig belegte Verbum אתה ("kommen") bildet das Hafʿel הַיְתִי.

b) הוה ("sein") bildet das Impf. Pəʿal mit dem Präformativ ל für die 3. Pers. (לֶהֱוֵא).

c) Statt הלך ("gehen") erscheint in Impf. und Inf. Pəʿal die Wurzel הוך (יְהָךְ).

d) חיה ("leben") kennt ein Ptz. Hafʿel מַחֵא.

e) סלק ("hinaufgehen") assimiliert das ל im Hafʿel und Hofʿal an den vorhergehenden (!) Konsonanten (הַסֵּק; הֻסַּקוּ).

22.4   ÜBUNGSTEXT

1 בֵּלְשַׁאצַּר מַלְכָּא עֲבַד לְחֶם רַב לְרַבְרְבָנוֹהִי אֲלַף וְלָקֳבֵל אַלְפָּא חַמְרָא שָׁתֵה:

2 בֵּלְשַׁאצַּר אֲמַר ׀ בִּטְעֵם חַמְרָא לְהַיְתָיָה לְמָאנֵי דַּהֲבָא וְכַסְפָּא דִּי הַנְפֵּק נְבוּכַדְנֶצַּר אֲבוּהִי מִן־הֵיכְלָא דִּי בִירוּשְׁלֵם וְיִשְׁתּוֹן בְּהוֹן מַלְכָּא וְרַבְרְבָנוֹהִי שֵׁגְלָתֵהּ וּלְחֵנָתֵהּ: 3 בֵּאדַיִן הַיְתִיו מָאנֵי דַהֲבָא דִּי הַנְפִּקוּ מִן־הֵיכְלָא דִּי־בֵית אֱלָהָא דִּי בִירוּשְׁלֶם וְאִשְׁתִּיו בְּהוֹן מַלְכָּא וְרַבְרְבָנוֹהִי שֵׁגְלָתֵהּ וּלְחֵנָתֵהּ:

4 אִשְׁתִּיו חַמְרָא וְשַׁבַּחוּ לֵאלָהֵי דַּהֲבָא וְכַסְפָּא נְחָשָׁא פַרְזְלָא אָעָא וְאַבְנָא:

5 בַּהּ־שַׁעֲתָה נְפַקוּ אֶצְבְּעָן דִּי יַד־אֱנָשׁ וְכָתְבָן לָקֳבֵל נֶבְרַשְׁתָּא עַל־גִּירָא דִּי־כְתַל הֵיכְלָא דִּי מַלְכָּא וּמַלְכָּא חָזֵה פַּס יְדָה דִּי כָתְבָה: 6 אֱדַיִן מַלְכָּא זִיוֹהִי שְׁנוֹהִי וְרַעְיֹנֹהִי יְבַהֲלוּנֵּהּ וְקִטְרֵי חַרְצֵהּ מִשְׁתָּרַיִן וְאַרְכֻבָּתֵהּ דָּא לְדָא נָקְשָׁן:

7 קָרֵא מַלְכָּא בְּחַיִל לְהֶעָלָה לְאָשְׁפַיָּא כַּשְׂדָּיֵא וְגָזְרַיָּא עָנֵה מַלְכָּא וְאָמַר ׀ לְחַכִּימֵי בָבֶל דִּי כָל־אֱנָשׁ דִּי־יִקְרֵה כְּתָבָה דְנָה וּפִשְׁרֵהּ יְחַוִּנַּנִי אַרְגְּוָנָא יִלְבַּשׁ וְהַמוֹנְכָא

Dan 5,1-7   דִי־דַהֲבָא עַל־צַוְּארֵהּ וְתַלְתִּי בְמַלְכוּתָא יִשְׁלַט:

22.5   WEITERE ÜBUNGSTEXTE IN UND AUSSERHALB DER BIBLIA "HEBRAICA"

Wie die Anführungszeichen der Überschrift signalisieren, ist der Titel "Biblia Hebraica" für die Ausgaben des Alten Testaments, die den Text in der "Ursprache" enthalten, nicht ganz präzise, da in den entsprechenden Büchern auch aramäische Texte enthalten sind. Hier zum Abschluß des Biblisch-Aramäischen Teils soll jedoch nicht lange über das Problem dieser irreführenden

Nomenklatur gehandelt werden; es geht allein darum, die Texte zu benennen, die als weitere Übungstexte in Frage kommen. Längere aramäische Partien sind nur in den Büchern Daniel und Esra enthalten. Während die aramäischen Partien im Esra-Buch inhaltlich einheitlich sind – es handelt sich bei Esr 4,8-6,18 und 7,12-26 um echte oder fiktive Dokumente der persischen Reichs-verwaltung, die vom Autor des Buches bewußt in der Original(?)-Sprache zi-tiert werden –, fallen die literarisch-formgeschichtlichen Grenzen im Daniel-Buch nicht mit den Grenzen des aramäischen Teils zusammen: Aramäisch ist der Teil Dan 2,4b-7,28, die Grenze zwischen den Daniel-Legenden (Dan 1-6) und dem Visions-Teil (Dan 7-12) verläuft dagegen zwischen den Kapiteln 6 und 7. Über die Gründe dieses befremdlichen Phänomens ist hier nicht zu handeln[1], für den am BA Interessierten ist nur der Fundort für die ba Partien und ihr literarisches Genus von Belang. Die beiden darüber hinaus zu nen-nenden Stellen sind nur von geringem Umfang: In Gen 31,47 wird im Rah-men des Vertragsschlusses zwischen Jakob und Laban der Name des als Ver-tragssymbol dienenden Steins mit dem ba und dem bh Namen genannt (bh גַּלְעֵד – ba שָׂהֲדוּתָא יְגַר "Zeugnis-Stein"); in Jer 10,11 handelt es sich um ei-nen ganzen Vers, der vermutlich als späte Glosse eingefügt wurde:

כִּדְנָה תֵּאמְרוּן לְהוֹם אֱלָהַיָּא דִּי־שְׁמַיָּא וְאַרְקָא לָא עֲבַדוּ יֵאבַדוּ מֵאַרְעָא וּמִן־תְּחוֹת שְׁמַיָּא אֵלֶּה.

Der Satz ist für die Aramaistik insofern von großer Bedeutung, als hier das Wort für "Erde" in zwei verschiedenen Schreibungen (Artikulationsformen) erscheint: Einmal ist אַרְקָא verwendet, und einmal אַרְעָא.

Wenn ganz zum Schluß auch noch das "Gebet des Nabonid" (4QOrNab) aus Qumran[2] und die Elephantine-Papyri[3] als sprachlich eng verwandtes po-tentielles Übungsmaterial genannt werden, soll das zum Anfang dieses Kapi-tels zurücklenken und signalisieren, daß der am Aramäischen Interessierte nicht auf ein so enges Textspektrum angewiesen ist, wie es BHS oder BHK[3] repräsentieren. Man könnte natürlich auch noch die Targume, die Peschitta, die syrischen Übersetzungen des NT und ... und ... nennen. Für jedes von die-sen Textcorpora muß man "nur" noch "einige" neue Schriftzeichen, Regeln, Lexeme etc. lernen: Das Aramäische ist ein weites Feld ...

---

[1] Vgl. dazu die "Einleitungen" in das AT, etwa O. KAISER, Einleitung in das Alte Testament, Gü-tersloh [5]1984, 316-320.

[2] Abgedruckt u.a. bei K. BEYER, Die aramäischen Texte vom Toten Meer, Göttingen 1984, 223f; dort findet sich noch eine Fülle weiterer Texte!

[3] A.E. COWLEY, Aramaic Papyri of the Fifth Century B.C., Oxford 1923.

23 VOKABELVERZEICHNISSE

23.1 DIE 70 HÄUFIGSTEN VERBALWURZELN IN ALPHABETISCHER FOLGE[1]

פ"א פ"ו פ"נ	פ"ו L"פ	ע"ו ע"י	ל"א ל"ה		Grundbedeutung[2]	Belege
אבד	x				zugrundegehen	184 (+7)
אהב			x		lieb(en) / -gewinnen	248
אכל	x				essen	809 (+7)
אמר	x				sagen	5305 (+71)
אסף (x)			x		(ver-) sammeln	198
בוא		x			hineingehen	2570
בין			x		verstehen	171
בנה				x	bauen	376 (+12)
בקש Pi.					suchen	225
ברך Pi.					segnen, preisen	327 (+4)
גלה				x	entblößen	187 (+6)
דבר Pi.					reden	1135
הוה/היה		x		x	sein	3561 (+76)
הלך	x				gehen	1547 (+7)
זכר					(ge-) denken (an)	222
חזק			x		stark sein	290
חטא			x	x	sündigen	237

---

[1] Die Tabelle enthält Angaben über die Häufigkeit der aufgelisteten Verben in den hebräischen (und aramäischen) Büchern des AT sowie über ihre "Grundbedeutung" und den jeweiligen Flexionstyp. Sie ist nicht zum sturen Auswendiglernen konzipiert, sondern soll der Lern- und Übungsökonomie dienen. So empfiehlt es sich etwa, die Verben *eines* Flexionstyps (z.B. ל"ה) als getrennte Gruppe zum Lernen zusammenfassen. Dabei lassen sich dann zugleich die Flexionseigentümlichkeiten der gewählten Verbalgruppe mit verschiedenen Wurzeln üben – z.B.: Perf. 3.m.sg. Q von בנה, 2.f.sg. Ni. von גלה, 1.c.sg. Pi. von היה etc. Bei solchen Übungen kommt es nicht darauf an, daß die jeweils gebildeten Formen auch konkret belegt sind; lediglich semantisch unmögliche Bildungen wie z.B. Passivbildungen von Verba stativa sind zu vermeiden, (obwohl ja selbst von היה ein Ni. belegt ist)! – L"פ meint Verba primae laryngalis.

[2] "Grundbedeutung" ist hier nicht i.S. einer semantischen Theorie verwendet; es geht allein darum, mit einem oder zwei Begriffen den semantischen Rahmen der Wurzel abzustecken.

Wurzel	פ"א	פ"ו	פ"נ	פ"ו	L"	ע"ו	ע"י	ל"א	ל"ה	Grundbedeutung	Belege
חיה							x		x	leben	284 (+6)
ידע		x								erfahren, wissen	947 (+47)
יכל		x[1]								können	193 (+11)
ילד		x								gebären, zeugen	492
יסף Hi.		x								fortfahren	210 (+1)
יצא		x							x	herausgehen	1068
ירא		(x)							x	fürchten	422[2]
ירד		x								hinabgehen	380
ירש		x								in Besitz nehmen	231
ישב		x								sich niederlassen	1083 (+5)
ישע Hi.		x								helfen, retten	205
כון Ni.						x				feststehen	217
כלה									x	vollendet sein	207
כרת										abschneiden	288
כתב										schreiben	223 (+5)
לקח			x							nehmen, ergreifen	966
מות						x				sterben	845
מלא								x		voll sein / werden	246 (+2)
מלך										König sein / werden	347
מצא								x		finden, erreichen	454
נגד Hi.			x							mitteilen, erzählen	370
נטה			x						x	eine Position / Bewegung verändern	214
נכה Hi.			x						x	schlagen	499
נפל			x							fallen	434 (+12)
נצל Hi.			x							retten	213
נשא			x					x		aufheben, tragen	654 (+3)
נתן			x							geben	2010 (+6)
סור						x				abweichen	299

---

[1] יְכֹל gehört nur formal hierher – es weist völlig eigenständige Formen auf (*u-a*-Impf.).
[2] Darunter sind außergewöhnlich viele Belege für das Verbaladjektiv יָרֵא.

	פ"א	פ"ו	פ"נ	L	ע"ו	ע"י	ל"א	ל"ה	Grundbedeutung	Belege
עבד				x					dienen (ba: tun)	289 (+28)
עבר				x					vor-/hinübergehen	548
עזב				x					verlassen	214
עלה				x				x	hinaufgehen	888
עמד				x					sich stellen, stehen	522
ענה				x				x	antworten	316 (+16)
עשׂה				x				x	tun, machen	2627
פקד									seine Aufmerksamkeit auf etwas richten, mustern	303
צוה Pi.								x	befehlen	494
קדשׁ									heilig sein	172
קום					x				sich erheben	628 (+35)
קרא I							x		rufen, nennen	730 (+11)
קרב									nahen	293 (+9)
ראה				(x)				x	sehen	1303
רבה I				(x)				x	viel sein / werden	225 (+4)
רום				(x)	x				hoch sein / werden	189 (+4)
שׂים						x			(ein-) setzen	586 (+26)
שׁאל									fragen, fordern	171 (+6)
שׁבע Ni.									schwören	185
שׁוב					x				umkehren	1060
שׁכב									sich legen, liegen	212
שׁלח									senden, schicken	847 (+14)
שׁמע									hören	1159 (+9)
שׁמר									bewahren, behüten	468
שׁתה II								x	trinken	217 (+6)
	3 (1)	10 (1)	8	13 (3)	7	2	7	14		

23.2   VOKABELVERZEICHNIS ZU DEN ÜBUNGEN[1]

Kap. 1 Die folgenden Eigennamen stellen keine (Lern-) Vokabeln dar. Es wird jedoch empfohlen, sich die Schreibweise der wichtigsten von ihnen einzuprägen – auch und gerade dort, wo orthographische Varianten (mit / ohne Vokalbuchstaben) belegt sind[2].

אברהם	Abraham	גלגל	Gilgal	לבנון	Libanon
אבשלם	Abschalom	גרזים	Garizim	מיכאל	Michael
אדום	Edom	דוד	David	מרים	Mirjam
אדם	Adam ‖ Edom	דנאל	Daniel	נא	No
איוב	Ijob (Hiob)	דן	Dan	נבוכדנאצר	Nebukad-nezzar
אליהו	Elija ‖ Elihu	חם	Ham	נבות	Nabot
אסתר	Ester	יהודה	Juda	נתן	Natan
אפרים	Efraim	יהונתן	Jonatan	סדם	Sodom
אררט	Ararat	יואל	Joel	סיני	Sinai
אשור	Assur	יונה	Jona	עיבל	Ebal
אשר	Ascher / Asser ‖ Assur	יסף	Josef	עיטם	Etam
		יעקב	Jakob	עלי	Eli
באר־שבע	Beerscheba (Beerseba)	יפת	Jafet	עמוס	Amos
		יצחק	Isaak	עמרה	Gomorra
בבל	Babel	ירחו	Jericho	ציון	Zion
בית־אל	Bet-El (Bethel)	ישראל	Israel	ראש	Rosch
		ישמעאל	Ismael / Jischmael	רחל	Rahel
בנימן	Benjamin	כלב	Kaleb	שעיר	Seïr
גבריאל	Gabriel	כנען	Kanaan	שרה	Sara

---

[1] **Generell gilt, daß die Vokabeln, die im Grammatik- oder Lexikon-Teil des jeweiligen Kapitels** (d.h. in den Unterpunkten 2 und 4; inkl. Anmerkungen!) **bzw. in der Tabelle von Kap. 23.1 vorkommen, hier nicht noch einmal aufscheinen**: Diese gehören – zusammen mit den Ausführungen zur Grammatik / Syntax – zum Elementar-Lernstoff, der vorab gelernt werden sollte. Welche der hier aufgelisteten Vokabeln gelernt werden, muß der / die Studierende selbst entscheiden, wobei die Häufigkeit ihres Vorkommens in den Übungssätzen ein Kriterium sein wird. – Selten belegte Vokabeln sind in diesem Verzeichnis zur Erleichterung der Entscheidungsfindung mit + gekennzeichnet.

[2] Die deutsche Schreibweise folgt dem Ökumenischen Verzeichnis der biblischen Eigennamen nach den Loccumer Richtlinien, Stuttgart 1971; in Klammern erscheint gelegentlich die Schreibweise der Lutherbibel. Die Namen nach ‖ stellen mögliche Lesungen des Konsonantentexts dar, die allerdings nicht immer durch den MT nicht gedeckt sind.

שְׁבָא	Saba	שֵׁם	Sem	שְׁמוּאֵל	Samuel /
שְׁלֹמֹה	Salomo	שִׁמְשׁוֹן	Simson		Schemuël

Kap. 2 Auch die folgenden Eigennamen stellen keine (Lern-) Vokabeln dar. Es empfiehlt sich jedoch auch hier, sich die Schreibweise der wichtigsten Eigennamen einzuprägen; wo ein Name nicht bekannt ist, kann es nicht schaden, bibelkundliche Informationen zu der betreffenden Person / Ortslage einzuholen: Die Übersetzungsübungen machen weniger Mühe, wenn man über ein "allgemeines Inhaltswissen" verfügt.

אָדָם	Adam	יוֹנָה	Jona	נֹחַ	Noa(c)h
אִיזֶבֶל	Isebel	יִזְרְעֵאל	Jesreel	נִינְוֵה	Ninive
אֱלִישָׁע	Elischa	יְחֶזְקֵאל	Ezechiel	סְדֹם	Sodom
אַשּׁוּר	Assur	יְכוֹנְיָה/יְכָנְיָה	Jechonja	עַזָּה	Gaza
אָשֵׁר	Ascher		(= Jojachin)	עֶזְרָא	Esra
	(Asser)	יֶפֶת	Jafet	עֵלִי	Eli
בָּבֶל	Babel	יִצְחָק	Isaak	עָמוֹס	Amos
בֹּעַז	Boas	יָרׇבְעָם	Jerobeam	עֲמֹרָה	Gomorra
גַּבְרִיאֵל	Gabriel	יְרִחוֹ	Jericho	עׇמְרִי	Omri
דָּוִיד (דָּוִד)	David	יִרְמְיָהוּ	Jeremia	עׇתְנִיאֵל	Otniël
דְּלִילָה	Delila	יֵשׁוּעַ	Jeschua	פְּרָת	Eufrat
דָּן	Dan	יְשַׁעְיָה	Jesaja		(Euphrat)
דָּנִיאֵל	Daniel	לֵוִי	Levi	צִיּוֹן	Zion
זְכַרְיָהוּ	Sacharja	לוֹט	Lot	קִדְרוֹן	Kidron
זְרֻבָּבֶל	Serubbabel	מִיכָא	Micha	קַיִן	Kain
חֲבַקּוּק	Habakuk	מַלְאָכִי	Maleachi	קִישׁוֹן	Kischon
חַגַּי	Haggai	מַלְכִּי־צֶדֶק	Melchisedek	רוּת	Rut
חַוָּה	Eva	מְנַשֶּׁה	Manasse	רְחַבְעָם	Rehabeam
חָם	Ham	מֹשֶׁה	Mose	שְׁלֹמֹה	Salomo
חֹרֵב	Horeb	נְבוֹ	Nebo	שֵׁם	Sem
טוֹבִיָּה	Tobija	נְבֻכַדְנֶאצַּר	Nebukadnezzar	שִׁמְשׁוֹן	Simson
יַבֹּק	Jabbok	נְבֻכַדְרֶאצַּר	*dto. (Nebenform)*	תָּבוֹר	Tabor

Kap. 3

וַיֹּאמֶר / וַיֹּאמַר (und) er sagte,
(→ 16) da sagte er
פַּרְעֹה Pharao
צַדִּיק gerecht
(→ 6.4) עֶבֶד Knecht, Sklave
גָּלְיָת Goliat (PN)
(proklit.) הֲ Einleitung von
Satzfragen
לֹא / לוֹא nicht, (nein)
פְּלִשְׁתִּי Philister
בַּת Tochter
מִי wer?
מָה / מֶה was? wie?
בְּתוּאֵל Betuël (PN)
↓ f. / m. זֶה / זֹאת dies (prädikativ) -
↑ pl.c. אֵלֶּה mit Art.: dieser /
diese (attributiv)
דָּבָר cs., דְּבַר Wort, Sache
(→ 7.4) אֶל / אֶל־ zu, an
שָׁאוּל Saul (PN)
(→ 15.4) כִּי / כִּי־ ja, wahrlich, fürwahr, denn, weil,
daß, wenn
(→ 6.4) נַעַר Knabe, Knecht
(proklit.) וְ / וּ und, aber, da
אִישׁ Mann, jemand
מִלְחָמָה Krieg, Kampf
נֵר+ Leuchte, Licht
מִצְוָה Gebot, Befehl,
Satzung

תּוֹרָה Weisung, Beleh-
rung, Gebot
אוֹר Licht
(→ 6.4) דֶּרֶךְ Weg
חַיִּים Leben
מוּסָר Züchtigung,
Mahnung
מִצְרִי Ägypter,
ägyptisch
עֲמָלֵקִי Amalekiter,
amalekitisch
קָדוֹשׁ heilig
עֶלְיוֹן höchster, der
Höchste
נוֹרָא furchtbar
(→ 6.4) מֶלֶךְ König
גָּדוֹל groß
(→ 7.4) עַל über, auf, gegen
כֹּל / כָּל־ Gesamtheit, ganz,
(→ 9.4) alle
(→ 6.4) אֶרֶץ Erde, Land
אֵל / אֱלֹהִים[pl] Gott /[pl]Gott, Götter
עוֹד Dauer, noch
(f.: רַבָּה) רַב zahlreich, viel
(→ 9.4)
עַתָּה jetzt
הִנֵּה siehe
(→ 6.4) הֶבֶל Hauch, Abel (PN)
רְעוּת+ Streben, Haschen
יִתְרוֹן+ Vorteil, Gewinn

תַּחַת unter, anstatt

כִּי אִם außer

(→ 6.4) שֶׁמֶשׁ Sonne

בַּיִת cs., בֵּית Haus

אָכֵן+ fürwahr, wahrlich

(→ 6.4) שַׁעַר Tor

מָקוֹם Ort, Platz

שָׁמַיִם Himmel

Kap. 4

אָדָם Mensch (*koll.*)

הַהוּא / הַהִיא jener / jene / jene

רָשָׁע Übeltäter

(pl.) הָהֵם (*attributive Ver-*

(→ 9.4) חַג Fest

wendung des Per-

(mit Art.: הֶחָג)

sonalpron. der 3.

הָר Berg, Gebirge

Pers. für fernere

(→ 6.4) חֹדֶשׁ Neumond, Monat

Deixis)

אֱמֶת Wahrheit, Treue

שָׁלוֹם Wohlbefinden,

אָרוֹן Lade

Heil, Friede

אֲדֹנָי Herr (oft = Jahwe)

יְהוֹרָם Joram (*PN*)

זָכָר Mann, männlich

יֵהוּא Jehu (*PN*)

נְקֵבָה+ Frau, weiblich

גִּבּוֹר Held, Starker

גָּדֵר+ Steinwall

(→ 7.4) עֵבֶר jenseits

גְּדֵרָה+ Steinpferch

(*mit Art.*) יַרְדֵּן Jordan (*Flußname*)

זָקֵן Ältester, alt

(→ 7.4) אַחַר / אַחֲרֵי hinter, nach

צְדָקָה Gerechtigkeit

מָבוֹא Eingang, Eintreten

יָקָר selten

der Sonne, Westen

כָּבֵד schwer

כְּנַעֲנִי Kanaaniter,

יָרֵא furchtsam

kanaanäisch

עִוֵּר blind

יוֹשֵׁב Einwohner

חָזָק stark, fest

עֲרָבָה Steppe, Wüste,

רָעֵב+ hungrig

Senke, Araba (*ON*)

רָחָב breit, weit

מוּל+ Vorderseite,

רָחוֹק fern

gegenüber

(→ 6.4) חֹמֶר Ton, Lehm

גִּלְגָּל Gilgal (*ON*)

מְעַט Kleinigkeit, wenig

(→ 7.4) אֵצֶל+ Seite, neben

אֵלוֹן⁺	großer Baum, "Terebinthe"	לִפְנֵי	vor
מוֹרֶה⁺	Wahrsager	רַעַשׁ⁺ (→ 6.4)	Erdbeben
בָּרוּךְ	gesegnet, gepriesen	אֵשׁ	Feuer
מִן	von, aus (*nach Adj.: Ausdruck von Komparativ und Superlativ*)	דְּמָמָה⁺	Windstille
		דַּק⁺ (→ 9.4) (f.: דַּקָּה)	schwach
עוֹלָם	Ewigkeit, Äon	רֵאשִׁית	Anfang, Erstes
עַד (→ 7.4)	Dauer, bis	רֶכֶב (→ 6.4)	Wagen
קוֹל	Stimme, Geräusch	כָּבוֹד	Gewicht, Ehre
יָד (f.)	Hand, Macht, Seite	עִזּוּז⁺	stark
עֵשָׂו	Esau (*PN*)	צָבָא	Heerschar
תְּחִלָּה	Anfang	סֶלָה	Sela (*liturg. Schlußzeichen*)
חָכְמָה	Weisheit		
חָכָם	weise	אַהֲרֹן	Aaron (*PN*)
יִרְאָה	Furcht	מָחָר	morgen
דַּעַת (→ 6.4)	Wissen, Erkenntnis	דָּם	Blut, Bluttat, Blutschuld
בִּינָה	Einsicht	(pl.: דָּמִים)	
תּוֹלְדוֹת (cs.)	Zeugungen, Geschlechtsregister, Stammbaum	בַּעַל (→ 6.4)	Herr, Baal
		אוֹב⁺	Totengeist
		עֵין דּוֹר	En-Dor (*ON*)
שָׁנָה	Jahr	זְעָקָה	Geschrei, Zetergeschrei
רָעָב	Hunger, Hungersnot	נַחֲלָה	Erbe, Erbbesitz
הוֹי / אוֹי	wehe! ach!	שָׂכָר⁺	Lohn
עֵת (→ 9.4)	Zeit	פְּרִי (→ 6.4)	Frucht (*koll.*)
צָרָה	Bedrängnis, Not	בֶּטֶן⁺	Mutterleib
רוּחַ (f.)	Wind, Hauch, Atem, Geist, Gesinnung	חֵץ (→ 9.4)	Pfeil
		כֵּן	so
		נְעוּרִים⁺	Jugendzeit
רוּחַ יְהוָה	der Geist Jahwes	עַם (→ 9.4) (pl.: עַמִּים)	Volk
		אֱלִיל	nichtig (Götter)

Kap. 5

דָּרַשׁ	suchen, fordern	(→ 6.4) אֹרַח†	Pfad, Weg
כָּזַב†	lügen	נָגַהּ†	glänzen,
חֹתֵן†	Schwiegervater		Ptz.: Glanz
טוֹב	gut	אַךְ	ja, nur, jedoch
אֲשֶׁר	*Relativpartikel*,	אַשְׁרֵי	glücklich!
	daß, weil		wohl dem!
שָׁפַט	Recht schaffen,	מִשְׁפָּט	Recht, Urteil,
	richten		Gericht
שֹׁפֵט	Richter	יוֹתָם†	Jotam (*PN*)
(→ 6.4) צֶדֶק	Gerechtigkeit	טָמֵא	unrein
בָּחַן	prüfen	בְּתוֹךְ	inmitten
כְּלָיוֹת†	Nieren	פָּתַח / פָּקַח†	öffnen
(→ 9.4) לֵב / לֵבָב	Herz, Mut	זָקַף†	aufrichten
(→ 9.4) חַי	lebendig	כָּפוּף†	niedergebeugt
מָשַׁל	herrschen	גֵּר	Fremder
מִצְרַיִם	Ägypten	סָמַךְ	(sich) stützen
דְּבוֹרָה†	Debora (*PN*)	סָמַךְ יָד עַל	die Hand auf etwas
נָבִיא	Prophet, (adj.:		legen (*bei Opfern*)
	prophetisch)	מִצְפֶּה†	Warte, Ausguck
לַפִּידוֹת†	Lappidot (*PN*)	תָּמִיד	(be-) ständig,
כָּרַת	niederhauen,		regelmäßig
	ausrotten	יוֹמָם	tags (-über)
כָּרַת בְּרִית	einen Bund schließen	פְּתָאִים†	einfältiger Mensch
שָׂפָה	Lippe		(*koll.*)
עָמֵק	dunkel,	כֹּה	so
	unverständlich	יָעֵף†	müde
לָשׁוֹן	Zunge, Sprache	כֹּחַ	Kraft
(→ 6.4) יֶתֶר	Rest	צֹאן	Kleinvieh
(→ 6.4) סֵפֶר	Buch (-rolle), Brief	בָּקָר	Großvieh, Rind
עֲתַלְיָה†	Atalja (*PN*)	יָתוֹם†	Waise

אַלְמָנָה⁺ Witwe

בָּרָא schaffen (*Subjekt*: *Gott*)

רָקַע⁺ ausbreiten

נְשָׁמָה Lebensodem, Atem

חוּץ Gasse, draußen

אָמָה Sklavin

שֵׁם Name

עָמָל Mühsal

רֹאשׁ Kopf, Gipfel

תְּשׁוּעָה Hilfe

רְכוּשׁ Besitz, Habe

גַּם auch, sogar

Kap. 6

(→ 7.4) אֵת⁻ / אֶת mit, bei

לֵאמֹר ... indem er / sie sagte, folgendes (*Redeeröff-nung*, "*Doppelpunkt*")

נתץ einreißen, zerstören

מִזְבֵּחַ Altar

אֲשֵׁרָה Aschere (*Kultpfahl*), Aschera (*PN einer Göttin*)

כשל straucheln

מַעֲלָל Tat

זְרוֹעַ Arm, Macht

שׁבר zerbrechen

גָּד Gad (*PN*)

רְאוּבֵן Ruben (*PN*)

חֲצִי Hälfte

שֵׁבֶט Stamm, Stab

מִזְרָח⁺ Aufgang (der Sonne), Osten

מַדּוּעַ warum?

לֵוִי Levit, levitisch

תִּפְלָה⁺ Anstößiges

חֶבְרוֹן Hebron (*ON*)

גּוֹלָה Verbannung

מִדְבָּר Wüste, Steppe

אָחוֹת Schwester

אָנָה wohin?

אַיִן / אֵי wo?

שֶׁקֶר Lüge, Trug

לַשֶּׁקֶר⁺ umsonst

עֲמָלֵק Amalek (*Volk, Land*)

(→ 9.4) עֹל⁺ Joch

נַחַל Tal, Bach, Wadi (Trockental)

אֶשְׁכֹּל⁺ Traube(n)

עַל אֹדוֹת⁺ wegen

שָׁם dort

אֶלְעָזָר Eleasar (*PN*)

כֹּהֵן Priester

מוֹאָב Moab (*Volk, Land*)

בַּת־שֶׁבַע Batseba (*PN*)

(→ 9.4) אֵם Mutter

אֲדֹנִיָּהוּ Adonija (*PN*)

חַגִּית Haggit (*PN*)

אֹהֶל	Zelt	רֶגֶל	Fuß
אֹזֶן	Ohr	רֶחֶם	Mutterleib
אַיִל+	Widder	רֶכֶב	Wagen
גֶּשֶׁם	Regen	בְּהֵמָה	Vieh
זֶרַע	Same, Nach-	חוּשַׁי	Huschai (*PN*)
	kommenschaft	רֵעַ	Genosse, Freund
חַיִל	Kraft, Heer	לָמָּה	warum?
חֳלִי	Krankheit	אוֹת	Zeichen
חֶסֶד	Bundestreue,	כַּאֲשֶׁר	wie, als, nachdem
	Treue, Gnade	אָסָא	Asa (*PN*)
חֶרֶב	Schwert	גְּבוּרָה	Tapferkeit
חָרְבוֹת	Trümmer	רַק	nur
יֶלֶד	Kind	חלה	krank sein /
כְּלִי	Gefäß, Gerät		werden
כֶּרֶם	Weinberg	זִקְנָה+	Altwerden
לֶחֶם	Brot, Speise	בְּלִיַּעַל+	Nichtsnutziger
לַיְלָה (לַיִל)	Nacht, nachts	אָוֶן	Frevel
מָוֶת cs., מוֹת	Tod	עִקְּשׁוּת+	Verkehrtheit
נֶפֶשׁ	Kehle, Person,	פֶּה cs., פִּי	Mund
	Seele, Leben	קרץ+	zwinkern
עֵגֶל	Kalb, Stier	מלל+	scharren,
עַיִן cs., עֵין	Auge, Quelle		Zeichen geben
פֹּעַל	Werk, Tat	מֹרֶה	lehrend, Lehrer
קֶרֶב	Mitte	מוֹעֵד (→ 15)	Versammlung
קֶרֶן	Horn	גַּם ... גַּם	sowohl ... als auch

Kap. 7[1]

נַעֲרָה	junge Frau	שׁכב	liegen, sich legen,
עַד מָתַי	bis wann? wie lange?		schlafen

---

[1] Vokabeln, die in diesem Verzeichnis und auch in den Listen von 23.1 bzw. 23.3 nicht auffindbar sind, sind von diesem Kapitel an einem wissenschaftlichen Lexikon zu entnehmen!

יָמִין	rechts	עָוֹן	Schuld
שְׂמֹא(ו)ל	links	שׂמח	sich freuen
פרץ	durchbrechen	בְּתוּלָה	Jungfrau
גּוֹי	(fremdes) Volk	בָּחוּר	junger Mann
שׁכן	wohnen	יַחְדָּו	zusammen,
תָּמִים	vollständig,		gemeinsam
	untadelig	רַחוּם	barmherzig
(→ 14) אִם	wenn, als	שׁכח	vergessen
הַ ... אִם	ob ... oder	שׁקל	abwiegen
שָׁוְא	Nichtiges, umsonst	(→ 9.4) כַּף	Hand (-fläche)
למד	lernen	כֶּסֶף	Silber, Geld
נְאֻם	Spruch, Wort	רצח	totschlagen
נגע בְּ	an etw. rühren,	נאף	ehebrechen
	etwas berühren	גּנב	stehlen
טמא	unrein sein /	עֵד	Zeuge
	werden	חמד	begehren
עֶרֶב	Abend	שׁוֹר	Rind, Stier
יְשׁוּעָה	Hilfe	חֲמֹר	Esel (Hengst)
בטח בְּ	vertrauen auf	בָּמָה	(Kult-) Höhe
פחד	beben	דֶּבֶר	Pest
כָּכָה	so	צַר	eng, feindlich,
יצר	bilden, töpfern		Bedränger
קבר	begraben	סְלִיחָה	Vergebung
כסה	bedecken	דּוֹר	Geschlecht
עָרוּם	klug, listig	אַחֵר	anderer, zweiter
שֶׁמֶן	Öl	אֹיֵב	Feind
יַיִן	Wein	רדף	nachjagen,
עֵץ	Baum, Holz,		verfolgen
	pl.: Holzstücke	סגר	(ver-) schließen
קצף	zürnen	מרד (בְּ)	sich empören
מְאֹד	Kraft, sehr	פשע (בְּ)	brechen (mit)
עֶצֶם	Knochen, Wesen, genau	חשׂך	verschonen

Kap. 8

חַטָּאת	Sünde, Verfehlung, auch: Sündopfer	אחז	packen, fassen
פֶּשַׁע	Verbrechen	נְבָלָה	Schandtat, Torheit
לְמַעַן	um ... willen, damit	שבר	Getreide kaufen
רִאשׁוֹן	erster, früherer	חֵפֶץ	Vorhaben, Anliegen, Gefallen
אֶפֶס	Nichtsein, nur	הרג	töten
לָבֶטַח	in Sicherheit	רפא	heilen
תִּקְוָה	Hoffnung	שׂנא	hassen
נָקִי	unschuldig	רכב	fahren, reiten
לָכֵן	darum	קַיִץ	Sommer (-obst)
שׁאל	fragen, fordern, bitten	מאס	verwerfen
יעץ	(be-) raten, beschließen	חנף	entweiht sein
פֶּתַח	Tür, Öffnung	זנה	huren
		רִיב	Rechtsstreit
		אלה	fluchen

Kap. 9

סָרִיס	Eunuch, (Hof-) Beamter	זעק/צעק	schreien
מִנְחָה	(Opfer-) Gabe, Geschenk	מכר	verkaufen
נָחָשׁ	Schlange, Nahasch (PN)	ברח	fliehen
חַיָּה	Lebewesen, Tier	קָטוֹן / קָטָן	klein, jung
שָׂדֶה	Feld, Gebiet	חֵן	Gnade, Gunst
זבח	schlachten, opfern	חנך	einweihen
זֶבַח	Schlachtopfer	יָם	Meer, Westen
אֶבֶן	Stein	חֻקָּה	Festgesetztes, Satzung, Gesetz
בחר	erwählen	רַע	böse, schlecht
		רָעָה	Bosheit, Übel
		עֵז	Ziege

עֹז	Kraft, Macht, Zuflucht	אֳנִיָּה	Schiff
כָּנָף	Flügel, Rand	חֲלוֹם	Traum
אַף	Nase, Zorn	חלם	träumen
פַּר	Jungstier	מִשְׁמָר	Gewahrsam, Gefängnis, Wache
כַּד	Krug	כַּמָּה	wieviel?
פָּנִים	Angesicht, Miene, Vorderseite	Hi. נשׂג	einholen, erreichen
		שְׁבוּעָה	Schwur, Eid

Kap. 10

רגז	erbeben, unruhig sein	עוֹף	Vogel (*koll.*)
אבל	trauern	עֵקֶב	Ende, Lohn, dafür, daß (*Konj.*)
לוּחַ	Tafel	רֶמֶשׂ	Kriechtiere
אַהֲבָה	Liebe	קֶשֶׁת	Bogen
דבק (בְּ)	hängen an etw.	מַמְלָכָה	Königtum, Königreich
בָּשָׂר	Fleisch		
נָשִׂיא	Vorsteher, Fürst	לְבַד	allein, für sich
קָרְבָּן	(Opfer-) Gabe	(von: I בַּד)	(Teil, Stück, Leinen)
שׁחט	schlachten		
אֶצְבַּע	Finger	אָלָה	Fluch
עוֹלָה	Brandopfer	פֹּה	hier
שׁפך	aus- / vergießen	מִקְנֶה	(Vieh-) Besitz
מַלְאָךְ	Bote, Engel	נסע	herausreißen, aufbrechen
רחץ	(sich) waschen		
פַּעַם	Schritt, Mal	עַל־כֵּן	darum
כֶּלֶב	Hund	תְּמוּנָה	Gestalt, Abbild
מֵת	Toter, tot	*זוּלָה / זוּלָתִי	ausgenommen, außer
דַּיָּן	Richter		

Kap. 11

מוֹשָׁב	Wohnsitz, Aufenthaltsdauer	חֲמִישִׁי	fünfter
קֵץ	Ende	שִׁשִּׁי	sechster[1]
מִקֵּץ (קֵץ+מִן)	nach (zeitl.)	עצר	zurückhalten, festhalten, versagen
יְאֹר (mit Art.)	Nil (Flußname)	חָצֵר	Vorhof
פָּרָה	(junge) Kuh	צלח	wirksam bzw. stark sein / werden, gelingen
יָפֶה	schön		
שֵׁנִית	ein zweites Mal		
שֵׁנִי	zweiter	נָכֹחַ	gerade, recht
שְׁלִישִׁי	dritter	קנה	erwerben, kaufen
רְבִיעִי	vierter	אֲדָמָה	Acker (-Boden)

Kap. 12

שְׁאָגָה+	Schreien, Brüllen	צוּר	Fels (-Block)
אֱנוֹשׁ	Mensch (koll.)	נקר	ausstechen
תֹּם	Vollkommenheit, Lauterkeit	משׁח	salben
מעד+	wanken	קרא II	begegnen, widerfahren
עוּל+	Säugling	לִקְרַאת	entgegen
גאל	auslösen, freikaufen, erlösen	מִשְׁמֶרֶת	Gewahrsam, Beobachtung, Wache
מַיִם	Wasser	תְּרוּמָה	Abgabe
נָהָר	Fluß, Strom, (mit Art. oft der Eufrat)	קָרוֹב	nahe
		לבשׁ	bekleiden
		חקר	erforschen
שׁטף	fortschwemmen, überfluten	קֶשֶׁר+	Verschwörung
		אַמִּיץ	stark

---

[1] Entsprechend werden die übrigen Ordinalzahlen gebildet: Die endungslose Form der jeweiligen Kardinalzahl wird um die Endung ִי - erweitert.

Kap. 13

Ni. / Hitp.	קדשׁ	sich heiligen		נחל	in Besitz nehmen
Pi. / Hi.	קדשׁ	heiligen	Pi.	נחל	als Besitz verteilen
Ni. / Hitp.	נבא	sich als Prophet äußern / gebärden	Hi.	נחל	als Besitz / Erbe geben
Pi.	ברך	segnen, preisen		עָרֹם	nackt
	טהר	rein sein		דָּגָן	Getreide
Pi.	טהר	für rein erklären		חִטָּה	Weizen
Hitp.	טהר	sich reinigen		גֹּרֶן	Tenne
Pi.	הלל	loben, preisen, rühmen	Ni.	שׁאר	übrig sein, übrig bleiben
	צדק	gerecht sein	Hi.	שׁאר	übrig lassen
Hi.	צדק	Recht schaffen		שְׁאָר	Rest, Übriges
Hitp.	צדק	sich als schuldlos erweisen		כרע	niederknien, sich beugen
	שׁוֹפָר	Posaune		נשׁק	küssen
	קבץ	(ver-) sammeln		טֻמְאָה	Unreinheit
Ni.	קבץ	sich versammeln	Hi.	שׁלך	hin- / fortwerfen
	מַטֶּה	Stab, Stamm		נֶסֶךְ	Gußspende, Trankopfer
	דקר	durchbohren			
	עִבְרִי	Hebräer	Pi.	שׁרת	bedienen
Pi.	רגל	auskundschaften	Ni.	כלם	gekränkt sein
	מְאוּמָה	irgendetwas	Hi.	כלם	belästigen

Kap. 14

	גַּל	Steinhaufen		קִיר	Mauer, Wand
	פנה	sich wenden	Pi.	שׁוע	um Hilfe rufen
	פֶּן	damit nicht		שְׁאוֹל	Unterwelt
	בֹּשֶׁת	Scham, Schande, Schändlichkeit		בֹּר (בּוֹר)	Grube, Zisterne
				מִשְׁפָּחָה	Großfamilie, Sippe

	אִם (*Negation in Schwursätzen*)	הרה	schwanger sein / werden
	אִם לֹא (*Affirmation in Schwursätzen*)	נָזִיר	Gottgeweihter
	חֵמָה Hitze, Zorn, Erregung, Gift	מַעֲלָה	Hinaufzug, Stufe, Wallfahrt
	קשׁה hart / schwer sein	בְּכוֹר	Erstgeburt
Hi.	קשׁה verhärten	כִּסֵּא	Thron, Stuhl
	מְלָאכָה Werk, Arbeit, Sendung	מוֹקֵשׁ	Fallstrick
		קנא	eifersüchtig sein
		קַנָּא	eifersüchtig
	עָקָר unfruchtbar	מַסֵּכָה	Gußbild

Kap. 15

Q / Ni.	נגשׁ herantreten, sich nähern		טמן	verstecken
		Ni.	נצה	sich streiten
Hi.	נגשׁ darbringen	Hi.	נצה	Streit führen
Hi.	נבט blicken auf		חִנָּם	umsonst
Ni.	נצב sich hinstellen		הַב / הָבָה	auf! gib!
Hi.	נצב hinstellen		אהל	zelten
Hitp.	יצב sich hinstellen	Ni.	פרד	sich trennen / teilen
	נדר geloben		צָפוֹן	Norden
	נטף tropfen		נֶגֶב	Süden, Südland
Ni.	נחם bereuen		קֶדֶם	Osten
Pi.	נחם trösten		בכה	weinen
	נהג treiben, leiten		שׁבה	gefangen fortführen
	נצר (be-) wachen			
	נטע (ein-) pflanzen		אֵפֹד	Ephod (*Kultgegenstand, Orakelgerät*)
	גדל groß sein / werden			
	חרשׁ pflügen		שׁקה	tränken
Pi.	חלה besänftigen		עָפָר	Staub
	יַעַר Gehölz, Wald		כִּנִּים	Mücken

מַעֲשֶׂה	Werk, Tat		עֲבֹדָה	(Gottes-) Dienst
שֶׁ·	*proklitische Rela-*		מוֹעֵד	Versammlung,
	tivpartikel			festgesetzte Zeit,
שׁלף	ziehen, zücken			Festzeit
נשׁל	lösen, abziehen	Pi.	כפר	Sühne schaffen,
מלט	retten			zudecken
גָּמָל	Kamel		נגף	stoßen
שָׁלָל	Beute, Raub		נֶגֶף	Anstoß

Kap. 16

	אבה	wollen, willig sein		חשׁב	anrechnen, für
Pi.	אוה	wünschen			etwas halten
	אפה	backen	Q / Pi.	חלק	(ver-) / (zu-) teilen
	אצר	anhäufen		ארר	verfluchen
Hi.	אצר	anhäufen lassen		צמח	sproßen
		(*anders KBL*[3])		עֵשֶׂב	Kraut
Ni.	אמן	sich als zuverlässig		יַבָּשָׁה	Trockenes,
		erweisen, bleiben			Festland
Hi.	אמן	als zuverlässig		חפץ בּ	Gefallen haben an
		ansehen, glauben		חבשׁ	gürten, satteln

Kap. 17

Hi.	נשׁב	wehen lassen		יבשׁ	(ver-) trocknen
Ni.	יתר	übrig bleiben		יצק	ausgießen
Hi.	יתר	übrig lassen		יגע	sich abmühen
	יטב	gut sein		יעד	zugestehen
	יסר	unterweisen	Ni.	יעד	sich versammeln
Ni.	יסר	sich unterweisen		יקר	selten / kostbar sein
		lassen		רעה	abweiden, weiden
Pi. / Hi.	יסר	züchtigen			lassen

Q / Pi.	קוה	warten		רוע	schreien, jauchzen
Pi.	יחל	warten		תְּרוּעָה	Geschrei
Hi.	יחל	sich wartend verhalten		יסד	gründen
	חרה	entbrennen		צרף	schmelzen,
	אֹכֶל	Speise			läutern, sichten
Q	ינק	saugen		עָנָף	Zweig
Hi.	ינק	säugen	Pi.	ספר	(er-) zählen
	עָרִיץ	Gewalthaber, Tyrann		אֲחֻזָּה	Eigentum
Q	ינה	gewalttätig sein		בַּרְזֶל	Eisen
Hi.	ינה	bedrücken		נפץ	zerschlagen
	רמשׂ	kriechen	Hi.	שׂכל	verstehen,
	שׁרץ	wimmeln			einsehen
	פרה	fruchtbar sein		אנף	zürnen
Hi.	יכח	zurechtweisen		בער	in Brand stehen
	רצה	Gefallen haben an		חסה	Zuflucht suchen

Kap. 18

	אור	leuchten	Hi.	כון	bereitstellen
	ריב	einen Rechtsstreit führen		שָׁלֵם	unversehrt, lauter, friedlich
	פוץ	sich zerstreuen	Q	חלף	aufeinander folgen,
	גיל	jauchzen			
	מְתִים	Leute, Männer	Pi.	חלף	wechseln
	מושׁ	weichen, ablassen	Hi.	חלף	ändern
	בושׁ	sich schämen		צום	fasten
	זָר	Fremder		תפשׂ	fassen
	עזר	helfen, unterstützen		בֶּגֶד	Kleid, Gewand
Q / Hi. / Pil.	צמת	zum Schweigen bringen		נוס	fliehen
			Q	צחק	lachen
	הָמוֹן	Getümmel, Aufzug, Menge, Lärm	Pi.	צחק	sich lustig machen über

	שִׁית	hinlegen, richten, bestellen, setzen		הַשַּׁבָּת	der Sabbat
				מַשָּׂא	Last
Pi.	מהר	eilen	Hi.	עוד	verwarnen, Zeuge sein
Hi.	כול	erfassen			
Pilp.	כול	versorgen, umfassen	Pi.	חלל	entweihen
	חֶדֶר cs., חֲדַר	Kammer	Hi.	חלל	anfangen
	מְנָיוֹת⁺	Anteile		לין	übernachten
	חָרוֹן	(Zornes-) Glut		רכל	Handel treiben
Q	שִׁיר	singen		חוֹמָה	(Stadt-) Mauer
Pol.	שִׁיר	Ptz.: Tempelsänger		שׁנה	wiederholen, sich ändern
	מַעֲשֵׂר	der Zehnte			
	תִּירוֹשׁ	Wein, Most		חוס	betrübt sein, gnädig sein
	יִצְהָר	Öl			
	דרך	treten		רֹב	Menge

Kap. 19

	רצץ	zerbrechen	Ni.	רחק	entfernt werden
	רוץ	laufen		חֶבֶל	Seil, Strick, Feldstück
	גלל	wälzen			
	רעע	schlecht / böse sein		גַּלְגַּל	(Schöpf-) Rad
	תמם	vollständig / zu Ende sein		חמם	warm / heiß sein / werden
Q	קלל	klein / behende sein		נְחֹשֶׁת	Erz
Pi.	קלל	als verflucht be- trachten		רבב	zahlreich sein / werden
Hitp.	קלל	geschüttelt werden		שׁדד	verheeren, vergewaltigen
	חנן	gnädig sein			
	שׁוּק	Straße		בגד	treulos handeln
	ספד	Totenklage halten, trauern	Pi.	כלה	vollenden
				נדד	fliehen
Q	רחק	fern sein		זוב	überfließen

	חָלָב	Milch	Hi.	סוג Grenze versetzen
	דְּבַשׁ	Honig		שׁמם menschenleer /
	מוּל	beschneiden		verödet sein
	עָרֵל	unbeschnitten		שׂושׂ / שׂישׂ sich freuen
	חֶרְפָּה	Schmach, Schande	Hi.	נקף im Kreis umgeben /
	שׂכך	(be-) decken		herumgehen
	חפר	beschämt sein	Hi.	שׁכם aktiv werden, eif-
	ספה	wegnehmen		rig tun, früh auf-
	חֵרֶם	Bann		stehen
Ni.	סוג	sich zurückziehen		

Kap. 22: Aramäische Vokabeln (ohne bh Synonyme)

	בֵּלְשַׁאצַּר	Belschazzar (*PN*)		זִיו Gesichtsfarbe
	לְחֶם	Brot, Festmahl	Pe.	שׁנה verändert werden
	רַב	groß		רַעְיוֹן Gedanke
	רַבְרְבִין	Große, Magnaten	Pa.	בהל jem. erschrecken
	(לְ)קֳבֵל	vor		קְטַר Knoten, Gelenk
	כָּל־קֳבֵל	dementsprechend		חֲרַץ Hüfte
	חֲמַר	Wein	Pe.	שׁרה lösen
	טְעֵם	Befehl, Verstand	Hitp.	שׁרה schlottern
	מָאן	Gefäß		אַרְכֻבָּה Knie (bh בֶּרֶךְ)
	נפק	(her-) ausgehen		נקשׁ aneinanderschlagen
	שֵׁגָל	Konkubine	Pe.	עלל hineingehen
	לְחֵנָה	Kebse, Kebsfrau	Ha.	עלל hereinholen
Pa.	שׁבח	preisen		אָשַׁף Beschwörer
	פַּרְזֶל	Eisen (bh בַּרְזֶל)		גָּזְרִין Astrologen
	שָׁעָה	Augenblick		פְּשַׁר Deutung
	נֶבְרְשָׁה	Leuchter	Ha.	חוה kundtun, deuten
	גִּיר	Kalk		אַרְגְּוָן Purpurgewand
	כְּתַל	Wand		הַמּוֹנַךְ (?) Halskette
	פַּס	Hand (-fläche)		שׁלט herrschen

23.3   ALPHABETISCHES VOKABELVERZEICHNIS HEBRÄISCH- DEUTSCH UND ARAMÄISCH-DEUTSCH[1]

א

ᴬאַב || אָב	Vater
אבד	zugrunde-, verlorengehen
אבה	wollen, willig sein
אֶבְיוֹן	arm
I אבל	Q / Hitp.: trauern, klagen
I אֵבֶל	Trauer
אֶבֶן	Stein (f.)
אָדוֹן	Herr
ᴬאֱדַיִן	dann
I+II אָדָם	I: Mensch (koll.), II: Adam (PN)
אָדֹם	rot
I אֲדָמָה	Acker (-Boden)
אֲדֹנָי	der Herr (meist = Jahwe)
אֲדֹנִיָּהוּ	Adonija (PN)
ᴬאֶדְרָע	Arm
אהב	lieb gewinnen, lieben
אַהֲבָה	Liebe
II אהל	Q: mit Zelten weiterziehen, Pi.: zelten
I אֹהֶל	Zelt
אַהֲרֹן	Aaron (PN)
אוֹ	oder
II אוֹב	Totengeist
אוה	Pi. / Hitp.: wünschen, begehren, sich begierig zeigen
אוֹי	wehe! ach!
אֱוִיל	Tor, töricht

II אוּלַי	vielleicht
אוּלָם	aber, hingegen
אָוֶן	Böses, Frevel
אוֹצָר	Vorrat, Schatz (-haus)
אור	hell sein / werden, leuchten
אוֹר	Licht
אוֹת	Zeichen
אָז	damals, dann
ᴬאֲזַל || אזל	bh: schwinden || ba: gehen
אֹזֶן | אזן	Hi.: (hin-) hören | Ohr (f.)
אֵזוֹר | אזר	gürten | Hüftschurz
ᴬאָח || I אָח	Bruder
אֶחָד	eins (m.)
אָחוֹת	Schwester
אחז	packen, fassen
אָחָז	Ahas (PN)
אֲחֻזָּה	Eigentum, Grundbesitz
אחר	Pi.: zögern, versäumen
I אַחֵר	anderer, zweiter
אַחַר/אַחֲרֵי	hinter, nach (auch Konj.)
אַחַת	eins (f.)
אַי / אֵין	wo?
אִי	Insel, Küste
אֹיֵב	Feind
אִיזֶבֶל	Isebel
אֵיךְ	wie? (wie!)
I אַיִל	Widder, Mächtiger
אַיִן / אֵין	Nicht- (vorhanden-) sein, ... ist nicht (Neg. in NS)
אִישׁ	Mann, jemand, jeder

---

[1] Sofern Lexeme nur im BA vorkommen, sind sie mit ᴬ markiert; Lexeme, die nur im BH (bzw. im BH+BA) vorkommen, sind nicht gekennzeichnet. Bei Verben ohne Spezifikation ist stets die Bedeutung im Q gemeint. Die Bedeutungen in anderen Stämmen sind von daher unschwer zu erschließen; ist letzteres nicht der Fall, sind sie eigens erwähnt.

אַךְ ja, nur, jedoch

אכל essen

אֹכֶל Speise

אָכֵן fürwahr, wahrlich

I אַל nicht (doch!) (*v.a. zum Ausdruck des Vetitivs*)

אֶל / אֶל־ zu, an

V אֵל Gott, Gottheit, El *(PN)*

ᴬאֱלָהּ Gott

I אלה fluchen

אָלָה Fluch, Verfluchung

אֵלֶּה dies (*prädikativ*), *mit Art.*: diese (*attributiv*) (pl.c.)

אֱלֹהִים Gott, Gottheit (auch: Götter)

אֱלוֹהַּ Gott

I אַלּוֹן großer Baum, "Terebinthe"

אֵלִיָּה(וּ) Elija

אֱלִיל Nichtigkeit, nichtig (*Götter*)

אֵלֶּה/ᴬאִלֵּין diese

אֱלִישָׁע Elischa *(PN)*

ᴬאִלֵּךְ jene (m.pl.)

אַלְמָנָה Witwe

אֶלְעָזָר Elcasar *(PN)*

אֶלֶף Rind, tausend, Tausendschaft

ᴬאֲלַף tausend

אִם gesetzt den Fall, wenn, als, ob, *Negation im Schwursatz*

אִם לֹא wenn nicht, *Affirmation im Schwursatz*

אֵם Mutter

אָמָה Sklavin, Magd

אַמָּה Elle, Unterarm

אמן Ni.: sich als zuverlässig erweisen, bleiben, Hi.: als zuverlässig ansehen, glauben

אָמֵן gewiß, ja

אמץ | אַמִּיץ stark sein | stark

I אמר sagen

לֵאמֹר ↑ folgendermaßen, indem er / sie sagte, *Doppelpunkt*

אֱמֶת Wahrheit, Treue

אָן / אָנָה wohin?

ᴬאֲנָה ich

ᴬאִנּוּן sie, jene

אֱנוֹשׁ Mensch (*Koll.*), Enosch *(PN)*

ᴬאֲנַחְנָא(ה) wir

אֲנַחְנוּ wir

אֲנִי / אָנֹכִי ich

אֳנִי / אֳנִיָּה Schiff, Flotte

ᴬאִנִּין sie (f.pl.)

אנף zürnen

ᴬאֱנָשׁ Mensch

ᴬאַנְתְּ(ה) du

ᴬאַנְתּוּן ihr

אָסָא Asa *(PN)*

אסף (ver-) sammeln

אסר anbinden, fesseln

ᴬאָע Holz

I אַף es ist doch so, auch, sogar (*Interjektion*)

II אַף Nase, Zorn, *du*: Gesicht

אפה backen

אֵפוֹד Ephod (*Kultgegenstand, Orakelgerät*)

אֶפֶס Nichtsein, Ende, nur

אֵפֶר Staub

אֶפְרַיִם Efraim

אֶצְבַּע Finger

אֵצֶל Seite, neben

אצר Q: anhäufen, Hi.: anhäufen lassen (*anders KBL³*)

ארב im Hinterhalt liegen, lauern

אַרְבֶּה Wanderheuschrecke

אַרְבַּע vier

אַרְבָּעִים vierzig

אַרְגְּוָןᴬ Purpur (-gewand)

אֲרוֹן Lade, Kasten

אֶרֶז Zeder

אַרַח unterwegs sein, wandern

אֹרַח Pfad, Weg

אֲרִי / אַרְיֵה Löwe

אָרַךְ lang sein / werden

אֹרֶךְ Länge, Geduld

אַרְכֻּבָהᴬ Knie

אֲרָם Aram, Aramäer

אֲרַעᴬ Erde

אֶרֶץ Erde, Land (f.)

אֲרַקᴬ Erde

אָרַר verfluchen

אֵשׁ Feuer

אִשָּׁה Frau

אַשּׁוּר Assur (PN, Land, Volk)

אֶשְׁכֹּל I+II I: Traube(n), II: PN

אָשָׁם | אָשֵׁם s. verschulden | Schuldopfer

אַשָּׁףᴬ Beschwörer

אָשֵׁר Ascher (Asser) (PN)

אֲשֶׁר Relativpartikel, daß, weil

אֲשֵׁרָה Aschere (Kultpfahl), Aschera
(PN einer Göttin)

אַשְׁרֵי glücklich! wohl dem!

אֵת / אֶת־ I nota accusativi
(אֹת-)

אֵת / אֶת־ II mit, bei
(אִתּ-)

אַתְּ du (f.)

אַתָּה du (m.)

אֲתָאᴬ Pe.: kommen (auch bh), Ha.:
(אֵתָה) bringen (הֵיתִי)

אָתוֹן Eselin

אַתֶּם ihr (m.)

אַתֵּנָה ihr (f.)

ב

בְּ in, an, bei, mit, durch (instr.)

בְּאֵר Brunnen

בָּבֶל Babel

בָּגַד treulos handeln

בֶּגֶד II Kleid, Gewand

בַּד I Teil, Stück, Leinen, Stangen

בָּדַל trennen

בָּהַל Pi. / Pa.: jem. erschrecken

בְּהֵמָה Vieh, Tiere (koll.)

בּוֹא Q: hineingehen, kommen,
Hi.: (dar-) bringen

בּוֹר Grube, Zisterne

בּוֹשׁ sich schämen

בּוּה verachten

בַּז plündern

בָּחוּר junger Mann

בָּחַן prüfen

בָּחַר II erwählen, auswählen

בָּטַח vertrauen, sich sicher fühlen

בֶּטַח Sicherheit

בֶּטֶן I Mutterleib, Bauch

בִּין verstehen, unterscheiden

בֵּין (*בַּיִן) zwischen (*Zwischenraum)

בִּינָה Unterscheidungsvermögen,
Einsicht

בַּיִת Haus
(räumlich und soziologisch)

בָּכָה weinen

בְּכוֹר erstgeboren, Erstgeburt

בַּל | בְּלִי nicht (poet.) | ohne

בְּלִיַּעַל Nichtsnutziger, Verderben

בָּלַל verwirren, vermischen

בָּלַע Q / Pi.: verschlingen

בֵּלְשַׁאצַּרᴬ Belschazzar (PN)

בִּלְתִּי (לְ+) Nichtsein, außer (daß nicht)

בָּמָה (Kult-) Höhe

I בֵּן Sohn, *Zugehörigkeit zu einer (Sach- / Personen-) Klasse*

בנה bauen

בַּעַד zugunsten von jemand

בֹּעַז Boas (*PN*)

I בַּעַל Herr, Besitzer, Bürger, Baal

I בער in Brand stehen, verbrennen

בָּצוּר unzugänglich, fest

בֶּצַע Gewinn,

בקע Q / Pi.: spalten, teilen

בִּקְעָה (Tal-) Ebene

בקר Pi.: sich kümmern

A בקר Pa.: suchen

בָּקָר Großvieh, Rind (*koll.*)

בֹּקֶר Morgen

בקש Pi.: suchen

A בַּר Sohn

I ברא schaffen

בָּרוּךְ gesegnet, gepriesen, *PN*

בַּרְזֶל Eisen

ברח (ent-) fliehen

בְּרִית Bund, Verpflichtung

II ברך Pi.: segnen, preisen

בֶּרֶךְ Knie

בְּרָכָה Segen, Segensspruch

I+II בָּרָק I: Blitz, II: Barak (*PN*)

בשר (Gutes) melden

בָּשָׂר Fleisch

A בָּשָׂר Fleisch

בֹּשֶׁת Scham, Schändlichkeit

I בַּת Tochter, *Zugehörigkeit zu einer Klasse*

בְּתוּאֵל Betuël (*PN*)

בְּתוֹךְ inmitten

בְּתוּלָה Jungfrau

בַּת־שֶׁבַע Batseba (*PN*)

ג

גאה | גֵּאָה erhaben sein | hochmütig

I גאל auslösen, freikaufen, erlösen

גבה | גָּבֹהַּ hoch (-mütig) sein | hoch

גְּבוּל Grenze, Gebiet

גִּבּוֹר Held, (berufsmäßig) Starker

גְּבוּרָה Kraft, Stärke, Tapferkeit

גִּבְעָה Anhöhe, Hügel, *ON*

גבר überlegen sein

A גֶּבֶר ‖ גְּבַר Mann

גַּבְרִיאֵל Gabriel (*PN*)

גַּג (Flach-) Dach

II גָּד Gad (*PN*)

גָּדוֹל groß

גְּדִי Böckchen

גדל groß sein / werden

גָּדֵר Steinwall, Mauer

I גְּדֵרָה Steinpferch

גוֹי (fremdes) Volk

גּוֹלָה Verbannung, Gola

גוע dahinscheiden, sterben

I גור als Fremder leben

גּוֹרָל Los

גזז scheren

A גַּזְרִין Astrologen

גַּיְא Tal

גיל jauchzen, frohlocken

A גִּיר Kalk

I+II גַּל I: Steinhaufen, II: Welle

I גַּלְגַּל (Schöpf-) Rad

II גִּלְגָּל Gilgal (*ON*) (*mit Art.!*)

גלה entblößen, aufdecken

גלח scheren

גָּלְיָת Goliat (*PN*)

גלל | *גָּלָל wälzen, rollen | wegen

גִּלְעָד Gilead

גַּם   auch, sogar

גמל   vollenden, (an-)tun, erweisen

גָּמָל   Kamel

גַּן   Garten

גנב   stehlen

גֶּפֶן   Weinstock

גֵּר   Fremder

גרשׁ   Q / Pi.: vertreiben, verstoßen

I+II גֶּשֶׁם   I: Regen, II: Geschem (PN)

ד

אֵלֶּה   diese (f.)

דְּבוֹרָה   Biene, Debora (PN)

דבחᴬ   opfern

דבק   haften, hängen an etwas

II דבר   Pi.: reden

דָּבָר   Wort, Sache

I+II דֶּבֶר   I: Pest, II: Stachel, Dorn

דְּבַשׁ   Honig

דָּג   Fisch

דָּגָן   Getreide

דָּוִד (דָּוִיד)   David

דּוֹד   Geliebter, Onkel, Vetter

II דּוֹר   Geschlecht, Generation

דְּהַבᴬ   Gold

דחלᴬ   Pa. ängstigen

דַּי   Bedarf, Ausreichendes

דֵּיᴬ   Deiktikon

דִּין | דִּין   Recht schaffen | Rechtsstreit

דַּיָּן   Richter

דֵּךְ / דִּכֵּןᴬ   jener

דָּךְᴬ   jene (f.)

דַּל   gering, arm, hilflos

דְּלִילָה   Delila (PN)

דֶּלֶת   Tür (-flügel), Deckel

דָּם   Blut, Bluttat, Blutschuld

דמהI   Q: gleichen, Pi.: vergleichen

דְּמוּת   Gestalt, Abbild

דמם   bewegungslos / starr sein

דְּמָמָה   Windstille

דָּן   Dan (PN)

דְּנָהᴬ   dieser

דָּנִיֵּאל   Daniel (PN)

דַּעַת   Wissen, Erkenntnis

דַּק   schwach

דקר   durchbohren

דרך   treten, keltern

דֶּרֶךְ   Weg, Wandel, Reise
     (als Präp.: in Richtung auf)

דרשׁ   suchen, fordern

דֶּשֶׁא   junges frisches Gras

ה

הַ (prokl.)   *Einleitung von Satzfragen*

הַב / הָבָה   gib! / auf! (Wz. יהבᴬ)

I+II הֶבֶל   I: Hauch, II: Abel (PN)

הגה   murmeln, laut lesen

הדף   stoßen

הָדָר   Pracht, Herrlichkeit

הוּא   er, *mit Art.*: jener (m.sg.)

I הוֹד   Hoheit, Würde

הוהᴬ   sein

הוךְᴬ   gehen

הוֹי   wehe! ach!

הוֹן   Vermögen, Besitz

הִיא   sie, *mit Art.*: jene (f.sg.)

היה (הוה)   sein

הֵיכָל   Tempel, Palast

הלך   gehen

II הלל   Pi.: loben, preisen, rühmen

הֵם / הֵמָּה   sie, *mit Art.*: jene (m.pl.)

המה   brausen, lärmen

הָמוֹן Getümmel, Menge, Lärm

הֵמָּה/הֵמּוֹןᴬ sie

הַמוֹנָ֫ךְᴬ (?) Halskette

הֵנָּה I+II I: hierher, II: sie (f.pl.)

הִנֵּה (הֵן) siehe, wenn

הָפַךְ wenden, stürzen

הַר Berg, Gebirge

הָרַג töten, schlachten

הָרָה schwanger sein / werden

הָרַס einreißen

ו

ו / וַ (prokl.) und, aber, da

וַשְׁתִּי Waschti (persischer PN)

ז

זֹאת dies (prädikativ), mit Art.: diese (attributiv) (f.sg.)

זֶבַח | זבח schlachten, opfern | Opfer

זֶה dies (prädikativ), mit Art.: dieser (attributiv) (m.sg.), hier (Deixis)

זָהָב Gold

זהר II Hi.: warnen

זוּב (über-) fließen, triefen

זוּלָה/ת/זוּלַת* ausgenommen, außer

זִיוᴬ Gesichtsfarbe

זַ֫יִת Ölbaum

זָכַר gedenken, denken an

זֵכֶר I Erwähnung, Nennung

זָכָר Mann, männlich

זִכָּרוֹן Erwähnung, Erinnerung

זְכַרְיָ֫הוּ Sacharja (PN)

זִמָּה I+II I: Schandtat, II: Simma (PN)

זמם sinnen, vorhaben

זָמַר Pi.: singen, preisen, spielen

זנה I+II I: huren, II: Abneigung haben

זעק schreien, das Zetergeschrei erheben

זְעָקָה Geschrei, Zetergeschrei

זקן alt sein / werden

זָקֵן (זָקָן) alt, Ältester (Bart)

זִקְנָה Altwerden

זקף aufrichten

זָר (art-) fremd, andersartig

זְרֻבָּבֶל Serubbabel (PN)

זרה Q: worfeln, Pi.: zerstreuen

זְרוֹעַ Arm, Macht (f.)

זרח aufstrahlen, -leuchten

זרע I säen

זֶרַע Same, Nachkommenschaft

זרק I+II I: sprengen, II: hell sein

ח

חבא Ni. / Hitp.: sich verstecken

חֶבֶל I Seil, Strick, Feldstück

חבק Q / Pi.: umarmen, liebkosen

חֲבַקּוּק Habakuk (PN)

חבר II verbunden sein

חָבֵר Genosse, Gefährte

חֶבְרוֹן Hebron (ON)

חבש gürten, binden, satteln

חַג Fest

חגג Sprünge machen, Fest feiern

חַגַּי Haggai (PN)

חַגִּית Haggit (PN)

חגר gürten

חַד || חֲדָהᴬ eins

חדל aufhören

חֶדֶר / חֶדֶר Kammer, Raum

חדש | חָדָשׁ Pi.: erneuern | neu

חֹדֶשׁ I	Neumond, Monat
חָוָא (חוה) A	Ha. kundtun, deuten
חוה II	Hišt.: sich platt auf den Boden werfen, die (kultische) Proskynese verrichten
חַוָּה I+II	I: Zeltlager, II: Eva (*PN*)
חוּל	umgehen, sich wenden, tanzen
חוֹל I	Sand, Schlamm
חוֹמָה	(Stadt-) Mauer
חוּס	betrübt sein, gnädig sein
חוּץ	Gasse, draußen
חוּשׁ	(sich be-) eilen
חוּשַׁי	Huschai (*PN*)
חזה	sehen, erblicken
חָזוֹן	Gesicht, Erscheinung
חָזַק | חָזֵק	Q: stark sein | stark, fest Hi.: ergreifen, festhalten
חטא	Q: sündigen, sich verfehlen, Pi.: entsündigen, reinigen
חַטָּאת	Sünde, Verfehlung,
(חַטָּא)	*ersteres auch*: Sündopfer
חִטָּה	Weizen (pl. חִטִּים)
חָיָה | חַי I	leben | lebendig
חַיָּה I	Lebewesen, (Raub-) Tier
חַיִּים	Leben
חִיל	Wehen haben, kreißen
חַיִל	Kraft, Heer, Vermögen
חֵיק	Schoß, Busen
חָכַם | חָכָם	weise sein | weise, klug
חָכְמָה	Weisheit
חָלָב	Milch
חֵלֶב	Fett, das Beste
חלה I	Q: krank sein / werden, Pi.: krank machen, *mit* פָּנִים: besänftigen
חֲלוֹם	Traum
חֳלִי	Krankheit
חָלִילָה לְ	es sei ferne von
חלל	Q: durchbohrt sein, Pi.: durchbohren, entweihen, Hi.: anfangen
חלם	träumen
חֲלֹם A	Traum
חלף I	Q: sich ablösen, aufeinander folgen, vorüberziehen, Pi.: wechseln, Hi.: ändern
חלק II	Q / Pi.: verteilen, zuteilen
חֵלֶק I+II	I: Glätte, II: (Beute-) Anteil
חָם I+III	I: Schwiegervater, III: Ham
חמד	begehren
חֵמָה	Hitze, Zorn, Erregung, Gift
חֲמוֹר I	Esel (Hengst)
חמל	Mitleid empfinden
חמם	warm / heiß sein
חָמָס	Gewalttat, Unrecht
חֹמֶר I	Ton, Lehm
חֲמַר A	Wein
חָמֵשׁ	fünf
חֲמִשִּׁים	fünfzig
חֵן	Gnade, Gunst, Anmut
חנה I	sich lagern, Lager beziehen
חֲנִית	Speer
חִנָּם	umsonst
חנן I+II	I: gnädig sein, II: stinkend sein
חָנֵף | חָנַף	entweiht sein | entfremdet
חֶסֶד II	Bundestreue, Verbundenheit, Solidarität, Gnade
חסה	Zuflucht suchen
חסר	entbehren, abnehmen
חפץ I	Gefallen haben
חֵפֶץ	Vorhaben, Anliegen, Gefallen
חפר I+II	I: graben, II: beschämt sein
חֵץ	Pfeil
חֲצִי	Hälfte, Mitte

חָצֵר	(Vor-) Hof	טמא | טָמֵא	unrein sein | unrein
חֹק	Festgesetztes, Satzung ↓	טֻמְאָה*	Unreinheit
חֻקָּה	Festgesetztes, Gesetz ↑	טמן	verstecken, verscharren
חקק	einritzen, festsetzen	טַעַם AD	Befehl, Verstand
חקר	erforschen	טַף	Kinder, nicht Marschfähige
חרב	austrocknen, wüst sein	טֶרֶם	noch nicht
חֶרֶב	Schwert (f.)	טרף | טֶרֶף	zerreißen | Raub, Fraß
חֹרֵב	Horeb (ON)		
חָרְבָּה	Trümmerstätte	י	
חרד	beben, zittern		
חרה I+II	I: entbrennen, II: gering sein	יְאֹר	Fluß, Strom, mit Art.: Nil
חָרוֹן	(Zornes-) Glut	יבל A	Ha. bringen
חרם | חֵרֶם	bannen | Bann, Gebanntes	יַבֹּק	Jabbok (Flußname)
חרף II	reizen, schmähen	יבשׁ	(ver-) trocknen, verdorren
חֶרְפָּה	Schmach, Schande	יַבָּשָׁה	Trockenes, Festland
חֲרָיִן A	Hüfte	יגע	müde sein, sich abmühen
חרשׁ I+II	I: pflügen, II: taub sein	יְגָר A	Steinhaufen
חשׂך	vorenthalten, schonen	יָד	Hand, Macht, Seite (f.)
חשׁב	anrechnen, für etwas halten, planen	ידה II	Hi.: preisen, bekennen
חשׁך | חֹשֶׁך	dunkel sein | Finsternis	ידע	erfahren, erkennen, wissen
חתם	versiegeln	יהב A	geben (→ bh: הָבָה)
חֹתֵן	Schwiegervater	יֵהוּא	Jehu (PN)
חתת	mutlos / erschrocken sein	יְהוּדָה	Juda (PN)
		יהוה|יְהֹוָה	Jahwe (PN)
ט		יְהוֹרָם	Joram (PN)
		יוֹם | יוֹמָם	Tag | tags (-über)
טָב A	gut	יָוָן	Jawan (ON)
טבח	schlachten	יוֹנָה I+II	I: Taube, II: Jona (PN)
טהר	Q: rein sein, Pi.: für rein erklären, Hitp.: sich reinigen	יוֹשֵׁב	Einwohner
טוֹב | טוֹב I	gut sein | gut	יוֹתָם	Jotam (PN)
טוּב	Güte, das Beste, Wohlstand	יִזְרְעֶאל	Jesreel (ON)
טוֹבִיָּה(וּ)	Tobija (PN)	יַחַד / יַחְדָּו	zusammen, gemeinsam
טוּר || טוּר A	Lage, Reihe || Fels, Berg	יְחֶזְקֵאל	Ezechiel (PN)
טֵל	Schatten	יחל	Ni. / Pi.: warten, Hi.: sich wartend verhalten
טלל A	Schatten suchen	יטב || יטב A	gut sein || gefallen
		יַיִן	Wein

יָכֹחַ   Ni.: sich auseinandersetzen,
          Hi.: zurechtweisen, züchtigen
יָכֹל   können, fassen, ertragen
יְכָנְיָה   Jechonja (= Jojachin) (PN)
יֶלֶד | יָלַד   gebären, zeugen | Kind
יָלַל   Hi.: heulen, wehklagen
יָם   Meer, See, Westen
יָמִין | יָמַן I   Hi.: nach rechts gehen | rechts
יָנה   Q: gewalttätig sein,
          Hi.: bedrücken
יָנַק   Q: saugen, Hi.: säugen
יָסַד I   gründen
יָסַף   Q/Hi.: hinzufügen, fortfahren
יָסַר   Q: unterweisen, Pi.: züchtigen
          Ni.: sich unterweisen lassen,
יָעַד   Q: bestimmen, zugestehen
          Ni: sich versammeln
יָעַל   Hi.: helfen, nützen
יַעַן   wegen, weil
יָעֵף   müde
יָעַץ   (be-) raten, beschließen
יַעַר I   Gehölz, Wald
יָפֶה | יָפָה   schön sein | schön
יֶפֶת   Jafet (PN)
יָצָא   herausgehen, ausziehen,
          abstammen
יָצָא^A   Ša. vollenden
יָצַב   Hitp.: sich hinstellen
יָצַג   Hi.: hinstellen, preisgeben
יִצְהָר I+II   I: Öl, II: Jizhar (PN)
יִצְחָק   Isaak (PN)
יָצַק   (aus-) gießen
יָצַר   formen, bilden, töpfern
יָקַץ   erwachen
יָקָר | יָקַר   selten / kostbar sein | selten
יָרֵא | יָרֵא I   fürchten | in (Ehr-) Furcht
יִרְאָה   Furcht

יָרָבְעָם   Jerobeam (PN)
יָרַד   hinabgehen
יַרְדֵּן   Jordan (Flußname, mit Art.!)
יָרה I   werfen
יָרה III   Hi.: unterweisen, lehren
יָרֵחַ   Mond, Monat
יְרֵחוֹ | יְרִיחוֹ   Jericho (ON)
יִרְמְיָה(וּ)   Jeremia (PN)
יָרַשׁ   Q: in Besitz nehmen, unter-
          werfen, Hi: dto., vertreiben
יֵשׁ   Vorhandensein, es ist
יָשַׁב   sich niederlassen, wohnen,
          bleiben
יֵשׁוּעַ   Jeschua (PN)
יְשׁוּעָה   Hilfe
יָשֵׁן   schlafen
יָשַׁע   Ni.: sich helfen lassen,
          Hi.: helfen, retten
יְשַׁעְיָה(וּ)   Jesaja (PN)
יָשַׁר   gerade / recht sein
יָשָׁר   recht (-schaffen), eben
יָתַב^A   sich setzen, wohnen
יָתוֹם   Waise
יָתַר I   Ni.: übrigbleiben, Hi.: -lassen
יֶתֶר I   Rest
יִתְרוֹן   Vorteil, (Zu-) Gewinn

כ

כְּ   wie, gemäß, (bei Zahlen: um
          die, etwa)
כַּאֲשֶׁר   wie, als, nachdem (Konj.)
כָּבַד   Q: schwer / geehrt sein, Pi.:
          ehren, Hi.: schwer machen
כָּבֵד I+II   I: schwer, lastend, II: Leber
כָּבָה   Q: erlöschen, Pi.: auslöschen
כָּבוֹד   Gewicht, Ehre, Herrlichkeit

כבס	waschen	כנע	Ni.: gedemütigt werden
כֶּבֶשׂ	(Milch-) Lamm, Widder	כְּנַעַן	Kanaan (PN, ON)
כַּד	Krug	כְּנַעֲנִי	Kanaaniter, kanaanäisch
כדבᴬ	lügen	כָּנָף	Flügel, Rand
כֹּה	so, hier	כִּסֵּא	Thron, Stuhl
כהן	Pi.: als Priester amten	כסה	Pi.: bedecken
כֹּהֵן	Priester	כְּסִיל	töricht, Tor
כּוֹכָב	Stern	כֶּסֶף	Silber, Geld
כול	Q: erfassen, Hi.: erfassen,	כְּסַףᴬ	Silber
	Pilp.: versorgen, umfassen,	כעס	unmutig sein, sich ärgern
כון	Ni.: feststehen, Bestand	כַּף	Hand (-fläche)
	haben, Hi.: bereitstellen	כָּפוּף	niedergebeugt
כּוֹס	Becher	כפר	Q: bestreichen, Pi.: Sühne
כוב | כָּזָב	Pi.: lügen | Lüge		schaffen, zudecken
כֹּחַ I	Kraft, Fähigkeit	כֶּרֶם	Weinberg
כחד	Pi.: verborgen halten	כרע	niederknien, sich beugen
כחש	Pi.: (ver-) leugnen	כרת	abschneiden, niederhauen
כִּי / כִּי־ II	ja, wahrlich, fürwahr, denn,	כרת בְּרִית	einen Bund schließen
	weil, daß, wenn	כשל	straucheln, erschöpft sein
כִּי אִם	außer	כתב | כֹּתֵב	schreiben | Schreiber
כָּכָה	so	כְּתָב	Schrift, Buch
כִּכָּר	Kreis, Scheibe, Talent (Geld)	כֹּתַלᴬ	Wand
כֹּל / כָּל־	Gesamtheit, ganz, alle	כָּתֵף	Schulter, Berghang
כֶּלֶב	Hund		
כלה I	Q: aufhören, vollendet sein,	**ל**	
	Pi.: vollenden, vernichten		
כְּלִי	Gefäß, Gerät	לְ	zu, für, nach (hin) (Ausdruck
כְּלָיוֹת	Nieren		des Ziels / Zwecks)
כללᴬ	Ša. vollenden	לֹא / לוֹא	nicht, (nein) (Negation)
כללᴬ	Hišt. vollendet werden	לָאᴬ	dto. ba
כלם	Ni.: gekränkt sein / werden,	לְאֹם	Volk
	Hi.: belästigen, schmähen	לֵב / לֵבָב	Herz
כְּלִמָּה	Schande, Schimpf	לְבַד	allein, für sich
כַּמָּה	wieviel?	לָבֶטַח	in Sicherheit
כֵּן I	feststehend, richtig	לְבִלְתִּי	damit nicht, daß nicht
כֵּן II	so, eben so	לָבָן	weiß
כִּנִּים | כֵּן IV	Mücken	לבש	anziehen, bekleiden

לוּ (לוּלֵא)   wenn doch (wenn nicht)
לוּחַ   Tafel, Brett
לוֹט I+II   I: Hülle, II: Lot (*PN*)
לֵוִי   Levi (*PN*), Levit, levitisch
לְחִי   Kinnbacke, Kinnlade
לחם I   Ni.: miteinander handge-
          mein werden, kämpfen
לֶחֶם   Brot, Speise
לֶחֶם^A   Speise, Festmahl
לְחֶנָה^A   Kebse (Kebsfrau)
לַיְלָה | לֵיל   Nacht, nachts
לִין   übernachten
לכד   fangen, einnehmen
לָכֵן   darum
למד   lernen
לָמָה   warum? wozu?
לְמַעַן   um ... willen
לַפִּידוֹת   Lappidot (*PN*)
לִפְנֵי   vor
לקט   Q / Pi.: sammeln, auflesen
לקח   nehmen, ergreifen, holen
לִקְרָאת   entgegen
לָשׁוֹן   Zunge, Sprache
לִשְׁכָּה   Halle

מ

מְאֹד   Kraft, sehr
מֵאָה I   hundert
מְאוּמָה   irgendetwas
מאן   Pi.: sich weigern
מָאן^A   Gefäß
מאס I   verschmähen, verwerfen
מָבוֹא   Eingang, Eintreten (der
          Sonne) > Westen
מִגְדָּל   Turm
מְגִלָּה   Buchrolle

מִדְבָּר I   Wüste, Steppe
מדד | מִדָּה   messen | Abmessung
מַדּוּעַ   warum?
מָה / מֶה   was? wie?
מהה   Hitpalpel: zögern
מהר I   Pi.: eilen
מוֹאָב   Moab (*PN, Volk, Land*)
מוט   wanken
מול I+II   I: beschneiden, II: abwehren
מוּל   Vorderseite, gegenüber
מוּסָר   Züchtigung, Mahnung
מוֹעֵד   Versammlung, Festzeit
מוֹקֵשׁ   Falle, Fallstrick
מוֹרֶה   Lehr(end)er, Wahrsager
מוּשׁ I+II   I: betasten, II: weichen
מוֹשָׁב   Wohnsitz, Aufenthaltsdauer
מות | מָוֶת   sterben | Tod
מִזְבֵּחַ   Altar
מִזְרָח   Aufgang (der Sonne), Osten
מִזְמוֹר   Lied, Psalm
מַחֲנֶה   (Feld-) Lager
מָחָר   morgen
מָחֳרָת   folgender Tag
מַטֶּה   Stab, Stamm
מָטָר   Regen
מִי   wer?
מִיכָא   Micha (*PN*)
מַיִם   Wasser
מכר   verkaufen
מלא   voll sein, zu Ende sein
מַלְאָךְ   Bote, Engel
מְלָאכָה   Werk, Arbeit, Sendung
מַלְאָכִי   Maleachi (*PN*)
מִלְחָמָה   Krieg, Kampf
מלט I   Ni.: entrinnen, Pi. / Hi.: retten
מלך | מֶלֶךְ   König sein | König
מַלְכָּה   Königin

מַלְכוּת A	Königreich, Königsherrschaft	מָשָׁל | מֹשֶׁל	Sprüche machen | Sprichwort
מַלְכוּת	dto. bh	מִשְׁמָר	Gewahrsam, Gefängnis, ↓
מַלְכִּי־צֶדֶק	Melchisedek (PN)	מִשְׁמֶרֶת	Beobachtung, Wache ↑
מלל I+II	I: welken, II: beschneiden	מִשְׁפָּחָה	Großfamilie, Sippe
מלל III	Q: scharren, Zeichen geben,	מִשְׁפָּט	Recht, Urteil, Gericht
	Pi.: reden	מִשְׁתֶּה	Fest, Gelage
מַמְלָכָה	Königtum, Königreich	מֵת	Toter, tot
מִן	von, aus (nach Adj.: Bez. von	מְתִים	Leute, Männer
	Komparativ oder Superlativ)		
מַן A	wer?	נ	
מִנְחָה	(Opfer-) Gabe, Geschenk		
מְנָיוֹת	Anteile	נְאֻם	Spruch, Wort
מְנַשֶּׁה	Manasse (PN)	נאף	ehebrechen
מַס	Frondienst	נבא	Ni. / Hitp.: sich als Prophet
מַסֵּכָה I+II	I: Gußbild, II: Decke		äußern, in Verzückung sein
מְסִלָּה	Straße, Bahn	נְבוֹ	Nebo (ON)
מסס	Ni.: zerfließen	נבט	Pi. / Hi.: (auf-) blicken
מִסְפָּר I+II	I: Zahl, II: Misperet (PN)	נָבִיא	Prophet, prophetisch
מְעַט	Weniges, Kleinigkeit, wenig	נְבֻכַדְנָאצַר	Nebukadnezzar (babyl. PN)
מַעֲלָה	Hinaufzug, Stufe, Wallfahrt	נְבֻכַדְרֶאצַר	dto. Nebenform
מַעֲלָל	Tat	נבל I+II	I: welken, II: töricht sein
מַעֲשֶׂה	Werk, Tat	נְבָלָה	Schandtat, Torheit
מַעֲשֵׂר	der Zehnte	נְבְרָשָׁה A	Leuchter
מצא	erreichen, finden	נֶגֶב	Süden, Südland
מִצְוָה	Gebot, Befehl, Satzung	נגד	Hi.: mitteilen, erzählen
מִצְפֶּה I	Warte, Ausguck	נֶגֶד	gegenüber
מִצְרִי	Ägypter, ägyptisch	נֹגַהּ | נָגַהּ I	glänzen | Ptz.akt.: Glanz
מִצְרַיִם	Ägypten (Volk, Land)	נגע	an etwas rühren, schlagen
מָקוֹם	Ort	נֶגֶף | נגף	stoßen, schlagen | Anstoß
מִקְנֶה	(Vieh-) Besitz	נגש	Q / Ni.: herantreten, sich
מִקֵּץ	nach (zeitl.) (קֵץ + מִן!)		nähern, Hi.: (dar-) bringen
מרד	sich empören / auflehnen	נדד	fliehen, umherirren
מַר | מרר	bitter sein | bitter	נדר	geloben
מַשָּׂא I+II	I: Last, II: Ausspruch	נהג I	treiben, leiten
מֹשֶׁה	Mose (PN)	נָהָר	Fluß, Strom, mit Art.: Eufrat
משח I	salben, bestreichen	נוח	Q: ruhen,
משל II	herrschen, befugt sein		Hi. הֵנִיחַ: zur Ruhe bringen

נוּחַ Hi. הֵנִיחַ: stellen, setzen, legen

נוּס fliehen

נוֹרָא furchtbar

נָזִיר Gottgeweihter, Nasir

נֹחַ Noach (Noah) (PN)

נחה leiten führen

נחל Q: in Besitz nehmen,
Pi.: als Besitz verteilen,
Hi.: als Besitz / Erbe geben

נַחַל Tal, Bach, Wadi (Trockental)

נַחֲלָה Erbe, Erbbesitz

נחם Ni.: bereuen, Pi.: trösten

נַחְנוּ wir

נָחָשׁ Schlange, Nahasch (PN, ON)

I נְחֹשֶׁת Erz, Kupfer, Bronze

נטה abweichen, ausstrecken, aus-
spannen (< eine vorgegebene
Bewegung / Position ändern)

נטע (ein-) pflanzen

נטף tropfen

נִינְוֵה Ninive (ON)

נכה Hi.: schlagen

*נָכֹחַ gerade, recht

נכר Hi.: erkennen, anerkennen

נֵכָר | נָכְרִי Fremde | fremd, Fremder

נסה Pi.: versuchen, prüfen

נֶסֶךְ Gußspende, Trankopfer

נסע herausreißen, aufbrechen (<
die Zeltpflöcke herausreißen)

נְעוּרִים Jugendzeit

נַעַל Sandale (f.)

נַעַר Knabe, Knecht

I נַעֲרָה junge Frau, Mädchen, Sklavin

נפל fallen

נפץ zerschlagen, sich zerstreuen

Aנפק (her-) ausgehen

נֶפֶשׁ Kehle, Person, Seele, Leben

נצב Ni.: s. hinstellen, Hi.: stellen

נצה Ni.: sich streiten,
Hi.: Streit führen

נצל Pi.: rauben, retten,
Hi.: retten, entreißen

נצר (be-) wachen

נְקֵבָה Weib, weiblich

נקה Ni.: unschuldig sein,
Pi.: für unschuldig erklären

נָקִי unschuldig

II נקף Hi.: im Kreis umgeben / he-
rumgehen, durchlaufen

Aנקשׁ (aneinander-) schlagen

נקר ausstechen

I נֵר Leuchte, Licht

נשא aufheben, tragen

נשׂג Hi.: einholen, erreichen

I נָשִׂיא Vorsteher, Fürst

I+II נשׁא I: verleihen, II: Ni.: betrogen
sein, Hi.: betrügen

נשׁב Q: wehen, Hi.: wehen lassen

נשׁל lösen, abziehen

נְשָׁמָה Lebensodem, Atem

I+II נשׁק I: küssen, II: Rüstung tragen

נתן geben, ausliefern, machen zu

נָתָן Natan (PN)

נתץ einreißen, zerstören

ס

סבב sich drehen, umgeben, um-
gehen

סגר (ver-) schließen

סְדֹם Sodom (ON)

I סוג Ni.: sich zurückziehen,
Hi.: Grenze versetzen

סוֹד Zusammenkunft, Kreis

סוּס | סוּסָה	Pferd, Hengst (Stute)	עוֹלָה I	Brandopfer
סוּר	(ab-) weichen, abfallen	עוֹלָם	lange Zeit, Ewigkeit, Äon
סִיר	Topf	עָוֹן	(Sünden-) Schuld
סֶלָה	Sela (liturg. Schlußzeichen)	עוֹף	Vogel (koll.)
סְלִיחָה	Vergebung	עִוֵּר	blind
סלק^A	hinaufgehen	עֹז	Kraft, Macht, Zuflucht
סָמַךְ	(sich) stützen	עֵז	Ziege
סָפַד	Totenklage halten, trauern	עזב I	verlassen
סָפָה	wegnehmen, dahinraffen	עזב^A	Ša. (שׁיזב) retten
סָפַר	Q: zählen, Pi.: (er-) zählen	עַזָּה	Gaza (ON)
סֵפֶר	Buch (-rolle), Brief, Inschrift	עַזּוּז	stark
סְפַר^A	Buch	עזר	helfen, unterstützen
סָרִיס	Eunuch, (Hof-) Beamter	עֶזְרָא	Esra (PN)
סָתַר	Ni.: sich verborgen halten,	עֵטָה^A	Rat
	Pi.: verbergen	עַיִן	Auge, Quelle
סֵתֶר	Versteck, geheim	עֵין דֹּר	En-Dor (ON)
		עִיר I	Stadt (f.!)
ע		עַל II	über, auf, gegen, aufgrund
		עַל אֹדוֹת	wegen
עָב	Wolke	עַל־כֵּן	darum
עבד	dienen, Sklave sein, verehren	עֹל	Joch
עבד^A	tun	עלה I	hinaufgehen, emporsteigen
עֶבֶד	Knecht, Sklave	עֵלִי	Eli
עֲבֵד^A	Knecht, Sklave	עֶלְיוֹן	höchster, der Höchste
עֲבֹדָה	Arbeit, (Gottes-) Dienst	עלל^A	Pe.: hineingehen
עבר I	durchziehen, hinübergehen,	עלל^A	Ha.: hereinholen
	herumgehen	עַם I+III	I: Verwandter, III: Volk
עֵבֶר I+II	I: jenseits, Seite, II: Eber (PN)	עִם	bei, mit
עִבְרִי	Hebräer	עמד	hintreten, sich stellen, stehen
עֵגֶל	Kalb, Stier	עָמוֹס	Amos (PN)
עֵד	Zeuge	עָמָל I	Mühsal, Unheil
עַד I+II	I: Dauer, immer, II: bis	עֲמָלֵק	Amalek (PN, Volk, Land)
עַד־מָתַי	bis wann? wie lange?	עֲמָלֵקִי	Amalekiter, amalekitisch
עוד	Pi.: umgeben, Hi.: mahnen,	עָמֵק*	dunkel, unverständlich
	verwarnen, Zeuge sein	עֲמֹרָה	Gomorra (ON)
עוֹד	Dauer, noch, wiederum	עָמְרִי	Omri (PN)
עוּל	Säugling	ענה I	antworten, Zeugnis ablegen

עָנָה II　Q: elend sein, Pi.: bedrücken

עָנִי　elend, demütig

עָנָן　Wolke

עָנָף　Zweig

עָפָר　Staub, *pl.*: Staubkörner

עֵץ　Baum, Holz, *pl.*: Holzstücke

עָצוּם　stark

עֵצָה I　Rat, Entschluß, Plan

עצם　stark / zahlreich sein

עֶצֶם　Knochen, Wesen, genau

עצר　zurückhalten, versagen

עֵקֶב　Ende, Lohn (*N*),
　dafür, daß (*Konj.*)

עָקָר　unfruchtbar

עִקְשׁוּת　Verkehrtheit

עָר ᴬ　Widersacher

עֶרֶב I　Abend

עֲרָבָה II　Wüste, Senke, Araba (*ON*)

עָרוּם　klug, listig

עָרִיץ　gewalttätig, Tyrann

ערך　ordnen

עָרֵל　unbeschnitten

עָרֹם　nackt

עֵשֶׂב　Kraut

עשׂה I　tun, machen

עֵשָׂו　Esau (*PN*)

עָשָׁן　Rauch

עשׁק　bedrücken

עָשִׁיר　reich

עשׁר　Hi.: reich machen

עֶשֶׂר　zehn

עֶשְׂרִים　zwanzig

עֵת　Zeit

עַתָּה　jetzt

עֲתַלְיָה　Atalja (*PN*)

עָתְנִיאֵל　Otniël (*PN*)

עתר　Q / Hi.: beten, bitten

פ

פגע　treffen, in jemand dringen

פדה　loskaufen, erlösen

פֶּה　Mund

פֹּה　hier (-her)

פוּץ　sich zerstreuen

פחד　beben, sich fürchten

פלא　Ni.: wunderbar sein

פלט　Pi.: retten

פלל　Hitp.: beten, bitten

פְּלִשְׁתִּי　Philister

פֶּן　damit nicht

פנה　sich wenden, eine Richtung
　einschlagen

פָּנִים | פָּנֶה*　Angesicht, Miene,
　Vorderseite

סַף ᴬ　Hand (-fläche)

פֶּסַח　Passa

פֶּסֶל　Gottesbild

פֹּעַל | פֹּעַל　tun, machen | Werk, Tat

פַּעַם　Schritt, Mal

פקד　seine Aufmerksamkeit auf
　etwas richten, mustern,
　(heim-) suchen

פקח　öffnen

פַּר　Jungstier

פרד　Ni.: sich trennen / teilen,
　Hi.: trennen

פרה　fruchtbar sein

פָּרָה I　(junge) Kuh

פַּרְזֶל ᴬ　Eisen (bh בַּרְזֶל)

פרח　sprossen, blühen

פְּרִי　Frucht (*koll.*)

פַּרְעֹה　Pharao

פרץ　(eine Lücke) reißen, durch-
　brechen, sich ausbreiten

פָּרַר Hi.: brechen

פָּרַשׂ sich ausbreiten

פָּרָשׁ Reiter, Reitpferd

פְּרָת Eufrat (Flußname)

פָּשַׁע brechen (mit jem.)

פֶּשַׁע Verbrechen, Auflehnung

פֵּשֶׁר^A Deutung

פְּתָאִים einfältiger Mensch (koll.)

פתה Q: sich betören lassen, Pi.: betören

פָּתַח I öffnen, entblößen

פֶּתַח Tür, Öffnung, Eingang

צ

צֹאן Kleinvieh

צָבָא Heerschar, Heeresdienst

צַדִּיק gerecht

צדק Q: gerecht sein, Hitp.: sich rechtfertigen, Pi. / Hi.: für gerecht / schuldlos erklären

צֶדֶק Gerechtigkeit ↓

צְדָקָה rechtes Verhalten ↑

צוה Pi.: befehlen

צוֹם fasten

צוּר I+II I: Fels (-Block), II: Feldspat

צחק Q: lachen, Pi.: sich lustig machen über

צִיּוֹן Zion (ON, PN)

צֵל Schatten

צלח Q: wirksam bzw. stark sein / werden, Hi.: Erfolg haben, gelingen lassen

צֶלֶם Standbild

צְלֵם^A dto. ba

צֵלָע Seite, Rippe, Anbau

צמח sprossen

צמת Q / Hi. / Pil.: zum Schweigen bringen

צָעִיר klein

צעק schreien, zetern

צְעָקָה Zetergeschrei, Hilferuf

צפה spähen

צָפוֹן I Norden

צִפּוֹר Vogel

צַר I+II I: eng, Not, II: Gegner, Feind

צָרָה I Bedrängnis, Not

צרף schmelzen, läutern, sichten

צרר I zusammenbinden, eng sein

צרר II befeinden, Nebenfrau sein

ק

קבל^A Pa. empfangen

קֳבֵל^A vor

כָּל־קֳבֵל^A dementsprechend

קבץ Q / Pi.: (ver-) sammeln, Ni.: sich versammeln

קבר begraben

קֶבֶר Grab

קדד sich verbeugen

קָדוֹשׁ heilig

קֶדֶם Vorzeit, früher, Osten

קֳדָם^A vor, Vorderseite

קַדְמָי^A erster, früherer

קִדְרוֹן Kidron (Flußname)

קדש Q*: heilig sein, Pi. / Hi.: heiligen, Ni. / Hitp.: sich heiligen

קֹדֶשׁ Heiligkeit, Heiligtum

קוה I Q / Pi.: warten, hoffen

קוֹל Stimme, Geräusch

קום sich erheben, aufstehen, zustande kommen

קָטַל | קֶטֶל töten | Mord

קָטֹן	klein sein	I רֹאשׁ	Kopf, Gipfel, Anfang
קָטָן / קָטֹן	klein, jung	רִאשׁוֹן	erster, früherer
קֶטֶרA	Knoten, Gelenk	רֵאשִׁית	Anfang, Erstes
קַיִטA	Sommer	רַב I ‖ רָבA	zahlreich, viel ‖ groß
קַיִן I+II	I: Spieß, II: Kain (PN)	רֹב	Menge
קַיִץ	Sommer (-obst)	רבב I	zahlreich sein
קִיר I	Mauer, Wand	רבה I	viel sein
קִישׁוֹן	Kischon (Flußname)	רְבִיעִי	vierter, Viertel
קלל	Q: klein / behende sein,	רבץ	lagern, liegen (von Tieren)
	Pi.: als verflucht betrachten,	רַבְרְבָנִיןA	Große, Magnaten
	Hitp.: geschüttelt werden	רגז	erbeben, unruhig sein
קנא	Pi.: eifersüchtig sein	רֹגֶז ‖ רְגַזA	Aufregung, Toben ‖ Zorn
קַנָּא	eifersüchtig	רגל	Q: verleumden,
קנה I	erwerben, kaufen		Pi.: auskundschaften
קנה II	erschaffen	רֶגֶל ‖ רְגַלA	Fuß
קֵץ (קָצֶה)	Ende, Ziel (Rand)	רדה	(nieder-) treten, herrschen
קצף	zürnen	רדף	nachjagen, verfolgen
קרא I	rufen, nennen	רוּחַ	Wind, Hauch, Atem, Geist,
קרא II (ה-)	treffen, begegnen		Gesinnung
קרב	Q: nahen, Pi.: nahebringen	רום	hoch sein / werden
קֶרֶב	Mitte, Inneres, Eingeweide	רוע	Hi.: schreien, jauchzen
קָרְבָּן	(Opfer-) Gabe	רוץ	laufen
קָרוֹב	nahe, Nächster, Verwandter	רוּת	Rut (PN)
קִרְיָה	Stadt	רָחָב I+II	I: breit, weit, II: Rahab (PN)
קֶרֶן	Horn	רְחַבְעָם	Rehabeam (PN)
קרע	zerreißen	רַחוּם	barmherzig
קרץ	zwinkern, zusammenkneifen	רָחוֹק	fern
קשׁה	Q: hart sein, Hi.: verhärten	רחם	Pi.: sich erbarmen
קשׁר	binden, sich verschwören	רֶחֶם	Mutterleib, Erbarmen
קֶשֶׁר	Verschwörung	רַחֲמִים	Erbarmen (Abstraktplural)
קֶשֶׁת	Bogen	רחץ	(sich) waschen
		רחק	Q: fern sein,
ר			Ni.: entfernt werden,
			Pi. / Hi.: entfernen
ראה	Q: sehen, betrachten, kennen	ריב	einen Rechtsstreit führen
	(-lernen), Ni.: erscheinen	רִיב	Rechtsstreit
רְאוּבֵן	Ruben (PN)	רִיק/רֵק	leer, nichtig

רָכַב fahren, reiten

רֶכֶב (Streit-) Wagen

רְכוּשׁ Besitz, Habe

רָכַל Handel treiben

רָמַשׁ sich regen, kriechen

רֶמֶשׂ Kriechtiere

רָנַן gellend rufen, jubeln

I+III רֵעַ I: Geschrei, III: Gedanke

II רֵעַ II: Freund, Genosse, einander

רַע | רֹע böse, schlecht | Bosheit

רָעָב | רָעֵב Hunger (-snot) | hungrig

I רעה abweiden, weiden (lassen)

רֹעֶה Hirte

רָעָה Bosheit, Übel

II רְעוּת Streben, Haschen

A¹ רַעְיוֹן Gedanke

I+II רעע I: schlecht sein, II: zerschlagen

I רעשׁ Q: beben, Hi.: erschüttern

רַעַשׁ (Erd-) Beben

רפא heilen

רפה Q: schlaff sein, Hi.: ablassen

I+II רצה I: Gefallen haben, freundlich sein, II: bezahlen, ersetzen

רָצוֹן Wohlgefallen

רצח totschlagen, morden

רצץ zerbrechen, knicken

I+II רַק I: dünn, schmächtig, II: nur

רקע (fest-) stampfen, ausbreiten

רָשׁ arm

רשׁע im Unrecht sein

רֶשַׁע Unrecht, Schuld

רָשָׁע Übeltäter, Gottloser

שׂ

שׂבע satt werden / sein

שׂגב Q / Ni.: hoch sein

שָׂדֶה Feld, Ebene, Gebiet

שֶׂה Schaf

שׂושׂ / שׂישׂ sich freuen

שָׂהֲדוּ A¹ Zeugnis

שׂחק Q: lachen, Pi.: scherzen

שָׂטָן Widersacher, Satan

שֵׂיבָה graues Haar, Alter

שׂיח nachsinnen

שׂים setzen, stellen, legen

שׂכך (be-) decken

I שׂכל Q: Erfolg haben, Hi.: verstehen, einsehen

שׂכר dingen, mieten

I שָׂכָר Lohn

שְׂמֹאול links, Norden

שׂמח sich freuen

שִׂמְחָה Freude

שִׂמְלָה Mantel, Kleidung

שׂנא hassen, Widerwillen haben

שָׂעִיר Ziegenbock

שָׂפָה Lippe, Sprache, Ufer

שַׂק Trauerschurz, Sack

שַׂר Beamter, Oberster

I+II שָׂרָה I: Herrin, II: Sara (PN)

שׂרף verbrennen

שׁ

·שֶׁ / שַׁ· *proklitische Relativpartikel*

שׁאג brüllen

שְׁאָגָה Schreien, Brüllen

שְׁאוֹל Unterwelt

שָׁאוּל Saul (PN)

שׁאל fragen, fordern, bitten

שׁאר Q: übrig sein, Ni.: übrig bleiben, Hi.: übrig lassen

שְׁאָר Rest, Übriges

שָׁבָה gefangen fortführen

שְׁבוּעָה Schwur, Eid

שׁבח A Pa.: preisen

שֵׁבֶט Stamm, Stab

שׁבע Ni.: (be-) schwören

שֶׁבַע I sieben

שִׁבְעִים siebzig

שׁבר I zerbrechen

שׁבר II Getreide kaufen

שׁבת aufhören

שַׁבָּת Sabbat (meist mit Art.)

שֵׁגָל A Konkubine

שׁדד verheeren, vergewaltigen

שַׁדַּי Schaddai (Gottesname)

שָׁוְא Trug, Nichtiges, umsonst

שׁוב umkehren, Buße tun, etwas noch einmal / wieder tun, Hi.: zurückbringen

שׁוע Pi.: um Hilfe rufen

שׁוֹפָר Posaune, Horn

שׁוּק Straße

שׁוֹר Rind, Stier

שׁחט schlachten, töten

שׁחת Pi. / Hi.: verderben

שׁטף fortschwemmen, überfluten

שׁיר Q: (be-) singen, Ptz. Pol.: Tempelsänger

שִׁיר Lied

שׁית hinlegen, (be-)stellen, setzen

שׁכב sich legen, liegen, schlafen

שׁכח vergessen

שׁכל Pi.: kinderlos machen

שׁכם Q*: aktiv sein / werden, Hi.: eifrig tun, früh aufstehen

שְׁכֶם I-III I: Nacken, Schulter, II: Sichem (ON), III: Sichem (PN)

שׁכן sich niederlassen, wohnen

שֵׁכָר | שָׁכַר betrunken sein | Rauschtrank

שֶׁלֶג Schnee

שָׁלוֹם Wohlbefinden, Heil, Friede

שׁלח senden, schicken, ausstrecken

שׁלט A Hi.: herrschen

שְׁלִישִׁי dritter

שׁלך Hi.: werfen, weg-, umwerfen

שָׁלָל Beute, Gewinn

שׁלם I Q: unversehrt / fertig sein, Pi.: ersetzen, vergelten

שָׁלֵם I unversehrt, lauter, friedlich

שָׁלֵם A Wohlergehen, Heil

שְׁלֹמֹה Salomo (PN)

שְׁלָמִים Heilsopfer

שׁלף ziehen, zücken

שָׁלֹשׁ drei

שְׁלֹשִׁים dreißig

שָׁם dort

שֵׁם I+II I: Name, II: Sem (PN)

שֵׁם A Name

שׁמד Hi.: vertilgen

שָׁמַיִם Himmel

שְׁמַיִן A dto. ba

שׁמם menschenleer / verödet sein, schaudern

שְׁמָמָה Öde, Verwüstung

שֶׁמֶן Öl, Fett

שְׁמֹנֶה acht

שְׁמֹנִים achtzig

שׁמע (an-) hören, gehorchen

שׁמר bewahren, behüten

שֶׁמֶשׁ Sonne

שִׁמְשׁוֹן Simson (PN)

שׁנה wiederholen, sich ändern, Hitp.: sich verkleiden

שׁנה A verändert werden

שָׁנָה	Jahr	*תּוֹלֵדוֹת	Zeugungen, Stammbaum, Geschlechtsregister
שֵׁנִי	zweiter	תּוּר	auskundschaften, forschen
שְׁנַיִם	zwei	תּוֹר^A	Stier
שֵׁנִית	ein zweites Mal	תּוֹרָה	Weisung, Belehrung, Gebot
שָׁעָה^A	Augenblick	תּוֹשָׁב	Ansässiger
שַׁעַר I+II	I: Tor, II: Maß (Getreide)	תְּחוֹת^A	unter
שִׁפְחָה	Sklavin, Magd	תְּחִלָּה	Anfang
שׁפט	richten, Recht schaffen	תְּחִנָּה	Flehen
שֹׁפֵט	Richter	תַּחַת I	Unteres, unter, anstatt
שׁפך	ausgießen, vergießen	תִּירוֹשׁ	Wein
שׁפל	niedrig sein	תלה	aufhängen
שׁקה	Hi.: tränken	תְּלָת^A	drei
שִׁקּוּץ	Abscheuliches	תֹּם	Vollkommenheit, Lauterkeit
שׁקל	abwiegen	תַּמָּה^A	dort
שֶׁקֶל	Schekel	תְּמוֹל	gestern
שׁקף	Ni. / Hi.: blicken	תְּמוּנָה	Gestalt, Abbild
שֶׁקֶר	Lüge, Trug	תָּמִיד	(be-) ständig, regelmäßig
שְׁרָה^A	Pe.: lösen, Hitp.: schlottern	תָּמִים	vollständig, untadelig
שׁרץ	wimmeln	תמם	vollständig / zu Ende sein
שֹׁרֶשׁ	Wurzel	תּוּבָה	Ertrag
שְׁרֹשׁ^A	dto. ba	תִּנְיָן^A	zweiter
שׁרת	Pi.: (be-) dienen	תעב	verabscheuen
שֵׁשׁ I+III	I: sechs, III: Leinen	תעה	umherirren
שִׁשִּׁי	sechster	תִּפְלָה	Haltloses, Anstößiges
שִׁשִּׁים	sechzig	תְּפִלָּה	Gebet
שׁתה I+II	I: weben, II: trinken	תפש	fassen, ergreifen
שְׁתַּיִם	zwei	תקע	schlagen, stoßen (ins Horn)
		תִּקְוָה I+II	I: Schnur, II: Hoffnung
ת		תְּרוּמָה	Abgabe
		תְּרוּעָה	Lärm, Geschrei
תַּאֲוָה	Verlangen, Begierde	תְּרֵין^A	zwei (m.)
תְּאֵנָה	Feige, Feigenbaum	תְּרַע^A	Tor, Tür, Hof
תֹּאַר	Erscheinung, Gestalt	תַּרְתֵּין^A	zwei (f.)
תֵּבָה	Kasten, Arche	תְּשׁוּעָה	Hilfe, Heil
תָּבוֹר	Tabor (ON)	תֵּשַׁע	neun
תֹּהוּ	Wüste, Nichts	תִּשְׁעִים	neunzig
תָּוֶךְ	Mitte		

24 REGISTER

24.1 ABKÜRZUNGEN UND SIGLEN[1]

A	Anmerkung
AA	Aktions- (Ablaufs-) art
abs.	absolutus
Adj.	Adjektiv
Aff.	Afformativ
AK	Afformativkonjugation
Akk.	Akkusativ
akt.	aktiv
App.	(textkritischer) Apparat in BHK^3 oder BHS
aram.	aramaisierend
Art.	(bestimmter) Artikel
ATS	Arbeiten zu Text und Sprache im Alten Testament, herausgegeben im Auftrag des Fachbereichs Kath. Theologie (ab Bd. 23 / 1985: im Auftrag der Philosophischen Fakultät Altertumskunde und Kulturwissenschaften) von Prof. Dr. Wolfgang Richter, St. Ottilien 1976ff (Abkürzung nach TRE^3: ATS.AT)
BA	Biblisch-Aramäisch (ba: biblisch-aramäisch)
BH	Biblisch-Hebräisch (bh: biblisch-hebräisch)
BHK^3	R. KITTEL (P. KAHLE - A. ALT - O. EISSFELDT et al.), Biblia Hebraica, Stuttgart ^{7}1951 = ^{16}1971 (^{3}1937)
BHS	K. ELLIGER - W. RUDOLPH, Biblia Hebraica Stuttgartensia, Stuttgart 1977
BN	Biblische Notizen. Beiträge zur exegetischen Diskussion, Heft 1-26, Bamberg 1976-1985; Heft 27ff, München 1985ff Herausgeber: Prof Dr. Dr. Manfred Görg
C	Circumstant (Umstandsbestimmung)
c.	communis (Formen, in denen die Opposition masc. : fem. keine Rolle spielt)
cop.	copulativum

---

[1] Die Siglen bei den Literaturangaben entsprechen dem Standard des Abkürzungsverzeichnisses der TRE^3 (Theologische Realenzyklopädie, Berlin 1977ff) und sind hier ebensowenig aufgeführt wie allgemein gebräuchliche Abkürzungen; die Abkürzungen der Namen der biblischen Bücher entsprechen den Loccumer Richtlinien (Ökumenisches Verzeichnis der biblischen Eigennamen nach den Loccumer Richtlinien, Stuttgart 1971, 5f).

cs. / Cs.-Verb.	constructus / Constructus-Verbindung
Dat.	Dativ
DJD	Discoveries in the Judaean Desert, Oxford 1955ff
du.	Dual
energ.	energicus (mit ‌ energicum)
f. / fem.	feminin
fin	final
GBL[17]	W. GESENIUS - F. BUHL, Hebräisches und Aramäisches Hand-wörterbuch über das Alte Testament, Berlin-Göttingen-Heidelberg 1962 = [17]1915 (Reprints oft zitiert als 18. Auflage)
gek.	gekürzt
Gen.	Genitiv
GZ	Gleichzeitigkeit
Ha.	Hafʿel (ba)
Hi.	Hifʿil
Hit.	Hištafʿel (bh) / Hištafʿal (ba)
Hitp.	Hitpaʿʿel
Hitpa.	Hitpaʿʿal (ba)
Hitpe.	Hitpᵊʿel (ba)
Ho.	Hofʿal
Impf.	Imperfekt
Impf. cons.	Imperfectum consecutivum
Inf.	Infinitiv
inf.	infirmae ("schwache" Konsonanten)
Ipt.	Imperativ
Juss.	Jussiv
K	Kᵊtib
KBL[2]	L. KOEHLER - W. BAUMGARTNER, Lexicon in Veteris Testamenti Libros, Leiden [2]1958
KBL[3]	W. BAUMGARTNER - J.J. STAMM (u.a.), Hebräisches und Aramäisches Lexikon zum Alten Testament, Leiden [3]1967ff. (Abkürzung nach TRE[3]: HALAT)
KF	Kurzform
Ko	Konsonant
Koh.	Kohortativ
koll.	kollektiv
Konj.	Konjunktion

kons. A.	konsonantisch anlautendes Afformativ
LF	Langform
LXX	Septuaginta (griechische Übersetzung des AT)
m. / masc.	masculin
MT	Masoretischer Text nach BHS / BHK[3]
N	Nomen
n.a.	nota accusativi
Neg.	Negation
NG	Nominalgruppe
Ni.	Nifʿal
Nom.	Nominativ
NS	Nominalsatz
Num.	Numerus
NZ	Nachzeitigkeit
ON	Ortsname
Pa.	Paʿʿel (ba)
pass. (Pass.)	passiv (Passiv)
Pe.	Pəʿal (ba)
Perf.	Perfekt
Perf. cons.	Perfectum consecutivum
Pers.	Person (Personal-)
PG	Präpositionalgruppe
Pi.	Piʿʿel
Pil.	Piʿlel
Pilp.	Pilpel
PK	Präformativkonjugation
pl.	Plural
PN	Personenname; oft zugleich Name eines Stammes / Volkes
Po.	Pōʿel
Pol.	Pōlel
Präp.	Präposition
Pron.	Pronomen
PS	Partizipialsatz
Ptz.	Partizip
Pu.	Puʿʿal
Q	Qal
ⓠ	Lesart der Qumran-Handschriften

פ	Qᵊre
R	Relationspunkt
RK	Richtungskoeffizient
sg.	Singular
st.a.	status absolutus
st.cs.	status constructus
st.det.	status determinatus
Suff.	Suffix
SV	Sachverhalt
Ša.	Šafʿel (ba)
temp.	temporal
V	Verbum
VF	Verbform
Vo	Vokal
Vok.	Vokalisation
vok. A.	vokalisch anlautendes Afformativ
VS	Verbalsatz
vs.	versus (gegen) - Bezeichnung einer Opposition
VZ	Vorzeitigkeit
Wz.	Wurzel
x	ein beliebiges nicht-verbales Satzglied (in formalistischen Beschreibungen von Satzstrukturen)
ZAH	Zeitschrift für Althebraistik, Stuttgart 1988ff
ZAV	Zeitablaufsverhältnis
ZLV	Zeitlageverhältnis
*	erschlossene, in BHS / BHK³ nicht belegte Form
+	selten belegte Vokabeln (im Vokabelverzeichnis 23.2)
> bzw. <	Symbol für sprachgeschichtliche / semantische Entwicklungsprozesse: Die Spitze gibt die Richtung der Entwicklung an.
I, II, III etc.	nach einem Lexem im Vokabelverzeichnis: Hinweise, daß in den wissenschaftlichen Lexika (ein) Homonym(e) zu dem betreffenden Lexem aufgelistet sind (ist); die Numerierung bezieht sich in der Regel auf KBL².
|	zwischen zwei Lexemen im Vokabelverzeichnis: Trenner zwischen Verbalwurzel und davon abgeleitetem Nomen
||	zwischen zwei Lexemen im Vokabelverzeichnis: Trenner zwischen bh und ba Lexemen (anders in 23.2; vgl. dort A 2)

24.2   SACHREGISTER[1]

Adhortativ[2]: 93; 153 A 1; 191

Adjektiv: 39; 41; 43; 44; 45; 51; 55; 59; 60; 63; 65; 68; 133; 195; 210; 218

Adverb (adverbiell): 60; 93; 112; 173; 193; 204; 205

adversativ: 115 A 1; 163; 207

Afformativ: 61; 62; 71; 82; 84; 99; 118; 123; 125; 126; 127; 128; 135; 136; 137; 138; 158; 159; 160; 176; 177; 187; 221; 223; 224; 228

Afformativkonjugation (AK): 70; 71; 72; 201; 221; 223

Akkusativ (Akk.; nota accusativi): 64; 67; 76; 88; 118; 193

Aktionsart: 46; 71; 81; 206

aktiv (akt.): 59; 60; 62; 63; 64; 69; 70; 81; 93; 118; 123; 124; 176; 179; 192; 204; 221; 230

allgemeingültiger Sachverhalt: 46; 64; 201; 204; 207

anaphorisch: 40; 99

Anlaut: 30; 34; 48; 82; 136; 137; 158; 159; 160; 176; 177; 187; 191; 192; 193; 228

Apposition: 43; 44; 200

aramaisierend: 97; 106; 180; 187; 230

Artikel: 39; 52; 53; 54; 56; 63; 68; 99; 128; 150; 191; 218; 220

Aspekt (aspektuell): 64; 70; 71; 81; 99; 173; 202; 203; 204; 206; 210

Assimilation (assimilieren): 53; 62; 63; 68; 118; 125; 128; 150; 151; 158; 225; 227; 229; 230; 231

Asyndese (asyndetisch): 43; 94 A 1; 114; 199; 200; 205; 210; 211

Auslaut: 29; 34; 35; 50; 76; 77; 81; 102; 112; 114; 134; 135; 136; 137; 138; 159; 187; 191; 192; 193; 228

Auslösung: 81; 207

Ben Ascher: 32; 33; 48; 49; 180; 214

Bəgaḏkəpaṯ: 27; 35; 69; 150

Bindevokal: 118; 137

Botenspruchformel: 74 A 4

---

[1] Nicht berücksichtigt sind Begriffe in Tabellen. Begriffe, die im Inhaltsverzeichnis erscheinen, sind nur in Ausnahmefällen aufgenommen. Ebenso wird nicht konsequent auf die Anmerkungen Bezug genommen.

[2] Begriffe, die sowohl als Adjektiv als auch als Substantiv erscheinen, sind ohne Berücksichtigung von Groß- und Kleinschreibung gemeinsam aufgelistet. Wo das Adjektiv eine vom Substantiv abweichende Form aufweist (oder umgekehrt), ist die jeweils abweichende Form in Klammern gesetzt; Analoges gilt für die Verwendung von Abkürzungen bzw. dort, wo auf sprachliche / noetische Phänomene sowohl nominal als auch verbal Bezug genommen wird.

Numerus: 41; 43; 50; 62; 69; 123

Objekt: 43; 59; 64; 67; 98; 118; 123; 155; 163; 211

Parataxe: 144

Partikel(n): 46; 53; 56; 133; 143; 144; 145; 146; 149; 155; 156; 158; 163; 166; 173; 175; 183; 191; 216

Partizip (Ptz.): 59; 60; 63; 65; 81; 93; 112; 118; 123; 124; 125; 126; 127; 128; 133; 135; 176; 179; 191; 192; 193; 204; 220; 221; 226; 227; 228; 230; 231

Partizipialsatz (PS): 39; 59; 60; 63; 64; 71; 73

Passiv (pass.): 59; 62; 63; 65; 123; 124; 125; 126; 127; 129; 133; 135; 151; 176; 220; 221; 223; 226; 227

Pendenskonstruktion: 98 A 3; 205

Personalpronomen: 46; 47; 67; 71; 217

plene (-Schreibung): 34; 37; 49; 93; 118; 135; 177; 191

präfigieren (Präfix): 99; 126; 128; 201; 218; 224; 225

Präformativ: 62; 81; 82; 93; 123; 125; 126; 127; 128; 138; 139; 140; 141; 149; 169; 176; 179; 180; 191; 192; 193; 201; 223; 224; 226; 229; 230; 231

Präformativkonjugation (PK): 70; 81; 82; 99; 223

Präformativsilbe: 169; 170; 176

Präposition: 40; 42; 46; 52; 53; 54; 62; 67; 68; 69; 81; 87; 88; 112; 114; 128; 143; 145; 155; 191; 192

Progreß: 97; 98; 105; 106; 205; 206; 207; 209 A 1; 210; 223

Prohibitiv: 84

Pronomen (Pronomina): 39; 41; 44; 46; 47; 62; 67; 68; 87; 112; 143; 144; 155; 216; 217; 220

punktuell (Punktualität): 71; 81; 206; 207

qatal: 70; 71; 72; 73; 76; 77; 78; 84; 92; 97; 98; 99; 105; 111; 114; 174; 200; 201; 203; 204; 207; 210; 211; 221

qatūl (qātûl): 59; 63; 135; 210; 211

Qᵊre: 36; 37; 87

qᵊtol: 92; 93; 105; 205; 219

qōtel (qôtēl): 59; 63; 64; 97; 105; 204; 211; 221

Quadratschrift: 19; 26; 213

quieszieren: 29; 141; 158; 159; 229

Radikal: 53; 61; 62; 77; 78; 88; 102; 112; 123; 124; 125; 126; 128; 133; 134; 135; 137; 138; 140; 149; 150; 151; 160; 166; 167; 168; 169; 170; 175; 176; 177; 180; 186; 187; 226; 230

Verba stativa: 59; 60; 63; 71; 73; 127

Verbalsatz (VS): 70; 71; 114; 223

Verbum (Verben): 34; 39; 49; 50; 54; 59; 60; 61; 62; 63; 64; 67; 69; 70; 71; 72; 73; 81; 82; 84; 92; 93; 97; 99; 105; 106; 108; 112; 113; 114; 118; 119; 120; 123; 124; 125; 126; 127; 129; 130; 133; 134; 135; 136; 138; 139; 141; 143; 144; 145; 149; 150; 151; 152; 158; 159; 160; 161; 163; 166; 167; 168; 169; 170; 171; 173; 175; 176; 178; 179; 180; 184; 186; 187; 188; 191; 192; 193; 194; 195; 197; 198; 199; 200; 201; 202; 203; 204; 205; 210; 220; 223; 225; 226; 227; 228; 229; 230; 231; 232

Vetitiv: 84

Vokal (vokalisch): 27; 28; 29; 30; 31; 32; 33; 34; 35; 36; 37; 41; 48; 49; 50; 51; 52; 53; 54; 60; 61; 63; 68; 72; 76; 77; 78; 81; 82; 84; 102; 112; 114; 118; 125; 126; 127; 128; 133; 134; 135; 136; 137; 138; 140; 150; 151; 158; 159; 160; 161; 166; 170; 175; 176; 177; 179; 180; 186; 187; 214; 215; 219; 224; 225; 226; 228; 229; 230

Vokalbuchstabe: 29; 30; 33; 134; 135; 159; 228; 235

Vokalfolge: 82; 125

Vokalisation (vokalisieren; Vok.): 35; 48; 49; 51; 52; 53; 54; 55; 56; 62; 68; 69; 72; 73; 79; 81; 82; 83; 99; 103; 123; 125; 126; 135; 136; 158; 160; 177; 180; 191; 214; 215; 216; 218; 221; 223; 225; 226; 228; 230

Vorton: 49; 53; 176; 180; 215; 221; 223

Vorzeitig(-keit) (VZ): 70; 73 A 3; 97; 98; 114; 174; 204; 205; 206; 223

wayyiqtol: 97; 98; 99; 105; 106; 198; 205; 207; 210

wᵊqatal: 97; 105; 106; 107; 109; 205; 207

wᵊyiqtol: 105; 108

w-Impf.: siehe unter Impf. cons. bzw. wayyiqtol

w-Perf.: siehe unter Perf. cons. bzw. wᵊqatal

Wurzel: 61; 62; 69; 71; 72; 92; 103; 109; 114; 124; 125; 126; 127; 128; 129; 133; 134; 135; 137; 138; 140; 149; 150; 151; 159; 160; 167; 168; 169; 170; 175; 176; 177; 179; 180; 186; 220; 222; 224; 228; 229; 230; 231; 232

yiqtol: 81; 82; 83; 84; 92; 97; 105; 106; 174; 200; 201; 203; 204; 205; 207; 210

Zahlen: 27; 39; 43; 44; 58; 218; 220

Zeitbezug: 46; 60; 64; 70; 97; 98; 105; 114; 195; 197; 201; 202; 203; 204; 207; 223

Zeitpunkt: 60; 64; 184; 203; 207

Zeitstufe: 98; 202; 203; 204; 205

Zischlaut: 27; 127; 228

24.3   LITERATURVERZEICHNIS

F.I. ANDERSEN, The Hebrew Verbless Clause in the Pentateuch, Nashville 1970

R. BARTELMUS, Auf der Suche nach dem archimedischen Punkt der Textinterpretation. Studien zu einer philologisch-linguistisch fundierten Exegese alttestamentlicher Texte, Zürich 2002 [Aufsatzsammlung. Darin u.a. enthalten: Das Alte Testament – deutsch [BN 22 (1983) 70-90]; Ez 37,1-14, die Verbform w^{e}qatal und die Anfänge der Auferstehungshoffnung [ZAW 97 (1985) 366-389]; Tempus als Strukturprinzip. Anmerkungen zur stilistischen und theologischen Relevanz des Tempusgebrauchs im "Lied der Hanna" (1 Sam 2,1-10) [BZ NF 31 (1987) 15-35)]].

R. BARTELMUS, HYH. Bedeutung und Funktion eines hebräischen "Allerweltswortes" - zugleich ein Beitrag zur Frage des hebräischen Tempussystems, ATS 17, St. Ottilien 1982

R. BARTELMUS, Von Eselinnen mit Durchblick und blinden Sehern. Numeri 22,-20-35 als Musterbeispiel narrativer Theologie im Alten Testament, in: ThZ 61 (2005) 27-43

H. BAUER, Die Tempora im Semitischen, Leipzig 1910

H. BAUER - P. LEANDER, Grammatik des Biblisch-Aramäischen, Halle 1927 = Hildesheim 1969

W. BAUMGARTNER (ed.), HOLLENBERG-BUDDE, Hebräisches Schulbuch, Basel und Stuttgart [21]1955

W. BAUMGARTNER - J.J. STAMM (u.a.), Hebräisches und Aramäisches Lexikon zum Alten Testament, 5 Teilbände, Leiden [3]1967-1995

G. BERGSTRÄSSER, Einführung in die semitischen Sprachen. Sprachproben und grammatische Skizzen, München 1928 = Darmstadt 1975

K. BEYER, Althebräische Grammatik. Laut- und Formenlehre, Göttingen 1969

K. BEYER, Die aramäischen Texte vom Toten Meer, Göttingen 1984

C. BROCKELMANN, Das Aramäische, in: Handbuch der Orientalistik I/3: Semitistik, Leiden-Köln 1964, 135-168

C. BROCKELMANN, Grundriß der vergleichenden Grammatik der semitischen Sprachen Bd. II, Berlin 1913

C. BROCKELMANN, Hebräisch. 5. Das Hebräische, in: Handbuch der Orientalistik I/3: Semitistik, Leiden-Köln 1964, 59-70

C. BROCKELMANN, Hebräische Syntax, Neukirchen 1956

K. BÜHLER, Sprachtheorie, Stuttgart [2]1965 = [1]1934

W. BÜHLMANN - K. SCHERER, Stilfiguren der Bibel. Ein kleines Nachschlagewerk, BB 10, Fribourg 1973

J. CANTINEAU, Le nabatéen, 2 Vol., Paris 1930/1932

J. CANTINEAU, Grammaire du palmyrénien épigraphique, Kairo 1935

A.E. COWLEY, Aramaic Papyri of the Fifth Century B.C., Oxford 1923

G. DALMAN, Grammatik des Jüdisch-Palästinischen Aramäisch nach den Idiomen des Palästinischen Talmud, des Onkelostargum und Prophetentargum und der Jerusalemischen Targume, Leipzig ²1905 = Darmstadt 1960 (beigegeben: DERS., Aramäische Dialektproben, Leipzig ²1927)

R. DEGEN, Aramäisch, in: TRE 3, Berlin-New York 1978, 599-613

R. DEGEN, Altaramäische Grammatik der Inschriften des 10.-8. Jh.v.Chr., Wiesbaden 1969

A. DENZ, Die Verbalsyntax des neuarabischen Dialektes von Kwayriš (Irak). Mit einer einleitenden allgemeinen Tempus- und Aspektlehre, Wiesbaden 1971

DISCOVERIES in the Judaean Desert, Oxford 1955ff (Qumran-Texte)

DUDEN Band 4. Grammatik der deutschen Gegenwartssprache, Mannheim ³1973

J. ERBEN, Deutsche Grammatik. Ein Abriß, München ¹²1980

W. GESENIUS - F. BUHL, Hebräisches und Aramäisches Handwörterbuch über das Alte Testament, Berlin-Göttingen-Heidelberg 1962 = ¹⁷1915

O. GRETHER, Hebräische Grammatik für den akademischen Unterricht, München 1951

W. GROß, Die Pendenskonstruktion im Biblischen Hebräisch. Studien zum althebräischen Satz I, ATS 27, St. Ottilien 1987

W. GROß, Die Position des Subjekts im hebräischen Verbalsatz, untersucht an den asyndetischen ersten Redesätzen in Gen, Ex 1-19, Jos - 2 Kön, ZAH 6 (1993) 170-187

W. GROß, Doppelt besetztes Vorfeld. Syntaktische, pragmatische und übersetzungstechnische Studien zum althebräischen Verbalsatz, BZAW 305, Berlin-New York 2001

W. GROß, Verbform und Funktion. *wayyiqṭol* für die Gegenwart? Ein Beitrag zur Syntax poetischer althebräischer Schriften, ATS 1, St. Ottilien 1976

J. HOFTIJZER, The Function and Use of the Imperfect Forms with Nun Paragogicum in Classical Hebrew, SSN 21, Assen 1985

H. IRSIGLER, Einführung in das Biblische Hebräisch, ATS 9/I+II, St. Ottilien 1978/79

E. JENNI, Zur Funktion der reflexiv-passiven Stammformen im Biblisch-Hebräischen, Proceedings of the Fifth World Congress of Jewish Studies, Vol. IV, Jerusalem 1973, 61-70

E. JENNI, Lehrbuch der hebräischen Sprache des Alten Testaments, Basel und Frankfurt / M. ²1981

E. JENNI, Das hebräische Pi'el. Syntaktisch-semasiologische Untersuchung einer Verbalform im Alten Testament, Zürich 1968

E. JENNI, Die hebräischen Präpositionen. Band 1: Die Präposition Beth, Stuttgart-Berlin-Köln 1992; Band 2: Die Präposition Kaph, Stuttgart-Berlin-Köln 1994; Band 3: Die Präposition Lamed, Stuttgart-Berlin-Köln 2000

P. JOÜON, Grammaire de l'Hébreu Biblique, Rom 1923 (Repr. 1965)

P.E. KAHLE, Masoreten des Ostens, BWAT 15, Leipzig 1915

P.E. KAHLE, Texte und Untersuchungen zur vormasoretischen Grammatik des Hebräischen IV: Masoreten des Westens II. Das palästinische Pentateuchtargum. Die palästinische Punktation. Der Bibeltext des Ben Naftali, BWANT 50, Stuttgart 1930

O. KAISER, Einleitung in das Alte Testament, Gütersloh ⁵1984

E. KAUTZSCH, Wilhelm Gesenius' Hebräische Grammatik völlig umgearbeitet, Leipzig ²⁸1909 (im Repr. Hildesheim 1977 zusammengebunden mit G. BERGSTRÄSSER, Hebräische Grammatik mit Benutzung der von E. Kautzsch bearbeiteten 28. Auflage von Wilhelm Gesenius' hebräischer Grammatik, Leipzig 1918)

E. KAUTZSCH, Grammatik des Biblisch-Aramäischen, Leipzig 1884

J. KRISPENZ, Grammatik und Theologie in der Botenformel, ZAH 11 (1998) 133-139

L. KOEHLER - W. BAUMGARTNER, Lexicon in Veteris Testamenti Libros, Leiden ²1958

F.E. KÖNIG, Historisch-kritisches Lehrgebäude der hebräischen Sprache, Leipzig 1881-1897

E. KOSCHMIEDER, Beiträge zur allgemeinen Syntax, Heidelberg 1965

E. KOSCHMIEDER, Die noetischen Grundlagen der Syntax, Sitzungsberichte der Bayerischen Akademie der Wissenschaften, Phil.-Hist. Klasse, München 1951

E. KOSCHMIEDER, Zeitbezug und Sprache, Leipzig-Berlin 1929

E.Y. KUTSCHER, Aramaic, in: EJ 3, Jerusalem 1971, 259-287

P. LEANDER, Laut- und Formenlehre des Ägyptisch-Aramäischen, Göteborg 1928 = Hildesheim 1966

V. MAAG, Morphologie des hebräischen Narrativs, ZAW 65 (1953) 86-88

K. MARTI, Kurzgefasste Grammatik der Biblisch-Aramäischen Sprache, PLO 18, Berlin [3]1925

R. MEYER, Hebräische Grammatik[3], I-IV, Berlin-New York 1966-1972

D. MICHEL, Tempora und Satzstellung in den Psalmen, Bonn 1960

ÖKUMENISCHES VERZEICHNIS der biblischen Eigennamen nach den Loccumer Richtlinien, Stuttgart 1971

H. PAUL, Prinzipien der Sprachgeschichte, Halle [4]1909 = [5]1937

W. RICHTER, Grundlagen einer althebräischen Grammatik 1. A. Grundfragen einer sprachwissenschaftlichen Grammatik. B. Die Beschreibungsebenen: I. Das Wort (Morphologie), ATS 8, St. Ottilien 1978

W. RICHTER, Grundlagen einer althebräischen Grammatik 2, B. Die Beschreibungsebenen: II. Die Wortfügung (Morphosyntax), ATS 10, St. Ottilien 1979

W. RICHTER, Grundlagen einer althebräischen Grammatik 3, B. Die Beschreibungsebenen: III. Der Satz (Satztheorie), ATS 13, St. Ottilien 1980

W. RICHTER, Transliteration und Transkription, Objekt- und metasprachliche Metazeichensysteme zur Wiedergabe hebräischer Texte, ATS 19, St. Ottilien 1983

F. ROSENTHAL, A Grammar of Biblical Aramaic, PLO 5, Wiesbaden [4]1974

W. SCHNEIDER, Geisterformen, BN 53 (1990) 26-29

W. SCHNEIDER, Grammatik des Biblischen Hebräisch. Völlig neue Bearbeitung der »Hebräischen Grammatik für den akademischen Unterricht« von Oskar Grether. Ein Lehrbuch, München [5]1982

W. SCHNEIDER, Übungsbuch für den Hebräisch-Unterricht, München [3]1982

F. SCHULTHESS, Grammatik des christlich-palästinischen Aramäisch, Tübingen 1924

H. SCHWEIZER, Metaphorische Grammatik. Wege zur Integration von Grammatik und Textinterpretation in der Exegese, ATS 15, St. Ottilien 1981

P.A. SIEBESMA, The function of the niph'al in Biblical Hebrew in relationship to other passive-reflexive verbal stems and to the pu'al and hoph'al in particular, SSN 28, Assen 1991

G. STEMBERGER, Geschichte der jüdischen Literatur. Eine Einführung, München 1977

H. WEINRICH, Tempus. Besprochene und Erzählte Welt, Stuttgart [6]2001

F. WERNER, Das hebräische Vokalsystem unter besonderer Berücksichtigung der variablen Vokale, AfO 26 (1978/79) 78-95

Nachwort:

Die in dem Buch verwendete hebräische Schrift "Hebraica" und der Text der
Biblia Hebraica stammen von der Fa. Linguist's Software in Edmonds, WA
(U.S.A.). Um für die 2. Auflage nicht den gesamten Text neu setzen zu müssen, wurde in den Beispielsätzen die Version beibehalten, die 1993 auf dem
Markt war. Da einige damals verfügbare Zeichen inzwischen nicht mehr re-
produzierbar sind, mußten pauschale Ersetzungen vorgenommen werden. Der
Autor bittet um Nachsicht, falls trotz mehrerer Durchgänge beim Korrekturle-
sen immer noch Fehler stehen geblieben sein sollten: Im Zweifel gilt die "hebraica veritas" der BHS.